道路交通事故现场勘查

主　编　牛学军
副主编　张汉欣　李平凡

中国人民公安大学出版社
·北京·

图书在版编目（CIP）数据

道路交通事故现场勘查/牛学军主编. —北京：中国人民公安大学出版社，2018.12
ISBN 978-7-5653-3502-0

Ⅰ.①道… Ⅱ.①牛… Ⅲ.①公路运输—交通运输事故—现场勘查 Ⅳ.①U491.31

中国版本图书馆 CIP 数据核字（2018）第 279152 号

道路交通事故现场勘查

主编　牛学军
副主编　张汉欣　李平凡

出版发行	中国人民公安大学出版社
地　　址	北京市西城区木樨地南里
邮政编码	100038
经　　销	新华书店
印　　刷	北京市泰锐印刷有限责任公司
版　　次	2018 年 12 月第 1 版
印　　次	2025 年 6 月第 6 次
印　　张	22
开　　本	787 毫米×1092 毫米　1/16
字　　数	395 千字
书　　号	ISBN 978-7-5653-3502-0
定　　价	75.00 元
网　　址	www.cppsup.com.cn　www.porclub.com.cn
电子邮箱	zbs@cppsup.com　zbs@cppsu.edu.cn

营销中心电话：010-83903254
读者服务部电话（门市）：010-83903257
警官读者俱乐部电话（网购、邮购）：010-83903253
公安业务分社电话：010-83905672

本社图书出现印装质量问题，由本社负责退换
版权所有　侵权必究

编 者 的 话

《道路交通事故处理》既是公安类高等院校公安技术一级学科目录下交通管理工程专业的必修基础课，也是公安部精品课程，还是各级公安院校、公安民警实战培训的必修课程。该课程所教授的内容涉及交通处理工作、交通事故预防工作等方方面面，对于维护广大交通参与者的交通安全有重要的意义。因此，中国人民公安大学交通管理学院《道路交通事故处理》课程建设团队于2018年申请了北京市"人才培养共建项目-在线开放课程建设"，力求借助该项目的支持推出道路交通事故处理在线课程的建设，从而完善课程体系，促进我国道路交通安全管理水平的提高。作为项目中一项重要的内容，在北京市教育委员会共建项目专项资助下，项目组联合兄弟院校、科研院所、实战单位的同仁共同编著了《道路交通事故现场勘查》，并将逐步完善出版系列教材。

本书在中国人民公安大学"十二五"规划教材《道路交通事故现场勘查》的基础上，修订了其中所涉及的近年来更新的法律、法规、程序、规范、标准，以及先进的技术、理念，重新调整了部分内容、结构。本书共分八章，由中国人民公安大学牛学军、高万云；中国刑事警察学院张汉欣、周纯冰；公安部交通管理科学研究所李平凡、张爱红；河北省石家庄市交警支队孟宪跃；江苏省苏州市交通警察支队周保荣，共同完成全书的编著工作。

由于编者水平有限，本教材难免有不够完善的地方，希望广大交通事故处理技术人员、科研工作者不吝赐教，使本教材得以逐步完善，以得到更加广泛的应用。

目 录

第一章 导 论 …………………………………………………… (1)
 第一节 道路交通事故的概念 …………………………… (1)
 第二节 道路交通事故分类 ……………………………… (8)
 第三节 道路交通事故现场 ……………………………… (11)
 第四节 道路交通事故现场勘查 ………………………… (14)

第二章 道路交通事故警情的处置 …………………………… (21)
 第一节 道路交通事故的接警 …………………………… (21)
 第二节 道路交通事故的处警 …………………………… (25)
 第三节 道路交通事故的出警 …………………………… (29)

第三章 道路交通事故现场处置 ……………………………… (31)
 第一节 道路交通事故现场的安全防护 ………………… (31)
 第二节 道路交通事故现场的抢险及救护 ……………… (38)
 第三节 道路交通事故的管辖 …………………………… (43)
 第四节 道路交通事故现场勘查规范用语 ……………… (46)

第四章 道路交通事故现场勘查的步骤及内容 ……………… (50)
 第一节 当事人的确认 …………………………………… (50)
 第二节 道路交通事故发生时间及地点的确认 ………… (53)
 第三节 道路交通事故发生过程的调查 ………………… (55)
 第四节 道路交通事故分析复核与实验 ………………… (67)
 第五节 道路交通事故现场的清理 ……………………… (72)
 第六节 现场勘查工作的延续 …………………………… (75)

第五章　道路交通事故现场痕迹物证的勘验 …………………（80）

第一节　道路交通事故现场的痕迹物证 ……………………………（80）
第二节　地面痕迹物证的勘验 ………………………………………（102）
第三节　车体痕迹物证的勘验 ………………………………………（122）
第四节　人体痕迹物证的勘验 ………………………………………（134）
第五节　其他痕迹物证的勘验 ………………………………………（146）
第六节　酒驾和毒驾的检验 …………………………………………（158）
第七节　涉外道路交通事故现场勘查中应注意的问题 ……………（163）

第六章　道路交通事故现场勘查笔录 ………………………（166）

第七章　道路交通事故现场测绘 ……………………………（175）

第一节　道路交通事故现场图的概念和分类 ………………………（175）
第二节　道路交通事故现场图的图形、图形符号和标注 …………（182）
第三节　道路交通事故现场图的定位 ………………………………（197）
第四节　道路交通事故现场测量 ……………………………………（206）
第五节　常用交通事故现场图的绘制 ………………………………（213）
第六节　道路交通事故现场处置系统 ………………………………（220）

第八章　道路交通事故现场勘验照相 ………………………（236）

第一节　道路交通事故现场勘验照相概述 …………………………（236）
第二节　道路交通事故现场勘验照相常用器材 ……………………（240）
第三节　道路交通事故现场勘验照相中常用的摄影技术 …………（278）
第四节　道路交通事故现场勘验照相内容 …………………………（305）
第五节　道路交通事故现场勘验照相方法 …………………………（319）
第六节　道路交通事故照片卷的制作与保存 ………………………（333）
第七节　道路交通事故现场录像 ……………………………………（339）

参考文献 …………………………………………………………（345）

第一章 导 论

第一节 道路交通事故的概念

道路交通事故,是指车辆在道路上因过错或者意外造成的人身伤亡或者财产损失的事件。为了准确理解道路交通事故的定义,下面对道路交通事故的构成要件,即车辆要件、道路要件、过错或意外要件、损害后果及因果关系要件、交通性质要件加以介绍。

一、车辆要件

道路交通事故必须是涉及车辆的事件,即道路交通事故当事方中至少有一方是车辆,不涉及车辆的事件不能称为道路交通事故。根据《中华人民共和国道路交通安全法》(以下简称《道路交通安全法》)第一百一十九条第二项规定:"车辆,是指机动车和非机动车。"

1. 机动车

依据《机动车安全运行技术条件》(GB 7258-2017)之规定,机动车是指由动力装置驱动或牵引,上道路行驶的供人员乘用或用于运送物品以及进行工程专项作业的轮式车辆,包括汽车、汽车列车、摩托车、拖拉机运输机组、轮式专用机械车、挂车等。

机动车通常具有如下特征:以动力装置驱动或者牵引;要上道路行驶;供人员乘用,用于运送物品或进行工程专项作业;属于轮式车辆。

2. 非机动车

非机动车,是指以人力或者畜力驱动,上道路行驶的交通工具,以及虽有动力装置驱动但设计最高时速、空车质量、外形尺寸符合有关国家标准的残疾人机动轮椅车、电动自行车等交通工具。

涉及道路交通事故的非机动车必须是作为交通工具的非机动车,仅涉及滑板车、电动平衡车、儿童玩具车等在道路上发生的事故不属于道路交通事故。

根据《电动自行车安全技术规范》（GB 17761-2018）强制性国家标准的规定，电动自行车须具有脚踏骑行功能、最高设计车速不超过25km/h、整车质量（含电池）不超过55kg、电机功率不超过400W、蓄电池标称电压不超过48V。在道路交通事故鉴定中，电动两轮车技术条件超过《电动自行车安全技术规范》的要求，应认定为属于机动车的范畴。

道路交通事故必须是涉及车辆的事件。认定某事件是否是道路交通事故，看该事件所涉及的车辆是否符合有关法律法规对"车辆"的规定，道路交通事故中所涉及的车辆必须符合《道路交通安全法》及有关法律法规对车辆的规定。道路交通事故定义中所说的"车辆"不是泛指生活中的车辆，而是有条件的，不能将生活中所见到的任何车辆均与《道路交通安全法》所界定的车辆等同。

车辆属于交通运输工具，属于载体，其本身并不会运行，更谈不上肇事，人才是操纵车辆的主体，道路交通事故定义中不直接把"人"作为道路交通事故的主体，是为了表明在道路交通事故中造成人员伤亡或者财产损失的是"车辆"，这样从外在表象上就很容易对道路交通事故做出判断，很显然不涉及车辆的事件也就不属于道路交通事故。

道路交通事故中所涉及的车辆必须在参与道路交通运行，无论是动态的还是静态的，如果会为其他相关交通参与人带来危险，均应当理解为"运行"，这种对"运行"含义的理解将有利于保护道路交通事故受害者的合法权益。

二、道路要件

道路交通事故必须发生在《道路交通安全法》所界定的"道路"上，这是对道路交通事故发生的空间要求。

《道路交通安全法》第一百一十九条第一项规定："道路，是指公路、城市道路和虽在单位管辖范围但允许社会机动车通行的地方，包括广场、公共停车场等用于公众通行的场所。"

1. 公路

"公路"是指按照《公路工程技术标准》（JTGB01-2014）修建的城市间、城乡间、乡村间主要供汽车行驶的公共道路。现代公路是指连接城市之间、城乡之间、乡村与乡村之间、工矿基地之间，按照国家技术标准修建的，由公路主管部门验收认可的道路，包括高速公路、一级公路、二级公路、三级公路、四级公路，但不包括田间或农村自然形成的小道。主要供汽车行驶并具备一定技术标准和设施。

（1）高速公路：为专供汽车分方向、分车道行驶，全部控制出入的多车道公路。高速公路的年平均日设计交通量宜在15000辆小客车以上。

（2）一级公路：为供汽车分方向、分车道行驶，可根据需要控制出入的多车道公路。一级公路的年平均日设计交通量宜在15000辆小客车以上。

（3）二级公路：为供汽车行驶的双车道公路。二级公路的年平均日设计交通量宜为5000-15000辆小客车。

（4）三级公路：为供汽车、非汽车交通混合行驶的双车道公路。三级公路的年平均日设计交通量宜为2000-6000辆小客车。

（5）四级公路：为供汽车、非汽车交通混合行驶的双车道或单车道公路。双车道四级公路的年平均日设计交通量宜在2000辆小客车以下，单车道四级公路的年平均日设计交通量宜在400辆小客车以下。

公路的主要组成部分包括路基、路面、桥梁、涵洞、渡口码头、隧道、绿化、通信、照明等设备及其他沿线设施。

公路按行政等级可分为：国家公路、省公路、县公路和乡公路（简称为国、省、县、乡道），以及专用公路五个等级。一般把国道和省道称为干线，把县道和乡道称为支线。

（1）国道，是指具有全国性政治、经济意义的主要干线公路，包括重要的国际公路，国防公路，连接首都与各省、自治区、直辖市首府的公路，连接各大经济中心、港站枢纽、商品生产基地和战略要地的公路。

（2）省道，是指由全省（自治区、直辖市）公路主管部门负责修建、养护和管理的公路。国道中跨省的高速公路由交通部批准的专门机构负责修建、养护和管理。

（3）县道，是指具有全县（县级市）政治、经济意义，连接县城和县内主要乡（镇）、主要商品生产和集散地的公路，以及不属于国道、省道的县际间公路。县道由县、市公路主管部门负责修建、养护和管理。

（4）乡道，是指主要为乡（镇）村经济、文化、行政服务的公路，以及不属于县道以上公路的乡与乡之间及乡与外部联络的公路。乡道由人民政府负责修建、养护和管理。

（5）专用公路，是指专供或主要供厂矿、林区、农场、油田、旅游区、军事要地等与外部联系的公路，专用公路由专用单位负责修建、养护和管理。也可委托当地公路部门修建、养护和管理。

2. 城市道路

城市道路是城市建设行政主管部门按《城市道路设计规范》（CJJ37-

2012）修建的为各种车辆（无轨）和行人提供通行的工程设施，是城市规划区内的公共道路，一般划设人行道、车行道和交通隔离设施等。城市道路等级分为城市快速路、城市主干路、城市次干路、城市支路。各级城市道路的红线宽度控制为：快速路不小于40米，主干道30-40米，次干道25-40米，支路12-25米。

（1）城市快速路设有中央分隔带，具有四条以上机动车道，全部或部分采用立体交叉与控制出入，供汽车以较高速度行驶的道路。又称汽车专用道。快速路的设计行车速度为60-100km/h。

（2）城市主干路是连接城市各分区的干路，以交通功能为主。主干路的设计行车速度为40-60km/h。

（3）城市次干路起着主干路与各分区间的交通集散作用，兼有服务功能。次干路的设计行车速度为30-50km/h。

（4）城市支路是次干路与街坊路（小区路）的连接线，以服务功能为主。支路的设计行车速度为20-40km/h。

3. 虽在单位管辖范围但允许社会机动车通行的地方

虽在单位管辖范围但允许社会机动车通行的地方，是指虽然不属于上述的公路或者城市道路，道路的养护和管理属于单位，但是社会机动车可以自由通行的，均可按道路进行管理的地方。可以理解为如厂矿道路、港区道路、机场道路等，也就是将属于非公路养护部门列养而排除在道路之外的地方也列入"虽在单位管辖范围但允许社会机动车通行的地方"。《道路交通安全法》对"道路"的定义中之所以有"虽在单位管辖范围但允许社会机动车通行的地方"的规定，主要是针对一些属性特殊但又可供公共交通通行的道路设定的，如乡村道路、乡镇街道、单位自建道路（油田、矿区、城市生活小区道路）等通行性质不够明确的道路。另外，"道路"的定义更多强调的是道路通行权的公共性，即使在单位管辖内，但只要通行了社会车辆，就属于道路。所以，对允许社会机动车通行的非列入养护计划的乡村道路、单位道路、小区道路、专用公路也列入"道路"的范畴。

"广场、社会停车场等用于公众通行的场所"其实质上属于"虽在单位管辖范围但允许社会机动车通行的地方"的一类。广场，是指城市规划在道路用地范围内，专供公众集会、游憩、步行和交通集散的场地。公共停车场，是指规划在道路用地范围内专门划设出供车辆停放的车辆集散地。

《道路交通安全法》对"道路"作了更明确、更宽泛的界定。在认定某事件是否是道路交通事故时，应该对该事件发生的空间进行确认，如果属于"道路"就可能是道路交通事故，否则就不是道路交通事故。

4. 车辆在道路以外通行时发生的事故

车辆在道路以外通行时发生的事故，是指在《道路交通安全法》所规定的"道路"以外"通行"时发生的事件。

道路交通事故必须发生在《道路交通安全法》所界定的"道路"上，只有那些发生在《道路交通安全法》所界定的"道路"上的事件才有可能是道路交通事故，否则就不是道路交通事故。判断某事件发生的位置或者地点是否属于《道路交通安全法》所规定的"道路"时，必须注意两点：第一，考虑事故发生时的起点是否在道路的空间范围内，至于事故发生后，车辆及其他与事故有关的人员、物品处在道路以外则不影响对道路交通事故性质的确认；第二，事件发生的空间场所必须属于《道路交通安全法》规定的"道路"，否则该事件就不属于道路交通事故。

"车辆在道路以外通行时发生的事故"与"道路交通事故"的区别仅仅在于发生的空间不同，其他要件都是相同的。

根据《道路交通安全法》《道路交通安全法实施条例》《道路交通事故处理程序规定》的相关规定，车辆在道路以外通行时发生的事故，公安交通管理部门接到报案，参照《道路交通安全法》《道路交通安全法实施条例》《道路交通事故处理程序规定》有关规定执行，这样的规定合理、科学地解决了车辆在道路以外通行时发生的事故的问题，有利于促进社会的发展。"参照执行"为处理此类事故提供了必要的裁量空间，有利于案件的高效处理。但并不意味着有无限量的自由裁量权，还是必须严格遵循有关法律、法规的原则和精神。

三、过错或意外要件

道路交通事故必须是由于"过错"或者"意外"造成的事件。

1. 过错

道路交通事故概念中的过错既是指当事人实施过错行为引起交通事故的心理状态，又是指其主观意志支配下所实施的引起交通事故发生的过错行为。即主观过错和客观过错。

（1）客观过错是指当事人的交通安全违法行为、违反安全驾驶操作规程的行为以及其他过错行为。例如，违法会车、违法超车、醉酒骑车等。

（2）主观过错更多强调的是当事人的心理状态，当事人的过错行为是其主观心理状态的外在表现。交通参与者的任何心理状态在缺乏行为表现的情况下，都不能将其认定为违法过错。

在法律意义上，过错分为故意和过失。故意是指行为人已经预见到自己行为可能的后果，仍然积极地追求（直接故意）或者听任该后果的发生（间接故意）。过失是指行为人应当预见自己的行为可能发生某种后果，因疏忽大意而没有预见，或者预见后轻信能够避免，以致发生这种结果的心理态度。持有"故意"态度的行为人主观上对于后果的出现是"肯定"的，而持有"过失"态度的行为人主观上对于后果的出现是"否定"的。

就道路交通事故而言，包括机动车驾驶人、非机动车驾驶人在内的交通参与者经常故意违反道路交通安全法律法规，但他们并不希望造成人员伤亡或者财产损失的后果。有的驾驶人、行人的确是故意违反道路交通安全法律法规，也意识到自己的行为会引起交通秩序混乱，甚至会引发道路交通事故，但他们并不希望发生道路交通事故，认为可以侥幸避免，即使最终出现道路交通事故这种后果也是由于他们"过失"造成的。如果驾驶人、行人已经预见到自己行为可能会造成人员伤亡或者财产损失，仍然积极地追求或者听任该后果的发生，那么他们对于该后果的出现属于"故意"。

对于道路交通事故的"过错"应该这样理解，道路交通事故后果的出现只能由"过失"引起，不能是故意。如果当事人希望或者放任事故后果的出现，就不属于过失，应该按照"故意"对待，如行为人借用车辆故意伤害他人或造成他人财产损失的，该行为已经超出了有关道路交通事故法律法规所调整的范围，应当根据后果的严重程度适用《治安管理处罚法》或者《刑法》。因此，在对道路交通事故进行调查时，应该对道路交通事故当事人的主观态度作出科学分析，防止对那些表象为道路交通事故，实质为刑事犯罪的案件定性错误，以免当事人逃避刑罚的严惩。例如，A 开车正常行驶，忽然发现前面一个与自己有过节的 B 在骑自行车行驶，于是 A 想报仇，就故意开车撞死 B。如果不对 A 的目的和动机进行分析，盲目地按照道路交通事故处理就会让 A 逃避了法律应有的制裁。因此，在分析当事人的主观态度时，应该调查并把握好当事人的动机和目的，从而可以辨别当事人对事故的发生所持有的态度。

2. 意外

《道路交通安全法》将"意外"引入了道路交通事故的概念中，使得道路交通事故的范畴扩大了许多。认定为意外的事件应具备如下条件：必须是不可预见；损害的发生必须归因于行为人以外的原因；必须是偶然发生。"意外"包括法律上通常所说的不可抗力，即当事人不可预料也不可避免的情形。如人身伤亡或者财产损失是由地震、台风或者山洪等引起的。

对此，需要指出的是，在对道路交通事故调查时，对该事件到底是由于"过错"引起的，还是由于"意外"引起的，应该作出科学的判断。这将直接影响当事人是否应该承担相应的法律责任以及责任的大小。

四、损害后果及因果关系要件

道路交通事故必须有损害结果的出现，即道路交通事故必须有人员伤亡或者财产损失的后果。人身损伤中轻伤、重伤、轻微伤的区别应按照2014年1月1日实施的《人体损伤程度鉴定标准》加以鉴别。财产损失则以交通事故造成的直接财产损失为依据，不包括间接财产损失。如果客观上没有损害后果出现，那么该事件就不属于道路交通事故。

道路交通事故当事人的过错或者意外因素必须与损害后果之间具有因果关系，即当事人的过错或者意外因素是道路交通事故损害后果出现的原因，道路交通事故损害后果出现是当事人的过错或者意外事件的结果，二者之间构成因果关系。即使有后果出现，如果后果与当事人的过错或者意外事件不构成因果关系，也不能把该事件认定为道路交通事故。

五、交通性质要件

交通性质是指在道路上进行的以人和物空间位移为目的的活动。道路最基本的功能就是交通功能，在道路上进行的主要是交通活动，但也有非交通性质的活动。一起由车辆造成的人身伤亡或者财产损失的事件要成为交通事故，必须具备相应的道路交通活动背景，即造成交通事故的车辆必须是为道路交通运输目的或者为与道路交通有关的其他目的而在道路上运行，并且事故的发生与车辆的交通运行活动之间存在联系。交通参与者进行交通活动必须以《道路交通安全法》等法律法规为行为规范，遵守相关的通行规则、安全义务。如果车辆所从事的是不具有交通性质的运行，如在道路上利用车辆专门从事拦路抢劫和行凶杀人等违法犯罪活动，以及在道路上进行军事演习、体育竞赛的车辆均不具备交通性质，其车辆互相碰撞、碰撞道路安全设施、单方翻车、碰撞路边行人等事故均不是道路交通事故，但是这些车辆与其他车辆发生的事故属于道路交通事故。

综上所述，判断某事件是否是道路交通事故，该事件必须完全具有上述构成要件，如果不完全满足上述条件，是不能将其作为道路交通事故来对待的。因此，可以将道路、车辆、后果、过错或者意外、交通性质等因素作为甄别道路交通事故的依据或者标准，只有同时满足上述条件的事件才是《道路交通安全法》所界定的道路交通事故，否则就不属于道路交通事故，也可以称为"非道路交通事故"。

第二节　道路交通事故分类

一、按交通事故形态分类

道路交通事故形态是道路交通事故的外在表现形式，分为碰撞、刮擦、碾压、翻车、坠车、爆炸、失火和其他。

（一）碰撞

碰撞可以分为：正面相撞、侧面相撞和尾随相撞。正面相撞是指相向行驶的车辆正前部（含车辆左右两角）发生碰撞。侧面相撞是指车辆的接触部分有一方是车辆侧面的碰撞。尾随相撞是指同车道同方向行驶的车辆，尾随车辆的前部与前车的尾部发生碰撞。

（二）刮擦

根据道路交通事故车辆行驶方向的不同，刮擦分为同向刮擦和对向刮擦。同向刮擦是指同向行驶的车辆在后车超越前车时发生的两车侧面刮擦。对向刮擦是指相向行驶的车辆在会车时发生的两车侧面刮擦。

（三）碾压

碾压是指交通强者拖碾或压过交通弱者，通常指机动车对自行车或行人推碾或滚压的道路交通事故形态。在碾压以前，大部分有碰撞或刮擦的现象，但在习惯上一般都称为碾压。碾压的特征是机动车轮胎的胎面与对方（自行车或行人）有接触。

（四）翻车

翻车是指车辆在行驶过程中，因受侧向力的作用，使一部分或全部车轮悬空，车身着地的交通事故形态。

（五）坠车

坠车是指车辆整体脱离路面，经过一个落体过程落于路面高度以下地点的道路交通事故形态。坠车分为直接坠落和间接坠落，直接坠落是车辆直接由道路上驶出或滑出，间接坠落则是先翻后坠。

（六）失火

失火是指车辆在行驶或发生事故的过程中，起火造成损害的事故形态。

（七）爆炸

把易燃易爆物品带入车内，在行驶过程中，由于振动等原因引起爆炸造成的交通事故形态。

（八）其他

除上述情形以外的交通事故形态。

二、按交通事故损害后果分类

《道路交通事故处理程序规定》（公安部146号）第三条规定："道路交通事故分为财产损失事故、伤人事故和死亡事故。财产损失事故是指造成财产损失，尚未造成人员伤亡的道路交通事故。伤人事故是指造成人员受伤，尚未造成人员死亡的道路交通事故。死亡事故是指造成人员死亡的道路交通事故。"

三、按交通事故主要责任者分类

根据道路交通事故主要责任承担者来划分，可以分为机动车驾驶人事故、非机动车驾驶人事故、行人道路交通事故。

（一）机动车驾驶人事故

机动车驾驶人事故是指因机动车驾驶人违反道路交通安全法律法规或过错而发生的，并且驾驶人在道路交通事故中负主要以上责任的道路交通事故。

（二）非机动车驾驶人事故

非机动车驾驶人事故是指因非机动车驾驶人违反道路交通安全法律法规而发生的，并且非机动车驾驶人在道路交通事故中负主要以上责任的道路交通事故。

（三）行人道路交通事故

行人道路交通事故是指主要因行人违反道路交通安全法律法规而发生的，并且行人在道路交通事故中负主要以上责任的道路交通事故。

四、按交通事故当事人的交通方式分类

（一）机动车之间的事故

机动车之间的事故是指机动车与机动车发生的道路交通事故。

（二）机动车与行人的事故

机动车与行人的事故属于强-弱类型的道路交通事故。

（三）机动车与非机动车的事故

机动车与非机动车的事故也属于强-弱类型的道路交通事故。

（四）车辆单独事故

车辆单独事故是指道路交通事故中只涉及车辆一方的道路交通事故。

五、按交通事故发生的区域或地点分类

（1）按道路交通事故发生区域可分为市区道路交通事故、公路道路交通事故和乡村道路交通事故等。

（2）按道路交通事故发生的地点可分为平直路段事故、交叉口事故、弯道事故、坡道事故等。

（3）按事故发生的道路类型可分为高速公路事故，一、二、三、四级公路事故，等外公路事故，快速路事故，城市主干路事故，城市次干路事故，支路和其他城市道路事故等。

六、按导致交通事故的主观原因和客观原因分类

道路交通事故可以分为主观原因导致的交通事故和客观原因导致的交通事故。

（一）主观原因导致的交通事故

主观原因导致的交通事故是指由于当事人本身内在的因素导致的道路交通事故，即由主观故意或过失造成的交通事故。具体包括违反规定、疏忽大意和操作不当等。

（二）客观原因导致的交通事故

客观原因导致的交通事故是指由于道路条件（包括：气候、水文、环境等）、车辆等不利因素以及意外导致的道路交通事故。具体包括车辆性能差、机件失灵（车辆的动力性、操纵性、制动性、灯光、刮雨器、后视镜等安全装置、轮胎的技术状况及车辆装载等存在隐患又无法查知的情况下，车辆在行驶过程中出现事故）和道路不符合标准、标识不全、路面障碍、路口会车视距不够、弯道反超等隐患存在，没有及时消除导致的道路交通事故。

七、其他分类方法

道路交通事故还可以根据不同的研究目的和用途进行多种分类。

（1）按道路交通事故性质可分为责任事故、机械事故、意外事故等。

（2）按道路交通事故车主系统可分为专业运输车辆事故、公共电汽车事故、机关企事业车辆事故、军车事故、私家车辆事故等。

（3）按道路交通事故时间可分为凌晨事故、白天事故、傍晚事故、夜间事故等。

（4）按道路交通事故肇事车型可分为大型货车事故、大型客车事故、小型客车事故、拖拉机事故和摩托车事故等。

此外,还可以按照道路交通事故当事人的年龄、性别、驾驶经历、职业等进行分类。

第三节 道路交通事故现场

一、道路交通事故现场的定义

《道路交通事故现场勘验照相》(GA 50—2014)将道路交通事故现场定义为:发生道路交通事故的地点及其相关的空间范围。从该定义中可知,道路交通事故现场并不是某一个点而是一个空间范围,结合到道路上来看就是指某一段路。至于要把哪一段路或者区域确定为交通事故现场,最为直接的就是看哪里存在事故发生过程中形成的证据。因此,道路交通事故现场作为获取证据的重要场所,其中存在着事故车辆、痕迹、物证;道路条件、交通管控方式;影响交通事故发生的建筑、车辆、物体、人、畜、天气条件以及自然因素等。在道路交通事故现场中存在着的大量痕迹、物证是判定道路交通事故案件发生过程,分析道路交通事故成因的基础。

二、道路交通事故现场的构成要素

道路交通事故现场的构成要素通常包括时间、空间、车、人、痕迹、物证等。时间是指道路交通事故发生的时间,有时还包括公安机关交通管理部门接到报警的时间。交通事故发生的时间可以用来分析车辆驾驶人是否疲劳驾驶,当事人是否及时报警,事故发生时天气的状况等。地点是指道路交通事故发生的空间场所,既包括道路交通事故发生前后与道路交通事故有关的痕迹、物证存在的场所,还包括交通参与者为避免事故发生而采取措施时遗留下痕迹、物证的场所。这是现场勘查人员进行现场调查的主要活动场所,如果在确定事故地点的过程中存在疏漏,就会导致无法获得完整的痕迹物证、无法准确地分析事故的过程。当然如果过大地确定事故地点,就会使现场勘查工作量加大,导致效率下降,对道路交通造成影响等。车、人、痕迹、物证则是道路交通事故现场勘查的对象,其中车、人可以认为是痕迹、物证的承载体,同时车所在位置本身就是分析车辆行驶轨迹的重要证据;人体痕迹是分析事故过程,分析当事人参与交通活动方式的重要证据,另外,当事人的陈述对于认识交通事故过程及成因有着重要的作用;痕迹、物证则是交通事故证据链的重要组成部分。这些要素的客观存在及它们之间通过特定的交通行为发生的损害后果，构成了各种各样的道路交通事故现场。

三、道路交通事故现场的主要特点

（一）现场存在的客观性和现场状态的可变性

道路交通事故现场的客观性是由道路交通事故发生的客观性决定的。即使道路交通事故现场的表象不存在了，道路交通事故发生的时间、空间也不会发生变化。但由于受人为因素、环境因素、自然因素等的影响，道路交通事故现场的状态极易遭到破坏，且随着时间的推移破坏程度增大的可能性也将大幅增加。这就导致所要勘查的道路交通事故现场并不一定就是道路交通事故发生后的原样，而是发生了变化的现场。在勘查现场时，要从实际出发克服现场状态的变化给勘查工作带来的困难，还原现场，从而分析道路交通事故发生的过程。

（二）事故表象的暴露性与因果关系的隐蔽性

道路交通事故造成的损害后果以及大量的痕迹物证都具有明显的外在表象，现场勘查人员可以直接进行搜寻、发现、固定、提取、记录。然而这些表象的背后存在着各种各样的内因，各种内因之间的相互作用直接导致了道路交通事故的发生，这个过程往往较为复杂，特别是当事人的行为与道路交通事故发生之间的关系十分复杂不易辨析。当然各种内因也会通过不同的外在表象为事故的分析提供线索，通常每种现象只能反映事故本质的某一个侧面，只有取得全面的，合乎实际的证据才能把握道路交通事故案件的实质。

（三）事故现象的整体性和形成的阶段性

通常，道路交通事故现象的形成分为：道路交通事故发生前的动态阶段、发生时的动态阶段和发生后的静态阶段。这三个阶段按时间顺序演变，最终导致道路交通事故损害后果的发生，并形成道路交通事故现场的最终表象。同时，道路交通事故现场的最终表象也反映了事故演变的过程。

交通事故现场勘查人员到达事故现场后，所面对的就是道路交通事故发生后的静态阶段，其工作就是通过从这些静止的画面中挖掘各种信息，还原道路交通事故发生的过程。

（四）事故现场的共性和个体现场的特殊性

道路交通事故现场的共性是指道路交通事故现场中的共同现象，即规律性。共性的规律可以帮助现场勘查人员运用规范、技术，发现和鉴别痕迹、物证，从而判定道路交通事故的事实。所谓特殊性，则是指每起道路交通事故不同于其他道路交通事故现场的个性特征。简单地说，共性的规律有助于揭示每起道路交通事故的特殊性，同时，每起道路交通事故的特殊性又可以丰富完善并形成成熟的共性规律。

四、道路交通事故现场分类

根据道路交通事故现场的完整、真实程度，可将道路交通事故现场分为：原始现场、变动现场、破坏现场和再现现场。

1. 原始现场

原始现场是指道路交通事故发生以后，在道路交通事故现场的车辆和遗留下来的一切物体、痕迹、物证仍保持着道路交通事故发生后静态阶段的原始状态，没有变动和被破坏的现象。原始现场中的各种痕迹、物证虽然是静态的，但是它们都是在道路交通事故发生过程中形成的，是事故发生过程最为真实、客观的反映。因此，原始现场是最具有勘查价值的现场。

2. 变动现场

变动现场是指道路交通事故发生后，改变了原始状态的一部分甚至全部面貌的现场。导致道路交通事故现场变动的原因通常有以下几种：

（1）因抢救伤者而移动车辆等有关物体导致现场变动的。

（2）因保护不善导致现场的痕迹、物证等被过往车辆、行人破坏的。

（3）由于下雨、刮风、下雪等自然因素导致现场遗留的痕迹物证模糊不清或完全消失的。

（4）执行特殊任务的车辆或首长、外宾乘坐的车辆发生事故后，急需继续执行任务或为了首长及外宾的安全而使车辆离开现场，或由于其他原因不宜保留现场的，导致现场的原貌部分或全部消失。

（5）道路交通事故发生后，当事人没有发觉而脱离现场。

总之，导致道路交通事故现场变动的原因，不是人为的出于毁灭证据、伪造现场逃避法律责任的目的而故意造成的。

3. 破坏现场

破坏现场，是指道路交通事故发生后，与道路交通事故有关或被唆使的人员故意改变交通现场车辆、物体、痕迹、物证等的原始状态、位置等，企图达到混淆是非、逃避法律责任的目的。破坏现场从表象看与变动现场类似，但因其性质恶劣，因此将其单独列为一类。通常破坏现场还可以根据现场被破坏的程度以及破坏的方式进一步分为两类：

（1）伪造现场。肇事人为了逃避法律责任，故意毁灭证据，改变痕迹、物证的位置、形态等，有意通过改变或布置现场达到嫁祸于人的目的。

（2）逃逸现场。肇事人明知发生了道路交通事故，为了逃避法律责任，故意驾车逃逸后留下的现场。

4. 再现现场

再现现场是指交通事故办案人员根据需要，重新恢复、布置的现场。再现现场未必要在真实的道路环境中实施，也可以用计算机来实现。根据再现手段及目的的不同，再现现场又可以分为恢复现场和布置现场。其中恢复现场是根据现场勘查记录等材料，重新恢复现场，以供道路交通事故分析或复查案件使用。恢复现场的过程可以看作是一个重建现场的过程，可以利用无人机、3D扫描、交通事故仿真软件来实现这一目的。布置现场则是根据目击证人或当事人的指认，对由于种种原因已经不存在的原发现场，进行重新布置的现场。

第四节 道路交通事故现场勘查

一、道路交通事故现场勘查的含义

道路交通事故现场勘查是指公安机关交通管理部门依法运用科学的方法和技术手段对与道路交通事故有关的时间、地点、道路、人身、车辆、物品、牲畜等进行的勘验、检查，以及当场对当事人和有关人员进行的调查访问，并将所得结果客观、完整、准确记录下来的活动。

道路交通事故现场勘查是道路交通事故处理工作的基础，对于全面分析道路交通事故原因，准确认定道路交通事故责任，进行行政处罚乃至对于道路交通事故损害赔偿调解工作都有重要意义。交通事故现场勘查人员进行现场勘查时应全面、仔细，依法进行，要严格执行相关法律、法规、规范性文件及技术标准，如《中华人民共和国道路交通安全法》、《中华人民共和国道路交通安全法实施条例》、《机动车运行安全技术条件》（GB 7258-2017）、《道路交通事故处理程序规定》（公安部146号令）、《公安机关办理刑事案件程序规定》（公安部令127号）、《公安机关办理行政案件程序规定》（公安部令149号）、《道路交通事故处理工作规范》（公交管［2018］149号）、《道路交通事故案卷文书》（GA 40-2018）、《道路交通事故现场图绘制》（GA 49-2014）、《道路交通事故现场勘验照相》（GA 50-2014）、《道路交通事故痕迹物证勘验》（GA 41-2014）、《汽车行驶记录仪》（GB/T 19056-2012）、《车辆驾驶人员血液、呼气酒精含量阈值与检验》（GB 19522-2010）等。

二、道路交通事故现场勘查的目的和作用

(一) 道路交通事故现场勘查的目的

查明事件的性质,判定是否是道路交通事故。通过现场勘查所获得的线索可以帮助判断所发生事故的性质,以区分道路交通事故与利用交通工具进行犯罪的行为等。

收集并提取道路交通事故证据,为查明道路交通事故发生的原因提供证据。

调查交通环境与交通事故发生的关系,为改善交通环境、创造安全的通行条件提供依据。

(二) 道路交通事故现场勘查的作用

交通事故现场勘查是判定道路交通事故过程和确定事故成因的证据的主要来源,是道路交通事故处理工作的关键环节。要正确处理道路交通事故,首先要弄清道路交通事故的过程,了解交通事故的原因以判定道路交通事故的责任。而道路交通事故现场勘查正是搜集证据,辨别事故真相的手段。如果现场勘查工作做不好,缺乏客观依据,将无从对道路交通事故事实作出认定。

交通事故现场勘查是获取证据的重要手段。通过道路交通事故现场勘查,使现场存在的痕迹、物证成为证据,这些证据对道路交通事故处理工作起着决定性的作用,同时也为道路交通事故调查提供线索和方向。

交通事故现场勘查为侦破交通肇事逃逸案件提供客观依据。道路交通事故发生后,肇事人虽然破坏了事故现场,但交通事故所引起的各种交通元素的变化是客观存在的,通过道路交通事故现场勘查获取痕迹物证,通过走访目击者、受害人等知情人,可以为侦破道路交通事故案件提供依据。

三、道路交通事故现场勘查的内容

为了便于描述道路交通事故现场勘查的内容,可以把其分成几个方面进行分类说明。

(一) 根据现场勘查的方式进行分类

根据道路交通事故现场勘查的方式不同,现场勘查可以分为:实地勘查、现场访问、临场分析、现场实验四个方面。

1. 实地勘查

实地勘查是以查明道路交通事故过程,发现和提取痕迹、物证为主要目的,对交通事故现场进行的勘验、检查、摄影、摄像、丈量、绘制、记录等

专项活动，具体包括：

（1）勘验发生交通事故的肇事车辆、现场人员、现场道路和有关物体的状态以及位置。

（2）勘验能够证实发生交通事故的肇事车辆、现场人员行进路线的痕迹、物证。

（3）勘验肇事车辆、现场人员、现场道路、有关物体的接触部位、受力方向以及地面遗留物的分布情况。

（4）勘验肇事车辆的安全技术状况、装载情况。

（5）重点要勘验第1次接触的痕迹和物证，并在接触部位及周围寻找附着物等。

2. 现场访问

现场访问是以查明道路交通事故发生前后当事人的行为、道路和交通环境对交通活动的影响、车辆的状况等，以开辟线索来源为目的而进行的询（讯）问当事人及证人的活动。通过现场访问具体要了解的内容通常包括：道路交通事故当事人的基本情况、道路交通事故发生的基本事实、其他与道路交通事故有关的线索等。

3. 临场分析

临场分析是在道路交通事故现场勘查工作基本结束时，对现场勘查的全部材料进行全面、综合分析，用以判断现场采集的证据材料是否全面、合法的过程。通过临场分析可以初步揭示交通事故现场中各种现象产生的根源，及其内在联系。有助于初步分析事故当事人的道路交通安全违法行为以及导致道路交通事故的过错或者意外情况，有助于判断案件性质以及道路交通事故成因。

4. 现场实验

现场实验是为了分析案情、解释某些事故现象产生的原因，或者为检验鉴定提供必要的数据支撑的实验活动。尽管通过现场勘查可以获得大量的证据材料，但是有的时候仅仅通过记录、提取痕迹、物证无法发挥证据效力。例如，现场的视距范围、道路的摩擦系数、驾车人员的驾车体验等，这就需要开展现场实验来验证、查明某些痕迹或事实形成原因。

（二）根据现场勘查的目的进行分类

根据道路交通事故现场勘查的目的不同，现场勘查可以分为：时间调查、空间调查、生理及心理调查、环境条件调查和后果调查。

1. 时间调查

时间调查是要确定道路交通事故发生的准确时间以及与道路交通事故有

关事件发生的时间,以便分析道路交通事故发生的基本过程,确定其合理性。

2. 空间调查

空间调查是调查道路交通事故发生的空间场所以及道路交通事故现场中车辆、人体、物品、痕迹、物证、道路设施等所在的位置及其相互关系,以便分析道路交通事故发生前当事各方运动的路线、速度、道路交通事故接触点等。

3. 生理及心理调查

生理及心理调查是调查道路交通事故当事人的心理状态、生理状况,用来分析生理及心理对道路交通事故的发生有何影响。

4. 环境条件调查

环境条件调查是调查道路状况和自然条件等对道路交通事故发生的影响。

5. 后果调查

后果调查是调查道路交通事故造成的人员伤亡、财产损失情况及导致损失产生的原因。

四、道路交通事故现场勘查的原则

(一) 迅速、及时的原则

由于道路交通事故现场的特殊性,极易受到人为和自然因素的影响而发生变化或遭到破坏,导致道路交通事故现场失去勘查价值。随着时间的推移还会导致见证人离开现场,甚至还会造成交通堵塞等。因此,道路交通事故现场勘查是时间性要求很高的工作,要求公安机关交通管理部门常备不懈,接到道路交通事故报案后,迅速作出反应赶赴现场,为勘查工作争取时间。对可能因时间、地点、气象等原因,导致痕迹或者证据灭失的,应当及时固定、提取、保全。因此,在现场勘查过程中要注重效率,统筹安排,以便能迅速及时地完成勘查工作。

(二) 全面的原则

道路交通事故现场呈现出道路交通事故发生的结果,要通过这些静止的场景找到导致事故发生的原因并不是一件容易的事,因为诱发道路交通事故发生的原因是多方面的,无论是什么类型的道路交通事故现场,都要把现场所有有关的痕迹、物证毫无遗漏地进行记录、提取。只有全面收集证据,才有可能查明事故发生的真正原因。

(三) 细致的原则

道路交通事故现场中有些痕迹、物证不易被发现,但有时恰恰就是这类证据对认定道路交通事故的原因起着决定性的作用。因此,在进行道路交通事故现场勘查时一定要细致、有序，为分析道路交通事故成因打下良好的基础。从现场实际情况出发，在分析道路交通事故原因时，要做到全面、严谨，分析各种痕迹、物证与道路交通事故结果的关系，不能忽略任何一个细小的矛盾，更不能放弃对任何一个微小痕迹的分析。同时，要注意结合证人证言、当事人陈述，不能凭主观臆断，更不可以徇私枉法，歪曲事实。对于变动或伪造现场更要分析了解变动的情况，得到合理的解释和有说服力的鉴定意见。

（四）客观的原则

相同的道路交通事故现场的表象后面隐藏的未必是同样的导致事故发生的原因，因此，在进行现场勘查时要以事实为依据，交通事故现场勘查人员不能够凭主观臆断、经验来完成对交通事故事实的认定，而要坚持实事求是、一切从证据出发。

（五）合法的原则

依法办案是公安机关交通管理部门及其交通警察所要遵守的最基本的原则，在进行现场勘查的过程中，无论是提取痕迹、物证，还是询（讯）问当事人或证人都要严格按照法定程序办事，正确地行使法律赋予的权利，更要严格地履行法律规定的义务。尤其要注意的是在进行询（讯）问时，应尊重被询（讯）问人的合法权益，尊重群众的风俗习惯。对于故意破坏现场、无理取闹者，要依法严办；不准随意动用被扣留的车辆、物证及其他物品；当勘查人员与道路交通事故有利害关系以及其他可能影响公正办案的关系时，应当自行回避；注意保密工作，维护公安机关交通管理部门的荣誉。

（六）科学的原则

为了保证勘查结果的准确性和可靠性，应该运用先进的科学技术手段来进行勘查工作。由于现代新型材料在汽车工程、道路工程、服装织物等方面的广泛应用，许多道路交通事故物证已无法用传统方法来鉴别，加之一些细小、浅淡痕迹也难以用常规方法去发现和提取，这就要求在进行现场勘查时，必须依据不同物证的物理和化学特性，采用相应的先进科学技术来发现、固定、提取和检验物证，以提高道路交通事故物证勘查的质量，满足道路交通事故案件处理对证据可靠性的要求。

五、道路交通事故现场勘查的要求

（一）对道路交通事故勘查人员的要求

道路交通事故现场勘查工作是道路交通事故处理工作的一个组成部分，只有公安机关交通管理部门的道路交通事故办案人员才有权负责道路交通事故物证勘查工作。

由于我国道路交通事故处理工作实行的是分级负责、专人办案、领导审批的制度。根据《道路交通事故处理工作规范》第八条的规定，交通警察经过培训并考试合格，可以处理适用简易程序的道路交通事故。取得初级资格的交通警察，可以处理除死亡事故以外的道路交通事故，并可以协助取得中级以上资格的交通警察处理死亡事故。取得中级以上资格的交通警察，可以处理所有道路交通事故，并可以对道路交通事故案件进行复核。取得高级资格的交通警察，可以对取得初级、中级资格的交通警察处理道路交通事故进行指导。设区的市、县级公安机关交通管理部门分管事故处理工作的领导和事故处理机构负责人，应当取得中级以上资格。基于此，对不同类型的道路交通事故现场进行勘查的人员，需要具有相应的资格。

道路交通事故现场勘查工作处理除了有人员资格的要求外，还有人员数量的要求。发生适用一般程序处理的道路交通事故，公安机关交通管理部门应当根据道路交通事故的情况，派出 2 名或者 2 名以上交通警察处理，如果该起道路交通事故造成人员死亡，则事故现场勘查人员中至少要有一人具有中级以上资格。由于道路交通事故情况非常复杂，某些物证勘查涉及一些专门知识，所以，在道路交通事故处理部门无法独立完成勘查工作的情况下，可以从其他部门聘请具有专门知识的专业人员参加勘查工作。在现场勘查人员未赶到事故现场前，指挥中心可以指派就近执勤的交通警察立即赶赴现场进行先期处置。

另外，作为一名现场勘查人员在开展工作时应该做到：服从统一指挥，严格按勘查步骤进行工作，不得随便移动现场的遗留物等；保护公私财产，不得私拿或损坏现场任何物品；尊重当地群众的风俗习惯；严格保守秘密，不准泄露有关现场的情况或擅自发表对事故的看法；严格遵守政策法令和有关规定。

(二) 确保勘查人员人身安全

全国每年都会发生多起交通警察在勘查道路交通事故现场时，被其他车辆碰撞，造成伤亡的事故。交通警察勘查道路交通事故现场，应当穿着反光背心，夜间可以佩戴发光或者反光器具。遇有载运危险物品车辆发生道路交通事故的，还应当根据需要穿着防护服，佩戴防护用具。为了切实保障交通民警在勘查道路交通事故现场时的人身安全，应该加强交通民警的培训，以及查处交通违法行为和勘查道路交通事故现场的安全防护装备配备。

(三) 准备充分

交通警察执勤巡逻时，警车应当配备警示标志、现场标划用具、执法记录设备等对道路交通事故现场进行先期处置的必需装备，以及适用简易程序处理道路交通事故的法律文书等。对于专门的道路交通事故处理人员,则应配备性能良好的道路交通事故勘查车辆,除了警车中所应装备的设备外,还应配备专门的道路交通事故现场勘查工具,以应对随时发生的道路交通事故。

为了确保遇到各种交通事故时,公安机关都能迅速出警,高效、高质量地完成交通事故现场处置工作,各地公安机关交通管理部门应当制定群死群伤道路交通事故应急处置、载运危险物品车辆道路交通事故应急处置、校车道路交通事故应急处置、隧道道路交通事故应急处置、恶劣天气条件下道路交通事故应急处置以及自然灾害造成事故应急处置和交通肇事逃逸案件查缉等预案,并与相邻省,设区的市、县级公安机关交通管理部门建立协作、查缉机制。

在预案中应包括:

(1) 组织机构及领导责任。确定该类事故对应的领导级别、相应的部门,有利于明确领导责任,便于预案的实施、组织。

(2) 处理人员的构成及相应职责。各相关部门、人员及其相应责任的确定,有利于各项工作的开展。

(3) 处理程序。处理程序的明确对于提高效率,各部门协同工作有重要的意义。

(4) 备用方案。由于交通事故现场具有特殊性,预案应有多个备用方案,以便根据具体情况随时作出调整,保证方案高质量实施。

(四) 记录完整

在道路交通事故勘查现场过程中,应通过执法记录仪、现场制图、现场照相以及现场勘查笔录等完整地记录道路交通事故现场的情况,尤其是有价值的痕迹物证,一定要首先用照相的方法加以固定,在提取痕迹、物证时,要做好勘查笔录,记录痕迹、物体的位置、形状、尺寸以及勘验过程等。

六、道路交通事故现场勘查的程序

道路交通事故现场勘查的程序包括前期准备、现场操作、撤除现场等几个部分。在前期准备工作中首先要保证有关现场勘查的工具、车辆完好,随时能投入使用。在此基础之上要做好接处警工作,并尽快赶赴现场。在事故现场进行勘查时应遵守有关法律程序,做到迅速、准确、有效。完成勘查工作后应迅速撤除现场,指挥恢复交通。

第二章 道路交通事故警情的处置

及时迅速地处理道路交通事故,有利于减少交通堵塞及连锁事故的发生。准确接收交通事故警情,采取有针对性的处警方式是道路交通事故得以有效处置的前提,也是做好其他相关工作的保障。

第一节 道路交通事故的接警

一、接报警制度

根据《道路交通事故处理工作规范》的规定,设区的市、县级公安机关交通管理部门事故处理机构实行24小时值班备勤制度,根据辖区道路交通事故情况确定值班备勤人数,值班备勤民警不得少于二人。由于道路交通事故的发生没有较为明显的时间规律,因此,时时备勤有利于及时发现道路交通事故,并采取相应的措施减少道路交通事故的损失。

二、报警方式

道路交通事故报警是指有关人员将发生、发现道路交通事故的情况及时告知公安机关交通管理部门的活动。道路交通事故的报警方式可以分为由群众报警和公安机关自行发现道路交通事故两大类。

1. 群众报警

从警情来源看,向公安机关交通管理部门报警的既可以是道路交通事故当事人、目击者,也可以是交通事故现场附近的居民或者途经事故现场的人员等。

从报警方式来看,通过电话报警是目前道路交通事故报警的主要形式,报案人还可以到达事故现场附近的公安机关交通管理部门当面报警,也可以就近向当地公安机关或者其他行政机关报案并请求转告。

2. 公安机关自行发现道路交通事故

公安机关自行发现的道路交通事故,通常是交通警察执勤巡逻或者交警指挥中心通过交通视频监控、空中巡逻等发现的。交通警察发现道路交通事故后,除符合自行协商条件或者可以适用简易程序处理的以外,应当将基本情况报告指挥中心,并根据事故情况以及相应的权限先期处置事故现场。

随着公安交通管理科技投入力度的加大,智能车辆技术的日益成熟和计算机通信技术的发展,公安机关交通管理部门接收到道路交通事故报案方式也越来越丰富。不仅可以通过交通监控系统、路况智能检测系统主动发现道路交通事故,还可以通过道路交通事故车辆自动报警装置获取报警信息。另外,车载GPS系统的应用,也对及时发现道路交通事故起到了一定的作用。

三、接警记录

道路交通事故报案记录是立案的依据,对查对、核实道路交通事故案件,确认事故发生的时间、地点有着重要的作用。公安机关及其交通管理部门接到道路交通事故报警后,应当受理并制作《受案登记表》。具体应记录以下内容:

(1) 报警方式、时间,报警人姓名、联系方式,通过电话报警的还应当记录报警电话。

(2) 发生或者发现道路交通事故的事件、地点。

(3) 人员伤亡情况。

(4) 车辆类型、车辆号牌号码,是否载有危险物品以及危险物品的种类、是否发生泄漏等。

(5) 涉嫌交通肇事逃逸的,还应当询问并记录肇事车辆的车型、颜色、特征及其逃逸方向、逃逸驾驶人的体貌特征等有关情况。

对于上述所需要记录的内容一定要按照规定记录清楚,有条件的也可以对报警内容进行录音,以备后查或者作为相关证据使用。

此外,为了尊重和保护报警人的合法权益,对于报警人不愿意透露或公开自己姓名的,公安机关交通管理部门有义务为其保密,不得擅自泄露,在接警记录中要加以说明。对于不属于道路交通事故的案件,公安机关交通管理部门不予受理,但是应当告知报案人向有管辖权的机关报案。

由于报案人在道路交通事故发生过程中所处的角色以及在事故现场中所在的位置不同,其所掌握的道路交通事故信息的内容、准确度也不尽相同。例如,外地驾驶人发生道路交通事故后,报案时描述的事故现场的地点未必准确,因此,在这种情况下可以适当询问当事人事故现场周围是否有标志性的建筑等;在接到见证人的报案时,其对车辆的装载情况未必能作出准确的描述，应注意询问车辆的种类，判断可能装载的货物，以及是否可能是危险品等。

四、制作受理道路交通事故案件登记表

《受案登记表》（样式如图2-1所示）是公安机关交通管理部门接受道路交通事故当事人或者其他公民报告发生道路交通事故时使用的文书，是公安机关交通管理部门接受道路交通事故报案的重要原始材料。

受案登记表

（受案单位名称和印章）　　　　　　　　　　第　　　号

案件来源	□110指令　□122指令　□工作中发现　□事后报案　□投案　□移送 □扭送　□其他			
	姓　　名		联系方式	
	报警方式		报警电话	
	□报警人不报姓名　　□报警人不愿意公开姓名			
移送单位		移送人	联系方式	
接报民警		接报时间	年　月 日　时　分	接报地点
简要案情（发生/发现事故的时间、地点、事故车辆类型、车辆号牌号码、人员伤亡情况；载有危险物品的种类、是否泄漏；涉嫌逃逸车辆的车型、颜色、特征、逃逸方向、逃逸驾驶人的体貌特征）以及是否接受证据： 			
受案 意见	受案民警　　　　　　　　　　　　　　　　　　　　　年　月　日			
受案 审批	受案部门负责人　　　　　　　　　　　　　　　　　　年　月　日			

一式两份，一份留存，一份附卷。

图2-1　《受案登记表》样式

实践中，除适用当事人自行处理的道路交通事故外，公安机关交通管理部门接受其他道路交通事故的报警都必须使用《受案登记表》，不论最后是否立案，只要接受道路交通事故报案，均应填写《受案登记表》，由领导审批后，再决定是否立案或者移交其他有关部门。

《受案登记表》是公安机关交通管理部门接受道路交通事故报案的重要原始材料，是公安机关交通管理部门受理道路交通事故案件的依据。接警人员对群众报案要实事求是的记录，目的是使公安机关交通管理部门能够及时了解道路交通事故的具体情况，根据案情及时、合理地调配警力、出警时的装备以及是否通知有关部门进行协助。

《受案登记表》属于填充型文书，应按文书中所列各项由接警人员逐一详细填写，由公安机关交通管理部门分管事故工作的负责人或者事故处理部门的负责人进行审批，决定是否受理。也可在勘查现场后再根据实际情况作出相应的批示。属于道路交通事故，批示"立案调查"的，开展调查工作；不属于道路交通事故，需移送其他单位的，制作《移送案件通知书》，移送有管辖权的单位处理，并用《道路交通事故处理通知书》书面告知有关人员处理途径。

对于受案登记表的制作有如下要求：

（1）"案件来源"栏的填写，从备选项目中根据具体情况勾选。

（2）"报警人"包括执勤民警、当事人、发现交通事故发生的举报人等。报警人的基本情况可按文书要求顺序填写，主要包括姓名、联系方式、报警方式、报警电话等内容。如果报警人不报姓名的，或者报警人不愿意公开姓名的，应在报警人相应的栏目中进行勾选。

（3）"接报时间"栏填写接到报案的具体时间，详细填写年、月、日、时、分，使用24小时制并精确到分。

（4）"简要案情"栏应当写明下列内容：发生/发现事故的时间、地点、事故车辆类型、车辆号牌号码、人员伤亡情况；载有危险物品的种类、是否泄漏；涉嫌逃逸车辆的车型、颜色、特征、逃逸方向、逃逸驾驶人的体貌特征等。

①道路交通事故发生时间或者报警人看到、听到交通事故发生的时间。

②道路交通事故发生的地点。

③交通事故肇事车辆的类型、号牌号码，对于群众报警的受其对车辆了解程度的不同，主要了解车辆大致属于大型客运车辆、货运车辆、小型轿车等哪种类型。

④交通事故造成人员受伤的数量，伤亡情况的严重程度，人员受困的情

况等。

⑤对于载运货物的车辆，应尽量了解车辆所载货物的种类，特别是对于装载有危化品的车辆，应调查其装载的危化品种类以及泄漏情况等。

⑥对于涉嫌逃逸的交通事故，应了解嫌疑肇事逃逸车辆的车型、颜色、特征、逃逸方向、逃逸驾驶人的体貌特征等。

简要案情的填写应客观反映道路交通事故受案时所了解的案情，文字力求精练，内容要全面准确。

（5）"受案意见"是道路交通事故案件受案民警根据案情，提出是否受理并作进一步调查处理的意见。如果认为不予受理或者应当移送有管辖权的部门处理，需在该栏中写明理由，不得笼统写"不予受理"；对于应当移送的，应当写明被移送部门的名称。

（6）"受案审批"是公安机关交通管理部门道路交通事故处理负责人对道路交通事故案件、受案民警所提意见进行审核，审核后应当写明同意受理或者不予受理或者应当移送案件的意见，不能仅填写"同意"或者"不同意"。

第二节　道路交通事故的处警

公安机关交通管理部门接报警后，交通指挥中心相关人员应当按照处置权限，并根据道路交通事故的种类和严重程度等情况进行处理，主要包括指令、上报、协查、通报、启动应急预案等几项内容。

一、发布指令

对于适用一般程序处理的交通事故，指挥中心应通知事故处理民警赶赴现场，并调派支援警力赶赴现场维护交通安全和交通秩序。

二、上报警情

属于上报范围的交通事故，应立即报告上一级公安机关交通管理部门，并通过本级公安机关报告当地人民政府。根据《道路交通事故处理工作规范》第十九条的规定，发生道路交通事故有以下情形的，公安机关交通管理部门应当立即通过本级公安机关报告当地人民政府，并逐级上报省级公安机关交通管理部门：

（1）一次死亡三人以上的；

（2）接送学生、幼儿车辆发生事故造成学生、幼儿受伤的；

（3）高速公路上发生单起或者连续发生多起事故涉及五辆以上机动车的；

（4）伤人事故涉及现役军人、公安民警或者军车、警车的；

（5）造成外国人、港澳台人员受伤的；

（6）省级公安机关交通管理部门要求上报的其他情形。

根据《道路交通事故处理工作规范》第二十条的规定，发生道路交通事故有以下情形的，公安机关交通管理部门应当立即通过本级公安机关报告当地人民政府，并逐级上报公安部交通管理局：

（1）一次死亡五人以上的；

（2）载运危险物品的车辆发生泄漏、爆炸、燃烧的；

（3）发生大中型客车翻车、坠车、燃烧的；

（4）接送学生、幼儿车辆发生事故造成学生、幼儿死亡或者五人以上受伤的；

（5）高速公路上发生单起或者连续发生多起事故涉及十辆以上机动车，或者造成单向或双向交通中断的；

（6）死亡事故涉及现役军人、公安民警或者军车、警车的；

（7）造成外国人、港澳台人员死亡或者三人以上重伤的；

（8）应当上报的其他情形。

三、要求协助

对于涉嫌交通肇事逃逸的案件，应根据需要堵截、查缉交通肇事逃逸车辆，并通知相关路段执勤民警堵截或查缉过往车辆，通报相邻的公安机关交通管理部门布控、协查；对于属于重大敏感的道路交通事故，指挥中心应当及时通报公安机关新闻舆论部门、网络安全保卫部门及其他相关单位，同步做好舆情导控等工作。

四、通报相关部门

对于需要现场救援的交通事故，应立即通知相关单位救援人员、车辆赶赴现场；对于载运爆炸性、易燃性、毒害性、放射性、腐蚀性、传染病病原体等危险物品车辆发生事故的，应立即通过本级公安机关报告当地人民政府，通报有关部门及时赶赴事故现场；营运车辆、校车发生人员死亡事故的，通知当地人民政府有关行政管理部门；造成道路、供电、供水、燃气、通信等设施损毁的，通报有关部门及时处理。

五、启动应急预案

对于属于应急处置范围的交通事故，指挥中心应当立即报告公安机关有关负责人，并启动相应的应急处置预案。根据《道路交通事故处理工作规范》第十一条的规定，各级公安机关交通管理部门应当制定群死群伤道路交通事故应急处置、载运危险物品车辆道路交通事故应急处置、校车道路交通事故应急处置、隧道道路交通事故应急处置、恶劣天气条件下道路交通事故应急处置和自然灾害造成事故应急处置以及交通肇事逃逸案件查缉等预案，并与相邻省、设区的市、县级公安机关交通管理部门建立协作、查缉机制。在各类应急预案以及协作、查缉机制中，应明确启动条件，实施过程中的组织领导机构，参与部门，应将责任明确到人，确保及时、有效地实现预案及协查机构建立的目标。

六、记录处警信息

公安机关交通管理部门的指挥中心或者值班室在进行道路交通事故警情处置时，应该制作处警记录。其具体内容包括：

（1）处警指令发出的时间；
（2）接受处警指令的人员姓名；
（3）处警指令的内容；
（4）通知联动单位的时间；
（5）向单位领导或上级部门报告的时间、方式以及批示和指示情况；
（6）处警人员到达现场以及现场处置结束后，向指挥中心报告的时间及内容。

以上所涉及的处警内容，并不是所有的都可以在指挥中心接到报警后就能够直接作出决定的，只有以可靠的信息来源及真实的信息内容作为决策依据，才能直接作出以上处警决定。如果无法根据所获得的信息直接作出处警决策，则需要交通民警赶到道路交通事故现场，通过初步的现场勘查将所获得的信息反馈给指挥中心后，才能作出相应的决策。

七、远程引导

发生可以自行协商处理的财产损失事故，当事人报警的，交通警察、警务辅助人员可以指导当事人自行协商处理。这样的远程引导处理方式，有利于节省警力，更好地预防交通拥堵，也收到了更加快速便捷的事故处理效果。

八、非现场报警的道路交通事故警情的处理

发生道路交通事故后当事人未报警,在事故现场撤除后,当事人又报警请求公安机关交通管理部门处理的,公安机关交通管理部门应按照正常接报警的流程记录报警内容。尽管由于道路交通事故现场早已经被破坏,对于公安机关交通管理部门来说要弄清事故的真相也存在一定的难度,但遇到当事人未在道路交通事故现场报警,事后请求公安机关交通管理部门处理的,公安机关交通管理部门仍要开展相应的处理工作。指挥中心应指派警力在三日内根据当事人提供的证据或案件线索,对事故发生地点的道路情况、事故车辆情况等进行核查,查找并询问事故当事人和证人。

如果经过核查确认该起交通事故事实存在,公安机关交通管理部门应当受理,制作《受案登记表》,并告知当事人;经核查无法证明道路交通事故事实存在或者不属于公安机关交通管理部门管辖的,则应当制作《不予受理告知书》(样式如图2-2所示),送达当事人;经核查不属于道路交通事故但属于公安机关管辖范围的案件,应当移送公安机关相关部门,并书面告知当事人,说明理由;经核查不属于公安机关管辖的案件,应当告知当事人向相关部门报案,并通知相关部门。

不予受理告知书

第　　　号

_____：

　　你于____年___月___日向_____

报称的_____一案,

经核查:

　　□无法证明道路交通事故事实存在

　　□不属于公安机关交通管理部门管辖

　　根据《道路交通事故处理程序规定》第十八条的规定,决定不予受理。

　　特此告知。

（印章）

年　月　日

图2-2 《不予受理告知书》样式

第三节　道路交通事故的出警

一、出警要求

接到道路交通事故报警后需要派员到现场处置，或者接到出警指令的公安机关交通管理部门应当按照规定立即派交通警察赶赴现场。白天应当在五分钟内出警，夜间应当在十分钟内出警。为了达到这样的要求，平时事故处理人员就应做好随时出警的准备，并确保事故现场勘查车辆、设备、工具处于完好状态，做到接到报案或指令就能出发赶赴现场。在赶赴现场途中，应按照《道路交通安全法》第五十三条的规定，警车、消防车、救护车、工程救险车执行紧急任务时，可以使用警报器、标志灯具；在确保安全的前提下，不受行驶路线、行驶方向、行驶速度和信号灯的限制，其他车辆和行人应当让行。

二、出警装备

（一）执勤交通警察应配备的必要装备

普通的交通警察在执勤巡逻时，警车应当配备警示标志、现场标划用具、执法记录设备等对道路交通事故现场进行先期处置的必需装备，以及适用简易程序处理道路交通事故的法律文书等。

（二）交通事故处理民警应配备的必要装备

专门从事事故处理工作的交通警察出警时，应配置外表标记图案统一的现场勘查车，并安装警示设备。车内应配置必要的设备和器材，并应做到随时能够启动出勤。车内应配备的装备包括：

（1）警灯、警报器、扩音设备等警示器材。

（2）无线通信设备。

（3）交通管理信息查询设备。

（4）夜间照明设备。道路交通事故现场勘查车载照明设备是装载在道路交通事故现场勘查车上，用于事故现场的勘查、受伤人员的抢救以及其他事故现场处理工作的专用照明设备。车载照明设备一般由电源系统、照明系统、升降系统和旋转系统组成，各系统组成都应有相应的控制装置。为了保证照明设备的正常运行，要求车载照明设备各组成部分完整，表面无损伤，电气线路连接可靠，各紧固部位无松动现象，设备运行无卡滞现象。

（5）现场勘查装备及工具。

（6）反光或者发光锥筒、警戒带、警告标志、告示牌、事故现场反光服等安全防护器材。

（7）呼吸式酒精含量检测仪、毒驾筛查试纸等现场执法工具。

（8）便携式急救包、牵引绳、简易破拆工具。用于应急救护的便携式急救包应该包括简单的医用包扎、固定工具，相应地，道路交通事故处理民警应该接受医疗急救等知识的培训。

第三章　道路交通事故现场处置

交通警察接受指令赶到交通事故现场后，应当及时向发出处警指令的指挥中心报告到达时间，通过对交通事故现场的初步调查，确认该起事故发生的地点、事故形态、车辆类型、乘载人员、道路通行、初查后果等现场简要情况后，应及时上报指挥中心。对于事故现场需要增加救援人员或者装备的，应一并上报。同时，交通警察应迅速开展现场的安全防护及组织救援工作，尽量减少交通事故造成的人身伤害程度以及财产损失，确保交通事故现场的人员安全，避免二次事故的发生，确保现场的痕迹物证不被破坏，以有利于还原交通事故的事实。

第一节　道路交通事故现场的安全防护

一、道路交通事故现场安全防护的步骤

（一）停放警用车辆

最先到达现场的警车应当停放在距事故现场来车方向一定的距离以外，并开启警灯、危险报警闪光灯，对行经事故现场的其他车辆提供警示标示，为进一步开展现场区域确定、现场安全防护设置等提供临时安全空间。待现场安全防护设置完成后再根据现场指挥，将警用车辆停放在安全和便于抢救、勘查的位置。

（二）确定现场核心区域

通过现场的初步勘查，了解道路交通事故现场元素所在的空间位置，可能存在潜在痕迹物证以及需要实施抢险救护的空间场所，并确定该区域为交通事故现场的核心区域。明确现场勘查、抢险、救护的具体区域，为进一步设定现场的安全防护范围提供依据。

（三）设定现场安全防护区域

现场安全防护区域的设定是围绕着现场的核心区域展开的。借用《道路

交通事故现场安全防护规范》(第 1 部分：高速公路) 中的定义，现场的安全防护区域沿着道路的走向，可以分为交通事故现场警戒区、交通事故现场预警区、临时通行车道（如图 3-1 所示）。

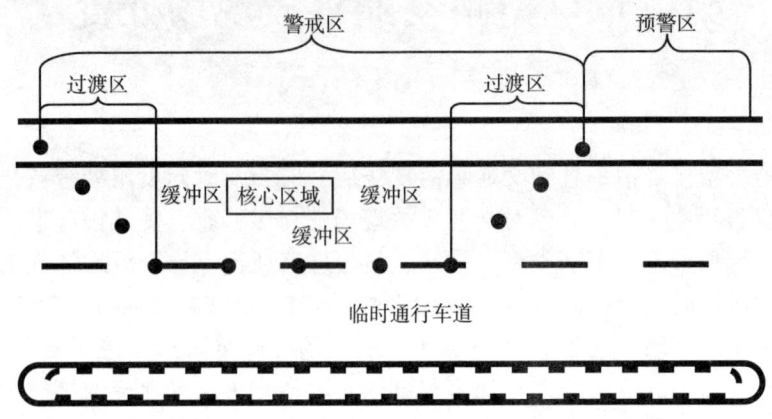

图 3-1　交通事故现场安全防护区域示意图

1. 交通事故现场警戒区

交通事故现场警戒区为在交通事故现场划定的禁止无关车辆和人员进入的区域。需要使用警戒带、发光或者反光锥筒来划出独立空间。进出警戒区的人员、车辆应由从事现场指挥的交通警察确定。交通事故现场警戒区应包括现场核心区域，保护好现场的各种痕迹、物证；缓冲区为现场工作人员、车辆提供工作以及安全保障空间；过渡区为行经事故现场的车辆提供交通诱导等。

2. 交通事故现场预警区

交通事故现场预警区是处于交通事故现场警戒区上游，对来车示警并限速行驶的区域。该区域不限制车辆的通行，只是通过警告标志和减（限）速标志进行预警以及限速管理。

3. 临时通行车道

在交通事故现场有通行条件的，应设置临时通行车道，在临时通行车道起始端应设置限速标志。临时通行车道通常与交通事故现场警戒区并行，实行临时的车辆速度管理。

如果交通事故涉及爆炸性、易燃性、毒害性、放射性、腐蚀性、传染病病原体等危险物品的，则不能设置临时通行车道，而应封闭道路、疏散过往车辆、人员，将警戒区升级为隔离区。

（四）发布交通信息实现交通组织

现场的保护范围设定后应通过信号灯、可变信息标志、警告标志、告示牌等实施交通事故路段的临时交通管理措施。并通过媒体、导航、交通管理信息牌等发布交通事故信息，实现对交通流的疏导。

二、道路交通事故现场安全防护区域的设置原则

（一）确保安全原则

设置交通事故现场安全防护区域的根本目的是避免二次交通事故的发生，即使出现安全隐患也能尽可能地减少人员伤亡和财产损失。因此，设置人员在设置安全防护区域时，应按照防护规范执行，结合交通事故现场周围的环境，判断各种防护措施是否能够被驶来的车辆及时发现，并有足够的空间采取措施消除交通安全隐患。为此，要确保各种标志、设施能够在足够远的距离外被驶来车辆发现，这就要结合道路上车辆的行驶速度、交通拥挤程度、天气对能见度的影响、障碍物对视线的遮挡、道路线形对视线的影响、所用器材的易于辨识程度等来施放。除此之外，还应考虑一旦失控车辆驶入安全防护区，在交通事故现场工作的人员如何迅速撤离，因此，在设置现场安全防护区域时，要考虑使用闯入报警设备，为现场勘查人员避险提供撤离时间，同时应事先确定安全有效的避让路线，保证危险一旦来临，能够把损害降到最低限度。

（二）空间保障原则

在确保安全的基础上，交通事故现场的安全防护区域还应为现场勘查人员、现场救援人员、交通引导人员等在现场的人员提供足够的工作空间，为现场勘查车、救护车、救援车等车辆提供停放的空间。由于道路资源有限，现场的安全防护区域通常沿着道路的走向设置，其长度通常可以得到保障，但是横向距离会受到道路宽度的限制，因此，在停放车辆时应考虑车辆的功能、车体形状等因素顺序停放。例如，救护车停放在来车方向或者车辆驶离方向均可，但应尽量靠近伤员所在位置以便施救；警车、清障车等应停放在来车方向，各种停放在现场中的车辆的最远端位置，起到警示、防撞的作用。

（三）交通秩序维护原则

交通事故本身对于正常的道路通行具有一定的影响，不仅会扰乱交通秩序，还会导致交通拥堵。因此，在设置交通事故现场安全防护区域时，应当评估该区域对道路交通的影响，并制定临时的交通管控措施，及时发布交通信息，采取有效的措施疏导交通。在确保安全、工作空间足够的基础上，如果有条件的，可以缩小安全防护区域的范围。

三、道路交通事故现场安全防护区域的设置方法

(一) 设置距离要求

1. 警戒区设置距离要求

根据《道路交通事故处理工作规范》的规定,交通警察到达现场后,应当根据现场情况利用警戒带、锥筒等划出警戒区,白天在距离现场来车方向50米至150米外或者路口处放置发光或者反光锥筒和警告标志;夜间或雨、雪、雾、冰、沙尘等特殊气象条件下,应当增加发光或反光锥筒,延长警示距离;高速公路应当停放警车示警,白天应当将警车停放在距离现场来车方向200米外,夜间或雨、雪、雾、冰、沙尘等特殊气象条件下,将警车停放在距离现场来车方向500米至1000米外(详见表3-1),设置警告标志和减(限)速标志,放置发光或者反光锥筒。

表3-1 警戒区设置 来源于《道路交通事故现场安全防护规范》
(GA/T 1044.1—2012))

	白天			夜间、雨雪、雾霾等能见度不良天气条件		
	警戒区起始位置 m	警戒区结束位置 m	临时通行车道限速 km/h	警戒区起始位置 m	警戒区结束位置 m	临时通行车道限速 km/h
直线路段	上游:200	下游:50	40	上游:500	下游:50	20
弯道路段	上游:500	下游:50	20	上游:500	下游:50	20
隧道路段	上游:500	下游:50	20	上游:500	下游:50	20
匝道	上游:200	下游:50	20	上游:500	下游:50	20
坡道下坡	上游:500	下游:50	40	上游:500	下游:50	20
收费路段	上游:200	下游:50	20	上游:500	下游:50	20
夜间、雨雪、雾霾等能见度不良天气条件下,应增大警戒区范围,降低临时通行车道车辆限速值,有条件的可以开启音响警示设备。						

2. 预警区设置距离要求

根据《道路交通事故处理工作规范》的规定,遇有群死群伤的交通事故现场,应当扩大警戒区范围,在现场警戒区外围设置缓冲区或者预警区。参考《道路交通事故现场安全防护规范》(GA/T 1044.1—2012)中的规定,对

于设计时速较高的高速公路、城市快速路等路段发生的交通事故,应考虑设置预警区,其设置距离见表3-2。

表3-2 预警区设置

	白天			夜间、雨雪、雾霾等能见度不良天气条件		
	警戒区上游预警标志位置 m	预警区限速 km/h	警戒区上游100m处预警限速 km/h	警戒区上游预警标志位置 m	预警区限速 km/h	警戒区上游100m处预警限速 km/h
直线路段	400	80	40	500	80	40
弯道路段	400	80	40	500	80	40
隧道路段	500	80	40	500	80	40
匝道	400	80	40	500	80	40
坡道下坡	500	80	40	500	80	40
收费路段	400	80	40	500	80	20
夜间、雨雪、雾霾等能见度不良天气条件下,应增加预警路段长度,降低预警路段车辆限速值,有条件的可以开启音响警示设备。						

(二)锥形交通路标的摆放

1. 警戒区前端锥形交通路标的放置

参照《道路交通事故现场安全防护规范》(GA/T 1044.1—2012)中的规定,高速公路上的交通事故安全防护区域起始端锥形交通路标的摆放要求包括:在警戒区前端从左侧(或右侧)护栏处至事故占用车道外侧车道分隔标线,沿约45°斜线,每隔1.5~2米放置1个锥形交通路标至占用车道外侧车道分隔标线。占用车道外侧车道分隔标线上应从来车方向起,每间隔10~20米放置一个锥形交通路标;在交通事故现场锥形交通路标上由前至后,设置车辆闯入报警设备;在警戒区前段,锥形交通路标后2~3米处,面向来车方向,设置警示标志,对临时通行车道实施限速。(如图3-2所示)

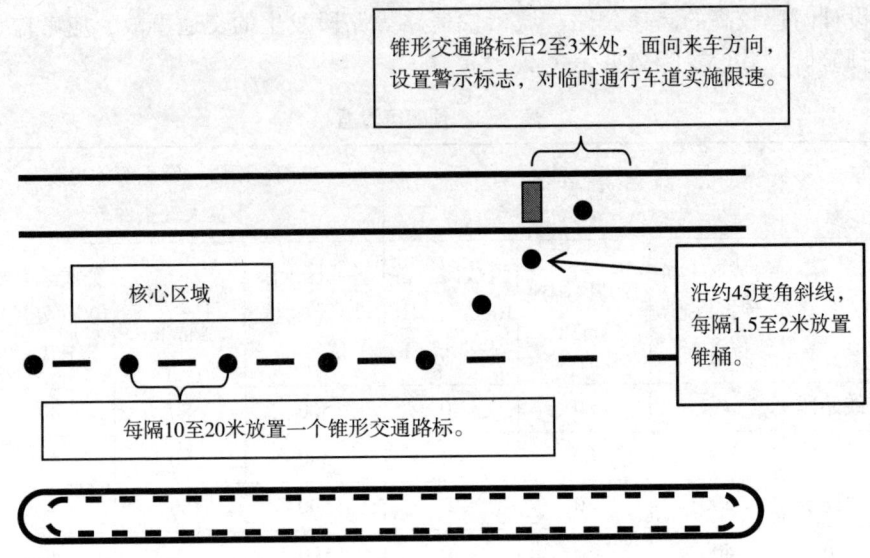

图 3-2　交通事故安全防护区前端锥形路标的放置示意图

2. 交通事故现场安全防护区域锥形交通路标的放置

交通事故现场安全防护区域锥形交通路标的放置可以参照《道路交通标志和标线》（GB 5768.4—2017）（第 4 部分：作业区）中作业区设置的方法。其中普通高速公路及一级公路交通事故现场防护区的设置方式见图 3-1；普通高速公路及一级公路单向三车道及以上公路交通事故现场防护区的设置方式见图 3-3；匝道处交通事故现场防护区的设置方式见图 3-4；平面交叉口交通事故现场防护区的设置方式见图 3-5；无隔离设施的城市道路交通事故现场防护区的设置方式见图 3-6。除上述情形外，还有很多种情况，交通警察在进行现场安全防护区域设置的时候，除按照工作规范进行设置外，还应掌握安全、顺畅通行的基本思路。

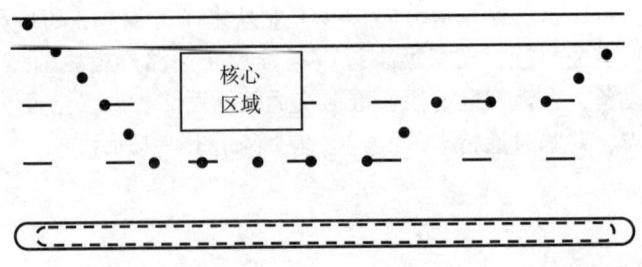

图 3-3　单向三车道及以上公路交通事故现场防护区示意图

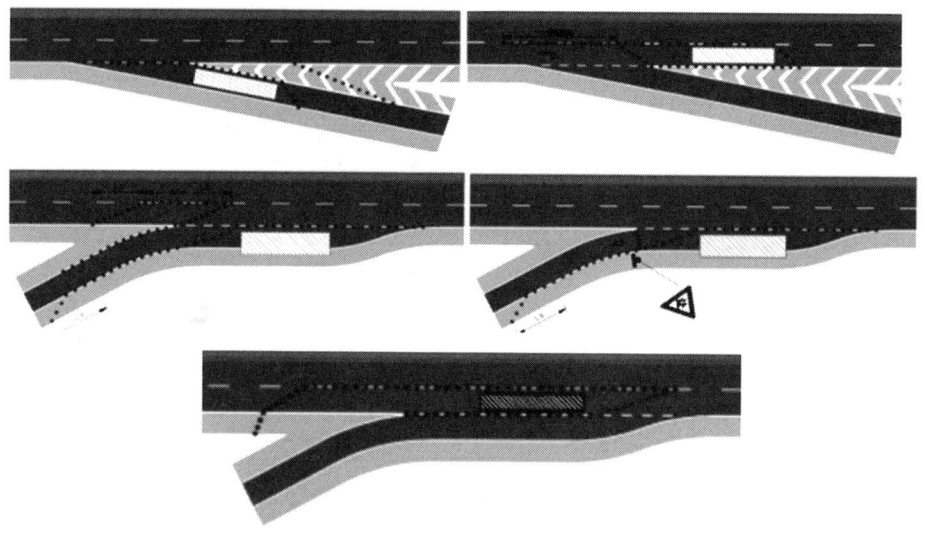

图 3-4 匝道处交通事故现场防护区示意图

图 3-5 平面交叉口交通事故现场防护区示意图

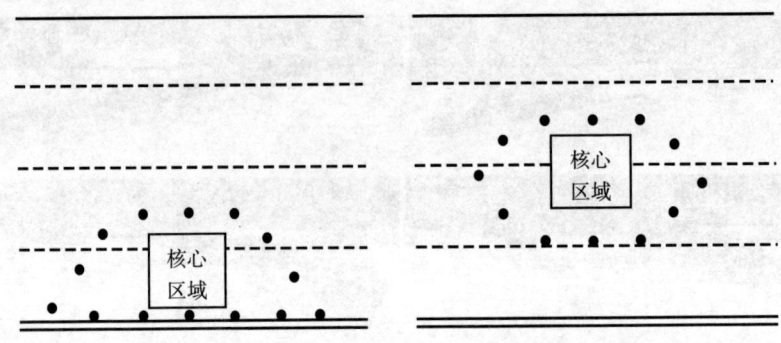

图 3-6　无隔离设施的城市道路交通事故现场防护区示意图

（三）其他标志的设置

在交通事故现场除了使用锥桶、警戒带等设置交通安全防护区外，还需使用限速、慢行（加配辅助标志"事故"）、左（右）道封闭等标志，实现提示以及临时的交通管制功能。

（四）适用简易程序处理的道路交通事故现场的保护

交通警察应穿着反光背心，驾驶警用摩托车的应戴安全头盔，开启警灯。

交通警察应注意检查事故车辆是否设置警告标志或开启危险报警闪光灯，如果当事人没有这样操作，应及时责令当事驾驶人，在车身后设置警告标志或开启危险报警闪光灯。夜间还须责令当事驾驶人开启示廓灯、尾灯并按规定设置明显标志，同时要将驾驶人及乘车人疏导到路边，以保证安全。

有条件的应及时引导事故车辆停到不妨碍交通的安全地方。

如果必须在道路上处理该起事故，警用车辆应停在事故现场来车方向50米（或路口）的地方，摩托车应横向、警用汽车应斜向停放，以防止其他驶来车辆撞到警车后，导致警车驶向事故现场对其中的人员造成伤害。如果事故现场靠近路边或中央隔离带，车辆停放时应与路边或中央隔离保持1米左右的距离，为交通警察、事故当事人留用一定的活动空间。

如需对现场进行勘查，应根据有关规定设置发光或反光锥桶、警告标志、告示牌等。

第二节　道路交通事故现场的抢险及救护

道路交通事故现场往往较混乱，公安机关交通管理部门在抢救伤员的同时，应注意防止火灾、爆炸、有毒有害气体外泄等危险的出现。一旦发现属于载有爆炸物品、易燃易爆化学物品以及毒害性、放射性、腐蚀性、传染病病原体等危险物品的车辆发生道路交通事故，应立即报告县、市政府和上级公安机关交通管理部门，并通知安全生产监督、应急救援等相关部门。按照有关应急预案的规定，启动相应级别的响应机制。公安机关交通管理部门要根据人民政府、应急指挥部或者有关负责部门的指令，协同有关部门划定隔离区，封闭道路、疏散过往车辆、人员，禁止无关人员、车辆进入现场。

一、道路交通事故现场救护

（一）道路交通事故现场抢险及救护的组织

道路交通事故现场抢险及救护对于减少道路交通事故直接造成的人身、财产损失有着重要的意义，对于保护现场勘查人员及现场周围的群众的安全也非常重要。道路交通事故现场的伤员抢救及险情的处理不仅直接关系到现场伤员、现场其他人员、车辆和物品的安全，而且还可能影响到周围环境的安全。现场抢救组织不当，可能会造成更多的人员伤亡和经济损失。

道路交通事故现场抢险及救护必须具有一定的科学性，应遵循以下原则：（1）科学组织，合理分工。交通警察到达现场以后，要根据道路交通事故现场情况，周密部署、科学组织与指挥、合理分工，注意对现场的保护、证据的收集、群众的疏散和现场秩序的维护，确保事故现场安全、有序，最大限度地降低道路交通事故损害后果。（2）先救人，后救物。（3）现场抢救与求援并重。在现场抢救的同时，除接到报警后通知急救、医疗、救援部门外，遇有道路交通事故造成道路、供电、通信等设施损毁的，还应向道路维护、工程抢险等有关部门求援。当道路交通事故现场险情较重和险情未被有效控制时，应报告当地人民政府并通知有关部门赶赴现场救援。（4）注意保护现场。在现场抢救过程中，应注意保护要移动的伤亡人员、车辆、物品、痕迹等，根据需要，事先进行标记、拍照、记录或收集。

（二）抢救伤员的分工

发现交通事故造成人员伤亡应当采取救援措施的，按照相关法律法规的规定主要包括道路交通事故当事人应履行的责任，以及公安机关应履行的职责。

1. 车辆驾驶人应履行的责任

（1）根据《道路交通安全法》第七十条的规定，在道路上发生交通事故，车辆驾驶人应当立即停车，保护现场；造成人身伤亡的，车辆驾驶人应当立即抢救受伤人员，并迅速报告执勤的交通警察或者公安机关交通管理部门。因抢救受伤人员变动现场的，应当标明位置。乘车人、过往车辆驾驶人、过往行人应当予以协助。

发生交通事故后车辆驾驶人在具备救援能力的情况下，应当在尽可能不破坏现场的前提下立即抢救伤员，在这一过程中可以寻求帮助，以实现第一时间的救援，减少伤者的损伤程度，为救治提供时间保障。

(2) 根据《道路交通事故处理程序规定》第十四条的规定，驾驶人必须在确保安全的原则下，立即组织车上人员疏散到路外安全地点，避免发生次生事故。驾驶人已因道路交通事故死亡或者受伤无法行动的，车上其他人员应当自行组织疏散。在交通事故发生后，车辆驾驶人不仅要实施抢救，还应确保其车上成员能够被疏散到安全的地方，这主要是因为车辆驾驶人对于道路环境安全现状的理解应高于其他交通参与者，这样的规定有助于避免二次事故造成的进一步的伤亡。简言之，就是在交通事故发生后，能够行动的人员，应远离事故现场，离开道路，确保自身安全。

根据《道路交通事故处理程序规定》第十五条的规定，载运爆炸性、易燃性、毒害性、放射性、腐蚀性、传染病病原体等危险物品车辆发生事故的，当事人应当立即报警，危险物品车辆驾驶人、押运人应当按照危险物品安全管理法律、法规、规章以及有关操作规程的规定，采取相应的应急处置措施。相对于普通驾驶人来说，承载危化品车辆的驾驶人，应具备专门的危化品驾驶资格，因此，在发生交通事故后也专门要求他们按照操作规范处置事故车辆，避免损害扩大。

2. 公安机关应履行的职责

(1) 根据《道路交通安全法》第七十二条的规定，公安机关交通管理部门接到交通事故报警后，应当立即派交通警察赶赴现场，先组织抢救受伤人员，并采取措施，尽快恢复交通。

(2) 根据《道路交通事故处理程序规定》第三十条第二款的规定，交通警察到达事故现场后，应当立即组织抢救受伤人员。该法第三十条第三款还规定，交通警察到达事故现场后，应当立即指挥救护、勘查等车辆停放在安全和便于抢救、勘查的位置，开启警灯，夜间还应当开启危险报警灯和示廓灯。

(3) 根据《道路交通事故处理工作规范》第四十一条的规定，交通警察到达现场后，发现有人员受伤的，应当立即组织施救。急救、医疗人员到达现场后，交通警察应当积极协助抢救受伤人员。

二、道路交通事故现场紧急措施

(一) 火灾的防止、救护

道路交通事故发生引起火灾时，应立即组织有关人员积极抢救，迅速灭火。灭火时，应先切断车辆的电路，并迅速拆下油箱或对油箱采取降温、隔热措施，以防止油箱在高温下发生爆炸。然后使用灭火器或用沙土、棚布等覆盖。如果燃油已经着火，切忌用水泼。如果附近有易燃物品或电线时，应迅速将着火车辆或物品移开，或将易燃物移开。在移动现场时，如有可能应标记现场的变动情况。发生火灾时，如果人员还在火场内，则应该用不易燃烧的衣物等保护头部及裸露在外的皮肤后迅速离开现场。在火场内不能张嘴呼吸或高声呼叫，以防止烧伤口腔和气管。

对于没有火情的道路交通事故现场，应该注意观察有无引起火灾的隐患。例如，现场有无车辆溢出的燃油，有无断落的电线或其他火源隐患等，一旦发现存在火灾隐患，要及时妥善处置，注意隔离散落在现场的易燃、易爆物品及其他危险品。尤其是勘查夜间现场，在放置和使用照明设备时，要特别注意断绝火源，严禁现场勘查人员及围观群众在附近吸烟、拨打手机和使用明火等可能引起燃烧、爆炸等严重后果的行为。

（二）有毒、有害物品的处理

如遇到运送有毒、有害气体的车辆发生事故，应尽快查清有无危险品泄漏，以及泄漏物的种类，并及时联系有关部门采取相应的防护和处理措施，事故处理人员则应尽量疏散群众及其他车辆，维护现场的秩序。在专业人员未到现场前，应设法堵住泄露的空洞或裂缝。在堵塞过程中要注意安全，不要让有毒和腐蚀性物质沾到手上或皮肤上，如果泄漏物是气体应注意不要吸入体内；对流淌在地面的泄漏物，不要踩踏，应用泥土筑围拦截，防止其任意流淌；不要贸然接触危险品，防止造成不必要的损失。

（三）爆炸事故的防范

如果现场存在爆炸物，可能发生爆炸时应迅速疏散现场人员，并切断交通。如有可能，应将有爆炸可能的车辆和物品移到开阔地，并通知有关专业部门到现场处理险情。在爆炸发生时，应立即选择隐蔽物就地卧倒，并用手护住头部。

（四）落水事故的救护

当发现事故车辆或人员落水后，应立即在落水点和沿水流方向到入水点下游寻找和打捞落水人员或物品，对打捞上岸的货物应及时排干积水，对一些需防水的货物应消除掉被水浸湿的包装物。如果是有可能对环境造成污染的物品落水，应立即打捞上岸，对泄漏物应设法清除，防止污染扩大。

（五）倒塌和坠落事故的救护

道路交通事故现场如有濒临倒塌和坠落的建筑物、电杆、树木、车辆和其他物体时，应首先疏散建筑物内人员和围观人员，然后再设法固定；可以用木棍、铁架等支撑要倒塌的建筑物。对于电杆、树木等无法支撑的，应划定警戒范围，禁止人员进入，或者予以拆除。对要坠落的车辆、物品，可以用起重车起吊，用绳索捆绑或者用石块塞垫。在操作时，特别要注意安全。

在抢险救灾的同时，应注意防止出现哄抢财物、聚众闹事、阻挠现场勘查等情况，必要时应采取强制措施将不听劝阻、妨碍公务的人员带离现场。

（六）传染病病原体扩散的防范

道路交通事故车辆如果携带病毒，或者事故当事人本身带有病毒时，处理道路交通事故的交通警察应增强自我防护意识，一旦发现有险情存在必须穿防护服到达现场。到达道路交通事故现场后，须强令车辆内的所有人员不得下车。在肇事车辆周围设置警戒线，及时采取临时交通管制措施，阻断交通，禁止一切车辆、行人通行。肇事车辆可以继续行驶的，可由当事驾驶人在标注车辆停止位置后迅速驾车撤离现场；车辆不能继续行驶的，要及时通知急救中心调集车辆转移病人，道路交通事故车辆要经过消毒后方可由清障车拖移。

（七）对造成道路、供电、通信等设施损毁的道路交通事故的处置

由于道路、供电、通信等设施的损坏直接影响人民群众的正常生活，快速维修恢复其功能就显得极为重要。因此，交通警察在事故现场后，发现道路交通事故已经造成道路、供电、通信等设施损毁的，应当立即通知交通、供电、电信部门及时维修，消除危险隐患减少对人民群众正常生活的影响。

（八）紧急布置查缉肇事逃逸车辆

道路交通事故现场中肇事车辆已经逃逸，如果通过对现场的初步勘查，能够确定逃逸车辆的车型、车号、车身特征或者逃逸路线、方向等信息的，交通警察应当立即报告指挥中心及时布置堵截和追缉。必要时，公安机关交通管理部门可以发布协查通报，请求有关公安机关交通管理部门协助查缉。这里所说的协查通报应当由事故发生地的县级公安机关交通管理部门向肇事车辆可能逃逸区域的同级公安机关交通管理部门发布。如果逃逸区域跨地（市）的，应当由设区市级公安机关交通管理部门向请求协查的同级公安机关交通管理部门发布。逃逸区域跨省（自治区、直辖市）的，应当由省级公安机关交通管理部门发布。相邻公安机关交通管理部门建立交通肇事逃逸案件协查工作机制的，协查通报按照协查工作机制所确定的形式发布。

交通肇事逃逸案件发生后，公安机关交通管理部门应当立即启动查缉预案，布置警力堵截，并通过全国公安交通集成指挥平台进行查缉布控。事故发生地或者协查地的县级公安机关交通管理部门应当制作辖区警力部署、急救和医疗机构、修理厂、车辆配件门市部、洗车场、加油站、视频监控点、

道路收费站及主要出入口等重要信息分布图，完善交通肇事逃逸案件查缉网络。为了提高逃逸案件的侦破效率，设区的市公安机关交通管理部门应当组建专职逃逸案件侦破队伍。各级公安机关交通管理部门应当制定交通肇事逃逸案件查缉预案，并与相邻省、设区的市、县级公安机关交通管理部门建立协作、查缉机制。

三、道路交通事故现场救援时需要注意的问题

在交通事故现场进行抢险救援时，有时需要移动受伤人员、尸体、车辆、物证等，甚至要破坏车体实施救援，如果条件允许应当标明或者记录需要变动的现场元素，并通过拍照或者摄像记录伤员在现场的原始位置及状态。对于交通事故涉及爆炸性、易燃性、毒害性、放射性、腐蚀性、传染病病原体等危险物品的，则需要等待险情消除后方可进入现场勘查。

第三节　道路交通事故的管辖

交通警察在进行现场处置的过程中，对道路交通事故的概貌有了初步的认识，对道路交通事故的现场指挥权以及管辖权限应根据不同的情形作相应的处理。

一、现场的组织与指挥

（一）交通事故现场勘查的组织级别要求

根据道路交通事故所造成的损害后果及影响程度不同，道路交通事故现场需要不同级别的指挥员进行组织与指挥。

第一类：公安部交通管理局应当派人赶赴事故现场，指导现场救援和调查取证工作的情形为：发生一次死亡十人以上或者其他重大敏感的道路交通事故。

第二类：省级公安机关交通管理部门应当派人赶赴事故现场，指导现场救援和调查取证工作的情形为：

（1）一次死亡五人以上的。

（2）载运危险物品的车辆发生泄漏、爆炸、燃烧的。

（3）发生大中型客车翻车、坠车、燃烧的。

（4）接送学生、幼儿车辆发生事故造成学生、幼儿死亡或者五人以上受伤的。

第三类：设区的市公安机关交通管理部门负责人应当立即赶赴事故现场，指导现场救援、调查取证等工作。必要时，应从辖区其他公安机关交通管理部门抽调警力赶赴现场支援的情形为：

（1）一次死亡三人以上的。

（2）接送学生、幼儿车辆发生事故造成学生、幼儿受伤的。

（3）高速公路上发生单起或者连续发生多起事故涉及五辆以上机动车的，或者造成单向或双向交通中断的。

（4）伤、亡人事故涉及现役军人、公安民警或者军车、警车的。

（5）造成外国人、港澳台人员受伤、死亡或者三人以上重伤的。

（6）属于省级公安机关交通管理部门要求上报的其他情形。

（7）属于应当立即通过本级公安机关报告当地人民政府，并逐级上报公安部交通管理局的其他情形。

如果相关领导无法及时赶到道路交通事故现场时，应当由设区市、县公安机关交通管理部门的领导先行组织指挥开展现场调查及救援工作。待相关领导赶赴现场复核认可后，才能撤除现场。

对于不属于上述类别的交通事故的现场勘查工作，应当由专业技术级别较高的人员担任指挥工作。

（二）现场勘查指挥人员的职责

作为现场勘查工作的指挥人员，应当具备专门的知识和技能，具备较为丰富的事故处理工作经验，具有较好的协调组织能力，并能够很好地完成以下工作：

（1）通过与指挥中心联络，与现场参与救援的部门人员沟通，组织协调现场的救援工作；

（2）合理分配警力完成现场安全防护、秩序管理、痕迹物证的勘验、人员的调查访问等工作；

（3）组织完成证据审核、临场分析等工作；

（4）决定并组织实施现场实验工作；

（5）指挥完成安全、有序地撤除现场的工作。

作为一名合格的指挥员不仅应具备现场勘查的专业技能、证据的综合分析能力，还应具备良好的现场交通安全形势的评估能力，合理分配警力资源以及熟悉相关救援单位的职能等能力。

（三）参与现场勘查工作的其他人员构成

根据不同种类的交通事故，除了相应级别的现场指挥权限以及指挥人员要求外，还需要专业的交通事故处理技术人员（勘查员）、警务辅助人员、救援人员等。其中现场勘查人员主要负责现场处置、现场访问、现场勘验、现场分析、现场实验等具体工作。警务辅助人员则是在交通警察的指导或监督下，参与维护事故现场秩序；协助勘查事故现场；保护和清理事故现场；协助监控、看管违法犯罪嫌疑人和交通肇事人；查询、核对、采集和录入道路交通事故信息资料等非执法工作。每位参与现场处理工作的人员均应服从现场指挥员的统一安排。

二、交通事故处理管辖权限的确认

道路交通事故是由事故发生地的县级公安机关交通管理部门负责管辖的。对于未设立县级公安机关交通管理部门的，则由设区的市公安机关交通管理部门管辖。

（一）对不属于道路交通事故的案件应该移送有管辖权的单位处理

按照《公安机关办理行政案件程序规定》第六十一条第二款的规定，"对属于公安机关职责范围，但不属于本单位管辖的，应当在二十四小时内移送有管辖权的单位处理，并告知报案人、控告人、举报人、扭送人、投案人"。

对于不属于公安机关职责范围的，则应该根据《公安机关办理行政案件程序规定》第六十一条第三款的规定，"对不属于公安机关职责范围的事项在接报案时能够当场判断的，应当立即口头告知报案人、控告人、扭送人、投案亲人向其他主管机关报案或者投案，报案人、控告人、举报人、扭送人、投案人对口头告知内容有异议或者不能当场判断的，应当书面告知，但因联系方式、身份不明等客观原因无法书面告知的除外。"

（二）对管辖有异议的进行管辖处理

交通警察赶到交通事故现场后，对属于道路交通事故但不属于本单位管辖区域的，应报告指挥中心通知有管辖权的公安机关交通管理部门赶赴现场；如果管辖权有争议的，应报告共同的上一级公安机关交通管理部门指定管辖，上一级公安机关交通管理部门应当在接到报告后二十四小时内作出决定。管辖权确定之前，最先到达现场的交通警察不得中止或拖延对该事故的组织施救、现场处置及处理工作；管辖权确定后，移交案件有关材料，由有管辖权的单位继续处理。

（三）对属于自己管辖的道路交通事故现场进行现场调查

对属于自己管辖的道路交通事故，公安机关交通管理部门应该调查的内容包括：（1）勘查事故现场，查明事故车辆、当事人、道路及其空间关系和事故发生时的天气情况。（2）固定、提取或者保全现场证据材料。（3）询问当事人、证人并制作询问笔录；现场不具备制作询问笔录条件的，可以通过录音、录像记录询问过程等。

通过道路交通事故现场调查，可以进一步核实道路交通事故报案的有关内容，也可以确定该事件是否属于道路交通事故，还可以及时收集事故现场的证据，及时控制道路交通事故的态势。道路交通事故现场调查非常重要，道路交通事故现场由于受环境、气候等因素影响，容易遭到破坏，因此及时做道路交通事故现场勘查对于收集证据和明确调查线索至关重要。

第四节　道路交通事故现场勘查规范用语

交通警察在处理道路交通事故时，应当使用规范用语，做到语言依法、文明，表达清晰、准确，语气理性、平和，告知认真、耐心；对当事人的询问，不得语言生硬、态度粗暴，不能使用刺激性、歧视性、冷漠性、侮辱性、嘲讽性语言。同时，应当尊重地区和民族风俗习惯，可根据不同对象和实际情况，将法律用语和规范用语转化成符合当地风俗习惯或者群众易于接受的语言。根据不同的情形，交通警察在事故现场使用的规范用语主要有以下九种。

一、有无关人员进入交通事故现场的情形

不让无关人员进入交通事故现场的目的是保护事故现场证据，保障现场人员人身安全。用语宜从对方人身安全的角度，礼貌地请其撤离到安全地带，避免对方产生抵触情绪。

规范用语为："你好，我们正在处置道路交通事故现场，为了便于我们工作和保护你自身安全，请配合我们的工作，立即离开事故现场到安全和不妨碍交通的地点，谢谢合作。"

禁用语包括："嘿，靠边点""你不要命了，撞了赖谁呀""这是警戒区，给我出去""谁让你进来的，你想干嘛"等。

适当的语言交流有助于迅速清理现场，便于得到旁观者的理解和支持，易于查找证人，确保现场勘查工作得以安全、高效地开展。

二、现场有记者要求采访的情形

交通事故现场的民警要接受媒体记者采访的，首先需要经过上级同意。另外，由于接受采访会影响正在开展的现场工作，用语宜从制度规范要求和现场处置任务紧迫的角度，礼貌地向媒体记者表明目前正在紧张有序地开展

工作，要求其按照制度行使采访权利。

规范用语为："对不起，我们正在工作，不能接受你的采访，请与我们的新闻宣传部门联系。"

禁用语包括："记者怎么了，我们在处理事故，谁也不行""这是秘密，不能告诉你""出事时我又没在现场，谁知道怎么出的事""无可奉告"等。

良好的媒体沟通能力有助于开展交通安全宣传教育工作，避免引发不良的舆论引导，给交通安全管理工作带来阻碍。

三、交通事故现场有人员受伤需要救助的情形

发现交通事故现场有伤者的时候，交通警察应当立即了解伤情，联系急救、抢险等应急救助力量。在不了解伤情或者不掌握救助技能的情况下，切忌采取救助行动，避免因盲目施救而对伤者造成更为严重的伤害。用语宜从安抚伤者焦急情绪、阐述可能引起更为严重伤害等角度，使用关心、关切的语气做好解释说明工作。

规范用语包括："你伤在哪里？伤情怎么样？是否已通知人员救助？如未通知，我们马上联系救护人员到达现场，请耐心等待"。如果伤者卡在车内或者现场有重伤者不宜移动的，根据现场的情况需要专业救援，否则可能会造成更大的伤害时，应使用规范用语"我们已经通知专业救援机构和人员，他们会尽快赶来，请不要着急，我们会和你一起等待"。

禁用语包括："这不是我的职责，你找我也没用""你急什么急，这点伤没啥大不了的""人已经不行了，你急也没有用"等。

四、交通事故死者亲属在场的情形

面对亲人的意外逝世，很多亲属不能接受，情绪激动甚至失控，交通警察使用语言稍有不当，就可能引发逝者亲属的激烈抵触甚至肢体冲突。因此，交通警察用语宜从安抚对方情绪、保护对方权益等角度，使用关心安抚的语言做好沟通以及告知工作。

规范用语为："我们对你亲人发生的不幸深表同情，请节哀。我们已将（或者准备将）遗体送往殡仪馆（医院、法医鉴定中心）安放。你需要什么帮助，我们会尽力提供"。如果遇到在场的死者家属拒绝或者阻拦搬运尸体的情形，应使用规范用语"为了尊重逝者，保护你们的合法权益，按照规定，需要将遗体存放到指定地点以备调查，相关事宜我们会及时通知，请配合我们的工作"。

禁用语包括："交通事故这么多，死伤个人有什么大不了的""这人真是

找死"等。

五、当事人或其亲属询问事故调查情况或责任认定结论的情形

在交通事故基本事实未调查清楚前,或者当事人的责任尚未认定前,交通警察不宜将事故案情、事故拟定处理意见透露给当事人,否则,可能会给后续处理工作带来被动。用语宜从法定处理程序和时限着手,告知当事人事故正在调查中,或者当事人的责任尚未作出认定,并告知其法定事故调查处理的程序和期限,消除其焦急情绪。

规范用语为:"我们正在调查,查清后会及时依法告知有关事故情况"。如果当事人询问事故责任认定结论,对于适用简易程序处理的轻微交通事故,能够当场认定并开具《道路交通事故认定书(简易程序)》的,应当场回答。对于需要后续调查处理的,应使用规范用语"事故正在调查中,调查结束后,我们将依照法定程序作出认定。"

禁用语包括:"你懂还是我懂,先去学学法律再来和我讲话""无可奉告"等。

六、在交通事故现场对当事人进行酒精呼气测试的情形

在交通事故现场对当事人进行酒精呼气测试时,如果当事人不配合酒精检测,究其原因主要是当事人抱有逃避交通肇事责任,减轻处罚等侥幸心理。这时的用语宜从打消其投机心理的角度,明确告知进行酒精测试的法定程序,如不配合,将采取抽血或者强制措施。

规范用语包括:"我们将对你进行酒精呼气测试,请配合。""这是你的酒精呼气测试结果,如无异议请在测试单上签名。""(拒绝测试的)如你拒绝配合酒精呼气测试,我们将依法对你进行抽血检验。""(拒绝抽血的)如你拒绝配合抽血检验,我们将依法对你使用约束性警械"。

禁用语包括:"你不吹就算你酒后驾驶""赶紧吹气,否则要你好看"等。

七、当事人拒绝在现场图、现场勘查笔录上签名的情形

现场图、现场勘查笔录作为现场勘查过程中制作的重要证据材料,均需履行必要的法律手续,即由当事人或者见证人签字。当事人有能力签字而拒绝签字的时候,主要是看不懂现场图,担心记录不客观,担心记录的内容对自己不利等原因,宜使用解释和法定用语,消除其存在的疑问,明确告知拒绝签字将记录在案,消除其顾虑。

规范用语为："事故现场图、现场勘查笔录是对现场的客观记录，是处理道路交通事故的重要证据，请确认并签名。如果你拒绝签名，我们将记录在案。"

禁用语包括："你懂什么，别瞎说，赶紧签字""怎么这么多事，你签也得签，不签也得签"等。

八、现场需要扣留肇事车辆的情形

为了对肇事车辆进行必要的勘验、检查，交通警察往往需要在交通事故现场扣留肇事车辆。当事人担心失去车辆控制权后，会出现"拿不到车、被收取高额停车费"等情况。容易产生焦虑心理、抵触情绪、对抗行为。用语宜从法律规范、扣车时限、费用承担等方面着手，消除疑虑、安抚情绪、促使配合。

规范用语包括："你好，事故现场已勘查完毕，因收集证据需要，我们将依法扣留你的车辆，请在强制措施凭证上签名或者盖章。我们将把你的车辆扣留至××停车场，请对车上物品进行检查并带走，无法带走的，我们将拍照和登记保管。车辆拖车和法定期间内的停车费用由公安机关承担"。如果需要扣押与事故有关物品时，应使用规范用语"因收集道路交通事故证据需要，将依法扣押××物品，我们会登记并妥善保管，调查完毕后会及时发还。这是扣押清单，请签名确认。如果你拒绝签名，我们将记录在案"。

禁用语包括："废什么话，赶紧签字""你懂什么，再乱讲话就不放你车"等。

九、当事人及其家属强行阻止撤除现场或无理取闹的情形

当事人及其家属强行阻止撤除现场或无理取闹的情形属于典型的阻、抗法行为，用语要从行为事实、处理依据、固定证据、策略方法四个角度着眼，对其进行教育、告知、警告，促使其配合民警执法。

规范用语包括："我们正在依法执行职务，如果你有诉求可以通过正当途径反映"。如果当事人不听劝告，规范用语为"你的这种行为已经涉嫌阻碍警察依法执行职务，违反了《治安管理处罚法》，执法过程已全程录音录像，请你冷静克制，立即停止你的行为，否则后果自负（否则采取强制措施）"。

禁用语包括："听你的还是听我的？你以为你是谁啊""你要是拦着，我们可走了，出了问题你负责"等。

第四章　道路交通事故现场勘查的步骤及内容

第一节　当事人的确认

道路交通事故当事人的确认，广义的讲包括当事人身份的确认、当事人参与交通活动的交通行为方式的确认、当事人参与交通活动过程的确认以及当事人参与交通活动过程中生理及心理状态的确认，等等。通过对当事人的确认，不仅可以确定该起道路交通事故处理过程中权利义务人的身份，而且对于认定该起事故的发生过程、原因以及各方当事人所起的作用均有重要的作用。

一、确认当事人的身份

道路交通事故当事人是道路交通事故损害赔偿的权利人和义务人，因此，可以说确定当事人是交通警察到达事故现场后，开展现场勘查的第一项工作。在完成现场的救援、救护组织工作的同时，应当查找、确认交通事故当事人，包括车辆驾驶人、乘车人、行人等。根据《道路交通事故处理工作规范》第四十六条的规定："交通警察应当现场查验道路交通事故当事人的身份证件、机动车驾驶证、机动车行驶证、保险标志等，并进行登记。依法传唤交通肇事嫌疑人，告知其他当事人、证人等有关人员应当配合调查。"对于当事人不在现场的应当立即查找，而对于驾驶人不明确的应当展开调查。调查期间应使用执法记录仪进行全程录音录像，以客观、真实地记录调查工作情况及相关证据，避免出现"潜逃藏匿"无法认定的情况。

根据《道路交通事故处理程序规定》第二十七条第二款的规定："交通警察调查时应当向被调查人出示《人民警察证》，告知被调查人依法享有的权利和义务，向当事人发送联系卡。联系卡载明交通警察姓名、办公地址、联系方式、监督电话等内容。"

二、当事人参与交通活动的交通行为方式的确定

交通行为方式是指道路交通事故发生时交通事故涉案者所处的行为状态。要想确定交通事故当事人的交通行为,就需要对与事故有关的现场、车辆、伤亡人员进行勘验,并对勘验结果进行综合分析。根据《道路交通事故机动车驾驶人识别调查取证规范》(GA/T 944)、《道路交通事故涉案者交通行为方式鉴定》(SF/Z JD0101001)中的规定,常见几类道路交通事故交通行为方式的判断方法如下:

(一) 汽车驾驶人与乘车人的判定

汽车驾驶人与乘车人的判定就是要判定在道路交通事故发生时,车内人员所处的具体位置。由于道路交通事故的碰撞形态不同,人员在车内所处的位置不同,导致在交通事故中车内人员所受到的损伤以及车内形成的痕迹也各不相同。因此,对汽车驾驶人与乘车人进行判定时,应当勘查驾驶位置、乘员位置附近遗留在玻璃、方向盘、安全气囊、安全带、档位等处的痕迹、物证;车辆的碰撞位置及运动过程;人体损伤部位及衣着痕迹分布等。

注意综合分析车辆的运动、碰撞过程对车内人员运动方向的影响;车内人员受到车辆内部结构的影响;车内人员间的碰撞;车内遗留物品所在位置等。特别是要注重人体特征损伤在判定当事人驾乘关系过程中的作用。

(二) 摩托车驾驶人与乘车人的判定

由于发生交通事故时,摩托车的驾驶人和乘车人多会被抛离车辆,导致无法认定谁是驾驶人,因此,需要对当事人的交通行为方式进行判定。为了满足判定的需要,应通过现场勘查、法医鉴定获取车辆碰撞的位置、运动方向、停止的位置;散落物在现场的分布;衣着痕迹的位置及特征;人体特征性损失的情况。综合分析摩托车碰撞的受力方向,加速度方向,车上人员不同的运动轨迹等。具体方法主要有:

(1) 依据被撞车辆、物体上的痕迹和各人不同的着地位置,结合人体的体表痕迹及损伤判断其在车上所处的位置。

(2) 在摩托车正面碰撞的事故中,应根据碰撞对前后座人员所造成的不同损伤进行分析。前座人员除头面部(或头盔)会直接受到碰撞损伤外,其胸腹部、顶枕部往往会与其所驾车辆的零部件发生碰撞而损伤,其腰背部则会与后座人员发生碰撞而损伤。

(3) 对于摩托车侧面被其他车辆碰撞的事故,应在确认两车具体碰撞部位的基础上,区分摩托车车上人员是否应受到直接碰撞和可能形成的不同受伤情况。对于摩托车前后座踏脚高度不同的情况,可根据受伤人员下肢损伤

位置距地面的高度来判断。

（4）对于踏板式摩托车，可根据前后座人员下肢、会阴区的损伤情况进行分析。其前座驾车人两腿间无异物，且处于相对隐蔽位置，而后座骑跨式座位上的乘坐人的腿部则比较暴露，碰撞或倒地时下肢和会阴部的内外侧往往都会形成骑跨式损伤痕迹。

除以上方法外，在进行摩托车驾驶人与乘车人的判定时，还要注意运用受伤人员上肢、手部的损伤痕迹以及车上人员衣裤等痕迹来区分车上人员所处的位置。

（三）自行车驾驶人与乘坐人员的判定

自行车驾驶人与乘坐人员的判定方法基本跟摩托车驾驶人与乘车人的判定方法相同，只不过由于自行车的动力性较摩托车低，在分析时要充分考虑自行车的重量、速度等因素。自行车正面碰撞事故中，前座人员的损伤特征以正面直接撞击伤为主，后座人员的损伤则主要是随自行车倒地时形成的；自行车侧面被撞事故中，应在确认两车具体碰撞部位的基础上，区分自行车车上人员是否会受到直接碰撞和可能形成的不同受伤情况。对于自行车前后座踏脚高度不同的情况，可根据受伤人员下肢损伤位置距地面的高度来判断。

（四）自行车骑行状态与推行状态的判定

道路交通事故当事人的交通行为方式是骑行状态还是推行状态，主要是通过对受伤人员所受损伤是否为骑跨伤来判定的。骑跨伤的特征主要表现为：双下肢内外侧均有损伤或体表痕迹，其中外侧呈现一侧为直接撞击伤、另一侧为摔跌伤，而内侧通常为在摔跌中与自行车部件接触形成的擦、挫伤。当然，在进行自行车骑行状态与推行状态的判定时，还可以使用以下方法：

（1）比较当事人下肢所受直接撞击伤的位置与造成其损伤的车辆撞击部位距地面的高度，如果两者之间存在差异，则可以考虑碰撞时其脚部位于自行车踏板上。

（2）当事人身体有与自行车形成的撞击伤、体表痕迹等，可以考虑当事人在交通事故发生时处于推行状态。

（五）行人行走、蹲踞、躺卧状态的判定

判定行人在交通事故发生时处于行走、蹲踞或者躺卧状态的最基本方法就是寻找车辆与人体撞击的部位，根据车辆痕迹的高度以及人体被撞的部位，判定其是行走、蹲踞还是躺卧。

三、当事人参与交通活动时生理及心理状态的确认

道路交通事故当事人在参与交通活动过程中的违法行为，大多可以通过

现场遗留的痕迹、物证、视频监控资料等加以确认。但是，当事人本身的生理及心理状态对道路交通事故发生的影响却很难通过现场的痕迹、物证加以确认。因此，交通警察赶到事故现场并确认当事人后，应当及时调查当事人的生理及心理状态。

首先，要使用呼气式酒精测试仪或者唾液试纸，对车辆驾驶人进行体内酒精含量或者涉嫌毒驾的情况进行检测，检测结果应当在现场勘查笔录中载明。如果发现车辆驾驶人有饮酒或者服用国家管制的精神药品、麻醉药品嫌疑的，应当及时提取血样或者尿样，送交有检验资格的机构进行检验，车辆驾驶人当场死亡的，应当及时抽血检验，提取血样或者尿样应当一式两份，并制作《当事人血样（尿样）提取登记表》，要求提取人、被提取人、办案交通警察签名确认，如果被提取人拒绝签名的，应当在表中注明。提取血样的时候，交通警察应当使用执法记录设备记录提取的完整过程。

在检验车辆驾驶人体内酒精、国家管制的精神药品、麻醉药品含量时，应当根据《道路交通安全违法行为处理程序规定》第三十四条的规定，进行如下操作：

（1）由交通警察将当事人带到医疗机构进行抽血或者提取尿样。

（2）公安机关交通管理部门应当将抽取的血液或者提取的尿样及时送交有检验资格的机构进行检验，并将检验结果书面告知当事人。

检验车辆驾驶人体内酒精、国家管制的精神药品、麻醉药品含量的，应当通知其家属，但无法通知的除外。

除了对车辆驾驶人进行酒驾、毒驾检查外，在与驾驶人接触的过程中，交通警察还应注意观察其精神状态，以便及时开展对其是否涉嫌疲劳驾驶、是否存在影响安全驾驶的身体状况、精神状况的调查。

第二节 道路交通事故发生时间及地点的确认

一、道路交通事故发生时间的确定

道路交通事故发生的时间通常是指发生道路交通事故现象的时刻，包括事故发生的年、月、日、时、分。对于多车连续碰撞事故，以首次碰撞时间为准。确定道路交通事故发生的时间对于分析道路交通事故发生的基本过程，确定其合理性有着重要的意义。

常用的确定道路交通事故发生时间的方法有：

1. 通过道路监控设施确定道路交通事故发生的时间

可以说这是最为精确的确定道路交通事故时间的一种方法,随着科技强警战略的推进,我国各城市交通管理部门逐渐实现了对道路交通状况的实时监控,通过监控设备我们不仅能确定被摄录的道路交通事故发生的时间,甚至可以直观地确定道路交通事故发生的过程,这为道路交通事故处理工作带来了极大的帮助,当然在使用监控设备提供的时间时,要注意校准时间。

2. 通过调查当事人、证人等确定道路交通事故发生的时间

这种方法可以说被应用得较为普遍,但因为被调查对象获取时间的方式不同,甚至有时是通过主观判断得到的,导致其准确性不高,因此,在利用这种方法进行道路交通事故现场时间确认时,应该调查2至3人,以便进行综合判断。当然即使是这样,该种方法获得的事故时间仍然可能存在较大的误差。对于需要把事故时间作为证据,用来对事故发生的过程、成因,甚至是当事人的违法行为进行判断时,显然应当结合其他证据进行综合分析。

3. 其他一些可以推定道路交通事故发生时间的方法

由于道路交通事故发生后,没有计时设备提供参考,或者由于当事人、证人受到惊吓、紧张而不去关注道路交通事故发生的时间等,无法确定事故发生的时间,因此需要对其进行推定。推定的方法大致有:通过道路交通事故报警台记录的报警时间,以及报警人对事故发生时间的描述进行推定;通过法医对道路交通事故当事人受伤害的情况进行推定;通过当事人出发时间以及出发地与事故发生地之间的距离进行推定等。

当然,交通事故发生的时间也可以根据车载设备、手机等确定。

二、道路交通事故发生地点的确定

与道路交通事故发生的时间相比较,道路交通事故发生的地点较容易确定。通常我们把道路交通事故现场存在的位置称为道路交通事故发生的地点。需要注意的是在描述道路交通事故地点时,应使用统一的名称,以便于对道路交通事故进行统计分析。有时,为了确定当事人在道路交通事故中所起的作用,进而确定当事人的责任,就需要对道路交通事故发生的地点进行精确定位。确定的方法主要是通过寻找接触点来实现,为了现场勘查人员能够更加直观地确定事故地点,也可以选定肇事车辆停止的位置作为事故地点进行记录。对于多次碰撞或多车连续碰撞的事故,以首次碰撞地点为准。

在交通事故现场中,肇事车辆集中停止的位置、散落物集中的位置,通常是勘查人员较为关注的地方,特别是机动车停止的位置多被用来记录为事故地点。这都是没有问题的,不过如果运用事故地点进行交通事故分析时,

还是应该区分交通事故现象发生的位置和交通隐患点所在的位置等。

第三节　道路交通事故发生过程的调查

一、交通事故发生过程概述

（一）交通事故发生的阶段

道路交通事故的发生的三个阶段，即事故发生前的动态阶段；事故发生时的动态阶段；事故发生后的静态阶段。在交通事故发生的不同阶段，形成的痕迹、物证具有不同的特点，了解这些特点有助于分析交通事故发生的过程。

1. 事故发生前的动态阶段

所谓事故发生前的动态阶段是指交通事故所造成的车辆损坏、人员伤亡等损害后果还没有产生之前，车辆运动的时间段。在这个时间段内形成的痕迹、物证主要包括以下几种情况：

（1）车辆驾驶人未发现危险，未采取避让措施，无明显的事故痕迹、物证形成。

（2）车辆驾驶人未及时发现危险，尽管采取了制动、避让等紧急措施，但由于采取措施与事故发生的时间点非常接近，导致尚未形成痕迹、物证，或者产生的痕迹、物证与下一个阶段混合在一起，不易被发现、区分。

（3）车辆驾驶人及时发现危险，采取了错误的措施导致车辆失控，形成侧滑等痕迹。

（4）车辆驾驶人及时发现危险，采取了制动措施，形成制动痕迹。

（5）车辆发生故障导致车辆零部件破损脱落等。

以上痕迹、物证通常都是由车辆单方形成的，可以通过分析车辆的速度、重力力矩、摩擦力力矩等加以印证。特别是肇事车辆等交通参与者因发现险情，而采取了一定的避让措施，如紧急制动、急转方向等，路面上往往会形成较为明显的轮胎痕迹，较容易被发现，不容易被破坏。

2. 事故发生时的动态阶段

所谓事故发生时的动态阶段是指交通事故现象显现，造成财产损失、人身伤亡的时间段。在这个时间段内形成的痕迹、物证不再是车辆自身受地面摩擦力、重力等的作用产生的，而是受到其他物体碰撞、刮擦而形成的，主要通过车辆的受力分析进行印证。通常表现为碰撞、刮擦、碾压、翻车等交通事故现象，并伴有巨大的能力交换，形成大量的痕迹物证。

在交通事故发生的瞬间，由于车辆、行人受到外力的作用，其运动轨迹往往会发生突变，这个变化大多不受人力的控制。以汽车间的道路交通事故为例，在车辆发生碰撞之前，车辆的行驶轨迹主要受驾驶人对车辆方向的控制，当驾驶人采取制动措施后，车辆的行驶轨迹受车辆制动前的行驶方向、路面情况、车辆性能等的影响；车辆发生碰撞后的行驶轨迹则主要受碰撞位置、碰撞角度、碰撞前车辆的动能、车身的强度等的影响。因此，交通事故发生的瞬间前后，交通事故现场中的痕迹、物证的特点具有明显的差异。

3. 事故发生后的静态阶段

所谓事故发生后的静态阶段是指在存在于交通事故现场的肇事车辆、人员处于静止状态的时间段。这既是交通事故发生的一个阶段，同时也是交通事故现场场景的展现。无论是交通事故发生前的动态阶段还是事故发生时的动态阶段所形成的痕迹、物证，都是这一场景的组成部分。不再将这一阶段形成的痕迹、物证等证据材料不再用来分析事故形成的过程，而主要用来分析、判断在交通事故发生后，肇事嫌疑人是否存在逃逸、潜逃藏匿、破坏现场等行为，用来评估交通事故救援是否及时合理等。

（二）各类痕迹物证对于交通事故过程分析的应用

1. 通过对地面痕迹、物证的勘查确定车辆的行驶轨迹

在交通事故发生的过程中，无论是车辆还是行人都会在路面上留下痕迹、物证，而这些痕迹、物证就是交通事故当事各方参与交通活动及在交通事故发生过程中形成的，是其运行轨迹的真实反映。因此，通过对地面痕迹、物证的方向、分布的勘查、分析就可以获得车辆等的行驶方向及轨迹。

2. 通过对车体痕迹等的勘查确定车辆碰撞的过程

相对于路面痕迹能够反映车辆的行驶轨迹，车体痕迹则主要能够反映碰撞的过程，包括碰撞的次数、碰撞的角度、碰撞或者刮擦物体间的接触关系等。对车体痕迹的勘验需要获得痕迹所在的位置、痕迹的分布、痕迹的受力方向、导致痕迹产生的对象等。单独使用痕迹特征主要能够分析的是接触物体间的相对运动方向，结合道路环境等因素也可以用来分析事故的发生过程。

3. 痕迹的综合使用

地面痕迹可以用来分析肇事车辆的行驶轨迹，采取的紧急措施；车体痕迹可以用来分析当事人的接触关系、碰撞时序；车体痕迹与车内痕迹的结合可以帮助分析驾乘关系等。基于此，充分寻找、发现、确认交通事故发生过程中形成的各类痕迹、物证，并进行综合分析就可以还原事故的发生过程。当然，受痕迹、物证形成条件、显现条件等的影响，通过现场勘查提取到的

痕迹、物证未必能够实现对交通事故过程、成因的确认。这就需要进一步提取视频、车辆行驶记录信息等来补充、完善证据链。

(三) 接触点在交通事故过程分析中的应用

1. 接触点的含义

道路交通事故接触点是指肇事双方发生碰撞、刮擦等接触瞬间，接触部位垂直投影于地面的投影点。道路交通事故发生的瞬间车辆可能先后多次发生接触，因此，道路交通事故现场中可能找到多个所谓的接触点，这时应注意肇事双方第一次接触的投影点。在现场勘查的实际工作中，受到能够采集到的痕迹物证数量、质量的影响，不一定能够找到接触点，有时找到的是接触区域。尽管如此，寻找、确认接触点的过程仍是现场勘查的重要组成部分。

道路交通事故接触点的作用在于，研究事故发生瞬间各当事方所在的位置，并结合其他痕迹判断事故各方在事故发生时接触的角度、方式，以及事故发生前采取了何种紧急措施，可以说寻找、确定道路交通事故接触点的过程就是一个事故分析的过程，因此，切不可孤立地运用接触点对道路交通事故下结论。

2. 确定接触点包括两个方面的内容

(1) 接触点的空间位置，就是当事双方的什么部位是最先接触的，即确定接触部位。由于道路交通事故发生时发生接触的大多是车辆、行人在空间的某个部位，而车辆、行人又都有一定的体积，这就使得在地面上留下痕迹的位置往往与接触点之间并不重合。(见图4-1)

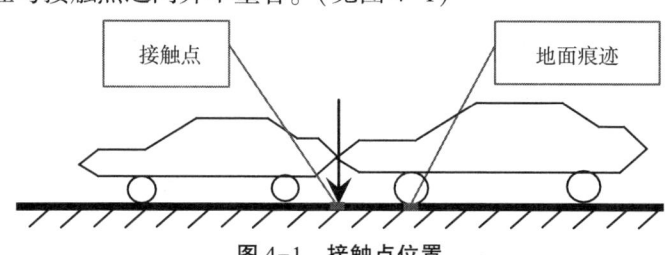

图4-1　接触点位置

(2) 接触点的平面位置，就是把接触部位恢复到开始接触时的空间位置，然后正投影到路面上的方位，即为接触点。受道路交通事故发生时肇事各方接触部位的影响，个别道路交通事故的接触点并不是一个点。(见图4-2)

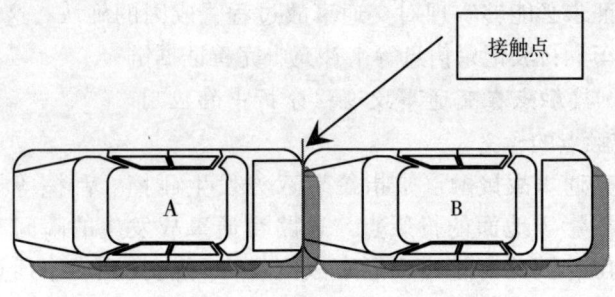

图 4-2　接触点形态

3. 判定接触点的依据

一般情况下，车辆制动拖印的突变点、侧滑印的起点、车辆零部件与路面刮擦印的起点附近即为接触点。

（1）事故现场的物理（力和运动）现象，双方损坏的部位及受力的情况。受损部位与在地面上遗留有痕迹的部位在同一水平面的位置关系（见图4-3），是通过地面痕迹寻找接触点的基础。

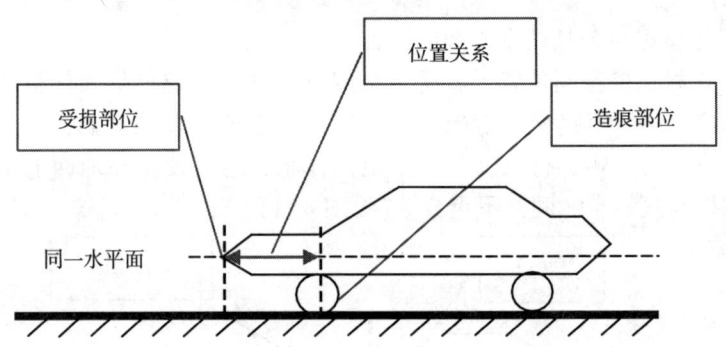

图 4-3　受损部位与地面痕迹位置关系

（2）事故现场的散落物，车体上的泥土、玻璃碎片等。事故发生的瞬间，大多数车辆的运动状态都会发生急剧的变化，与此同时，车辆装载的散装货物、车辆上附带的泥土，以及由于撞击而破碎的玻璃碎片等都会抛散出去。通过分析这些抛散物的运动轨迹，可以确定抛散出这些物体时车辆所处的位置，进而可以确定道路交通事故的接触点。

（3）制动印迹。当机动车之间发生碰撞时，在碰撞力的作用下，两车都会程度不同地偏离原行驶路线，使轮胎痕迹产生突变点。一般情况下，痕迹突变点非常明显。结合受损部位与在地面上遗留有痕迹的部位在同一水平面的位置关系，就可以判断该起道路交通事故的接触点（见图4-3）。

快速行驶中的汽车在紧急制动时，由于惯性的作用，车辆的重心会前移，前轮的负荷加重，因此，前轮的轮胎痕迹较宽。轮胎痕迹的宽窄变化也可以作为寻找接触点的依据。

（4）几种常见道路交通事故接触点的确定方法。

①机动车之间的碰撞事故。机动车与机动车发生道路交通事故时，其中一辆车或多辆车多会改变原有的运行状态，造成车辆发生侧向位移，从而使轮胎在路面上形成侧向挫压痕迹。痕迹的起点位置就是车辆撞击瞬间造型体所在的位置，结合车辆的受损部位就可以推断出道路交通事故的接触点（见图4-4、4-5）。

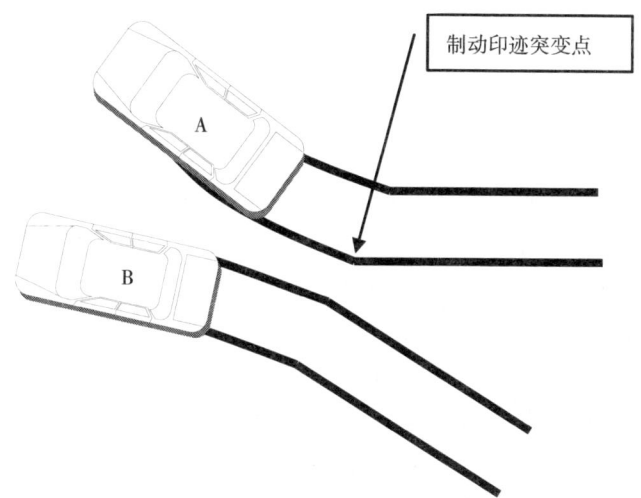

图4-4　事故发生后A、B两车所在的位置

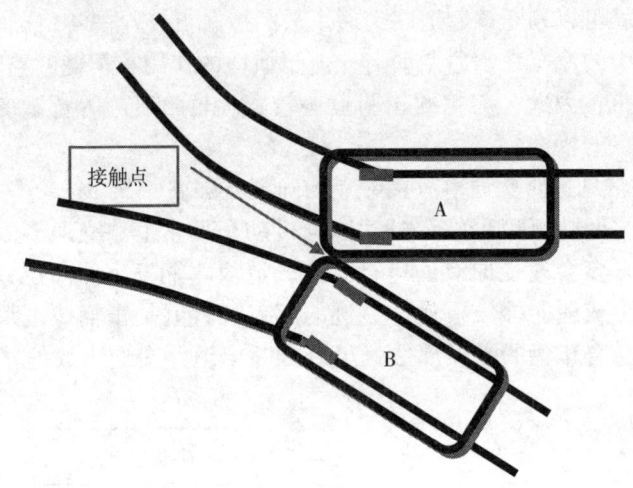

图 4-5　事故发生时 A、B 两车模拟位置

如果在撞击时造成车辆的部件或所载货物脱落形成撞击痕迹，则可以初步推断接触点在该点之前的某个位置，并通过部件或货物的脱落位置、车辆的运行速度和轨迹进一步确定接触点所在区域。

②行人与机动车的道路交通事故。当人体受到较大的外力作用时，人体会产生瞬间加速运动，鞋底和路面会产生相对滑动，这种滑动有可能在鞋底和路面上留下与撞击力方向平行的搓印，路面上的搓印起点即为接触点（见图 4-6）。同时，通过对鞋底痕迹走向的分析还可以判定在碰撞发生时，人的行走方向。但是，由于人的体重相对较轻，一般情况下鞋底不容易在路面上形成明显的痕迹。

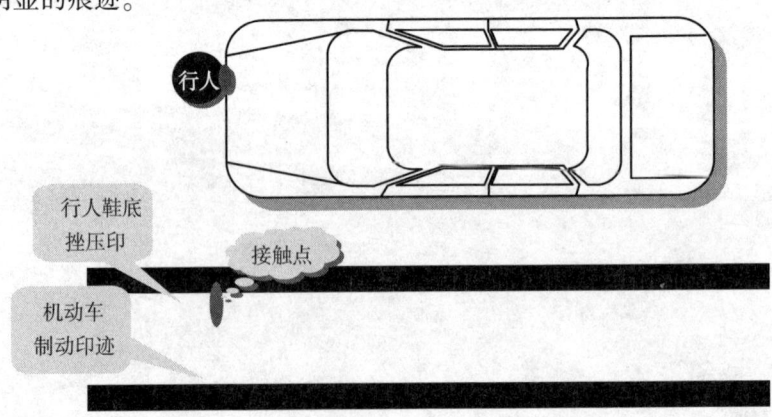

图 4-6　对行人与机动车道路交通事故接触点的判定

③两轮车与机动车的道路交通事故。摩托车、自行车的稳定性较差,发生事故倒地时,与路面间产生相对滑动,摩托车、自行车侧面的突出部位会在路面上形成刮擦痕迹,根据刮擦痕迹或其延伸线及车辆的行驶轨迹,可以确定接触点的区域(见图4-7)。

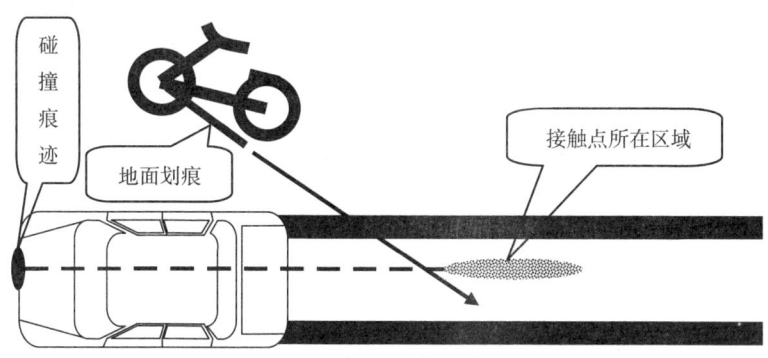

图4-7　对两轮车与机动车道路交通事故接触点的判定

摩托车、自行车与机动车发生事故时,自行车或摩托车轮胎往往会在路面上形成加层平面痕迹,即挫压痕迹。通过挫压痕迹判断道路交通事故接触点的方法与机动车之间道路交通事故接触点的判断方法基本相同。

(四)通过对当事人、证人的询问确定现场需要确认的问题

在交通事故现场对当事人、证人进行询问的主要目的,应该是了解当事人的身份,记录证人的联系方式。如果要就交通事故发生的细节进行询问,也应注意要以协助事故处理人员开展现场勘查工作为主,而不要希望通过现场的询问替代痕迹物证的勘验工作,要确保现场勘查工作的客观性。

二、现场勘查的基本方法

与现场勘查的基本步骤相对应,现场勘查的基本方法主要包括以下三种:

(一)以地面痕迹为主线的勘查方法

以地面痕迹为主线的勘查方法,顾名思义适用于需要分析肇事各方的通行路径以确定发生过程的交通事故。这类事故主要发生在各种平面交叉口、出口、入口、路侧开口路段等处,发生事故的各方在通行方向上存在冲突。肇事方在现场留有较为明显的痕迹,如地面轮胎痕迹、地面挫划痕迹、地面物证。能够反映出肇事车辆在道路交通事故发生前的行驶路线,以及事故发生后车辆的运动轨迹。这种勘查方法有利于道路交通事故现场勘查人员快速地对道路交通事故发生的过程建立较为完整的认识。

在运用这种勘查方法时，现场勘查人员通常应根据当事各方参与交通活动的方式选择主要的勘查对象。例如，机动车与非机动车之间的道路交通事故通常应以机动车的行驶路线为主要勘查对象；机动车之间的道路交通事故通常应以留有明显行驶路线的一方为主要勘查对象。勘查的过程中不仅要确定车辆的行驶路线，还要寻找证据证明行驶过程中当事人采取的措施。

（二）以事故元素为重点的勘查方法

以事故元素为重点的勘查方法，适用于现场中的各种痕迹物证分布较为集中、现场中心明确、容易分析事故各方接触关系的情形。通常这类事故现场找不到较为明显的长距离的车辆制动印记，而判断、分析道路交通事故发生过程的依据，则主要来源于对车体痕迹的勘查。而肇事各方的行进轨迹通常可以通过道路环境来判断。例如，发生在路段上的交通事故。

（三）分片分段勘查

如果道路交通事故现场范围较大，各种痕迹、物证分布较广，由于获取的外围信息过于繁杂容易导致对道路交通事故现场的认识缺乏条理性，使勘查的质量、效率下降。

前面提到的三种勘查方法，在进行道路交通事故现场勘查实践中具体采用哪种，主要是看哪种方法更利于高效、高质量地认定道路交通事故的发生过程，分析道路交通事故成因。

三、现场勘查的基本步骤

现场勘查的重点是发现、搜集和提取能判明事故过程和原因的痕迹、物证。如现场上的各种刮擦、搓压、制动痕迹；事故车辆、物体的接触部位和所处方位；事故车辆、物体上的痕迹及附着物等物证。

现场勘查可分为静态勘查和动态勘查两个基本步骤。

（一）静态勘查

静态勘查是事故现场的初步调查。勘查时不改变痕迹、物证的状态及位置，通过现场测量、记录、制图、摄影、录制等手段，如实记载和反映现场的情况，要求做到以下几点：

（1）确定现场位置。

（2）确定现场中人、车、物以及与事故有关的痕迹、物证各自的位置和相互间的关系。

（3）遇到变动现场时，查明被变动物原来的位置与状态，确定其与变动后位置的关系。

（4）确定事故中车与车、车与物、车与人接触时的部位，各自在道路上的位置。特别是在有多个接触部位时，要确定接触的关系及时序。

（5）确定事故车辆档位、气压、装载、点火开关位置、雨天雨刷器效能、方向盘自由转动量、夜间灯光照明情况、追尾事故前车刹车灯性能等。

（二）动态勘查

动态勘查是通过移动影响勘查的物体，或者改变被勘查对象的状态，从而实现对痕迹、物证更加全面、细致勘验的过程。由于在静态勘查过程中，不能改变现场的原始状况，使得某些痕迹、物证，无法勘查或不能勘查全面，因此，动态勘查是对静态勘查的必要补充。

动态勘查一般应在不破坏痕迹、物品原有形态的前提下，翻转或移动（如尸体、车辆等）位置。如遇有被破坏可能时，则必须采取录像或照相等手段进行保全，并做测量记录后，在见证人或当事人在场的情况下，运用技术手段进行检验提取。

动态勘查必须达到以下要求：

（1）发现和搜集在静态勘查中未能发现的痕迹和物品（如人体组织、毛发、漆片、纤维、手印、金属屑等）。

（2）用简单的实验方法（如痕迹形状、位置的对比、血迹鉴别等）分析物体特征与痕迹形成原因。

（3）根据车辆或行人运动的规律，分析现场中各种现象产生和变化的原因。

（三）静态勘查与动态勘查的关系

静态勘查是动态勘查的基础，动态勘查是静态勘查的继续。它们是两个连续的工作步骤，动态勘查是要查清现场关键问题中的一些细节，并对重要痕迹、物证进行细目或比例照相。是否进行动态勘查要根据静态勘查的进展情况以及勘查工作的需要来决定。

四、现场勘查中对车辆因素的调查

现场勘查中，在进行车辆因素调查时，应根据事故性质和现场情况确定调查内容。

（一）有关车辆资料的调查

有关车辆资料的调查内容包括：车辆行驶证信息、车辆厂牌、车型、外廓尺寸、车辆运载信息、车辆管理属性、车辆运行信息、车辆保险信息、轮距、轴距、轮胎型号、胎面花纹以及车辆自重等。还可以根据需要调查其他情况，如前后悬、最小转弯半径等。

这部分调查的目的在于：

(1) 了解肇事车辆的基本信息，以便与从道路交通事故现场获得的各种痕迹、物证进行比对。通过比对确定哪些痕迹是肇事车辆遗留的，在什么状态下形成的等。例如，道路上留有多条制动印迹，需要结合车辆的轮距、轮胎型号、胎面花纹等判断哪条印迹是事故车辆的哪条轮胎留下的。

(2) 比较车辆受损情况计算车辆破损程度，以便分析车辆碰撞的角度，计算车辆由于碰撞造成的能量损耗，这对于计算事故车辆的行驶速度有重要的作用。

(3) 调查车辆是否符合上道路行驶的标准；车辆的属性是机动车还是非机动车，在道路上通行时应遵守哪项关于路权的法律规定；车辆的实际状况与登记信息是否一致；车辆使用性质、资质，车辆所属运输企业的信息等。用以确定车辆的身份信息，确定车辆上道路行驶本身是否违法了交通安全管理的法律、法规。

(4) 调查车辆本次出行的行驶路线、行驶时间，确定驾驶人是否存在疲劳驾驶、不按照规定路线行驶等行为。

(二) 载物和乘员情况的调查

载物和乘员情况的调查内容包括：车辆核准装载的人员数量或货物质量，种类；车辆实际装载的货物种类；实载货物总体的长、宽、高；实载重量、重心偏离程度及货物的捆绑固定；实载乘员数量、位置等情况。

这部分调查的目的在于：

(1) 调查车辆登记的装载物品的种类、数量，通过与实载进行比较可以确定肇事车辆是否存在违法行为。

(2) 确定车辆实载物品的位置、形态、重心高度、固定方式等，有助于分析车体痕迹形成的原因。

(3) 确定车辆的乘车人员数量以及其在车辆上所处的位置，有利于确认各乘员参与交通活动的身份是驾驶人还是乘车人。另外，通过各位置上乘员受伤的部位以及与车辆接触的情况也可以判断车辆碰撞过程。

(三) 车体痕迹和破损状态的调查

车体痕迹和破损状态的调查内容包括：痕迹破损部件或部位的名称及其位置；破损状态、大小、方向及其变形程度；破损处附着的异物的颜色、形态以及引起破损的原因等。对于位置及大小尺寸应用准确的数字来记录，如用离车体前端水平距离是多少厘米，离地面高度是多少厘米来表示位置；用面积（长×宽）表示大小等。

车辆上遗留的痕迹和破损状态是分析冲突速度及相对运动状态的重要依据。

这部分调查的目的在于：

（1）通过车辆破损的状态、大小、方向判断车辆碰撞的角度，这是分析车辆相对运动状态的重要依据。

（2）通过变形程度计算车辆碰撞导致的能量损耗，是分析冲突速度的重要依据。

（3）通过痕迹和破损位置以及破损处的异物、颜色寻找导致痕迹产生的造痕体。

（四）车辆操作机构状况的调查

车辆操作机构状况的调查是对事故后车辆操纵机构状况的调查，其内容包括：车辆变速器挡位；手制动拉杆位置；车辆转向灯状态；车辆照明灯状态；车辆的雨刷使用情况；方向盘自由转动量；转向轮胎偏转角度；制动踏板自由行程等。

这部分调查的目的在于：

（1）通过转向轮胎偏转角度、变速器的档位等的调查，在一定程度上可反映肇事前车辆的使用情况，采取避让的状态等。

（2）通过对方向盘自由转动量、制动踏板自由行程以及车辆转向、制动、行走机构等的调查有利于确定车辆的行驶状态。

（3）通过对灯光甚至雨刷的调查，可以判断驾车过程中的视线受阻情况。

（五）车辆的安全装置

车辆的安全装置调查主要是对车辆的制动装置（行车制动装置和驻车制动装置）；车辆的主要安全防护装置的配备情况，车辆安全气囊、安全带的状态；气压表指示量；车辆转向、制动、行走机构的渗漏、磨损、松紧；灯光装置以及喇叭、后视镜、雨刷器等装置所处的位置及其效能的检验。此外，驾驶人座位、视野、隔音、风挡玻璃的眩光和反差程度也应该根据要求进行调查记录。

除以上调查项目外，还要根据具体情况和需要对车辆的动力性能、转向特性、制动性能和车辆构件材料作必要的调查。

五、现场勘查中对道路因素的调查

对道路因素的调查一般都在现场勘查的过程中进行，其主要内容包括以下几个方面：

（一）道路属性

道路的属性调查主要包括：

（1）公路或城市道路的技术等级；公路在政治、经济、国防等方面重要意义和使用性质划分的行政等级。不同等级的道路对于道路的限速、管理措施都有相应的规定，通过调查、确认有助于分析肇事车辆在事故发生过程中的违法行为以及面对的实际交通状况等。

（2）路口或路段、桥梁、隧道等事故发生的地点信息。这部分调查有助于分析肇事车辆的驾驶行为是否得当。

（3）事故发生路段是否为交通安全隐患路段，是否进行过治理等。这个调查有助于评估交通安全治理的效果，有助于为交通事故预防提供基础数据。

（二）道路参数

道路参数调查包括：对道路平面和纵断面等几何形状；道路的车道数、车道宽度、路面宽度；道路转弯半径等相关技术参数的调查。

行车路面宽度、路肩宽度以及路面宽度在某个路段内的变化情况的调查，如弯道加宽，路肩崩塌、隆起等。通常是在绘制现场图的过程中完成的，并且被记录在现场勘查笔录中，其目的在于了解车辆行驶的道路状况及条件，为分析交通参与者面对该路段所选择的参与交通方式提供依据。例如，路面上有坍陷或凸起，车辆就会选择避让，如果没有选择避让说明车辆驾驶人可能注意力并不集中。道路本身存在的缺陷也可能是引发道路交通事故的直接原因。

另外，纵向坡度是计算制动距离和车辆受重力影响速度变化等所必要的资料；弯道曲率半径、超高、弧长等是决定车辆稳定行驶所允许最大速度的因素；视距则对行车安全有显著的影响。测定视距时，应以最不利的条件来确定，如绘制交叉路口的视距三角形，应以最靠右边一条直行机动车道的轴线与相交道路最靠中线的一条车道轴线所构成的三角形来测定。

（三）路面状况

路面状况的调查包括：道路路面材质的类型为水泥、沥青、渣油、砂石等；路面条件干、湿、光滑或粗糙等；路面平整度；路面障碍等。

路面材质、条件决定着路面附着系数的大小，直接影响车辆制动的效果和行驶的稳定性。附着系数因条件不同而变化很大，如渣油路面，在干燥时其附着系数可达 0.7~0.8，而在潮湿时降至 0.3~0.4。路面平整度影响车辆在行驶过程中的稳定状态，对于驾驶人在驾车过程中的方向、速度操控选择具有一定的作用。路面障碍包括路面堆积物和占用路面施工作业等。调查路面堆积物应具体说明堆积物的长、宽、高和侵占路面宽度对视距的影响等。对于路面施工作业则应调查施工范围，有无设置明显标志等。

（四）道路设施及管理措施

对于道路设施及管理措施的调查包括：道路设置中央、机非、路侧物理分隔设施的种类、长度、位置；人行横道的设置位置；信号灯的设置；肇事地段有无交通标志、路面有无交通标线，种类是什么；道路限速、限重、限高等标志的设置位置、识认性等。道路的交通管理设施及管理措施调查主要用来判别交通参与者的交通行为是否违反了交通安全管理法律、法规。

道路因素的调查还可以根据现场的具体情况进行其他项目的调查。可以将各项目调查记录在现场图上，也可以根据需要单独制作调查报告。

第四节　道路交通事故分析复核与实验

一、道路交通事故现场的临场分析

交通事故现场在勘查完毕后往往需要及时撤除，以免影响交通。这样就会使有关交通事故的各项证据遭到破坏，因此，现场勘查工作的完整性就显得极为重要，而现场的分析与复核工作正是实现这一目标的重要保证，通常交通事故现场的分析与复核工作是同步进行的。

临场分析是指现场勘查结束之后清理现场之前，由现场指挥员召集所有勘查人员，根据所获得的各种信息对现场及与交通事故有关的问题，就地进行认真细致的分析研究工作。它是现场勘查工作的重要组成部分，是对现场勘查活动的综合评价，直接关系到办案工作的质量。

交通事故现场是对交通肇事行为的客观记录，大量的交通事故信息存在于交通事故现场中。临场分析就是归纳、分析处理现场勘查中所获得的各种信息，对已发生的交通事故进行综合分析。并力求使分析最接近于事实本身，使结论最优化。对一时难以确定的问题，可用现场实验等方法进行论证解决，不可草率下结论，要把临场分析建立在客观事实和科学基础之上。

（一）临场分析的作用

1. 汇集交通事故信息，加速对案件整体化认识

现场勘查是交通事故处理人员和各种专门技术人员分工进行的复杂活动，尽管他们之间有联系、有配合，但就交通事故现场整体来说，分别获得的信息相对来说是孤立的、分散的。临场分析则应本着开拓信息来源、充分扩大信息量的宗旨，对痕迹勘查、现场访问、现场图绘制，技术鉴定等工作信息进行汇集，相互联系，以达到对交通事故过程的整体化认识。

2. 及时反馈信息，弥补勘查工作的不足之处

现场勘查是一个复杂的过程，信息量较大。由于主客观方面的原因，有

时不可能将交通事故现场上一切交通事故信息都收集起来。通过临场分析对已经获得的各种交通事故信息，进行综合、分析、处理、快速反馈，以便及时发现现场勘查中的漏洞，发现整个信息链中应收集但是被忽略或遗漏的信息，指导我们有目标、更细致地进行调查访问或复查现场，去获取有价值的交通事故信息。

3. 快速反应、指导逃逸交通事故的侦破行动

临场分析是对现场勘查活动进行综合评价，临场分析结论是指导交通事故处理、侦破逃逸交通事故的前提和基础。

（二）临场分析要解决的问题

1. 交通事故性质的确定

分析事件性质是指通过现场勘查判明发生的事件是交通事故案件还是其他刑事案件，这是现场勘查的重要任务之一。

有些罪犯通过伪装交通事故现场，以达到逃避法律责任的目的。这就要求我们在勘查现场时认真分析现场形式、现场结构、人体痕迹等是否符合交通事故规律。对于存在矛盾的环节应进行综合分析，找出矛盾存在的原因。如果发现伪造现场，应根据管辖权限，通报管辖单位到现场，及时办理移交手续。

2. 确定交通事故车辆及其驾驶人

（1）分析并准确认定发生交通事故的驾驶人，是交通事故现场勘查要解决的重要问题之一。有些交通事故中为了达到某种目的，交通事故某方将驾驶行为推到实际并没有驾车肇事的人身上。如将车交给无证人驾驶，而发生交通事故后又谎报自己驾驶等。这就需要我们根据各种证据对发生交通事故时的驾车人进行认定。

（2）车辆的种类、车型、颜色、牌号、特征的认定是顺利展开逃逸交通事故侦破工作的前提，必须根据现场勘查的各种信息，作出初步的判断，为采取紧急措施提供基础。

3. 交通事故发生的经过

通过进行在交通事故现场获得的全部信息，可以初步再现整个交通事故发生的过程。包括交通事故发生时间、车辆的行驶速度、路线、行人的通行路线、肇事车辆采取的避让措施，等等。这对于分析事故的成因，确定当事人在交通事故中应该承担的责任是十分重要的。

（三）道路交通事故现场临场分析的方法

1. 交通事故发生过程的动态分析

交通事故动态分析法主要是对交通事故的演变过程进行分析。

机动车发生交通事故的过程大致由行驶——发现危险——采取措施——碰撞（危险）发生——失控运动——停止等阶段组成。一般情况下，应将碰撞之前的过程视为可控制过程，在此过程中，机动车驾驶人对机动车是可以通过采取减速、转向、制动等措施加以控制的。通过对驾驶人采取何种措施，采取措施时车辆与撞击点的相对位置，来分析判断驾驶人发现情况是否及时，采取措施是否正确、果断等，以此确定措施与交通事故的因果关系。撞击瞬间的过程是不可控制的，此过程虽然很短，但形成的痕迹却很多，如接触点可以确定两个交通实体接触时的空间位置；撞击瞬间车内人员因碰撞车内机件受伤，对其伤情和撞击部位加以分析，可以确定车内人员的乘坐位置等。碰撞之后，驾驶人很难对机动车的运动加以控制，机动车的运行轨迹仅与机动车撞击前的行驶速度、受撞击的部位、撞击时导向轮的转向角度等因素有关。在此过程中形成的痕迹，必然遵循力学和运动学的规律。通过对交通事故不可控制过程的痕迹分析，可以确定机动车失控时的运动方向、运动速度。如果痕迹违反规律，则表明交通事故现场已被破坏。

总体来说，将交通事故接触点所在的位置与车辆、人体痕迹相结合，可以分析交通事故发生瞬间的情形，进而推断交通事故的演变过程。在这一推断过程中，还应与当事人的陈述，证人证言，以及交通事故现场周围的环境状况相结合。可以说这一过程是对交通事故的初步再现。

2. 交通事故人体损伤的工程学分析法

对当事人在发生交通事故时所采用的交通方式的确定，是交通事故处理工作中很重要的一个环节。交通事故人体损伤工程学分析法是解决这一问题的重要方法。

交通事故人体损伤工程学分析法就是结合交通事故现场数据、车辆痕迹等的情况，动态分析人（损伤的形成）、路（车辆运动轨迹）、车（内外痕迹）三者的因果关系，从而确定交通事故受伤人员的交通参与身份、交通方式，为交通事故责任的认定提供科学的依据。

（1）交通事故车辆运动轨迹分析。交通事故中车辆从采取措施至碰撞、翻滚后停止，会在现场留下刹车、撞击等痕迹。根据这些痕迹信息，可以推断发生交通事故时车辆的运动轨迹，从而分析车内人员的综合受力情况（惯性力、离心力、重力等），为判断损伤的形成提供依据。

（2）交通事故车辆痕迹分析。交通事故车内、外部痕迹可反映出伤者每次撞击时的受力情况。同时它与人体损伤有着重要的因果关系，尤其可以形成特征性损伤。

车内物证提取也非常重要需要特别注意，如各种部件上附着的纤维、血迹、毛发等，踏板及其周边的鞋印，方向盘、档手柄上的指纹等。

（3）损伤检验和车内人员运动轨迹推测。检验人体损伤并对每处特征性损伤进行综合受力分析，结合现场、肇事车辆的各种数据，立体动态地分析损伤的形成机理，并通过实地模拟试验或计算机模拟试验，确定交通事故发生时车辆、人员的运动受力情况，还交通事故本来面目。

另外，伤亡人员衣着的损坏、撕裂痕迹也可作为推断受力方向的一个依据，对比衣着上特定的印痕、污渍附着物与车辆的相关部件，可作为伤亡人员参与交通活动方式、受伤时位置同一认定的证据。

二、道路交通事故现场的复核

现场复核是指在现场勘查的基础上，对现场图、现场勘查笔录、现场拍照、现场录像、当事人陈述、证人证言、现场提取的痕迹物证等进行的系统复查核对工作。现场复核一方面要检查各项证据、材料的法律手续是否齐全；另一方面，要将所获得材料的内容与临场分析相结合，检查是否存在遗漏、矛盾的情况，以便可以及时地进行补充、验证性的勘查，确保勘查工作的准确、完备。

（一）现场记录材料的复核

现场勘查记录是对现场勘查工作和勘查情况的如实记载，必须认真做好。它由现场勘查笔录、现场图、现场照片三个部分组成，并互相补充、互相印证、互相说明，是交通事故处理工作的重要证据。

对于交通事故现场图的复核，见现场图绘制有关章节中关于现场记录图审核的有关内容。审核无误后，勘查员、绘图员应当签名或盖章。当事人在现场的，可要求本人签字；当事人不在现场或无能力签字的，应当由见证人签字；无见证人或者当事人拒绝签字的，应记录在案。

对于交通事故现场照片的审核，如果使用数码照相机进行拍摄，应使用其回看功能检查所拍摄的照片的成像效果及拍摄内容，是否满足《道路交通事故勘验照相》（GA 50—2014）中的有关规定，是否满足对交通事故事实认定的需要。

对于交通事故现场录像的审核，可以参考《道路交通事故勘验照相》（GA 50—2014）中需要记录的内容，以及《现场照相、录像要求》（GB/T 29349-2012）中的有关规定。

对某些重大的、复杂的、情况特殊的交通事故现场，因受主客观条件的限制，一次无法勘查清楚或需要进一步勘查时，经县级以上公安机关交通管理部门负责人批准，可以保留部分或者全部事故现场，待条件具备后再继续勘查。保留全部现场的，原警戒线不得撤除；保留部分现场的，只对所保留部分进行警戒（见《交通事故处理工作规范》第五十八条）。

（二）现场痕迹、物证的复核

现场勘查发现的痕迹、物证应通过现场分析判断其与交通事故的关系，对于与交通事故有关的痕迹、物证应确定是否已通过合法、规范的程序进行了提取、记录。对于受条件限制无法记录提取的痕迹、物证或者无法确定是否能起到证明作用的痕迹、物证等，应注意在撤除现场后进行必要的检验、鉴定，为交通事故认定提供必要的证据支撑。例如，死者受伤部位、致死原因可能在事故现场无法确认，但在后期应注意对相应的尸体作检验。

三、现场实验

如果在对交通事故现场进行调查分析时，对交通事故的痕迹、交通事故成因产生疑义或者调查取证有需要的，经县级以上公安机关交通管理部门负责人批准，交通警察可以补充勘查道路交通事故现场或者进行模拟实验。通过现场实验，获取相应的数据，以正确判断交通事故的原因。但是，需要强调的是进行模拟实验时，应当禁止一切足以造成危险的行为，禁止侮辱人格或者有伤风化的行为。

交通事故现场实验多利用肇事车辆，或者与肇事车辆同型号的其他车辆在交通事故现场的道路上模拟交通事故发生前车辆的通行情况，以测定肇事车辆的技术性能，测定交通事故发生前，交通事故当事人视线角度、视线盲区、路面摩擦系数等需要澄清的事实。

进行交通事故现场实验，事先应明确实验目的，确定实验方法与步骤，并由统一领导负责召集、指挥工作。实验时，应尽量使实验场地、实验时间、天气条件等与交通事故发生时的实际情况相符。为了确保实验结果的有效性，在实验的过程中，应录音、录像，并制作实验笔录。实验笔录中应当记录实验的目的、方法、步骤、经过、结果以及安全保障措施等内容，并由参加实验的人员和见证人签名。

（一）实验的目的

现场实验具有模拟、验证的性质，运用实验的方法可以模拟事故发生的过程，从而验证驾驶人的视线盲区、驾驶动作、驾乘感受等；获取实验车辆的加速性能、制动性能、操作性能、通过性能、路面摩擦系数等；模拟比对各种印迹形成的过程及原因；分析判断驾驶人发现点、危险点、措施点等。总之，通过现场实验可以起到补充、完善证据体系的作用。

（二）现场实验的主要项目

结合交通事故现场实验的目的以及安全保障的要求，不难总结出现场实验的主要项目主要包括：

（1）通过实际驾驶车辆，记录车辆不同行驶速度的车辆制动距离，计算肇事车辆的车速与制动距离的关系。

（2）通过观察和简单操作，检验肇事车辆的部分技术性能的有效性。例如，转向灯光、方向操作、货物固定等。

（3）对于车身、路面、衣着等痕迹的形成作比对。

（4）实际驾驶车辆，体验驾驶过程中视线影响、颠簸程度、转向操作、对于交通管理信息的反应等。

（三）现场实验的原则

（1）必须明确需查明的问题是可以通过实验来验证的，并由专业技术人员主持进行。

（2）必须在多个相同条件（道路、车辆、气候等）或少数相近条件（如肇事车损坏无法行驶，则使用同一类型、性能尽可能相近的车辆）下进行。按当事人、证人陈述情况，作行车、测定距离措施等实验。并用被碰撞碾压物体进行对比验证，以便确定某个痕迹的形成，是否符合交通事故发生的实际情况。

（3）实验应反复进行多次，亦可按不同的推断，以不同的方式进行反复实验，以求得到较准确的结论。

（4）注意安全，不做冒险的实验和不人道的实验（如重新碾压尸体等），并做好录音、录像，以及现场实验情况和结论意见的文字记录，由实验的人员和见证人签字。

第五节　道路交通事故现场的清理

道路交通事故现场勘查结束后，公安机关交通管理部门应及时清除道路交通事故现场，恢复交通，并做好道路交通事故现场肇事车辆、散落物品、尸体的善后处理工作。有些重大复杂道路交通事故案件的现场，因受到各种主客观条件的限制，现场首次勘查后，仍存有疑难问题需要再次组织勘查的，经公安机关交通管理部门负责人审批后，可以在一定时间内，对部分或全部现场予以保留。

一、保留全部或者部分现场

在勘查道路交通事故现场的过程中，由于缺乏必备的条件导致无法完成勘查，或者勘查无法获得明确结论时，经由县级以上公安机关交通管理部门负责人批准申请后，可以保留部分或者全部现场。对于需要保留的现场，应注意进行警戒防止损坏现场或者引发二次交通事故。

二、对道路交通事故肇事车辆的处理

现场勘查结束需要清理现场时，对于能开动的道路交通事故车辆应当立即撤离；除公安机关交通管理部门依法扣留的车辆外，当事人可以自行联系施救单位将车辆移至不妨碍交通的地点，对于当事人无法及时移动车辆且影响通行和交通安全的，交通警察可以通知施救单位将车辆移至不妨碍交通的地点。

对需要进一步核查、检验、鉴定的车辆、证件、物品等，交通警察应当依法扣留或者扣押，并出具行政强制措施凭证或者扣押决定书、扣押清单等法律文书，当场送达当事人；当事人已经死亡或者不在现场的，应当在法律文书中注明。需要注意的是，由于有的肇事车辆事后需要进行车辆故障以及安全性能等鉴定，因此在清理事故车辆时尽可能不要改变车辆事故后的状态。在实践中，因有的事故车辆被拖引、起吊而遭到损坏，给道路交通事故处理和鉴定带来了不必要的麻烦。

三、对散落物品、财物等的处理

（1）对遗留在道路交通事故现场的散落物品以及死者的财物，如果当事人或者家属在场的，应该直接发还给当事人或者家属，并办理交接手续。当事人或者家属不在场的，勘查人员应收集、清点，填写《道路交通事故遗留物品清单》（式样见图4-8），由办案人员和现场见证人签字。将收集的物品妥善保管，不得丢失、损毁、挪用。发还时，需要办理交接手续。

道路交通事故现场遗留物品清单

事故时间：							
事故地点：							
编号	物品名称	数量	特征	领取人签名	领取时间	备注	

见证人（签名）：　　　　　　　　　　交通警察（签名）：

图 4-8 《道路交通事故遗留物品清单》样式

对暂时无法移动的较大的物品，应当设立明显标志，并指定一方当事人或者有关人员看守，然后及时联系转运。

《道路交通事故遗留物品清单》是公安机关交通管理部门在对道路交通事故现场勘查完毕时，为防止现场遗留物品遗失，对现场遗留物品进行清点、登记，以利于保存和日后领取的文书，属于填充型文书，包括首部、正文和尾部三部分。正文包括事故时间、事故地点、编号、物品名称、数量、特征、领取人签名、领取时间、备注等基本情况。道路交通事故遗留物品清单的末尾应当由见证人签名，无见证人或见证人拒绝签名的，应记录清楚；末尾还应当由交通警察签名。现场登记时应当会同见证人或当事人对遗留物品的名称、数量、特征等进行登记。必要时，应当对登记物品拍照。

（2）对于道路交通事故现场散落的物体需要事后鉴定的，应该妥善保管，如肇事逃逸车辆散落的玻璃碎片、漆片等；现场财物需要鉴定或者修复的也应该妥善保管，为日后确定财产损失提供依据。

（3）对于道路交通事故中的受伤人员，应尽快送医，并及时告知受伤人员家属伤者就医的医疗机构；对于道路交通事故中的死亡人员，应通知殡葬服务单位或者有停尸条件的医疗机构将尸体运走存放，并及时通知死者家属尸体的存放单位。

（4）对道路交通事故现场中被损坏的电杆、建筑物、输水管、输气管、隔离桩、防护栏、交通标志等，公安机关交通管理部门应及时通知市政、公路、交通、电力、通信等有关部门尽快抢修，及早恢复其正常功能。一时无法修复的，应采取临时性加固、支撑、堵塞等措施，或使用临时性替代品，设置临时性标志。被损坏物体妨碍交通的，应及时将其清理到路边，恢复现场道路的正常交通。

（5）交通警察将道路交通事故现场道路上的障碍物清除完毕，车辆恢复通行之后，才可以撤离现场。值得注意的是，上述需要修理物体的维修费用也是道路交通事故的直接损失，在修理或者修复前应该明确其是否属于道路交通事故损害后果，是否属于损害赔偿的财物以及赔偿的方式，是修复还是更换，或者是直接赔偿损失。在确定损失前，应该找有关单位对损失情况进行鉴定或者评估。

第六节　现场勘查工作的延续

有些道路交通事故现场勘查所获得的信息，尚不足以构成完整的证据链来证实道路交通事故发生的过程及原因，因此，要开展一系列的后续工作，这些工作有的是无法在现场开展的，而有的则是无须在现场开展的，如检验鉴定工作、行车记录仪数据提取、视频监控信息提取、伤者情况调查等。

一、当事人情况的进一步了解及确认

（一）了解伤情记录当事人信息

这部分工作主要是针对那些因交通事故受伤而被送往医院进行救治的人

员。当交通警察完成现场勘查工作后,应当尽快赶往医院了解受伤人员的伤情,并记录伤者的个人信息。例如,姓名、年龄、性别等。为了记录受伤人员的伤情,交通警察应当在条件允许的情况下,对伤者的体形外貌、体表损伤、衣着痕迹等特征进行拍照、录像固定。必要时,可以提取伤者的衣着物品,并制作提取笔录。

如果受伤人员的身体情况允许,交通警察应针对事故发生经过的主要情节对伤者进行简要询问,并作记录,然后交由伤者核对无误后签字确认,伤者无法签字或者拒绝签字的,由见证人签字或者记录在案。也可以采用录音或者录像的方式进行保全。如果因伤者的伤情严重而无法进行询问的,应当记录在案,待伤者伤情好转能够接受询问时,办案交通警察应当及时进行询问。交通警察还应告知医疗机构的医护人员或者其陪护人员,及时将伤情变化情况通知办案交通警察。

(二) 核查当事人信息通知有关人员

对于在交通事故现场所获得的当事人的信息进行核查,对于受伤人员通知其家属受伤人员就医的医疗机构。

对于因交通事故死亡的人员,交通警察应通知其家属死亡人员尸体存放的地点。如果死亡人员的身份无法确认,公安机关交通管理部门应当在设区的市级以上报纸刊登认尸启事。登报后三十日仍无人认领的,应按照相关规定对尸体进行处理,具体步骤是:

(1) 由法医提取人身识别检材,对尸体按照《尸体辨认照相、录像方法规则》的标准拍照,并采集相关信息。

(2) 由公安机关交通管理部门填写《未知名尸体信息登记/撤销表》,自发现未知名尸体之日起十日内,通报设区的市公安机关刑侦部门,录入未知名尸体信息系统。

(3) 提取的生物检材经检测得到 DNA 数据后,应当立即补充录入未知名尸体信息管理系统。DNA 数据按照有关程序上报全国公安机关 DNA 数据库。

(4) 经县级以上公安机关负责人或者上一级公安机关交通管理部门负责人批准,对尸体进行处理。

(5) 未知名尸体的骨灰应存放一年,存放证留档备查。一年后,公安机关交通管理部门通知殡葬部门处理骨灰。

(三) 询问当事人

交通警察应当在事故现场撤除后二十四小时内,对交通肇事嫌疑人、其他当事人进行询问,及时对证人进行询问,并制作询问笔录。在询问的过程中应注意以下几个方面:

（1）询问地点可以是当事人的住处或者单位，也可以在办理该起交通事故的公安机关交通管理部门进行。

（2）需要传唤违法嫌疑人接受调查的，应按照《公安机关办理行政案件程序规定》中的相应规定进行。

（3）询问交通事故各方当事人、证人时，应当分别进行。

（4）询问时，应当告知被询问人对询问有如实回答的义务以及对与本案无关的问题有拒绝回答的权利。首次询问违法嫌疑人时，要询问是否受过刑事处罚、行政拘留或者劳动教养、收容教育、强制戒毒、收容教养等情况，必要时，还应当问明其家庭主要成员、工作单位、文化程度等情况。询问外国违法嫌疑人的，还应当问明其国籍、出入境证件种类及号码、签证种类、入境时间和事由等有关情况，必要时，还应当问明其在华关系人等情况。

（5）询问时，应当认真听取当事人的陈述和申辩。对其陈述和申辩，应当认真核查。

（6）询问不满十六周岁的未成年人时，应当通知其父母或者其他监护人到场，其父母或者其他监护人不能到场的，可以通知其教师到场。确实无法通知或者通知后未到场的，应当在询问笔录中注明。询问聋哑人时，应当有通晓手语的人参加，并在询问笔录中注明被询问人的聋哑情况以及翻译人的姓名、住址、工作单位和联系方式。对不通晓当地通用的语言文字的被询问人，应当为其配备翻译人员，并在询问笔录中注明翻译人的姓名、住址、工作单位和联系方式。

（7）询问笔录应当交被询问人核对，对没有阅读能力的，应当向其宣读。记录有误或者遗漏的，应当允许被询问人更正或者补充，并要求其在修改处捺指印。被询问人确认笔录无误后，应当在询问笔录上逐页签名或者捺指印。拒绝签名和捺指印的，应当在询问笔录中注明。询问时，在文字记录的同时，可以根据需要录音、录像。当事人、证人要求保密的，在询问笔录和自行书写的陈述材料上注明，公安机关交通管理部门应当为其保密。

（8）当事人、证人提交自行书写的陈述材料时，交通警察应当查验是否确由本人书写，由他人代笔的应当注明。

（四）嫌疑人及嫌疑车辆的辨认

如果交通事故的当事人或者肇事车辆无法确认，而需要进行辨认时，公安机关交通管理部门可以组织道路交通事故当事人、证人对肇事嫌疑人或者嫌疑车辆进行辨认。在辨认嫌疑人时被辨认的人数不得少于七人；对嫌疑人照片进行辨认时，被辨认的照片不得少于十张。辨认嫌疑车辆时，被辨认的车辆不得少于五辆；对肇事嫌疑车辆照片进行辨认时，不得少于十辆的照片。

在辨认过程中，交通警察不得给辨认人任何暗示，组织辨认还应当按照有关规定制作辨认笔录。辨认笔录中应包含：辨认的起止时间、地点；办案交通警察、记录人的姓名和单位；辨认人、见证人、辨认对象的基本情况；辨认事由、辨认目的、辨认过程、辨认结果。辨认笔录应当由主持辨认的交通警察、辨认人、见证人、记录人签名。

二、道路交通事故信息的处理

（一）事故信息上报

根据《道路交通事故处理工作规范》的规定，交通警察应当在道路交通事故现场勘查完毕后二十四小时内，将有关信息录入公安交通管理综合应用平台，并在事故处理过程中，及时更新、补充事故基础信息和事故处理相关业务信息。

公安机关交通管理部门在使用道路交通事故处理执法办案系统的过程中，应当遵循"谁办案、谁录入"的原则。如实、准确、完整、及时采集事故基础信息和事故处理相关业务信息，并录入道路交通事故处理执法办案系统。

（二）调取事故信息

随着科学技术的进步，越来越多的先进的交通管理技术手段被应用于道路交通管理工作实践中，其中部分技术设备可以为交通事故处理人员提供事故车辆的技术参数，这些参数对于分析事故过程及原因具有一定的作用。因此，交通警察可以在事故处理的过程中向有关机构或个人调取汽车行驶记录仪、卫星定位装置、技术监控设备的记录资料等证据材料。另外，交通警察还应当及时复制提取《受案登记表》《接处警记录表》等接警记录，为事故处理提供充足的证据材料。

三、道路交通事故的检验、鉴定

通过道路交通事故现场勘查以及各项调查工作，可以获得大量的证据来证实道路交通事故发生的过程及原因，但是并不是所有的材料、物品、物质都能够直接起到证明作用，有些还需要通过检验、鉴定来发挥其证明作用。因此，《道路交通事故处理程序规定》专门对检验、鉴定作了规定。交通事故处理过程中所涉及的检验、鉴定主要包括以下几个方面：

（1）当事人生理、精神状况、身体损伤，尸体等的检验鉴定。对当事人生理、精神状况、人体损伤，尸体等的检验鉴定主要涉及酒精的含量检验、伤残评定、致伤机理、尸体检验等。

（2）车辆安全性能的检验鉴定。

(3) 车辆行驶速度的鉴定。

(4) 各种痕迹、物品的检验鉴定。通过对各种痕迹、物品的检验鉴定，主要可以达到确定交通事故当事各方发生接触的事实，现场各种痕迹物体的所属关系，车辆轮胎爆胎原因，车辆灯光系统的使用情况，查找肇事逃逸车辆等目的。常见的痕迹鉴定包括：车体痕迹鉴定、人体痕迹鉴定、道路环境及其他客体物痕迹鉴定等。

(5) 现场道路状况的检验鉴定。通过对现场道路的坡度、附着系数、视距、转弯半径等状况的检验鉴定有助于分析道路交通事故发生的原因。

(6) 对当事人参与交通活动的交通行为方式的鉴定。所谓交通行为方式的鉴定就是对道路交通事故当事人在事故发生时的状态进行分析判断。如对车辆驾驶人或乘坐人的判断，对非机动车方骑行或推行的判断，对行人直立、蹲踞或倒卧状态的判断等。

(7) 对已经查获的肇事嫌疑车辆的检验鉴定。通过对已经查获的肇事嫌疑车辆的检验鉴定有助于确认肇事车辆。

第五章 道路交通事故现场痕迹物证的勘验

第一节 道路交通事故现场的痕迹物证

一、道路交通事故现场痕迹物证的概念

（一）定义

1. 道路交通事故痕迹的定义

道路交通事故痕迹是道路交通事故中，在物体和人体上形成的能够证明道路交通事故事实的印痕或印迹。主要包括地面痕迹、车体痕迹、人体痕迹和其他痕迹。

2. 道路交通事故物证的定义

道路交通事故物证是道路交通事故中，能够证明道路交通事故事实的物品或物质。物证是以实体物的存在对事故事实发挥证明作用。具体来说，物证是以其外部特征、物理性质和存在形式等证明道路交通事故的真实情况。

道路交通事故痕迹、物证可以帮助我们认定道路交通事故的性质，分析道路交通事故的真相，审查、判断言词证据，还可以帮助我们侦破交通肇事逃逸案。

（二）道路交通事故痕迹物证的特征

1. 道路交通事故物证的反映性

物证的特征是指物品所特有的属性，它包括物品的外部特征和内部特征。其外部特征是指物品的外形、颜色、体积、数量、重量及存在的位置等；内部特征则包括物品的物理结构和化学成分。具体到道路交通事故物证，其对道路交通事故事实的证明，恰恰就是通过这些物质特征来实现的。在道路交通事故现场勘查过程中所获得的证据，只有物证是以物质特征来证明案件事实的。

2. 道路交通事故痕迹物证的客观性

应该说客观性是各种证据的共同特征，由于道路交通事故痕迹物证是随着道路交通事故的发生而出现的，其物质特征虽然可能因某些行为的作用而消失或发生改变，但却不会因为人的主观意志而发生变化。应该注意的是并不是所有的道路交通事故痕迹物证都是真实的，它是可以伪造的，因此，道路交通事故痕迹物证虽然具有客观性，但在实际工作中仍然不能忽视对痕迹物证的审查判断。

3. 道路交通事故痕迹物证的关联性

由于痕迹物证都是以自身的特征来证明案件的事实，其与道路交通事故事实具有一定的关联性，但其关联并不都是直接的，因此，往往需要通过勘验、鉴定才能确定痕迹物证与道路交通事故的联系。而道路交通事故现场往往存在着许多干扰我们对道路交通事故痕迹物证认识的因素。例如，道路交通事故现场存在的玻璃碎片并不一定都是事故车辆留下的，等等。这就要求我们不断提高现场勘查技能，以便能准确获得道路交通事故痕迹物证，对于那些确实无法在现场进行确认的痕迹物证，应该全部提取以备进一步检验鉴定。

每个痕迹物证所证明的道路交通事故事实，通常只是道路交通事故发生过程的一个环节，不能证明道路交通事故发生的整个过程，这就需要我们在进行现场勘查时要做到全面、细致。

(三) 道路交通事故痕迹物证的形成

痕迹物证的形成主要有物质的重复再现和物质的转移两种方式。

1. 物质重复再现

物质重复再现是指物质在发生运动中再现自身特征于其他物体的属性。一切可以再现的客体在一定条件下都具有重复再现的属性，如地面轮胎痕迹、车体撞击和人体撞击痕迹的形成，是车辆接触部位的外部结构特征在运动或撞击过程中在承痕体上的重复再现。

2. 物质的转移

物质转移是指物证在形成过程中，物质的一部分向其他物体转移的现象。物质转移通常有物理转移和化学转移两种方式。物理转移是指物证在形成的过程中，仅做机械运动，未发生化学反应。具体表现有物质分离、物质扩散两种方式。如：车体上留下的血迹、人体组织、油漆等。化学转移是指物证在形成的过程中，发生了化学反应。即通过化学反应改变了物质的化学成分、性质和特征。这种转移在道路交通事故中生成的概率较低。

二、道路交通事故物证的种类

（一）交通事故现场中的常见物证

1. 肇事车辆

肇事车辆作为道路交通事故的重要物证之一，包括道路交通事故当事的各方车辆，如图 5-1 所示。这其中既包括车体上留有痕迹、物证的车辆，也包括在地面上留下痕迹、物证的车辆，以及在道路交通事故现场占有一定位置的车辆。例如，在道路交通事故发生过程中，A 车虽然没有与 B 车发生接触，但是 B 车的行驶确实影响了 A 车的正常驾驶，导致 A 车碰撞了行人，那么，B 车同样属于肇事车辆。

图 5-1 肇事车辆碰撞痕迹

2. 附着物

附着物是指在道路交通事故中形成，沾附在事故车辆、人体、路面及其他物体表面能证明道路交通事故真实情况的物质。例如，油漆、油脂、塑料、橡胶、毛发、纤维、血迹、人体组织、木屑、植物枝叶及尘土等微量附着物质，如图 5-2 所示。

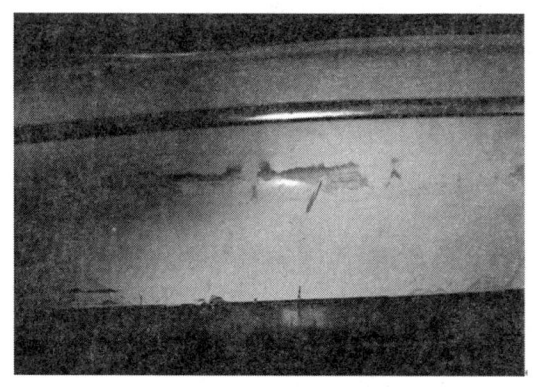

图 5-2　车体油漆附着物痕迹

3. 散落物

散落物（如图 5-3 所示）是指遗留在道路交通事故现场，能够证明道路交通事故真实情况的物品或物质。如：因交通事故损坏脱离的车辆零部件、玻璃碎片、油漆碎片、橡胶碎片、车辆装载物、结构性土沙碎块、人体抛落在地面上的穿戴物品和携带物品、人体被分离的器官组织，从其他物体上掉落在地面上的树皮、断枝、水泥及石头碎块等。

图 5-3　交通事故现场散落物痕迹

(二) 微量物证

1. 微量物证的含义

微量物证是指那些微量、潜在的物证。通常是指检材量极少，某种化学成分含量很低的物证。有时也把出现频率较低的，不易被人发觉的物证视为微量物证。但是，在我国物证鉴定的多年实践中，微量物证更主要的是指需要借助仪器，特别是大型现代化分析仪器进行理化分析的关联物证。微量物证检验涉及的物质种类相当繁杂，常见的主要有纤维、油漆、玻璃、土壤、塑料、油脂、墨水、炸药及其残留物等。

2. 道路交通事故微量物证的含义

发生道路交通事故后，遗留在事故现场中或者附着在事故元素上的，与事故相关的微量物质，称为道路交通事故微量物证。道路交通事故现场中存在着大量的微量物证，这是由道路交通事故形成的特点所决定的。

首先在碰撞、刮擦事故中，存在车辆与人体、物体间的接触，尤其是在碰撞事故中，由于接触时作用力大、时间短，易造成物体表层物质的分离或转移，存在物质的交换。也恰恰是 A 车上存在的属于 B 车的物质，B 车上存在的属于 A 车的物质足以证明 A、B 两车间接触的事实。以此类推，我们就不难看出微量物证在道路交通事故勘查工作中的作用。一般留在事故现场的微量物证包括：油漆、玻璃、橡胶、塑料、油脂、人体组织等，如图 5-4 所示。

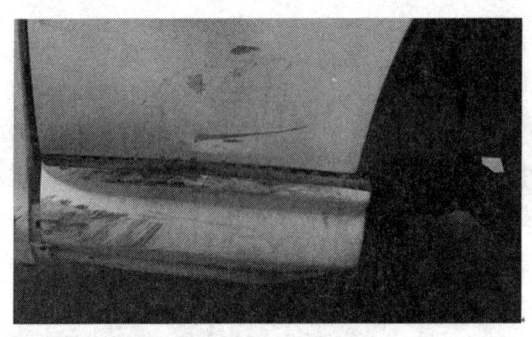

图 5-4　交通事故现场微量物证

3. 微量物证的特点

（1）交换原理。两个相互接触的物体可能通过物质交换在接触面上形成微量附着物，从而证明两物体接触过的事实。在道路交通事故中车辆与其他物体发生接触，那么，就必然有物质交换。能否证明这一事实，取决于我们在进行现场勘查时，能否有效地发现并提取这些微量物证。

（2）微量物证是一个微量、潜在的物证。

（3）微量物证主要采用仪器分析的方法进行检验。

（4）微量物证检验是比对检验。

（5）微量物证检验需要规范取样标准。由于微量物证检验需使用仪器，而不同的仪器对检材有不同的要求，为了防止所提取的微量物证受到污染，无法发挥其作用，因此要求规范现场发现、提取、包装、送检的步骤和标准。

（三）电子物证

电子物证是指储存在电子存储介质中用于证实违法犯罪活动的数字证据。

电子证据需要公安民警在调查取证中搜集、核查、固定、认定。

1. 电子物证的种类

（1）根据电子物证的存储系统不同分类。

①存储在计算机系统中的电子物证指的是人工操作输入或者计算机系统自动生成的电子数据，通常采用电磁技术或者光存储等现代计算机存储技术存储于计算机特写介质上，并能通过计算机真实、形象地再现其记载内容。这些证据资料呈现形式为，电子文档、软盘、U盘、计算机系统自动生成并记录的文件，如计算机操作系统的日志记录等。

②存储在其他与计算机系统类似的系统软件中的电子物证。手机短信就是存储在计算机系统之外的一种电子物证。可是如果进行严格的考量，它却很难被纳入司法实践认可的证据形式之中，况且这种数据除了存储介质与①中所介绍的电子数据有差别外，其他固有特征没有什么大的差异。因此，国际法学界现行的关于电子数据法律效力的立法中，都将存储介质是类似于计算机系统的电子数据纳入其中。

（2）根据电子证据运行系统环境的不同分类。

①封闭系统是指计算机系统中仅有一台独立不外连的计算机构成，或以局域网方式连接的多台计算机组成的系统。封闭系统的用户相对稳定，不允许未知用户加入，外界对此计算机系统不可见，属于不对外开放的类型，即便进行数据交互有多台终端，也可以通过监控手段精准追踪到电子物证的来源并可辨明真伪。

②开放系统是指有多台计算机终端相连组合而成的广域网、区域局域网和企事业单位内部网络系统，开放系统的特点是证据来源不明确，定位很难达到精准。

③双系统中的电子证据是既可以在封闭系统中发现，也可以在开放系统中发现的电子证据。

（3）根据电子物证形成过程所处的环境不同分类。

①电子数据证据是指数据记载信息内容自身，囊括记载了法律关系的产生、变动与灭失的数据。

②附属信息证据是指建立、存档、传输、整改、删除电子文档而产生的记录，如计算机系统的日志记录、文档的属性信息等，这种证据的法律意义主要在证实电子数据的真实性方面。

③系统环境证据是指计算机数据运行所处的硬件和软件环境，就是某个电子文档在建立、存档、传输、整改、删除过程中所凭借的软硬件设备环境，尤其是软硬件名称和版本环境。

（4）根据电子物证的生成方式不同分类。

①电子设备生成证据是指由计算机设备等其他信息产生、储存设备系统日志自动生成的证据。这种电子证据的最大特点是完全被系统内部命令控制运行，在设备系统运行中完全独立自主且不掺杂外界干涉。电子设备生成证据的优点是准确性很高、证明效力大。

②电子设备存储证据是指由预设操作指令控制具有记录功能的设备，录制出的具有参考价值的电子证据，如行车记录仪视频录像、道路监控系统实时监测。关于电子设备存储证据的证据效力，不仅要考虑记录设备等是否调试得当、预设指令是否正确，还要考虑录入、传输时是否存在人为的改动等。

③电子设备混成证据指的是电子计算机在预先存储电子信息后，根据预设循环指令筛选、生成、修改后的电子数据，如 WORD 文档中的筛选功能、EXCEL 中的公式使用。这类证据兼有上述两种电子物证的特性，对其可用性和证明力的评判准则也相对繁杂。

2. 交通事故处理过程中常用的电子物证设备

电子物证与传统物证相比拥有高技术性和精确性，其本身涵盖了发现、提取、固定、保全、分析、检验鉴定等一系列技术及方法，但是由于现阶段电子物证的技术规范尚不统一直接影响着证据效力。

（1）汽车行驶记录仪。见本书第六章中"现场事故车辆情况部分内容的填写"部分。

（2）汽车 OBD 系统。OBD 系统通常被称为随车诊断系统，可以进行油耗查询、实时行车数据调取、行程费用分析、发动机故障检测，调取发动机转速、水温、车速等数据。除了上述功能以外，车载 OBD 还具备智能定位功能，可采集车辆的行驶轨迹，装配的感知功能可监测车辆在行驶过程中的动态数据，如急刹车情况等。

安装有 OBD 系统的车辆发生交通事故后，公安机关可以要求车辆销售企业使用相应适配器读取 OBD 系统中的车辆出厂、销售、维修、盗抢信息。通过使用 OBD 系统数据可以判明事故车辆是否是盗抢车辆、走私车辆或者套牌车辆和报废车辆。另外，在缺少道路监控系统或通过监控视频计算车辆行驶速度不精确时，也可以通过 OBD 系统直接提取车辆发生事故前的行驶速度。尽管 OBD 系统可以查验车辆信息、车辆行驶数据、车辆行驶状态，但在实战的应用环节中也存在许多问题：办案人员不能通过现有设备直接读取 OBD 系统中存储的数据；各汽车生产厂家使用的网关设备通信协议不一致，只有车辆的生产厂商才能读取本品牌车辆 OBD 系统；使用 PC 端读取软件时需要设置许多参数,有很大的行业壁垒,一线办案人员在使用时有诸多不便。

(3)行车记录仪。行车记录仪(如图5-5所示)是指能够记录车辆在行驶过程中的影像和声音等相关视听资料的仪器,可以为交通事故处理提供直观的视听证据。行车记录仪应符合《机动车辆间接视野装置性能和安装要求》(GB15084-2013)的相关规定。

图5-5 行车记录仪

在发生交通事故后,安装了行车记录仪的肇事车辆或者"旁观"车辆,可以以该车辆视角拍摄下事故的过程,为事故处理人员提供直接的证据。同时,行车记录仪在交通事故处理中也存在很多技术问题:首先是行车记录仪的视频压缩会降低数字化后数据带宽,为了提高压缩率会自动将肉眼难以察觉的图像细节舍去;其次是视频畸变问题,行车记录仪从100°到170°越来越大的视角,会使画面质量下降,很难清晰对嫌疑车辆进行取证。

(4)道路监控系统。道路监控系统(如图5-6所示)是公安指挥系统的重要组成部分,能够对道路交通状况进行最直观的观测。特别是视频监控设备会设置在较高的点位上,因此通常能够拍摄到事故发生过程的完整动态画面,直接反映出交通事故发生的过程,记录下车辆的号牌、类型、外观特征、行驶方向等信息。并依据《基于视频图像的车辆行驶速度技术鉴定》(GA/T 1133-2014)的规定,计算车辆的行驶速度。为了鉴定车辆行驶速度而选取视频检材时要注意:选择帧率稳定的可用检材;视频文件格式多种多样,选择可使用通用播放器的检材;注意检材属于静态拍摄还是动态拍摄以及拍摄角度和变形问题;在特征点的距离确定和视频画面的读取中都有可能会存在一定误差。

图 5-6　城市道路监控系统

除了上文中提到的视频监控、行驶记录仪、行车记录仪、OBD 等，每位交通参与者手中的移动终端都能成为自动报警并向公安机关上传违法信息的记录设备。随着科技水平的不断提高，车辆可能不仅仅局限于使用 OBD、行驶记录仪装置，而是通过智能芯片整合电子物证全部上传至公安网，形成联网联动，而公安机关无须分别调取各种电子物证，极大地缩短了事故处理民警调查取证所需时间。

三、道路交通事故痕迹的形成机理及分类

（一）痕迹形成必须具备的要素

痕迹的形成必须具备三个要素，即造痕体、承痕体和作用力。

1. 造痕体

造痕体是指在形成痕迹的过程中，在另一客体上形成自身表面结构形态特征的客体。通常又被称为造型客体或加载客体。造痕体是形成痕迹的主体，在造成形象痕迹时，必须有一定的形状、体积、硬度和表面形态结构，才能在另一客体上留下结构形象痕迹。

2. 承痕体

承痕体是指在形成痕迹过程中，在自身表面的接触部位留下造痕体表面结构形态特征的客体。通常又被称为承受客体或承载客体。承痕体是形成痕迹的被动体，在形成痕迹时，承受客体必须具有吸附、可塑、变形、渗透及表面平滑、物质结构细腻等特性，才能较好地保留造痕体接触面外表结构的形态特征。

道路交通事故现场痕迹的造痕体和承痕体是成对存在的，并相互转化。

3. 作用力

作用力在痕迹检验中是指两个客体接触时的机械作用。这种作用既能改变物体的运动状态，也能改变物体的局部形态，它是痕迹形状的关键要素。在形成痕迹的过程中，作用力的大小、方向、方式不同，形成的形象痕迹特征也有差别。

4. 介质

介质是指呈现平面痕迹的某种物质，在形成平面痕迹时，除受造痕体、作用力、承痕体等因素影响外，还要考虑介质对痕迹的影响。常见的介质有液态与粉尘状两种。造痕体表面粘附的介质，在形成痕迹时，转移或部分转移到承痕体的表面上，则出现平面加层痕迹，而承痕体表面粘附的介质，在形成痕迹时，转移或部分转移到造痕体表面上，承痕体表面就会有出现平面减层痕迹。

（二）痕迹的力学特征

1. 碰撞痕迹的力学特征

车辆以一定的速度行驶，以力的形式作用于其他车辆或塑性物体表面，使被撞车辆或承痕体表面产生塑性变形，即为碰撞痕迹。在碰撞接触的瞬间，车辆会暂时连接在一起，并分别发生塑性变形，其中刚性小的车辆变形大，刚性大的车辆会将接触部位的外部形象留在刚性小的车辆上。但是无论刚性大还是刚性小的车辆，在相接触的对应部位都会留下碰撞痕迹。

在碰撞时，如果接触面之间无横向滑动，车辆只受到压缩载荷作用，那么只会产生压缩变形。如果接触面之间有横向滑动，车辆还将发生弯曲变形。碰撞中形成的撞击痕迹、印压和刮擦痕迹都能反映出车辆在碰撞前的运动状况。

2. 刮擦痕迹的力学特征

道路交通事故中车辆刮擦痕迹的形成机理是作用力沿两接触物体表面的切线方向作用，而形成的线条状、片状、撕裂状和切划状的痕迹。车辆刮擦痕迹的特征与接触部位的几何形状、物理性质（弹性、韧性、硬度等）以及表面涂料等因素有关。

道路交通事故中车辆刮擦痕迹的主要类型是线条状痕迹。所谓线条状痕迹主要是指造痕体和承痕体在相互接触的过程中，沿接触面的方向产生相对滑动并在承痕体表面部位上形成的凹凸线束。线条状痕迹的特征主要包括：

（1）线条状痕迹有凸起线和凹下线，痕迹凹凸线条的起伏形态反映造痕体接触部位的外表结构特征，并且造痕体的外表结构与痕迹上的凹凸形态特征相反。

(2) 单一线痕断面形态有峰、腰、谷。

(3) 线条状痕迹的结构分为痕起缘、痕止缘和痕迹面。痕起缘是开始形成线条状痕迹的部位,即两客体开始接触的阶段形成的痕迹,通常光滑,无颗粒残渣堆积物,比较整齐,由浅入深或由深入浅呈斜坡状,形成痕迹中被擦起的毛刺尖端指向造痕体行进方向;痕止缘是痕迹终止的部位,即两客体接触的终止阶段形成的痕迹,一般有停顿和按压现象,且长存有从物体表面擦掉的颗粒残渣堆积物。若无停顿,接近终点时有些痕迹呈由深至浅、由宽变窄,逐渐缩小呈锥状的形态;痕迹面是指痕起缘与痕止缘之间的部位,即两客体接触的中间阶段形成的痕迹。

当两车以微小的角度同向或相向行驶相接触时,在车体上会形成线条状擦滑痕迹。痕迹的起点形态与接触的角度、速度、接触部位等因素有关,有的作用点有撞击形成的凹陷状痕迹。

(三) 痕迹的分类

1. 按承痕体的性质进行分类

按承痕体的性质不同,可分为地面痕迹、车体痕迹、人体痕迹和其他痕迹。

2. 按承痕体是否发生变形进行分类

按承痕体是否发生变形分为立体痕迹和平面痕迹。立体痕迹是指造痕体作用于承痕体,破坏了承痕客体表面的原始结构形态,形成的三维结构痕迹。其特点是受接触方式和作用力大小的影响,可以在不同程度上反映出造痕体表面的结构特征。例如,在松软路面上的车轮滚印。平面痕迹是指造痕体作用于承痕体,使承痕体表面只发生某些物质的增减,而并未改变其结构形态所形成的痕迹。根据物质增减的不同,可以将平面痕迹分为加层与减层痕迹。根据色泽的不同又可以将平面痕迹分成有色平面痕迹与无色平面痕迹。

3. 按痕迹反映的本质和特征进行分类

按痕迹反映的本质和特征不同分为结构形象痕迹和整体分离痕迹。结构形象痕迹是指造痕体接触面上的外表结构特征部分或全部在承痕体上留下的反映形象。例如,车体上的碰撞痕迹。整体分离痕迹是指一个整体在外力作用下,被分离成若干部分,在分离处存在分离线和分离断面。例如,车体受碰撞后形成裂缝的破裂口,它反映了各分离部分的关系。

4. 按客体接触时的相互作用方式进行分类

按照两客体接触时相互作用的方式不同分为静态痕迹与动态痕迹。静态痕迹是指两个客体相接触时,作用力始终垂直于承痕体所在平面而形成的。静态痕迹能够较清晰、完整、准确地反映造痕体与承痕体接触部分的外表结构形象特征，鉴定条件一般较好。动态痕迹是指两客体相接触时，接触面间存在相对的滑移运动，从而在承痕体上形成的痕迹。造痕体接触面的点状形态在承痕体上表现为线状形态；造痕体接触面的线状形态则随着接触表面的角度变化而表现为线状或面状形态。大多数道路交通事故痕迹都是动态痕迹，因此，形成的痕迹质量一般不高，很难进行同一鉴定。

四、道路交通事故痕迹物证勘验

（一）道路交通事故痕迹物证勘验的含义

道路交通事故痕迹物证的勘验是指道路交通事故现场勘查人员对道路交通事故现场的实地勘查与检验，并获取痕迹、物证的活动。它是道路交通事故现场勘查的一部分，同时也为道路交通事故物证鉴定提供重要的基础资料。道路交通事故痕迹物证勘验包括对物证的搜寻、发现、固定、提取、保全和送检等步骤。

（二）道路交通事故痕迹物证勘验的原则

痕迹物证勘验的原则是指在交通事故物证勘查工作中所应遵循的准则和标准。

1. 勘验工作应及时、客观、全面、快速

办案人员接到事故报案以后，应尽快赶赴现场，充分利用事故发生后，现场未发生变化、证据尚未灭失，痕迹物证较易被发现和提取的有利时机，及时进行现场勘查工作，以便于获得确实、充分的证据，查明事故事实。如果在案发后不能及时赶赴现场，现场将难以得到有效保护，各种痕迹、物证容易遭受过往车辆的碾压、围观人员的触摸、踩踏，以及阳光、风、雨、雪等因素的影响而发生变化甚至灭失。

2. 勘验工作应严格依法进行

道路交通事故处理工作的全过程是一个相关法律、法规、规章、标准、政策的适用过程。物证勘查作为事故处理工作的一个重要组成部分，必须要严格依法进行。另外，依法勘查也是痕迹、物证属性的要求，因为证据的合法性不但要求形式上的合法，还要求程序上的合法，只有严格依法进行痕迹物证的勘验工作，才能保证获得的证据具有客观公正性，才能符合法律、法规的要求，最终才能作为有效证据加以使用。办案人员应当熟悉并掌握有关物证勘查的法律、法规和标准，严格做到有法必依。

在物证勘查工作中涉及的主要法规和标准有：《道路交通事故处理程序规定》、《道路交通事故处理工作规范》、《道路交通事故痕迹物证勘验》（GA 41）、《道路交通事故勘验照相》（GA 50）、《道路交通事故现场图绘制》（GA

49)、《道路交通事故现场图形符号》（GB 11797)、《道路交通事故尸体检验》（GA 268)、《法医物证检材的提取、保存、送检》（GA/T 169）等。另外，《刑事诉讼法》、《民事诉讼法》和《行政诉讼法》中对痕迹、物证勘验的有关规定在道路交通事故物证勘查中也必须遵照执行。

3. 勘验工作应运用科学方法并采用先进技术

为了保证勘查结果的准确性和可靠性，应该运用先进的科学技术手段来勘查物证。由于现在新型材料在汽车工程、道路工程、服装织物等方面的广泛应用，许多物证已无法用传统方法来加以鉴别，加之一些细小、浅淡痕迹也难以用常规方法去发现和提取，这就要求勘查工作必须依据不同物证的物理和化学特性，采用不同的先进科学技术来发现、固定、提取和检验痕迹物证，以提高勘验工作的质量，满足事故处理对证据可靠性的要求。

（三）勘验的一般要求与规程

根据《道路交通事故痕迹物证勘验》（GA 41—2014）的有关规定，道路交通事故痕迹物证勘验应该遵循以下要求：

1. 勘验工作应由道路交通事故办案人员或有关专业人员担任

勘验工作是道路交通事故处理工作的一个组成部分，只有公安交通管理部门的事故办案人员才有权负责事故痕迹、物证勘验工作。按有关规定交通警察应经过培训、考核，并取得相应的资格后才被允许处理不同类别的道路交通事故。由于道路交通事故情况非常复杂，某些物证勘查要涉及一些专门知识，因此，在道路交通事故处理部门无法独立完成勘查工作的情况下，可以聘请具有专门知识的专业人员参加勘查工作。

2. 勘验工作应配备相应的器材装备

配齐装备是为了保证现场勘查人员能迅速赶赴现场，方便快捷地进行勘查工作。现场勘查的装备包括：发现、测量、摄录、提取、防护、辅助类等。装备应满足搜寻并发现痕迹、物证，测绘现场，摄录图像声音证据，提取痕迹物证，保护标示痕迹物证等勘验工作的需要。

3. 勘验人员应根据各类道路交通事故特点有重点地勘查道路交通事故痕迹物证

各类道路交通事故发生的原因、过程和后果都有不同的特点，痕迹物证的种类、特征、位置也都各有差别。勘查人员应该掌握各类事故发生的规律和特点，在能充分证明事故事实的前提下，有重点地选择现场具有代表性的痕迹物证进行勘查。勘查的基本内容包括：

（1）涉及道路交通事故的车辆、人员、物体的状态、痕迹、位置。

（2）发生道路交通事故的车辆、人员行进的路线。

(3) 车辆、人员、物体接触的痕迹、受力方向，以第一次接触的痕迹物证为重点。

(4) 逃逸事故应提取现场遗留的所有与道路交通事故有关的痕迹、物体，尤其是能够确定肇事车辆、肇事人的各种证据。

4. 注意造痕体的勘验

任何痕迹都是造痕体与承痕体发生相互作用，遗留在承痕体上的。勘验痕迹的目的在于通过痕迹去认识这种相互作用。所以，造痕体、承痕体和痕迹本身始终处于同等重要的位置。

勘验确定造痕体的方法是将痕迹的形状、大小、位置、受力方向，附着物种类、颜色等特征，与嫌疑造痕体相应部位的特征进行比对。

5. 交通事故现场中痕迹物证的测量

测量交通事故现场中痕迹物证的位置、尺寸时，应以厘米为测量的最小计量单位。为了保证准确测量，测量时尺身应适当拉紧，保持尺身平直、不扭曲。小于2m的距离，应使用钢卷尺测量，大于2m的距离可以使用皮尺或钢盘尺测量，并尽量不要让尺身悬空，以免尺身因重力弯曲而使测量误差加大。读取数据时，应注意保持视线与尺身垂直，以保证读数精确。有条件的可以使用激光测距仪、游标卡尺进行测量。测量坡度时应使用坡度测量仪。

对于长度的测量，其测量允许误差的规定为：测量目标长度小于50cm时，允许最大误差为0.5cm；测量目标长度为50cm~10m时，最大误差不得超过1%；测量目标长度超过10m时，最大误差不得超过10cm。

6. 勘验中应固定和提取有价值的痕迹物证进行检验鉴定

对各种有价值的痕迹、物证应尽可能提取原物。对那些由于本身性质无法长期保存和提取原物的痕迹、物证，应采取绘图、照相、录像、制作模型、制作勘查笔录等间接方法进行提取。提取时应尽量不损坏提取物，并注明提取物名称、提取人、提取时间、地点、部位、天气、提取方法等情况。对提取的微量物证要妥善保管，需要检验鉴定的，应及时送检。

7. 勘验中应作好相关记录

勘验和提取痕迹、物证应作好勘查笔录，记录痕迹、物证的位置、状态、尺寸、勘查过程及提取物证等。勘查结果，勘查指挥员、勘查员、绘图员应在笔录上签名或盖章。

8. 注意固定现场

勘验过程中对于需要提取的痕迹、物证，应在提取前使用照相法进行固定，使用现场图或者现场勘查笔录记录相应的位置、特征信息。

五、痕迹物证的发现

道路交通事故痕迹物证是客观存在的,且多存在于事故现场中。痕迹物证的发现是提取、检验和鉴定的前提。只有发现和收集到充分、确实的痕迹物证,才能为认定道路交通事故事实提供依据。发现痕迹物证的途径主要是现场勘查,调查走访和搜查。痕迹、物证发现方法主要依据《道路交通事故痕迹物证勘验》(GA41-2014)的规定。

（一）通过现场勘查发现痕迹物证

1. 寻找接触部位

首先应根据道路交通事故的类型及其特点,观察事故发生时所接触到的物体和接触部位所显现出来的异常现象,确定勘验的重点部位。道路交通事故现场痕迹和物证是由造痕体与承痕体相互碰撞或刮擦形成的。为了准确认定事故痕迹和物证,必须认真勘查和确定造痕体与承痕体的接触部位。当痕迹物证的显现条件不理想时,可以采用多波段光源、红外光源、紫外光源、警犬气味识别、试剂、电子显微镜等手段和装备,从不同的角度观察,发现痕迹物证。在一些较复杂的事故现场,造痕体与承痕体之间会发生多次碰撞接触。其中第一次接触痕迹对于分析事故成因是最有证据价值的。因此,一定要准确认定第一次接触的具体部位。

2. 寻找发现可疑物

物体之间相互碰撞或刮擦,接触部位的表层物质就会发生脱落或转移。脱落的物质或散落于地面,或附着于物体的接触部位。因此,应重点在道路交通事故现场地面、肇事车辆、伤亡人员以及其他有关物体的接触部位及其周围寻找事故可疑物。注意发现留在现场的地面痕迹、人体痕迹、车体痕迹及其他痕迹；注意发现车体内、外的痕迹。由于相互碰撞和刮擦造成的物质转移往往是双向的,在寻找痕迹及痕迹上的附着物时,要从造痕体与承痕体两方面入手。

3. 逃逸事故现场的勘查

对肇事逃逸事故现场,应根据逃逸案件的不同以及侦查的具体阶段寻找事故可疑物。

（1）肇事车辆逃逸。应在现场地面、车辆、人体及其他有关物体的接触部位寻找可疑物和痕迹。

（2）肇事车辆被查获。重点对肇事车辆进行勘查,确定事故接触部位。在事故接触部位寻找与现场地面、车辆、人体及其他有关物体外观相似的物质和痕迹。

(3) 肇事者弃车逃逸。在这种情况下，应注意保护并提取肇事车辆的驾驶室门把手、方向盘、变速杆、后视镜等部位的指纹痕迹，车内碰撞部位存在的血迹、汗渍等。

(4) 肇事车辆已经修复。确定事故接触部位，认真勘查车辆修复情况，车辆有关部位的残留物和原始物质都是检验鉴定的重要比对物质。

(二) 通过调查访问发现痕迹物证

由于有些痕迹、物证存在的位置较为隐蔽，因此，可以采用调查访问的方法了解可能存在痕迹物证的位置。调查访问的内容并不一定是痕迹物证所在的直接位置，也可以是道路交通事故发生的过程，勘查人员可以根据获得的信息，拓展勘查范围以便寻找到有关的痕迹物证。具体的调查访问内容包括：车辆行驶的路线；车辆采取的措施；车辆的行驶状态；行人的行走路线、方向；驾车人的衣着、相貌等。

(三) 应注意的问题

痕迹物证的发现是痕迹物证提取和检验的前提，为了在交通事故现场能够发现与事故有关的痕迹物证，应注意以下几个问题。

(1) 准确识别物证和非物证，结合事故现场的具体情况，注意观察肇事车辆接触过的人体和物体或有关活动地点出现的反常现象，力争发现全部物证。

(2) 既要重点勘查现场的重点部位，又要从周围发现痕迹物证，力争不遗漏任何有价值的物证。例如，到医院去搜集受害人身体和衣物上的痕迹物证。

(3) 在勘查现场时，力戒急于求成，要反复勘查，尤其是对责任不明、性质不清和肇事逃逸事故，更要及时研究，反复勘查。

(4) 在勘查的过程中可以借助仪器，但要注意所使用的仪器不应违反有关法律的规定。

六、痕迹物证的收集

(一) 收集物证的原则

道路交通事故痕迹物证的提取是公安交通管理部门依法收集和固定物证材料，使物证不会因时过境迁或其他原因而消失或遭到破坏，确保痕迹物证的客观性和真实性，使物证在事故处理中能充分发挥其证明作用的证据保全措施之一。在提取过程中，应遵循以下原则。

1. 及时

由于道路交通事故中的许多痕迹物证，如血迹、人体组织、灰土痕迹等，会随时间的推移而因各种原因发生性状上的变化甚至消失,这既不利于痕迹物证的提取,也会影响到对痕迹物证的准确检验鉴定。所以,无论是对痕迹物证的提取,还是提取后送检,都要求及时、迅速。对于疑似交通事故痕迹物证的,应与确定交通事故痕迹物证同等对待。

2. 采用先进科学方法

为避免提取过程中损坏或污染物证,提取时,应针对不同物证所具有的物理和化学特性,采用相应的先进科学方法,安全、准确地提取物证。

3. 全面、合法

应尽可能全面地收集痕迹物证,避免遗漏,更不能随意取舍。针对不同的道路交通事故应根据事故的不同特点进行收集。通常,在勘查普通事故现场时,只提取一些本身存有疑问,对某些重要事实具有记录证明作用或对事故分析判断起关键作用的痕迹物证。在痕迹物证样品的提取量上,以能保证检验鉴定需要为前提,尽可能多提取一些。

在收集物证的过程中,应注意符合法律的有关规定。

4. 注意提取对照物

提取事故可疑痕迹物证时,必须在与可疑物证有关的车辆、伤亡人员衣着、体表或其他物体的对应部位提取对照样本,为比对检验准备材料。

5. 应有见证人员

提取物证时,应有当事人或其他见证人在场作证,证明所提取物证的客观、真实和合法性。勘查结束,当事人或其他见证人应在勘查笔录上签名或盖章。

(二) 收集痕迹物证的程序

接到事故报案后,勘查人员应及时赶到事故现场,对现场展开全面细致地勘查工作。

(1) 通过寻找事故接触部位及现场中的可疑物质,确定痕迹物证的提取部位、提取对象、提取方法,准备提取、包装工具。

(2) 对要提取的痕迹物证,应先采用拍照、摄像、标记、绘图、笔录等方式,将其形状、数量、颜色、所在地点等分别编号记录。

(3) 使用合法、科学的方法提取痕迹物证。

(4) 对于不能及时提取的痕迹物证,必须采取保护措施。

(三) 收集痕迹物证的方法

痕迹物证提取的方法分为直接提取和间接提取两类,直接提取是指直接对物证本体进行收集、保存,对实物物证可采用此方法;间接提取是指采用照相、绘图、笔录、制作模型等技术手段间接收集和保存物证,对痕迹类物证，由于无法直接提取，只能间接提取。这两类提取方法在道路交通事故物证勘查中都有应用，并且为了确保痕迹物证的证据价值和证明力，一般都将这两类方法结合在一起运用。例如，在现场直接提取某实物物证之前，一般都要求事先用照相和笔录等方式记录其原始状态和位置。

1. 直接提取法

（1）痕迹的提取。对于体积较小或可拆卸的车体上的痕迹，应尽可能将痕迹和其承痕体一起提取，可以保证最完整、客观地保存痕迹的细节特征，对制作后期实验样本有重要意义。保存时，应防止风干、受潮、生锈，霉变。

（2）固态物的提取。对于事故现场的固体物质，或车体上的较大的粘附物，均可用镊子夹取。如需对该物质进行金属元素的成分检测，则应避免使用金属镊子，而应选择塑料镊子；对于附着在小件物品或车辆的可拆卸部件上的物质，可以将物品和零部件全部提取；当固体物质颗粒较小无法用镊子夹取时，可以用针等尖锐器具进行挑、拨，使该物质脱落，以便收集。根据情况也可以使用刀片刮取；使用透明胶纸粘取时，一般采用将胶质反贴在载玻片上的方法进行保存；对于分散、面积较大的固体粉尘状物证，可用软毛刷收集。使用时，注意避免将软毛刷脱落下来的毛纤维混杂到物证里；对于金属颗粒可以采用磁铁吸取；用醋酸纤维素薄膜（AC纸）可以提取附着在光滑固体表面的微量物证；对于附着在织物上的固体物质，可用抖落、拍打的方法使附着物脱落再收集包装。为便于包装可以事先在地上铺设大白纸、玻璃板等，或将织物放入大的塑料袋中。

（3）液体物的提取。可以采用脱脂棉球或滤纸直接擦取或沾某种溶剂擦取。

2. 间接提取法

（1）摄录像。采用照相或摄像法提取痕迹物证，具有快速、准确，能反映痕迹、物证的真实情况和便于长期保存的特点。在利用这种方法固定和提取痕迹物证时，必须保证完整和清晰，保证痕迹的形态不变。在采用其他方法进行提取之前，必须首先照相或录像。

（2）静电吸附法。用静电取迹器提取光滑路面上的足迹和粉尘轮胎痕迹。

（3）石膏制模法。地面上的立体痕迹，可采用石膏制模的方法提取。具体操作方法如下：清除痕迹表面上的砂石、土块、树叶等杂物，清除时，不能破坏痕迹的特征；用泥土或其他物质在痕迹周围堆起"围墙"；按 5:3 的比例将石膏和清水装入广口容器，调制石膏浆，调制时应注意均匀无气泡；将调制好的石膏浆从痕迹较低处的边沿缓缓注入，待石膏浆注满痕迹时，放入几根预先准备好的长度比痕迹短的小木棍、竹条或铁丝等，作为模型的骨架，再继续注入其余石膏浆；静置半个小时左右，待石膏凝固坚实后，即可从一侧轻轻将模型起出；清理模型，用清水冲洗掉表面的泥沙，晾干后包装备用。

（4）硅橡胶提取法。硅橡胶为白色黏稠液体，固化后有较强的弹性和韧性，不易断裂，塑型细致，能反映出痕迹的细微特征，适用于提取深浅不同、面积大小不等的痕迹。具体操作方法如下：根据痕迹的大小，用调墨刀取适量硅橡胶，按硅橡胶100毫克、月桂酸二丁基锡2.5毫升、二氯甲基三乙氧基硅烷4毫升的比例调制成硅橡胶浆。调制时按配方顺序边滴加、边迅速调匀。调制好后涂注到痕迹中，待干涸后从边缘轻轻掀起，取下模型保存备用。

（5）硬塑料提取法。硬塑料又称打样膏，是牙科制膜用品。使用时，先在痕迹表面涂以甘油做脱膜剂，然后将打样膏浸入热水（60°C左右）中软化。取出甩掉表面水珠，在平板上压出一个平面，用力压入痕迹，待20至30分钟冷却硬化后取下。

（6）醋酸纤维素薄膜法。醋酸纤维素薄膜，简称AC纸。使用时取稍大于痕迹的AC纸一片，用镊子夹住其一角浸入丙酮溶液中3至5秒钟，浸软后取出贴在痕迹上，表面再附一层干AC纸，压紧1分钟，使两块AC纸粘合在一起。待约10分钟后，AC纸干透即可取下，所要提取的痕迹即在AC纸上印制成膜。印膜前可在车体痕迹表面略涂少量甘油为脱膜剂。这种方法适用于提取金属表面细小的擦划痕迹。

（7）复印法。复印法是提取粉末或烟熏显现手印最常用的方法，适用于光滑坚硬平面手印的提取。它是用一种富有黏性的片状材料，把显现出的手印沾取下来。常用的复印材料有三种：透明指纹胶带、黑色不透明指纹胶纸、相纸或底片。

4. 收集痕迹物证的注意事项

（1）在提取物证之前，切勿在物证部位及附近用粉笔、圆珠笔或蜡笔等勾画。

（2）在提取物证之前，要进行拍照或录像。

（3）对所发现的痕迹物证，原则上要全部提取。如果物证的体积过大或同类物证数量较多时，可根据事故的特点，酌情收集最能反映案件事实或者最有证明价值的，并有代表性的几个或某个部分。

（4）在提取痕迹物证时，应同时作出详细的记录，注明提取部位和名称。

（5）根据现场所获痕迹物证的情况，除了要收集嫌疑车辆的有关样品外，还应收集相同种类车辆的有关样品，作为比对样本。

（6）收集物证时，要注意避免污染样本，所使用的工具和包装物品要保持干净。用同一工具提取不同部位的物证时,每提取一次,应把工具擦拭干净。提取各种痕迹物证,特别是提取油脂、血迹、类人体组织等,不得重复使用同一工具,不得用手直接接触物证。

(7) 取证检验的物品和车辆,应暂时扣留,待检验鉴定工作结束后发还。

七、物证的包装和送检

(一) 痕迹物证的包装

1. 痕迹物证的检材分别包装

对于从不同部位提取的不同种类、不同性质的痕迹物证检材,应按检材自身物理和化学属性分别包装好。为了便于识别,所有检材的包装物上应有标签,标签上要注明事故名称、编号、特征、提取地点、提取部位、提取方法、数量、提取人、见证人和物证说明等内容。

2. 塑料物证袋的使用

对于小件物品、伤亡人员衣物、车辆零部件、较大的漆片、塑料片、橡胶块以及干燥的血迹固体等检材可装在透明塑料袋内。

3. 试管的使用

少量的油漆片、塑料片、毛发、纤维、血迹、人体组织、油脂、油漆等物证应装入密闭玻璃瓶内;为测定酒精、药物等提取的人体血液应放入试管内并加盖封存。

(二) 痕迹物证的保管

通过现场勘查、调查提取到的痕迹物证,在进行检验鉴定之前,受保管措施、条件、时间等的影响,可能会发生物理形态、化学属性的改变。因此,对道路交通事故痕迹物证一定要妥善保管。通常应由负责技术检验部门的专人保管,未设技术部门的由办案人员负责保管。痕迹物证保管应根据各种物证的特点和属性,分别包装和存放。每个痕迹物证都应做好标签和记录,标明物证名称、数量、案件序号,事故发生的时间和地点等。只有这样才能防止物证损坏和污染,确保检验鉴定的客观性和准确性。

1. 肇事车辆的保管

公安机关交通管理部门因案件中检验或者鉴定的需要而暂扣的肇事车辆或者嫌疑车辆,应放在室内保存。如果因条件所限只能放在室外保存的,应该用苫布或塑料布覆盖车辆的接触部位。防止因人员触摸或天气变化造成事故痕迹、物证的破坏或灭失。

2. 挥发性物证的保管

对于易挥发的物证样品,如油脂样品和检测乙醇用的血液样品等,必须放在玻璃试管内加盖密封,并放入冰箱冷藏保存。

3. 衣物的保管

如要保存受害人衣服,应将衣服整体提取后用衣架挂起,外面用塑料袋罩住。

4. 防止污染和丢失

在保存和运送痕迹物证检材的过程中,对附着在小件物品、伤亡人员衣物或车辆零部件上的可疑物质要特别注意保护,防止污染或丢失。

5. 检验鉴定后痕迹物证检材的保管

检验鉴定后,应将剩余的痕迹物证检材与档案材料一并保存。以备责任认定或对鉴定结论有异议时,进行复检。

(三) 痕迹物证的送检方法

为了便于工作,交通管理部门应建立自己的检验鉴定机构,配备专业技术人员和检验鉴定仪器设备。这样,事故办案人员可将待鉴定的痕迹或物证直接送往公安交通管理部门内的事故鉴定机构,由专业技术人员进行检验或鉴定。专业技术人员也可以和勘查人员一同出现场,进行现场勘验以及对痕迹物证的提取。

不具备检验鉴定条件的公安交通管理部门,需要检验鉴定痕迹物证时,应委托有资质的鉴定机构进行检验、鉴定。

(四) 对送检的要求

1. 对送检人员的要求

痕迹物证的送检工作应由办案人员承担,当事人或其他人员不宜参加此项工作。作为送检人员必须了解交通事故概况、痕迹物证的分布及提取情况。

当检验鉴定人员认为需要补充了解事故情况,补充痕迹物证检材或重新提取对照样品时,送检人员应给予配合,必要时与检验鉴定人员共同勘查、提取痕迹物证检材。

2. 送检目的和要求要具体、明确

3. 送检应及时

需检验鉴定的痕迹物证必须尽快送到有关部门检验鉴定,以便及时为认定肇事车辆和事故事实提供法律依据。同时还可以避免痕迹物证因自身或外部条件的变化,而给准确检验鉴定带来影响。

八、现场勘查工具

结合道路交通事故现场勘查工作的需求,现场勘查工具通常包括:勘验用具;标记、绘图工具;拍摄照片用具;现场调查用具;其他必需的用具等。

(一) 勘验用具

勘验工具的作用在于勘验、发现道路交通事故现场中存在的各种痕迹物证，并通过一定的方法、程序加以提取，以使其发挥证明事故成因、事故发生过程的作用。与勘验过程相对应的勘验用具又可以进一步划分为物证发现、提取、收集工具等。

1. 物证发现工具

提取物证首先要发现物证，正确的方法应该是通过分析，按照预测的地点、部位，积极仔细地寻找发现物证。并通过改变照明强度、显现程度（反差、大小、荧光反应等）协助发现物证。根据道路交通事故的特点，常用的物证发现工具有以下几种：

（1）现场照明灯或勘查灯。夜间或在光线较暗的路面寻找物证时，可将照明灯贴近路面，光轴与路面平行或呈 15 度左右角进行照射，用肉眼观察前方路面。

（2）长波紫外可见照明两用灯。许多物质对于紫外线的吸收、反射，往往与可见光有明显的差异。另外，很多物质在紫外光的照射下能够产生可见荧光。利用物质的这种特性，我们可利用紫外线在光线较暗的环境中发现血迹、油脂、纤维等微量物证。

（3）放大镜或便携式显微镜。放大镜或便携式显微镜主要用于对道路交通事故现场遗留的微量痕迹、油漆、纤维、橡胶、血迹和毛发等的发现及提取。

2. 物证提取工具

物证提取工具的功能主要用于拆卸承载痕迹物证的客体、提取痕迹物证的形体、提取痕迹物证的本体等。

在道路交通事故现场勘查过程中常用的物证提取工具包括：手术刀柄、刀片，用于刮取车辆上的油漆等物证；提取勺，主要用于刮取车体上的油漆片，使用时把提取勺的直线边紧靠车体，接住用手术刀刮下的油漆片，以防止油漆片损坏和污染；指钳和镊子，用于直接提取现场的油漆片、纤维、毛发等物证；纱布和脱脂棉，用于提取液体物质；指纹提取工具，用于提取在车体等位置遗留的驾驶人、伤亡人员的手印痕迹。

3. 物证保管工具

物证提取后需要送检，在送检过程中，尤其是在微量物证的送检过程中，要保护好所提取的物证，对其进行封装，防止物证受到外界污染，同时，要执行物证转移的规章制度，避免使物证失去鉴定价值。物证保管工具主要包括：物证通用标签用于记录物证提取的相关信息；物证收集瓶用于存放各类要求密封保存的微量物证；硫酸纸物证袋较普通纸袋有较大的强度，适合放一些干燥的固体物证；塑料袋较硫酸纸袋，可将物证标签贴在塑料袋上。在送检时，可将用物证收集瓶或硫酸纸袋等包装的物证放在塑料袋内，也可根据不同情况将物证直接放入塑料袋内。

（二）标记、测绘用具

标记、测绘是通过文字、图形的形式记录道路交通事故现场各元素所在的位置，现场勘查的过程，以及其他需要记录的与道路交通事故现场有关的信息。常见的标记、测绘工具主要有：标记用笔包括用来做记录的签字笔，用来绘制现场图的绘图铅笔，用来标记痕迹位置的粉笔、蜡笔、防水油性笔、石笔、标志牌等；测量仪器包括卷尺或激光（超声波）测距仪等设备，根据需要配备坡度仪、附着系数测定仪、摄影测量系统等；绘图装置包括传统的绘图用具，主要是指绘图纸、皮尺、钢卷尺、绘图尺、绘图铅笔等，随着科学技术的进步，部分道路交通事故处理部门还配备了现场图自动绘图系统、摄影测量系统等。

（三）拍摄用具

拍摄主要是通过摄像机、照相机拍摄道路交通事故现场的动态和静态图像。现场勘验照相应配备数码照相机、记忆卡，现场勘验摄像应配备摄像机。

（四）现场调查用具

现场调查主要是指通过文字、声音等形式记录道路交通事故当事人、见证人对道路交通事故发生过程的描述，通常包括：询问、讯问笔录纸，用于记录犯罪嫌疑人、道路交通事故当事人的个人信息、道路交通事故发生过程的陈述等；印泥，用于按捺指印；录音机、录音笔，用于记录被调查人的口头陈述内容。

（五）其他必需的用具

现场勘验应根据需要配备不干胶、比例尺、卡钳、钢丝钳、绘图用照明灯、脱脂棉、酒精、医用胶布、手套、口罩、毛巾、肥皂等现场勘验常用器材。

第二节 地面痕迹物证的勘验

道路交通事故中的地面痕迹物证包括地面轮胎痕迹、地面挫划痕迹、地面物证。其中地面痕迹是指道路交通事故中，车辆、人体或其他相关物体与地面接触，在地面上形成的痕迹，主要包括滚印、压印、拖印、侧滑印、挫划印等。为了便于阐述,本节中关于轮胎痕迹部分将不限于地面上的痕迹。

一、轮胎痕迹的勘验

(一)轮胎痕迹的作用

轮胎作为汽车上不可或缺的零部件之一,一方面,和汽车悬架相似,能够减缓汽车在路面行进时遭受的冲击力,保持车身平稳,保证乘车人有较流畅的驾乘体验;另一方面,轮胎与地面附着,能够提高车辆行驶过程中的牵引力与制动力。并在相对于地面作滚动、滑移等运动时,在地面上留下印迹。轮胎痕迹是常见的地面痕迹之一,道路交通事故现场地面上留下的轮胎痕迹(轮胎花纹、长度、宽度、起止点等)对于研究道路交通事故的经过、分析道路交通事故的成因、判断逃逸车辆种类和行驶方向、测定和计算肇事车辆的行驶速度有着重要的作用。通过轮胎印痕不仅可以判断轮距,还可以分析轮胎的花纹、宽度、磨损情况、损坏情况等,进而对轮胎的新旧、尺寸、名称、制造厂家等作出判断,从而推知使用该轮胎的汽车的种类。

(二)车辆轮胎的基本常识

1. 车辆轮胎的基本结构

轮胎作为结构较为复杂的橡胶制品,是车辆的主要组成部件。轮胎一般由胎垫、内胎、外胎构成,其中,外胎是轮胎设计工艺最为复杂的产品,外胎的组成包括胎面、胎肩、胎侧、胎体等部分(见图5-7)。

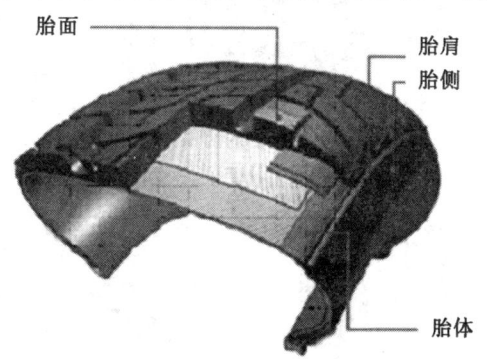

图 5-7 外胎各部分的名称

(1)胎面。胎面包含中央部位及胎肩部位,这是轮胎被使用最多、损耗最大的部位。

(2)胎肩。胎肩部分的花纹主要是为了散发汽车行驶中轮胎产生的热量。当轮胎气压不足或汽车载荷过重时,这部分花纹也会接触到地面并产生磨损。

（3）胎侧。胎侧这一部位虽未与地面接触，但却具有吸收地面冲击力及振动的功能，而轮胎的尺寸、型号、规格、负荷、结构、制造厂的名称、主商标，辅商标、认证、生产周期等，均标示在这一部位。当车辆轮胎与路缘石发生摩擦时，往往会在胎侧留下痕迹，同样可以在路缘石上找到胎侧擦过留下的痕迹。

（4）胎体。胎体是轮胎的主要骨架，用来承受轮胎的荷重压力、内部的空气压力及横向的剪力等，其主要由多层的帘布（人造纤维+胶料）或钢丝组合而成。

2. 车辆轮胎胎面花纹的种类

轮胎胎面花纹能确保轮胎与地面之间的摩擦系数，发挥制动、驱动和侧向等力学特征。它对轮胎的耐磨耗性、耐发热性、耐切割性以及振动噪声等特性起着重要的作用。

车辆轮胎能提供好的附着力的同时，还具有良好的操纵性能，是车辆使用者所需要的。但是，要兼顾两者并不容易，对于轮胎来说，胎面上的胎块越大，轮面的刚性也就越高，尤其是在快速转弯时，轮胎发挥的附着性能就越高。相反，如果胎面上的条纹越多，其排水性会大大增加，操纵性能就越好。针对不同车辆的行驶环境及用途，车辆所配备的轮胎胎面花纹会有所不同。

图 5-8　汽车轮胎花纹种类

（1）横沟花纹。横沟花纹（如图 5-8a 所示）以与轮胎转动方向近似成直角的横沟为主体。这种花纹牵引力大，不易夹带石子，适用于在非铺装的路况较差的道路上行驶的车辆。但是使用这种花纹的轮胎不适合于高速行驶，且在铺装地面上行驶时噪音较大。

（2）纵沟花纹。纵沟花纹（如图 5-8b 所示）以纵沟为主体，适用于在铺装较好的地面上行驶的载重汽车、公共汽车和轿车。这种花纹的滚动阻力小、防侧滑性能好，散热性能也比较好。但是容易夹带石子、产生裂口，防纵滑性能也较差。所以为了适应高速行驶和保证在湿滑地面上有较好的抗纵滑性，常把纵沟设计成"〈"形。

（3）混合花纹。混合花纹（如图 5-8c 所示）介于横沟花纹与纵沟花纹之间，在胎面中部具有纵向的曲折窄沟槽，在接近肩部的两边则有横向宽沟槽。这种花纹适用于硬基泥泞地、碎石地面和松土地面，在行驶中有良好的防侧滑性，与地面的附着力较大。胎面柔软性好，行驶中不易脱空。花纹沟槽宽度由中心到胎肩花纹沟逐渐变宽，不易夹带石子。但是，这种花纹的越野性较差，胎肩部花纹易产生磨损不均现象。

（4）砌块花纹。砌块花纹（如图 5-8d 所示）也称为越野花纹。这种花纹沟槽深，凸出面积小，与地面附着力大，有良好的自行清除泥土的性能，不容易附着泥土，适用于泥雪地面、松软地面以及在无路面的较差条件下行驶。但是，这种轮胎不宜在硬化较好的地面上使用，否则轮胎花纹会早期磨损。

（5）非对称花纹。非对称花纹（如图 5-8e 所示）的胎面外侧花纹往往较胎面内侧花纹更耐磨，往往用于转弯行驶多的车辆。这是因为转弯时整个车身侧倾和轮胎变形，而引起轮胎胎面外侧迅速磨损，因此通过增加胎面外侧轮胎花纹的强度来延长轮胎的使用寿命。

（二）轮胎特征的应用

轮胎的生产形式为机械化流水作业，相同品牌型号的轮胎具有相同的特征，这为轮胎痕迹在检验鉴定中的应用提供了条件。但是由于相同类型的车辆能够安装不同的轮胎，因此在交通事故检验鉴定中，判定肇事车辆轮胎的种类、品牌并不能对嫌疑车辆进行同一认定，必须结合车辆轮胎的个性特征。

所谓个性特征点是指轮胎在后期使用过程中，在不同路面经过刮擦、碰撞、摩擦产生的唯一具有特性的特征点，常见的轮胎痕迹特征点包括裂纹、磨损、缺失、异物覆盖、割口等（见图 5-9 至图 5-13）。

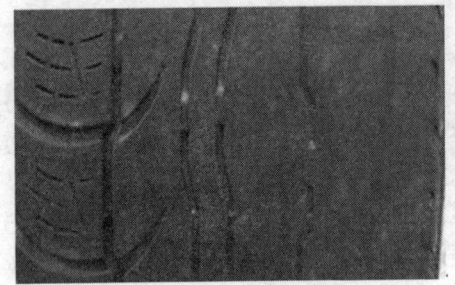
图 5-9　轮胎磨损特征
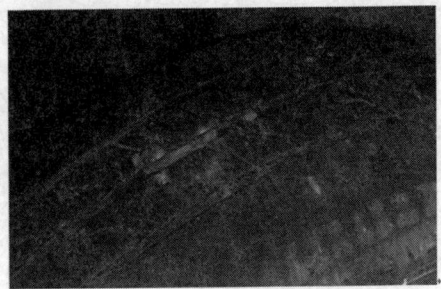
图 5-10　轮胎裂纹特征

图 5-11　胎面割口特征
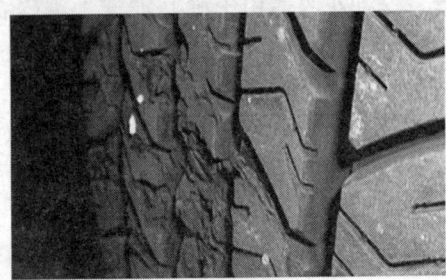
图 5-12　胎面破损特征

图 5-13　胎面异物嵌入特征

轮胎的个性特征点会随着车辆使用时间的增加而递增，并且不同轮胎特征点的种类、位置也不尽相同。通常根据轮胎个性特征点的稳定性可以分为两类，一种是花纹沟槽内嵌入硬物，或者胎面遭异物覆盖等个性特征点，易在行驶过程中随环境变化而消失，不具有稳定性，可以称为不稳定特征点；另一种是轮胎割口、裂纹、磨损等特征点在形成后会保持较长时间，相对具有稳定性，可以称为稳定特征点。这些轮胎的个性特征点往往会反映到地面轮胎痕迹中。

(三) 轮胎痕迹分类及其特征

轮胎痕迹是交通事故现场中常见的痕迹之一，共分为三类：第一类是以轮胎为造痕体在地面上形成的痕迹，被称为地面轮胎痕迹，也被称为轮胎主体痕迹，其属于地面痕迹的一种；第二类是以轮胎为承痕体形成的痕迹，被称为轮胎客体痕迹，其属于车体痕迹的一种；第三类是以轮胎为造痕体，以除地面以外的其他物体为承痕体形成的痕迹。本部分主要介绍的是与地面轮胎痕迹相关的内容。

1. 地面轮胎痕迹的定义

地面轮胎痕迹是车辆轮胎与地面之间作滑移复合运动、滚动时在地面上遗留的痕迹，由于车辆行驶过程中的运动状态不同，轮胎与地面接触留下的痕迹也有所不同。

2. 地面轮胎痕迹的形成机理

在地面干燥的情况下，地面轮胎痕迹形成的原因包括，轮胎橡胶磨损后，作为橡胶与橡胶之间配合剂的碳黑粘着于地面上，以及地面沥青融化、变黑等。轿车用轮胎因为接地压力（内压）低，故常温下出现印痕的情况比较少，但由于地面与胎面摩擦生热，当胎面橡胶的温度接近沥青或橡胶的熔点时，橡胶会软化、变黑，并附着于地面。因此，胎面的温度上升，成为轮胎痕迹形成的条件。与此相反，在轻型载重车用轮胎和载重车、公共汽车用轮胎，接地压力（内压）较高，即使温度不上升，由于胎面橡胶容易磨损，也容易形成地面轮胎痕迹。

3. 地面轮胎痕迹的分类及特征

根据《道路交通事故痕迹物证勘验》（GA 41-2014）的规定，地面轮胎痕迹主要分为：滚印、压印、拖印和侧滑印。

（1）滚印。滚印（如图5-14所示）是车辆轮胎相对于地面作纯滚动运动时，留在地面上的印迹，制动开始阶段也会留下制动滚印。能清晰反映轮胎胎面花纹形态、花纹组合形态、胎面磨损、机械损伤和行驶方向等特征。滚印痕迹的宽度取决于轮胎的负荷、气压和规格。在正常情况下，痕迹的宽度与轮胎胎面的宽度基本一致。

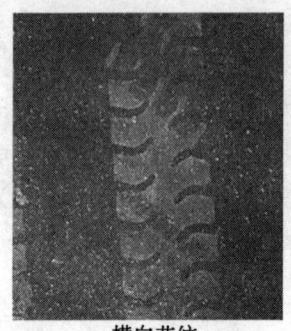
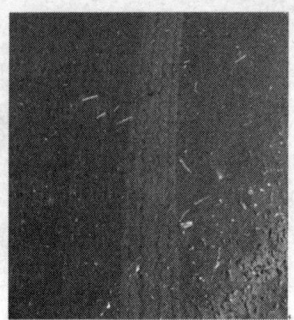

a 横向花纹　　　　　　　　b 纵向花纹

图 5-14　地面轮胎滚印

根据滚印可以确认车辆行驶方向、路线、轮胎种类及规格。根据同一车辆的两条滚印，可以判断车辆的轮距，从而判断事故车辆的大小类别。车辆装载情况、地面状况、轮胎气压等因素，都将影响所形成的滚印特征。

（2）压印。压印（如图 5-15 所示）是指车辆轮胎受制动力作用，沿行进方向相对于地面作滚动、滑移复合运动时，留在地面上的印迹。压印显示花纹结构加粗和畸变延长的形态。压印是制动拖印的前段，与拖印黑带接连，压印因受制动力影响，印痕形态一般都有纵向滑移，花纹结构拉长变形。印迹宽度和胎面宽度一致；由于压印产生的过程是制动力增强的过程，因而印迹也由轻到重。

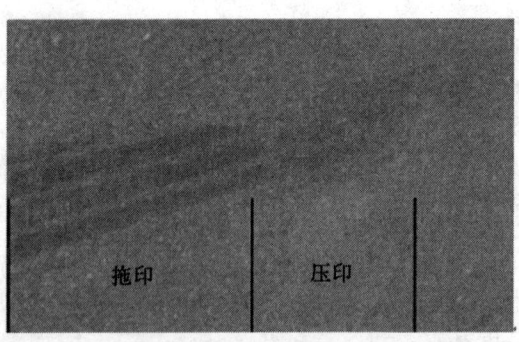

图 5-15　地面轮压印

压印的作用除了与滚印的作用相同之外，根据制动压印还可以确认车辆有过制动过程，可以判断车辆的运动状况。在事故现场常见的是车辆制动过程中产生的制动压印，但同时要注意区别轮胎泄气压印、加速压印、转弯压印和碰撞压印等非制动压印。

（3）拖印。拖印（如图 5-16 所示）是指车辆轮胎受制动力作用，沿行进方向相对于地面作滑移运动时，留在地面上的印迹。

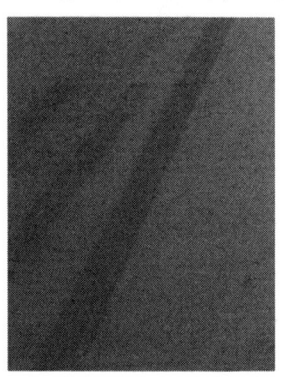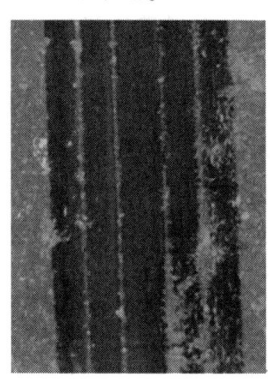

图 5-16　地面轮胎拖印

拖印呈黑色带状，轮胎花纹的横向特征不易辨认，对于轮胎花纹中存在纵沟的，其制动拖印内多数可以看到沟的痕迹（如图 5-17 所示），痕迹的总宽度和轮胎胎面宽度基本一致。基本上印迹与车辆行驶方向一致，有时也会因受制动跑偏或外加力矩的影响而有所偏离。由于制动时胎面物质多呈细小颗粒状脱落，因此拖印多为平面加层痕迹。对于同一个轮胎随着其轮胎负荷、气压的不同，拖印的宽度、痕迹的轻重也有所不同。特别是当轮胎气压不足时，拖印痕迹中间部分模糊两边清晰，与前轮紧急制动痕迹相似；当轮胎气压过高时，拖印痕迹中间部分清晰两边模糊，与后轮紧急制动痕迹相似。

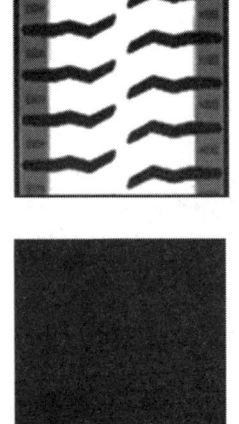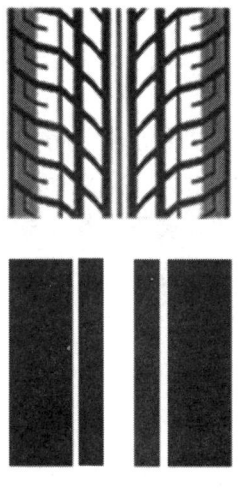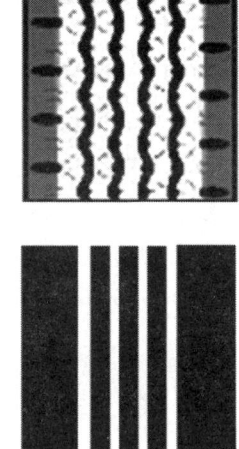

图 5-17　拖印特征

拖印的作用除了与滚印、压印相同之外，还可以根据制动拖印的长度，分析车辆碰撞前的行驶速度。

（4）侧滑印。车辆轮胎受制动力或碰撞冲击力或转向离心力的作用，偏离原行进方向相对于地面作横向滑移运动时，留在地面上的印迹。影响侧滑印产生的因素较多，包括车辆制动性能、行驶速度、装载、轮胎性能、地面状况等。侧滑印的宽度一般不等于轮胎胎面的宽度，不显示胎面花纹，有时可能会出现一组斜向排列的平行短线状印迹。由于侧滑印是车辆轮胎作用于地面的横向力大于地面附着力时，车辆轮胎相对于地面发生横向滑移形成的，因而，即使车辆没有采取制动措施，仍然可以在地面上形成侧滑印。根据形成侧滑的原因不同，可将侧滑分为以下几类：

①转向侧滑印。转向侧滑印（如图5-18所示）是车辆急转弯时留在地面上的轮胎痕迹。转向侧滑印的外侧印痕颜色较深，较内侧轮胎的印痕更重、更清晰。

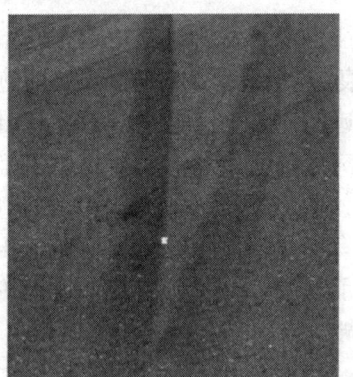 

图 5-18 转弯侧滑印

车辆在急转弯时，受惯性力和转向力的作用，轮胎所作的运动为沿前进方向及转弯方向的合运动。由于轮胎胎面向着轮胎的内侧滑动，故滑动印痕内的花纹是倾斜的，因此，横沟花纹轮胎胎面花纹沟的痕迹非常明显。

②制动侧滑印。在制动时车辆发生侧滑或侧偏，在地面上留下的轮胎痕迹被称为制动侧滑印（如图5-19所示）。

图 5-19 制动侧滑印

③驱动侧滑印。在车辆处于驱动状态时发生侧滑或侧偏的情况下,在地面上留下的痕迹被称为驱动侧滑印(如图 5-20 所示)。

图 5-20 驱动侧滑印

④碰撞侧滑印。碰撞侧滑印(如图 5-21 所示)是指车辆在运动中,与另一车辆或其他固定物相撞,车辆轮胎在地面上留下的印痕。碰撞侧滑印的形态与碰撞的类型、部位、速度等因素有关,其往往表现为印痕的突然转折,且转折后的痕迹宽度比原痕迹宽。

图 5-21 碰撞侧滑印

在追尾碰撞中，前车处于正常的行驶状态或停止状态时，前车一般不形成明显的碰撞侧滑印痕；当前车正处于制动过程中，由于后车的偏心撞击作用，前车会出现制动印痕的突然转折，形成侧滑印。在正面碰撞、迎头碰撞和侧向碰撞中，一般均会形成碰撞侧滑印。

4. 装有 ABS 系统汽车的轮胎制动痕迹特征

ABS（Anti-brake System）系统是一种汽车制动防抱死装置。这种装置可以把车辆制动中的滑移率保持在 15%～20%，使车轮相对于地面作滚动与滑动的复合运动。ABS 系统的这一特点，决定了装有这一系统的车辆的制动痕迹与众不同，且具有以下特征：

（1）制动痕迹为压印。

（2）制动痕迹清淡。装有 ABS 系统的车辆在制动过程中，轮胎与地面的静摩擦力起主要作用，滑动摩擦力起次要作用，形成的痕迹往往是擦掉地面上的浮土而形成的平面减层痕迹，因此，痕迹较为清淡。

（3）制动痕迹易消失。由于装有 ABS 系统汽车的制动痕迹较为清淡，容易被空气中的灰尘等微粒覆盖，因此，其制动痕迹很容易消失，特别是风沙较大的天气里，痕迹消失得更快、更彻底。

（4）制动痕迹终点处不遗留橡胶颗粒。由于装有 ABS 系统的汽车在制动过程中与地面发生的滑动摩擦较小，因而轮胎胎面的磨损也较小，在制动痕迹终止处不会出现像普通车辆制动时产生的轮胎橡胶颗粒。

5. 不同路面形成的轮胎痕迹的特征

（1）泥路上轮胎痕迹特征。

车辆在泥泞的路面上行驶时，由于路面较软，受重力的作用轮胎花纹的特征能够在路面上清晰反映出来，形成立体的花纹拓印（如图 5-22 所示）。

图 5-22　泥路上清晰的立体轮胎痕迹

车辆在泥路上行驶的过程中，所形成的泥土掀裂痕迹最为常见，这是由于轮胎转动时，在胎面花纹及空气急流动的作用下，带动路面上的泥土，形成类似于掀裂状的持续痕迹（如图 5-23 所示）。

图 5-23　轮胎掀裂痕迹

当汽车在泥路上急速启动时，由于路面松软，轮胎飞速转动带动泥块，在轮胎后下方形成隆起，从而形成启动痕迹，同理，在车辆减速时也会形成类似痕迹，可以据此判断车辆加、减速情况，并辅助判断车辆行驶方向。此外，在较厚的松软泥路上行驶时，车辆轮胎在车辆自身重力的作用下陷入路面较深，在此过程中，部分胎侧的花纹亦会清晰反映在泥路轮胎立体花纹的侧面，形成侧壁纹印迹（如图 5-22 所示）。

（2）雪地轮胎痕迹特征。

对于积雪较薄的路面，当车辆轮胎压过路面时，雪地上会有明显的轮胎花纹印迹；当车辆紧急制动时，由于路面积雪薄，轮胎透过积雪在路面直接形成痕迹，故形成的压印、拖印、侧滑印等痕迹与普通道路路面痕迹相似（如图 5-24 所示）。由于积雪较薄现场痕迹易遭周围环境因素破坏，勘查人员应迅速提取检验。

图 5-24　薄雪路面轮胎痕迹

对于积雪较厚的路面，轮胎痕迹与松软泥地相似，在路面可以形成清晰的反映胎面花纹特征的立体痕迹（如图 5-25 所示）。当车辆紧急制动时，地面会产生凹陷的停止痕迹，但压印、拖印并不明显；制动时车辆易在雪地上发生侧滑，轮胎与雪地表面摩擦产生热量，融化部分表面积雪，形成特殊的侧滑印；轮胎在雪地上滚动时，附着在胎肩的土、泥、雪等细小颗粒将会掉落在轮胎痕迹的两侧，呈锯齿状在车辆前进方向堆积；随着车轮的转动轮胎肩部的花纹将印在雪的侧面，在轮胎行驶方向上形成圆弧形倾斜的旋轮曲线印痕。

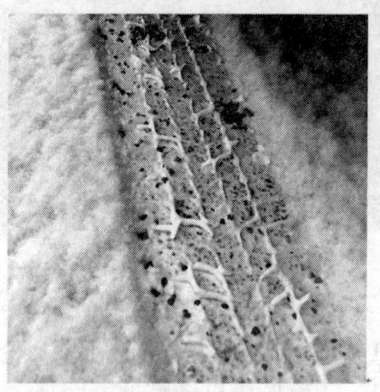

图 5-25　厚雪路面轮胎痕迹

（3）沙地轮胎痕迹特征。

在沙地中，由于砂砾结构疏松，轮胎所形成的痕迹结构不稳定，易遭到环境因素的破坏，所以在沙地交通事故现场，必须第一时间对沙地轮胎痕迹进行记录保存。与滚印（如图 5-26 所示）不同，由于沙地路面的沙质结构松散，侧滑印、拖印及压印痕迹并不明显，因此此类痕迹对车速的判断只能起到辅助作用，无法精确判定轮胎痕迹的特征点，不能作为同一认定的主要证据。

图 5-26　沙地路面立体痕迹

（四）轮胎痕迹的发现与提取

1. 轮胎痕迹的发现

一般情况下用肉眼就可以直接观察到各种轮胎痕迹。但是，在光滑的水泥地面和潮湿的沥青地面上，观察时应考虑光线的强弱、方向等因素。观察者可以采用侧光、低角度进行观察，夜间应打侧光观察。在原始现场或痕迹形态简单、数量少的情况下，交通事故中形成的轮胎痕迹比较容易确认。当遇到变动现场、逃逸现场或者现场痕迹形态复杂、数量多而且交织在一起的情况时，轮胎痕迹的辨认难度会大幅度增加。这时就要根据车辆行驶的方向、路线、车辆类型以及碰撞时受力方向等情况进行综合分析。

（1）肇事车辆轮胎痕迹的确认。如果肇事车辆在事故发生后没有移动，或虽然移动但其原始位置标记清楚，这时认定肇事车的轮胎痕迹较容易。如果肇事车辆逃逸或驶离现场，则可以使用以下方法认定肇事车辆的轮胎痕迹。

①根据轮胎痕迹的新旧程度认定。肇事车辆的轮胎痕迹往往是较新的痕迹，颜色较深，痕迹上有较多的橡胶颗粒，痕迹中小砂砾滑痕清晰。

②根据轴距、轮距、胎面宽度和花纹认定。仔细测量现场遗留的轮胎痕迹，确定肇事车辆的轴距、轮距、胎面宽度和花纹，以便与肇事嫌疑车辆进行比对。

③利用地面物质表层结构的变化确定肇事车辆轮胎痕迹。

（2）确定轮胎痕迹的起止点。

①一般根据制动痕迹的变化特点或前后轮胎痕迹重叠的颜色变化来确定轮胎痕迹的起点。

②如肇事车辆是在原始位置，轮胎的接地点即为痕迹的终点，否则，以由尘土和橡胶颗粒组成的立体轮胎花纹痕迹的一端为终点。

2. 轮胎特征数据的测量

（1）轮距和胎面宽度的测量。由于车辆前、后轮距的大小和分布大多因为车型不同而有所变化。测量前应首先确定前、后轮痕迹，然后分别进行测量。受痕迹清晰程度的影响，测量仅取一点是不准确的，应选择3~5处位置进行测量，然后通过计算多次测量的平均值获得较为准确的数据。

①测量胎面宽度时，应在确定痕迹后选择边缘清晰的轮胎痕迹测出胎面宽，即痕迹宽度。测量线应与痕迹边缘垂直（如图5-27a所示）。

②测量轮距时，可以选择痕迹的中心部位或痕迹同侧（左侧或右侧）进行测量；可以测量痕迹的外侧减去一个胎面宽度；可以测量痕迹的内侧加上一个胎面宽度（如图5-27a、b所示）；如果汽车的后轮单侧为双轮，后轮轮距为两侧双轮中心之间的距离（如图5-27c所示）。

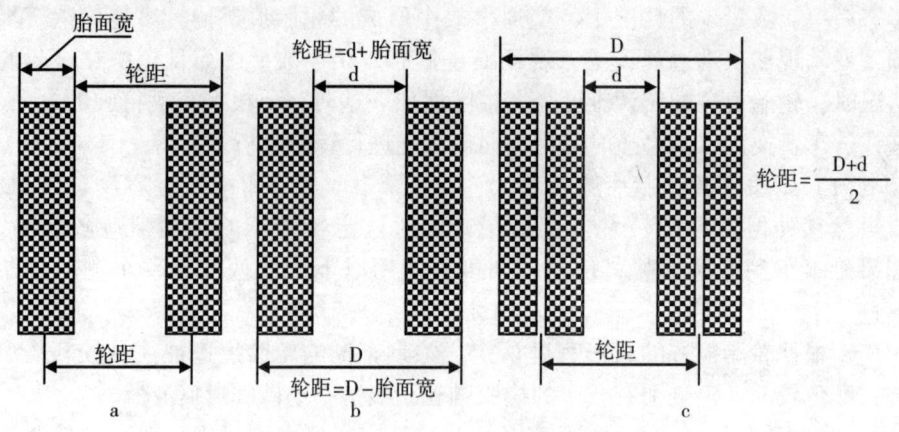

图 5-27 轮胎轮距、胎面宽度的测量

③车辆转弯时，前、后轮胎痕迹分离，测量轮距时应注意，转弯痕迹中，后轮距不变，而前轮距变小。后轮距的测量点可选择在转弯弧的任意位置；而前轮距的测量点，一般选择在刚入弯或转弯结束前的位置。测量时首先过测量点做轮胎痕迹的切线，过切点做垂直于切线的直线，直线与另一条轮胎痕迹相应部位相交，则切点和交点之间的距离就是相应的前、后轮距（如图5-28所示）。

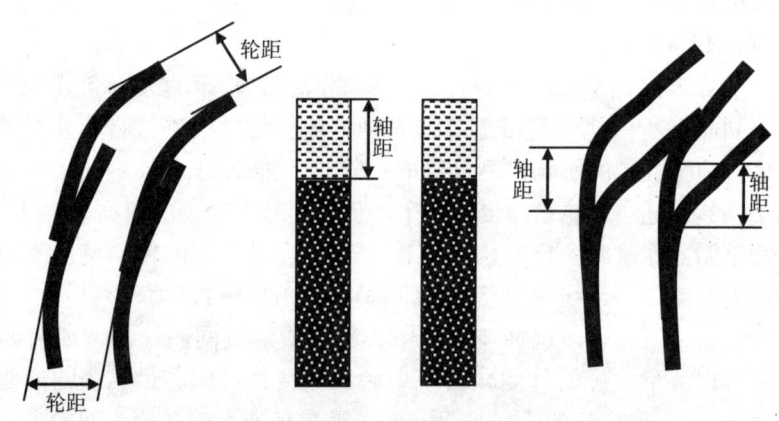

图 5-28 车辆轮距、轴距的测量

（2）轴距的测量。通过前、后轮制动终点位置或车辆转向时制动痕迹突变位置测量车辆轴距。测量时应选择同侧前、后轮的印痕为测量点，测出两点之间的距离。对另一侧轮胎印痕也采用同样的方法进行测量，取两次测出数据的平均值为待测的车辆轴距（如图5-28所示）。

3. 轮胎痕迹的提取

轮胎痕迹的常用固定方法是照相和绘图。用照相的方式固定其外部形状特征；用绘图的方式固定其存在形式和位置。拍照时要注意配以比例尺，并标记痕迹特征点。提取前应全面勘查，选择痕迹轮廓清晰、特征反映较多的部位进行提取。

（1）立体轮胎痕迹的提取。提取前应在轮胎上配以比例尺进行拍照，然后用石膏浆连续铸入立体轮胎痕迹中，放入加强筋，待石膏浆硬化到一定程度时，可用塑料板、金属板、胶合板，将石膏浆分割成适当大小的若干块，并编写序号，待完全硬化后将其取下。也可以采用硅橡胶或其他塑性物质制作立体轮胎痕迹模型。

（2）平面轮胎痕迹的提取。在泥土地面上的平面轮胎痕迹一般反映较清晰，而沥青路和水泥地面上的痕迹观察效果较差。观察时如果利用自然光，则贴近地面以小角度从不同方向观察，这种方法可观察到道路上的轮胎痕迹。如果利用光源，则光源应贴近地面或与地面呈15°角左右照射痕迹进行观察。当平面痕迹可用肉眼清晰观察到，或利用光源照射使痕迹清晰的情况下，在痕迹上配以比例尺，并不断变换光源位置，选择最佳状态进行拍照。拍照后可以用透明胶纸或石膏提取轮胎痕迹；对于洁净水泥地面上的灰尘轮胎痕迹，也可以利用静电吸附的方法提取，提取后喷胶固定；道路交通事故现场中被车辆轮胎压过的木板、纸张等平面物体上往往能留下清晰的轮胎痕迹，对于这些物体应全部提取。

（五）轮胎痕迹的分析

1. 计算车辆行驶速度

依据《道路交通事故车辆速度鉴定》（GB/T 33195-2016）的规定，在事故中车辆运动姿态和方向没有发生急剧改变的情况下，可根据现场遗留的痕迹或物证的空间位置关系，利用运动学进行车速鉴定。其中公式5-1、5-2中的"s"表示事故车辆加（减）速期间的行驶距离。在交通事故现场中"s"多指车辆的制动痕迹长度。在进行制动痕迹测量时应注意区分制动的种类，确定制动痕迹的起点；对于侧翻事故应测量圆弧形地面痕迹的弦长、弦高，计算转弯半径（具体内容见本书第七章）。

$$s' = v_0 t + \frac{1}{2} a t^2 \qquad 公式5\text{-}1$$

$$v^2 - v_0^2 = 2as' \qquad 公式5\text{-}2$$

需要注意的是，车辆留下的制动印迹反映的是车辆行驶速度下降的距离，而在道路交通事故中车辆由以一定的速度行驶,到最终停下来其动能的损耗,不仅是通过制动过程完成的。车辆在制动的过程中发生的碰撞、刮蹭,往往会导致一部分动能损耗。因此,通过轮胎印迹计算车辆的速度,实际上计算的是车辆速度的变化。

2. 判断事故接触点

通过轮胎痕迹的线型、深浅等的变化,有助于确定事故的接触点,从而找到交通事故当事方发生冲突的瞬时所在的空间位置(具体内容见本书第四章)。

3. 追缉逃逸车辆

(1) 判断车辆的种类。

①根据轮胎痕迹确定车轮数量。三轮或三轮以下车辆多为摩托车、农用机动车、人力车等;四轮或四轮以上车辆多为汽车。

②根据轮胎痕迹确认轮胎胎面宽度和花纹形态。由于轮胎的胎面宽度、花纹、磨损位置及形状等特征因车而异。因此,往往可以将肇事嫌疑车辆的轮胎与事故现场提取的轮胎痕迹进行比对、鉴定,进而确定嫌疑车辆。

③根据轮胎痕迹测量车辆轮距和轴距。

(2) 判断车辆行驶方向。

①根据尘土分布判断行驶方向。当配用横向花纹轮胎的车辆(大客车、卡车等)在沥青、水泥和硬土路面上行驶时,会在轮胎行驶过的路面上产生尘土花纹,这些花纹的形态因车速不同而有所变化。由于车辆在行进过程中,在轮胎后方会产生空气涡流,因此,会使留在地面上的轮胎痕迹受到前进方向的力的牵拉。当车辆行驶速度较慢时,形成的空气涡流较小,造成路面遗留的轮胎痕迹变形小,这时尘土花纹形态呈弧状或垂柳状,并且两端的痕迹向中心汇聚,汇聚点的指向即为车辆的行驶方向。当车速较快时,空气涡流大,尘土受前进方向牵拉的作用力也较大,轮胎痕迹花纹呈树枝状或用扫把扫过的形状,树枝展开的方向即为行车方向。

虽然尘土痕迹发生了变形,但车速较慢时所产生的尘土花纹仍可以用来判明轮胎的花纹种类。

②根据转弯处的摩擦痕迹判断行驶方向。汽车转弯时会产生离心力,所以当汽车的转弯速度较快,离心力大于轮胎与地面的摩擦力时,汽车是在向弯道外侧倾斜的过程中行驶的。因此,对于弯道留下的轮胎痕迹来说,由于轮胎的横向偏离作用,地面受到轮胎的摩擦,将会产生很多相互平行的斜线,线条痕迹与车辆行驶方向成锐角。当车轮在转弯的过程中呈横向滑动状态前进时,斜线的间隔与轮胎胎面部分的凸出花纹宽度相同,所以这些斜线对判

断轮胎花纹、搜寻肇事车行驶方向也是重要的参考资料。汽车高速转弯处的轮胎痕迹呈如下特点：开始转弯时，车辆后部出现摇摆现象，所以前轮的轮胎痕迹在内侧，后轮的轮胎痕迹在外侧。

汽车低速转弯时的情况则恰恰与高速转弯时相反，后轮的轮胎痕迹比前轮的轮胎痕迹更靠近内侧。

高速转弯的车辆在降低速度时，前轮的轮胎痕迹与后轮的轮胎痕迹相互重合，在转弯结束时，情况与低速转弯相同，前轮的轮胎痕迹在外，后轮的轮胎痕迹在内。因此，将前后轮区别开来，就能判断出前进方向。

③根据制动痕迹判断行驶方向。当汽车在行驶的过程中紧急制动时，轮胎的花纹逐渐变模糊，印痕逐渐加重，由此，可以判断肇事车辆的行驶方向。当车辆在松软的土路或夏季沥青路等处采取紧急制动时，地面会产生凹陷形成停止痕迹。当车辆急速启动时，砂土等会产生隆起，形成起动痕迹。通过轮胎形成的这些痕迹，可以判断出汽车的行驶方向。

④根据轮胎花纹颜色深浅判断汽车行驶方向。横向花纹的轮胎是靠胎面凸纹与地面的强大摩擦力使车辆前进的，花纹块先接触地面的一侧形成的痕迹颜色深，后接触地面的一侧痕迹颜色较浅。把轮胎凸纹部分留下的痕迹进行浓淡比较，在同一花纹块上，痕迹颜色由深至浅的方向为行驶方向。

另外，在柔软地面留下的立体痕迹，可以将轮胎凸纹印出的花纹进行凹陷的深浅比较，浅的一侧是汽车的行驶方向。

⑤根据立体轮胎痕迹判断行驶方向。留在松软土地、雪地、衣物上的立体轮胎痕迹是由轮胎肩部的凸纹印在土或雪的侧壁部形成的，这些痕迹呈现一种向行驶方向倾斜的弧状旋轮曲线的状态。

所谓旋轮曲线是指圆形物体旋转时所产生的曲线，它不仅限于汽车的轮胎，其他车辆的轮胎在旋转时也会形成这种曲线。曲线的形态与旋转物体的速度无关。只是轮胎在陷入土中较浅时不产生弧线，而是产生斜线。旋轮曲线的形成过程如图5-29所示。

轮胎陷入土中时，胎肩部花纹由上向下运动，首先在痕迹壁上形成向后倾斜的线条痕迹，随着轮胎旋转前进向后倾斜的线条痕迹遭到破坏，产生垂直状线条，当胎肩部花纹由下向上运动逐渐离开土中时，将之前形成的痕迹覆盖掉，最终在痕迹壁上形成向前倾斜的线条痕迹。因此，痕迹上的线条由下向上的倾斜方向为车辆的行驶方向。

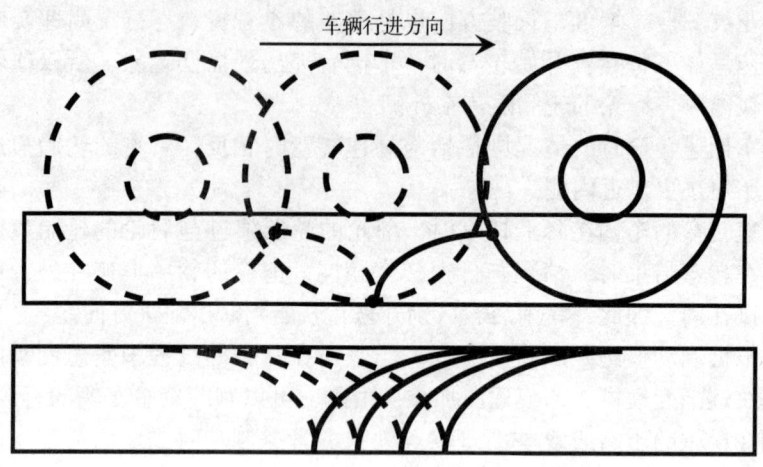

图 5-29 旋轮曲线

⑥根据轮胎痕迹侧面的形状判断行驶方向。当车轮在松软的土、泥、雪等处驶过时，轮胎肩部沾附的土、泥、雪等会掉落在路面上的轮胎痕迹两侧，在车辆前进的方向堆积起来，呈锯齿状，锯齿的尖端方向为车辆行驶方向。当载重车、大客车等较重车辆驶过坚硬的土路时，在轮胎痕迹的两侧地面上会产生呈闪电状、树枝状的龟裂，龟裂向车辆行驶方向斜向伸展。

二、地面挫划痕迹的勘验

地面挫划痕即挫划印，是指硬物或其突出部分在路面上移动时，对路面造成的滚轧、刮擦印迹或沟槽。

（一）地面挫划痕迹的分类

1. 撞击痕迹

撞击痕迹是指车辆在碰撞过程中，沉重或尖锐的零部件或车辆装载砸压的痕迹。常见车体部件的撞击痕迹包括：转向横拉杆球头销脱落撞击痕迹；方向机脱落撞击痕迹；变速器撞击痕迹；传动轴脱落撞击痕迹；半轴脱出撞击痕迹；轮胎脱落撞击痕迹等。撞击痕迹通常会在路面上形成坑凹或者沟槽，较为明显容易被发现。

2. 刮擦痕迹

刮擦痕迹是指车辆零部件或所载货物虽然脱落，但没有与车辆分离，在撞击痕迹形成后，由于车辆继续运动，拖动车体部件或货物与路面之间滑移而形成的痕迹。

刮擦痕迹一般呈条状，其运动方向与车辆的运行轨迹一致。交通事故现场常见的刮擦痕迹包括：汽车保险杠脱落造成的痕迹；两辆摩托车、自行车倒地后，滑移过程中方向把、脚踏板等形成的痕迹。

3. 挫压痕迹

挫压痕迹是在一定压力的作用下形成的摩擦痕迹，一般按形成机理可以分为轮胎挫压痕迹、鞋底挫压痕迹和人体挫压痕迹等。机动车轮胎的挫压痕迹较正常的轮胎制动痕迹宽，且方向往往偏离车辆的原行驶方向。自行车轮胎的挫压痕迹一般都是横向的，呈水纹状。车辆碰撞行人，常在路面上留下鞋底的挫压痕迹。痕迹特征是从重到轻，重端是车辆的驶来方向，并可将此端点定为事故的接触点。

挫压痕迹区别于撞击痕迹的重要特征是力的相互作用时间短，痕迹大多是加层痕迹，路面一般没有实质性的破坏。

（二）地面挫划痕迹的发现、测量和提取

1. 地面挫划痕迹的发现和确认

（1）撞击痕迹的发现和确认。路面撞击痕迹多为第一次碰撞形成的凹坑和沟槽，较易发现和确认。

（2）刮擦痕迹的发现和确认。勘查刮擦痕迹时，应注意车辆碰撞后的运动方向，沿着该方向检查路面状态，直到车辆停止的位置。同时应结合车辆相应的损坏情况，将损坏部位的表面与路面材料进行比对，确定路面痕迹的形成原因及过程。

（3）挫压痕迹的发现和确认。

①轮胎挫压痕迹的面积一般不大，痕迹的形状与外力的作用方式和方向有关。勘查时，可以根据其他路面轮胎痕迹、车辆的终止位置以及通过车体痕迹的对比来发现和确认。

②行人鞋底在路面留下的挫压不易被发现，勘查时，要结合车辆留在路面上的轮胎痕迹、车体痕迹所在的位置以及人体倒地的痕迹，来确定鞋底挫压痕迹所在的区域，以便进行勘查。

2. 地面挫划痕迹的测量

对于地面挫划痕迹应测量其长度、宽度、深度，痕迹中心、突变点或起止点距道路边缘的距离。

3. 地面挫划痕迹的提取

由于地面挫划痕迹的特殊性，决定了其固定和提取方法的局限性，我们通常采用照相的方法进行提取。在照相时，应注意对光线、角度、反差的控制，以便完整、清晰地表现痕迹。对于立体痕迹，如果需要的话，可以采用石膏灌注或硅橡胶加以提取。

需要注意的是在进行地面挫划痕迹的勘验过程中,应注意确定各痕迹的造痕体。

三、地面物证

地面物证主要包括与道路交通事故有关的地面散落物、洒落物、血迹、类人体组织等。进行现场勘查时应注意记录地面物证的种类、形状、颜色及其分布位置。

（一）常见的路面散落物

散落物是指由于碰撞、震动及刮擦等原因而离开车身散落在现场的各种物体,包括玻璃碎片、塑料碎片、车体油漆碎片、附在车身上的泥土、车辆零部件、冷却水、制动液、车载货物等。

（二）路面散落痕迹的作用

散落物在与车体分离后,由于具有一定的速度,因此多做平抛运动。根据散落物分布的方向可以判断碰撞的方向；根据散落物分布的形态可以判断车辆在碰撞时的运动状态；根据车辆的行驶速度及散落物在车体上所处的位置可以推算出接触点；根据散落物离开车体后的运动状况可以计算出散落物离开车体时的速度,为进一步推断车辆的碰撞速度提供依据。

（三）路面散落物的勘验

对于与交通事故有关的地面散落物应确定其种类、形状、颜色及其分布位置。尤其是要确定主要散落物第一次落地点和着地方向。

第三节 车体痕迹物证的勘验

一、车体痕迹的概念

（一）车体痕迹的定义

车体痕迹是指道路交通事故中,车辆与其他物体或人体接触,在车体上形成的痕迹,主要包括车体的变形、破损、表面物质增减或部件整体分离等。依据《道路交通事故痕迹鉴定》（GA/T 1087-2013）和《道路交通事故痕迹物证勘验》（GA 41—2014）的相关规定,车体痕迹中的变形可以分为凹陷变形（物体直接受力的受力点,沿受力方向发生凹陷的几何变形）、弯折变形（物体直接或传导受力,发生弯折的几何变形）、扭曲变形（物体多向受力,发生扭曲的几何变形）；破损则是指物体受力发生破裂、损坏、缺失；表面物质增（减）是指人体或物体受力，表面介质增加（减少）的痕迹；部件整体分离是物体受力发生断裂，分离为若干部分产生的痕迹。

（二）车体痕迹的特点

（1）道路交通事故中的车体痕迹一般范围较大，种类和特征明显，容易被发现。

（2）造痕体、承痕体之间往往有微量物质转换，可以通过物质分析对其进行种属认定；特别是机动车与人体接触形成的车体痕迹，大多数为附着痕迹，车体上一般有纤维、毛发、血迹、人体组织等附着物。

（3）车体痕迹以碰撞、刮擦痕迹为主。碰撞多为立体的凹陷状痕迹、孔洞状痕迹和整体分离痕迹；刮擦痕迹一般是平面痕迹，有线条状痕迹和大面积的塌陷状痕迹。

（4）车体痕迹多数为动态痕迹。车辆碰撞是在极短的时间内发生的，撞击力的大小、方向、角度、作用部位等因素，都对车体痕迹特征构成影响。车辆碰撞或刮擦过程中，路面的不平整度引起的车体振动是随机的，如果机动车与机动车发生碰撞，有时双方机动车都会产生变形，而由此引起的车体痕迹往往更加复杂。车体痕迹的动态性使痕迹的比对检验和同一认定变得十分困难。

（5）车体痕迹的形成遵循运动学、力学等客观规律，伪造的车体痕迹比较容易分辨。

（三）车体痕迹的作用

1. 确定肇事车辆

（1）通过对车体痕迹的同一认定，确定或排除车体与其他物体的接触部位，确定造痕体，进而确定肇事车辆。

（2）通过对车体痕迹部位附着的微量物质检验，可以肯定或否定造痕体与承痕体表面物质的种类和成分，进而确定肇事车辆。

2. 分析交通事故的发生过程

车体痕迹能反映出与其相接触物体的部位和外部结构形状。因此，通过车体痕迹检验，或者车体痕迹上的关联物质分析，可以确定车辆与其他物体接触过的事实，接触的部位、角度等。通过对车体痕迹特征及分布情况的研究，可以对车辆碰撞机理及过程进行分析判断，由此分析道路交通事故的发生过程。

3. 确定事件的性质

通过对车体痕迹的分析，确定全部车体痕迹均符合道路交通事故形成的运动过程，进而鉴别事件的性质是否属于道路交通事故。

二、车体痕迹的特征及分类

(一) 按车体痕迹的保留状态分类

1. 立体车体痕迹

立体车体痕迹是车体表面发生三维变形的痕迹,其特征是变形部位的形成与造痕体接触处外形结构特征凹凸像相反,且能反映三维结构特征的痕迹。如车体凹陷状、塌陷状和孔洞状等痕迹,都属于立体车体痕迹。

2. 平面车体痕迹

平面车体痕迹是车体与其他车辆或物体相接触后,车体外形未发生变化,只是在车体表面涂上或被带走一层附着物质而形成的痕迹(如图 5-30 所示)。其中涂上一层物质的称为车体表面加层平面痕迹,如自行车车把套等塑料物质与车体表面接触形成的薄膜状痕迹,以及车体表面附着血迹等。车体表面被带走一层物质的称为减层平面痕迹,如车体表面的油漆、灰尘等附着物质因擦划脱落而形成的痕迹等。

图 5-30　车体灰尘减层痕迹

3. 分离车体痕迹

分离车体痕迹是指车辆的某一部件,在外力的作用下分离为几部分或从车体某一部位整体脱落而形成的痕迹。分离车体痕迹在车辆和其他车辆或物体的撞击和刮擦过程中都有可能形成,如车辆保险杠受撞击脱落的碎片,碎片边缘形成的断裂痕迹;灯罩玻璃碎片边缘形成的破碎痕迹;转向灯、后视镜受力整体脱落,反映转向灯、后视镜与车体接合时接触表面的脱离痕迹等。由于构成车体的部件很少是标准的晶体结构,因此,车体整体分离痕迹在痕迹检验分析中具有很高的实用价值。

(二) 按车体痕迹的特征不同分类

1. 静态车体痕迹

静态车体痕迹是造痕体和承痕体 (车体) 相接触时, 作用力始终垂直于承痕体 (车体) 所在平面而形成的痕迹。如两车正面碰撞、追尾碰撞、碰撞固定物、车体间的挤压变形等。车体静态痕迹和工具痕迹中的打击痕迹、撬压痕迹相似, 其特点是承痕体 (车体) 在接触面上受垂直静载荷或冲击载荷的作用后, 与造痕体相接触的部位发生凹陷变形。车体静态痕迹都以静态负像将造痕体的表面结构特征反映在承痕体 (车体) 上, 具有较高的鉴定价值。

2. 动态车体痕迹

动态车体痕迹是造痕体和承痕体 (车体) 相接触时, 接触面间存在相对的滑移运动状态, 从而在承痕体上形成的痕迹 (如图 5-31 所示)。如车辆间的刮擦、车辆刮擦固定物等形成的痕迹。动态车体痕迹的重要特征是造痕体与承痕体的接触角度、作用力方向改变时, 就会引起动态痕迹的变化。

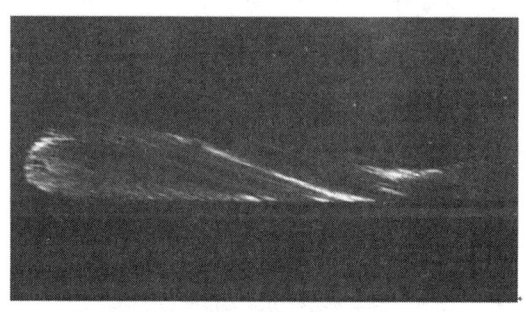

图 5-31 车体刮擦痕迹

从严格的意义上讲, 在车体痕迹中, 静态车体痕迹与动态车体痕迹之间并没有明显的分界线, 它们往往同时存在。

(三) 按车体痕迹形成过程分类

1. 初始损坏痕迹

初始损坏痕迹是车辆与其他车辆或物体第一次接触时, 在车体上形成的损坏痕迹 (如图 5-32 所示)。例如, 与路面碎石的损坏相吻合的轮辋中的凹坑; 车门把手及保险杠等损坏了的车身部件; 车辆正面的保险杠、侧面车门、尾部保险杠等处的损坏部件。初始痕迹一般都可以表明车辆撞击接触前的行驶路线和行驶方向。

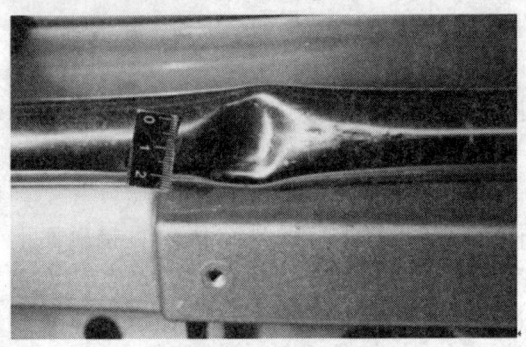

图 5-32　车辆前保险杠撞击痕迹

2. 传导损坏痕迹

传导损坏痕迹是指通过车辆的结构框架传递，在除了直接碰撞部位以外的其他相关部位形成的变形损坏痕迹（如图 5-33 所示）。例如，车辆正面碰撞时由于发动机和变速器被向后挤压，而导致的车体其他部位变形的痕迹。

图 5-33　车体撞击传导痕迹

3. 二次损坏痕迹

二次损坏痕迹，一般是由于物或人体的运动在车体上形成的痕迹。例如，在车辆正面碰撞过程中，驾驶人的身体受力压向方向盘并使其弯曲，这时方向盘弯曲痕迹和人体胸部的体表痕迹均是二次损坏痕迹。二次损坏痕迹还可能由于车辆的横向摆动，再次与原来的或另外的车辆或障碍物接触而形成。二次损坏痕迹可以说明碰撞前人员或物体在车上的位置，以及碰撞后车辆的运动状态等事实。

(四) 按车体痕迹的形成机理不同分类

1. 撞击痕迹

撞击痕迹按理想化模式可分为平行于车辆轴向的正面碰撞和垂直于车辆轴向的侧面碰撞两类，这两类痕迹可以较好地反映造痕体的特征（如图 5-32 所示）。其他方向的撞击痕迹就不像正面碰撞和侧面碰撞那样典型和有规律。一般情况下，痕迹的高度、角度与造痕车辆的行驶速度的平方成正比，与转弯半径成反比。

2. 刮擦痕迹

刮擦痕迹是由于车体表面与其他车辆或物体相接触，受摩擦力作用，在车体表面形成的线状、带状、片状的平面痕迹或凹陷、撕裂等痕迹（如图 5-31 所示）。刮擦痕迹的形成机理是，作用力沿两接触物体表面的切线方向作用而形成的塑性变形。车体刮擦痕迹的形成与车辆的质量、行驶速度、接触角度、接触部位的结构、物理性质和表面涂料等因素有关。车体刮擦痕迹一般在车体侧面，痕迹宽度与造痕体的外部几何形状有直接关系。

3. 其他痕迹

其他痕迹主要是指车辆零部件断裂和爆裂痕迹，一般包括车辆破损、横拉杆和转向节等的断裂痕迹，以及刹车管、轮胎等爆裂痕迹。

(五) 按车体痕迹形成部位分类

1. 车体外部痕迹

车体外部痕迹主要是车体外表面与其他物体相互作用，而在车体外表面造成的车体形态的变化。它常呈现在车身的外表面及其外部零部件上。车体外部痕迹容易被发现，也容易遭到破坏和毁灭。

轮胎客体痕迹也属于车体外部痕迹，是指以轮胎为承痕体，在轮胎外表面上形成的痕迹（如图 5-34 所示）。轮胎客体痕迹按其所在部位不同可分为胎面客体痕迹和胎侧客体痕迹。轮胎胎面客体痕迹的造痕体一般是路面，胎侧客体痕迹一般是高于路面的物体，如路缘石、树干、公里桩、车体、人体等。车辆正常行驶的情况下，只有车轮碾压血迹等液体时，轮胎表面才有可能形成加层平面痕迹，其他轮胎胎面客体痕迹一般不易形成。但是，在车辆制动、侧滑、急加速的情况下，轮胎胎面客体痕迹则容易形成。

图 5-34　轮胎胎侧痕迹

2. 车体内部痕迹

车体内部痕迹主要是指车体内部即车厢内表面，与车内的人体或其他物体接触，在车厢内表面造成形态或性质的变化，形成结构形象痕迹或者附着物。车体内部痕迹对确定车辆碰撞后车内人体和物体的运动状态，以及人员乘坐位置具有重要的意义。

（六）按车体痕迹外部结构特征分类

车体撞击痕迹根据其外部结构形态可分为凹陷状痕迹、塌陷状痕迹、孔洞状痕迹和分离破碎状痕迹。

1. 凹陷状痕迹

凹陷状痕迹是在车体接触面方向上受到冲击力的作用，使得车体与造痕体接触部位产生相对塑性变形的立体痕迹。具有明显的痕起缘、痕止缘、痕底、痕壁等特征，且具有部分静态痕迹的特征。这种痕迹多能反映出车辆接触部位的大小、形状、角度及表面特征。凹陷状痕迹的形成条件包括以下几点：

（1）车体受撞击部位的塑性和韧性较好。

（2）撞击力适中，如果车辆受到的外力使车体产生的应力小于车体材料的屈服极限，则车体表面不会出现塑性变形，如果大于车体材料的强度极限，则车体表面就会出现孔洞和断裂痕迹。

（3）造痕体有一定硬度和突出的外部结构，车体凹陷部分就是造痕体的外部突出的部分。

（4）力的作用时间短，车体凹陷状痕迹大多数都是受冲击力作用的结果，作用时间一般不超过 1 秒。

2. 塌陷状痕迹

塌陷状痕迹的特征是撞击接触部位面积大，在痕迹上只能大致反映相互接触部位的面积和强度。

3. 孔洞状痕迹

孔洞状痕迹是在撞击力所产生的内应力大于车体材料的强度极限，造痕体外部有高硬度的、尖锐形状的结构情况下形成的。孔洞的大小能反映穿透物体的外部轮廓。

4. 分离破碎痕迹

分离破碎痕迹的形成条件为被撞物体是车辆上的硬度大、脆性强、易破碎的零部件。破碎的物体一部分脱落遗留在现场，另一部分残存在车体上。分离破碎痕迹不能反映造痕体的外部结构形态，但可以用来判断撞击部位和受力方向。

三、车体痕迹物证的发现、测量与记录

（一）车体痕迹物证的发现与确认

1. 车体痕迹物证的发现

车体痕迹物证大多是在现场勘查和对车体进行检查的过程中发现的，一般情况下通过肉眼观察的方法，基本上都可以发现车体痕迹物证。但是，对车内的痕迹物证有时则需要结合车辆运动状态进行分析才能发现人体碰撞车体所形成的痕迹。另外，还可以通过普通光源不同角度照射、特殊光源、荧光显现、试剂显现等方法，发现直接用肉眼观察不容易发现的痕迹物证。

2. 车体痕迹物证的确认

不论是通过何种方法发现的痕迹，首先都必须对其进行确认。一是确认痕迹物证是否是由该起事故造成的，应注意区别车体上各种痕迹物证的新旧程度；二是确认痕迹物证形成的顺序。

确认方法一般采用分别检验法、比对法。在使用比对法时应注意：

（1）测量车体痕迹物证的相对位置，与其他车辆、人体等客体接触、撞击、刮擦等相对位置特征进行比对。特别是在进行高度比对时，应结合造痕体和承痕体接触过程中的受力变化、接触形态、路面高度变化、车内装载变化等因素。

（2）比较造痕体和承痕体间接触形成的受力方向特征、痕迹形态特征和物质交换情况。

（3）涉及多次撞击的痕迹，应根据痕迹形成的造痕体和承痕体部位进行一一对应分析，还原碰撞过程。

3. 车体痕迹物证的勘查要求

（1）勘验车体上各种痕迹物证产生的原因。勘验车辆与其他车辆、人员、

物体第一次接触的部位和受力方向，确定另一方相应的接触部位。

（2）勘验车体上各种痕迹的长度、宽度、凹陷深度，痕迹上、下边缘距离路面的高度，痕迹与车体相关一侧的距离（详见下文车体痕迹的测量）。

（3）勘验车辆部件损坏、断裂、变形情况。不仅要记录受损部位，还要记录损坏的程度，并与造痕体进行位置、形态等的比对。

（4）与车辆照明系统有关的道路交通事故，应提取车辆的灯泡、灯丝及其碎片。这些物证可以用来识别肇事车辆、车辆在发生事故前的灯光使用情况等。

（5）车辆与人发生的道路交通事故，要特别注意勘验、提取车体上的纤维、毛发、血迹、类人体组织、漆片等附着物。

（6）需要确定车辆驾驶人的，应提取方向盘、变速杆、驾驶室门和踏脚板等处的手、足痕迹及附着物。

（二）车体痕迹物证的测量

1. 车体痕迹的测量点及要求

确定了车体痕迹后，要对车体痕迹进行测量，车体痕迹一般应遵循由前到后，从上到下，从有关一侧向无关一侧的测量顺序。测量时要对痕迹进行准确定位，也就是确定痕迹的测量点：一般情况下选择痕迹的起止点、突变点、最高点、最低点、造痕体和承痕体特征点等，基本上就可以确定痕迹的位置。例如，车体刮擦痕迹要确定痕迹的起点和止点、确定刮擦痕迹的最高点、最低点或特征点等；撞击痕迹只要确定了造痕体的特征点，就确定了痕迹的位置。

2. 对机动车痕迹的测量

①对机动车前部应记录痕迹所在位置、形态、面积、痕迹上下端距路面高度及左右端至前端有关一侧的距离，以便确定肇事瞬间，事故各方接触时的状态。对于竖向痕迹应测量上下两端至车身前端有关一侧的距离，并测量痕迹下端距路面的高度，以便测定双方车辆碰撞时接触的部位。在测量过程中，同时应对痕迹的位置、形状等做好现场勘查笔录。

②对机动车侧面应记录痕迹所在位置、面积、中心部位距路面高度、痕迹起始点至前保险杠和有关车轮的距离。横向线条状痕迹应测量痕迹的长度和前后两端距路面的高度，测量痕迹前端距前保险杠的距离，距有关车轮的距离。

③对机动车底盘痕迹，测量其痕迹的长度、宽度，距路面的高度，痕迹两端（或前端）距前保险杠的距离，以及痕迹两端（或一端）距有关车轮的距离。认定人或物进入车下后车辆行驶多长距离与底盘接触多长时间；测量

痕迹至路面的高度可判断人或物进入车下后的高度及刮轧过程中的形态；测量痕迹至碾压车轮的距离可以确认人体、物体与底盘脱离接触后，如何进入车轮下被碾压的，以及判断被车轮碾压时车辆的行驶方向。

④轮胎胎壁、胎肩、胎面出现与人体或物品接触时，物品或人体表面纹迹、形态会附着在轮胎橡胶面上形成痕迹。应对这些痕迹所在轮胎的部位及形状面积进行测量。

3. 对其他车体痕迹进行测量

对摩托车、自行车及其他车辆车体痕迹应着重检查最先接触部位的痕迹，勘查痕迹所在位置、形状、面积和距路面的高度，以便分析其与机动车的接触部位及被撞击或碾压的过程。

（三）车体痕迹物证的记录与提取

在对车体痕迹物证进行提取之前，为防止提取痕迹物证时对车体原始痕迹造成破坏，应按照《道路交通事故勘验照相》（GA 50—2014）及《道路交通事故痕迹物证勘验》（GA 41—2014）的要求拍摄车体上及其相接触部位的各种有关痕迹物证，将痕迹物证的原始状态、所在位置、痕迹特征、距路面的高度、痕迹突变点的位置、痕迹物证与周围物体的关系等固定下来，然后再根据需要使用正确的方法进行提取。

1. 车体痕迹的提取

（1）照相提取法。当车体痕迹较大或极小时，可以利用照相的方式加以提取，用照相提取法提取车体痕迹时应按照《道路交通事故勘验照相》（GA 50—2014）的要求，拍摄以下内容：

①痕迹的具体位置、形态；

②附着物的位置、形态、颜色；

③轮胎的花纹形态及轮胎破损痕迹；

④车内部件状态，包括方向盘、仪表盘、灯光及雨刮器开关、档位、驻车制动器、座椅、安全带、气囊、车载卫星定位装置和行驶记录仪等。

（2）原物提取法。原物提取法是指将承痕体全部或局部提取的方法。这种方法适用于可拆卸或分离物体上的车体痕迹，以及粘附于车身上的物证，能最完整、客观地保护车体痕迹物证上的细节特征不受破坏，有利于以后的检验和鉴定。保存原物时，应防止风干、受潮、生锈、霉变。

（3）制膜法。根据车体痕迹的深浅，痕迹表面的光洁程度，痕迹的形状等的不同，可以用醋酸纤维素薄膜、硅橡胶、硬塑料等制作模型，提取车体痕迹。

（4）注意事项：

①不能用工具直接接触痕迹，以免造成互换痕迹，失去检验条件；
②将提取到的痕迹或分离物妥善保管，防止自然或人为的损坏；
③应将提取到的痕迹物证及时送检验鉴定部门。

2. 车体痕迹物证的记录

对道路交通事故车体痕迹物证的记录，一般是以道路交通事故现场勘查笔录（详见本书第六章）的形式，将车体痕迹物证部分记录下来的。通过现场勘查笔录可以反映出车体痕迹物证所在的部位、面积、高度和形态等。另外，照相方法除了可以作为痕迹、物证的提取方法外，还可以固定和记录现场痕迹物证。有些重要的车体痕迹物证在采取文字记录的同时还应采取摄像的方式记录车体痕迹物证及其勘查的全过程。

四、车体痕迹物证的分析

车体痕迹的分析与检验是在分别检验的基础上进行的，找出痕迹物证主客体的符合点和差异点以确定能否将分别检验的车体痕迹物证称为证据。车体痕迹物证分析的重点包括：

（1）判断造痕体和承痕体的痕迹部位是否吻合。

（2）在考虑造痕体和承痕体运动状态的基础上确定痕迹的面积、高度、形成方向是否成立。

（3）检验痕迹部位微量物证的交换情况。

（4）对造痕体和承痕体的痕迹进行细节特征比对检验。

（一）撞击痕迹的分析

撞击痕迹的形成往往是各种合力作用的结果，对撞击物体的分析，主要通过对车体撞击痕迹的凹陷形状、形成部位和痕迹微量附着物进行综合判断。

当发生正面碰撞和追尾碰撞时，车辆的运动方向较易分析，车辆碰撞前的运动方向与碰撞后的运动方向相同。但是，实际发生的交通事故多为斜碰撞。我们在分析斜碰撞时，首先，要分析车体凹陷痕迹，确定接触部位；其次，做碰撞受力分析，定性地掌握作用于两车上的力和力偶的关系；最后，结合车体二次碰撞痕迹和其他痕迹，推断车辆碰撞后的运动状态和方向。另外，还可以通过二次碰撞在车体上形成的追加凹陷状痕迹，以及车辆运动形成的移动延续凹陷状痕迹来分析判断车辆的运动方向。

对车辆碰撞速度的计算，可以通过分析车体凹陷痕迹的深度和宽度或碰撞后车辆滑移的距离与碰撞速度的关系来获得。

（二）刮擦痕迹的分析

平面刮擦痕迹是在车体接触部位形成的条状、带状或片状平面痕迹，或者大面积较浅的凹陷痕迹，这种痕迹上往往留有较多的附着物。车体痕迹的形成与车辆的行驶速度、接触部位、作用力方向及接触部位的材料性质等因素有关。分析车体痕迹对于确定痕迹形成的方向，进而分析车辆的相对运动方向有重要的作用，具体方法主要包括：

（1）刮擦痕迹中砂砾、油漆颗粒等镶嵌物的压入方向为造痕体的相对运动方向。

（2）刮擦痕迹痕底附着物翘起端的反方向和堆积物质由低至高的方向是造痕体的相对运动方向。

（3）撞击后发生刮擦时，结合撞击作用点部位车体表面变形可以判断造痕体的相对运动方向。

（4）当刮擦发生在车身外表的接缝部位时，可能会形成外翘、外翻或折叠，据此可以判断造痕体的相对运动方向。

（5）在刮擦痕迹形成过程中，极易发生车体表面油漆的相互转移，通过对车体附着的油漆颜色变化的分析，可以确定痕迹的形成方向。

（三）轮胎客体痕迹的分析

轮胎作为承痕体时，形成的痕迹多为位于轮胎胎壁上的摩擦痕迹。通过对这些痕迹的分析可以判断车辆运动的状态和与造痕体接触的高度。

（1）车轮处于抱死状态时，胎壁上的痕迹为直线条状擦痕。

（2）车轮处于滚动状态时，胎壁上的痕迹为曲线状的擦痕。胎壁上的痕迹为曲线状痕迹时，若曲线的弧朝向轮辋，则造痕体的高度较低（如图5-35所示）；若曲线的弧朝向轮胎的胎肩，则造痕体的高度高于轮胎的半径。

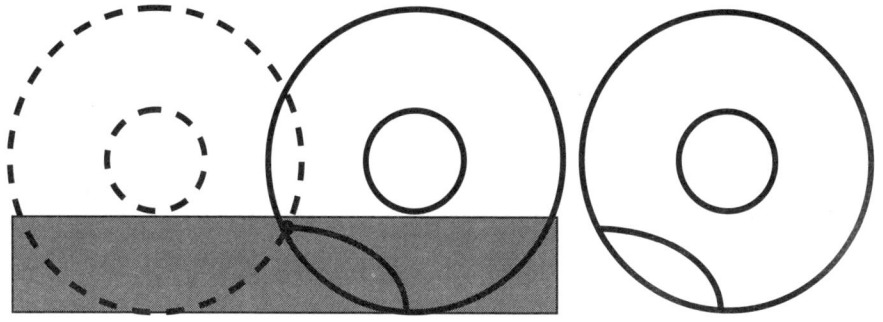

图 5-35　造痕体较低情况下胎壁上的痕迹特征

第四节　人体痕迹物证的勘验

一、人体痕迹物证的勘验

（一）人体痕迹的概念

1. 人体痕迹的定义

依据《道路交通事故痕迹物证勘验》（GA 41-2014）的规定，人体痕迹是道路交通事故中，人体与其他物体或人体接触，在衣着、体表上所形成的痕迹。根据人体痕迹形成的特点，在对人体痕迹进行勘查时，通常按人体衣着痕迹、人体体表痕迹分类进行。

2. 人体痕迹的作用

（1）确认案件性质。在道路上发生的人身伤害事件中，既包括道路交通事故，利用交通工具进行的刑事犯罪，也包括当事人自杀或遭遇其他意外的事件等。通过人体体表痕迹特征可以判断损伤发生在受害人生前还是死后，可以判断受害人所受损伤是否具有道路交通事故损伤的特征，以便区分这些事件的性质。

（2）判断损伤形成过程。根据人体体表痕迹存在的部位、数量、状态、程度，以及对路面和车体痕迹的检验，综合分析人体痕迹的形成机理，由此推断受害人在损伤形成前所处的位置和运行状态，分析损伤形成的过程，进而判断事故的发生过程。

（3）判断损伤形成的时间。道路交通事故损伤时间的推断分为活体上损伤时间推断和尸体上损伤时间推断两种。活体上损失时间的推断一般是通过损伤部位反映症状进行推断，但这种推断由于受到多种因素的影响，所以作出的判断往往不够准确；尸体损伤时间的推断是根据尸体现象和损伤的组织愈合吸收程度判断损伤时间。判断损伤形成的时间可以确定道路交通事故发生的时间，特别是多车碰撞致人死亡的交通事故，需要通过死亡时间分析辅助判断事故发生的过程。

（二）人体衣着痕迹

人体衣着痕迹是指道路交通事故中，人体与车辆或其他物体接触，因撞击、刮擦、碾压、挤压和摩擦等，在人体穿着的衣服上形成的印迹。人体衣着痕迹需与其他痕迹相互印证才能起到证明作用。

1. 破损痕迹

破损痕迹是指人体衣着被车辆、物体碰撞、刮擦、碾压后形成的衣着损坏痕迹，包括撕裂、孔洞、开缝、脱扣等痕迹（见图5-36）。

图 5-36　衣物破损痕迹

2. 附着痕迹

附着痕迹是指在粘附在衣着表面的油漆、油污和其他物质。当车辆与人体发生接触时，车辆上的泥土、油漆等物质会附着在人体的衣物上，形成痕迹。附着痕迹的外部形态、存在位置及组成成分对于案件的分析都有重要的作用。

3. 轮胎痕迹

（1）衣着上的轮胎痕迹。人体被车辆轮胎碾压或碰撞后，通常会在人体衣物外表上留下轮胎碾压痕迹或者碰撞痕迹。①碾压痕迹。碾压痕迹是衣着被轮胎碾压后，在衣着表面留下的胎面花纹、皱褶、撕裂或散点状破损等痕迹（如图5-37所示）。轮胎胎面上往往附着有尘土、油污、炭黑、橡胶碎屑等物质，当轮胎碾压人体时，这些物质就会转移到衣物上，形成轮胎胎面花纹痕迹；在轮胎的碾压下，由于人体组织相对较软，衣物会发生位移，从而形成皱褶等痕迹。

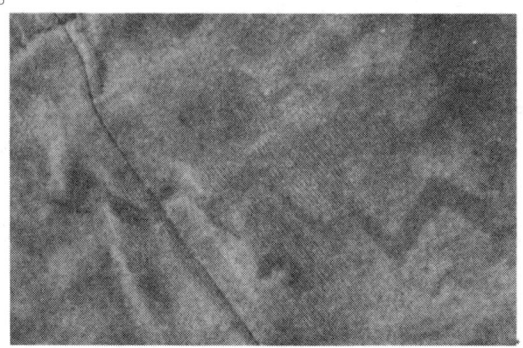

图 5-37　衣着上留下的轮胎碾压痕迹

②撞击痕迹。撞击痕迹是轮胎与人体发生撞击时，在衣着外表的受力部位形成的织物压平、光亮、起毛等现象。

（2）胎面痕迹特征。当轮胎碾压人体或衣服时，通常会在衣着表面留下轮胎胎面花纹。由于在碾压过程中轮胎与衣着之间存在相对的滑动，因此，衣着上的胎面花纹往往是变形的（如图5-37所示）。纵纹轮胎痕迹随着载重量的增加，轮胎外侧部分花纹凹沟间距变窄，凸起部分间距变宽，接近轮胎胎面中央部分，这些变化会减小；横纹轮胎凸起部分后边缘在衣物上形成的花纹比较清晰，凸起部分前边缘在衣物上形成的痕迹则相对较浅。

（3）胎肩痕迹特征。当载重汽车轧过人体时，人体组织因承受不了车辆的重压而陷落，车轮嵌入人体组织，这时衣着也嵌入人体组织，形成与轮胎陷入土中相同的状态。因此，衣着上的轮胎痕迹呈立体轮胎痕迹状态，其中央部分是轮胎胎面印出的花纹，两侧则是轮胎肩部留下的痕迹（如图5-38所示）。

图5-38　衣着留下的胎肩痕迹

（4）褶皱、撕裂、开缝和破损痕迹特征。衣着被碾压部分通常都呈现横向的皱褶，出现织物牢度明显下降、表面织物被压平等现象。皱褶被直接碾压的部分会形成唇状皱褶，而未被直接碾压的部分则会形成长唇状褶皱痕迹。在皱褶的边缘通常会呈现出一边清晰，另一边相对模糊的特征。

由于受车轮向行驶方向的拖拉作用，会造成衣物纤维的断裂并呈直线状。受地面上沙石颗粒的影响，还会在衣物上形成散点状破损痕迹。

（5）衣着上轮胎痕迹的作用。

①通过衣着上遗留的轮胎痕迹可以证实人体被车辆碾压的事实，有助于确定当事人的致死原因。

②通过分析轮胎痕迹的花纹特征，痕迹的受力方向等，有助于判断肇事逃逸车辆的行驶方向，判断肇事车辆的种类。

（三）人体体表痕迹

人体体表痕迹是指在道路交通事故中，人体因受外力作用而形成损伤，在人体体表留下的印迹。人体体表痕迹在一定程度上反映了导致人体损伤的原因，下面按照人体损伤的类型来说明不同人体体表痕迹在交通事故勘验中的应用。

1. 按照致伤的方式进行划分

按照致伤的方式，人体体表痕迹可以分为撞击伤、碾压伤、摔跌伤、减速伤等。

（1）撞击伤。所谓的撞击伤是车辆在行驶过程中，与车内或车外人员碰撞而在人体上形成的损伤。车辆的不同部位撞击人体，形成的损伤特征也不同，因此人体损伤往往能反映出车辆撞击部位的特征。

①保险杠损伤，是指人体被车辆保险杠撞击形成的损伤。保险杠是机动车前面的突出部件，不同车型的保险杠距路面高度不同，根据人体下肢损伤部位和高度，可以推断车型、交通方式（如骑车人与推车人）和人体站立或行走姿势。

②头部损伤。行人或骑车人头顶部或颞枕部撞击汽车前部，如风挡玻璃、风挡玻璃框、车灯、反光镜等，可形成具有部件特征的人体损伤。由于头部的冲击作用，风挡玻璃呈蜘蛛网状放射样破裂，伤者头部可形成类圆形的皮下出血和多处微小挫裂伤。

③散热器损伤。小客车撞击行人时，如果只留有散热器损伤则提示该行人撞击前已处于低下体位，如处于蹲坐状态。

（2）碾压伤。人体被车辆轮胎碾压形成的损伤。通过研究碾压痕迹，可以分析发生事故时双方相对位置；表皮剥脱的方向可以说明作用力的方向，即车辆的行驶方向。

车轮碾压人体在皮肤上形成轮胎凸面花纹和轮胎凹面花纹的表皮剥脱和皮下出血，称轮胎印迹（如图5-39所示）。皮下出血痕迹不一定立即呈现，有时在数小时后才清晰地呈现出来。在轮胎花纹凸面直接压迫部位常无明显的皮肤出血，皮肤出血发于凸面边缘与凹面。横沟轮胎除压迫作用外，尚有牵引与摩擦的作用，因此常伴有表皮剥脱。轮胎花纹印痕一般以面部、胸部、背部、大腿部较为清楚，相较于衣着表面可形成更清楚的花纹印痕。

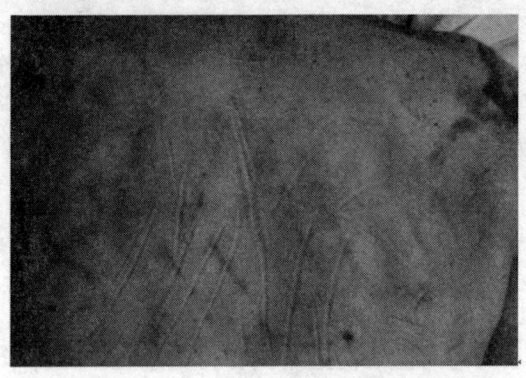

图 5-39　人体体表轮胎碾压痕迹

车辆紧急制动时，车轮抱死后向前滑动的过程中，车轮抵压人体，并推动人体一起向前滑动，这时车轮虽未碾压人体，但人体受车辆抵压及地面摩擦作用，仍然会造成损伤形成痕迹。受抵压人体的侧面会出现大片表皮剥脱，在表皮剥脱面上伴有广泛而平行的线条形擦痕，擦痕方向与车轮滑动方向相反。

（3）摔跌伤。摔跌伤是指人体受到外力作用摔落形成的损伤。损伤取决于路面的情况、车辆传给人体的动能和人体的姿势及衣着。较严重的摔伤多造成颅脑颞枕部损伤和对冲性脑挫伤。

（4）减速伤。道路交通事故发生时，由于车辆急剧的减速或加速，车内人员受惯性作用与车内部件发生撞击而形成的损伤，车内乘员乘坐于不同的座位，所造成的损伤特征也不同。

2. 按照交通参与者参与交通活动的方式进行划分

按照交通参与者参与交通活动的方式，人体体表痕迹可以分为汽车驾驶人损伤、汽车乘员损伤、摩托车驾驶人损伤、摩托车乘员损伤、骑车人的损伤、行人的损伤、人体被抛出车外的损伤等。

3. 其他损伤

（1）挤压伤主要指车辆与车辆、车辆与建筑物、车辆与交通环境、车辆碰撞后车内部件的变形和滑移对人体挤压形成的损伤。挤压伤又可分为车内挤压伤和车外挤压伤，驾驶人和乘员易出现车内挤压伤，而车外人易形成车外挤压伤。

（2）安全带损伤是指在对抗外力的过程中，车辆安全带对人体形成的损伤。主要用来分析车内人员的驾乘关系。

（四）人体痕迹物证的勘验

对人体痕迹物证应先拍照并记录受害人在现场的位置及倒卧姿态，然后按照从外到内，先衣着后体表的顺序进行勘验。

1. 肇事车辆的勘验

在进行现场勘查时，要测量、记录事故车辆的长、宽、高等参数，查看车体形态的变化，注意发现擦痕（不要遗漏车底盘等较隐蔽处）、结构变形、撞击痕迹以及有无二次碰撞等。检查车辆碰撞部位有无血迹、毛发、衣服残片以及人体组织等附着物。

2. 衣着检查

（1）检查时应记录衣着痕迹和附着物的位置、形状、特征、面积及中心部位距人体足跟的距离。

（2）检查受害人衣服上有无轮胎碾痕迹，有无油污等痕迹。

（3）检查衣服有无被车辆凸出部位撞击或刮擦痕迹，根据痕迹的特征确定人车接触时力的作用点及作用方向。

（4）检查衣服有无因摔倒时与路面接触而造成的衣服磨损。

（5）检查受害人的鞋底状态，以及在路面上留下的痕迹。

（6）检查衣着痕迹时，应轻拿轻放，不能拖拉和抖动，以免破坏衣着上的尘土痕迹。必要时可用多波段光源帮助发现痕迹，也可以用静电吸附方法提取灰尘痕迹。

（7）如果需要使用衣物进行痕迹比对，或者需要通过衣物确认当事人身份等情况时，应记录衣着的名称、产地、颜色、新旧程度等特征及穿着顺序，并提取必要的衣着物证。

（8）如果印在衣服上的轮胎痕迹是潜在的或模糊不清的，可以使用侧光观察轮胎痕迹，如果条件许可也用紫外灯照射印有轮胎痕迹的纺织物，此时可通过紫外照相，将纺织物上的轮胎花纹拍摄下来。也可以采用多波段光源来发现衣服上的轮胎痕迹，并采用照相的方法提取痕迹。

3. 环境检查

检查交通事故现场的路面，以及周围建筑、固定物等处是否有人体擦痕、血迹、组织等。

4. 人体体表的勘验

对于伤者的体表痕迹一般由医院诊断检查，根据需要可由法医检查或由勘验人员在医务人员的协助下检查。

（1）记录性别、体长、体型等体表特征。

（2）勘验体表损伤的部位、类型、形状尺寸，造成损伤的作用力方向；下肢损伤部位距足跟的距离，损伤部位的附着情况。

（3）记录、提取伤、亡人员的血液、组织液、毛发、体表上的附着物等。

二、血痕的勘验

将血液流出体外干燥后形成的斑迹称为血痕，道路交通事故案件中只要有人身伤亡就可能涉及血痕的检验（如图5-40所示）。血痕在交通事故中的作用，主要是确认接触关系、确认驾乘关系、寻找接触点等。对于当事方确定及当事人参与交通活动方式明确的交通事故通常不会进行血痕勘验。

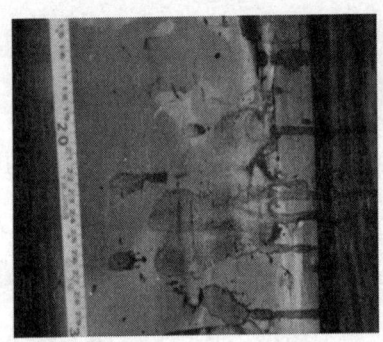

图5-40 血液附着物痕迹

（一）血痕的颜色

新鲜血液为鲜红色，形成血痕后即呈暗红色，随着时间的推移逐渐呈红褐色、褐色、绿褐色以及灰褐色。日光的直接照射，可使血痕的颜色迅速改变。在潮湿的条件下血痕容易腐败。

（二）血痕的形状

血液落到物体上，因距离、方向、速度及物体的性质等不同，会形成各种各样的形状。根据血痕的形状及分布情况，可以帮助我们推测案件发生时的情况。

血痕的形状大致可分为以下六种：

1. 点状血痕

血液垂直滴落在物体上，一般呈圆形，边缘有许多突起的小斑点。

2. 流柱状血痕

较多的血液飞溅到墙壁上或流到其他斜面物体上时，因重力向下流注，呈带状，其下端因血量较多往往为膨大状态。

3. 喷溅状血痕

血液从动脉斜向喷出或甩到墙壁或其他物体上，多呈尖端向前的惊叹号状。

4. 擦拭血痕

没有一定的形状，因擦拭力的大小、方向及擦拭物而不同。

5. 接触状血印痕

在现场可发现犯罪嫌疑人或被害人的某种接触状血印痕，手上沾有血痕，往往会在凶器柄上或其他物体上留有血指纹或血掌纹。有时在现场上还会发现血足迹等。

6. 血泊

血液由伤口大量流出，在受伤地点集聚，形成血泊。这是出事地点的证明，根据血泊的大小可以估算出血量，有时也能判断受伤者的位置。

（三）血痕的发现

通常血痕可以用肉眼直接辨别颜色的方法发现，尤其是附着在物体上的血痕较容易被发现。而且在肇事车辆上附着的血痕，一般不易脱落，特别是轮胎内侧、车辆各部件的结合部，即使雨水冲刷和水洗也难以脱落。

血痕面积较小、承载体颜色较深时，血痕不容易被发现。这种情况下应首先分析血痕存在的可能性，然后再应用斜光照射、紫外线灯光照射等方法寻找、发现血痕。必要时可用预试验、确证试验、种属试验等方法寻找、确认血痕。

（四）血痕的提取

对附着在小件物品上的血痕，如衣物、树叶、玻璃、塑料等，可以将小件物品整件提取。

血痕附着在车体等较大且质地致密的载体上时，由于不易将载体与血痕同时提取，可以采用刮取或擦拭的方法进行提取。擦拭的方法是根据血量的多少，准备适当大小的纱布块或纱线，用蒸馏水浸润（不要留多余的水分）后仔细擦拭血痕，将血痕全部转移至纱布块（线）上后置于阴凉处晾干，并记录提取部位后包装送检。提取时应同时在血痕附近的空白载体上用同样的方法提取空白检材一并送检。

对于质地松软的载体，如沥青路面、土路上的血痕提取，应将血痕尽量全部提取并尽可能少地混带其他杂质。附着在沥青路面上的血痕可以采用刮取的方法，对于土路上的血痕可以将有血痕的土块完整提取，并尽可能地防止土块破碎。同时需要在血痕附近用相同的方法提取空白对照物，分别包装一并送检。

对于冰面、雪地上的血迹，应将血痕连同雪或冰一同取下，放在干净的容器里，在室温下自行融化后，再以少量的干净医用纱布吸取液体，在室温下晾干后保存、送检。

提取血痕检材时还应注意控制提取量,作为物证的常规血痕量应有 3~5cm^2(血液 3mL);对于酶型或血清型的检验应尽量在一个月内送检,血痕量应不少于 1cm^2。

三、其他法医物证的勘验

道路交通事故法医物证是指与道路交通事故有关的人体各种生物检材,主要包括毛发、血液(痕)、皮肤、人体脏器、组织碎块等。

(一)检材的发现

道路交通事故法医检材主要是在事故现场地面、事故车辆和伤亡者身上发现的。

1. 现场的勘验

在道路交通事故现场中应注意从接触点所在的位置开始,沿着车辆驶来方向的反方向寻找发现法医检材,尤其是在人体倒地的位置和散落物周围。

2. 肇事车辆的勘验

(1)在肇事车辆的损坏部位寻找衣物纤维、血痕、毛发等。

(2)在车轮和底盘寻找血痕、人体组织、毛发和衣物勾挂的纤维。

(3)对于有车内人员伤亡的道路交通事故,应该注意寻找车内人体的撞击痕迹。

(二)检材的提取

发现检材后,应先进行拍照。检材提取的原则是尽可能保持检材原状,不破坏依附物。

1. 法医物证提取的一般原则

(1)检材应直接提取,提取时可以将承载物一同完整提取。

(2)根据检材附着的不同载体,可以使用擦拭、剪切、刮削、吸敷、锯凿、挖取等方法提取。

(3)不同部位的各种检材应分别提取,单独包装,使用标准的物证收集袋,并作好标记和编号,写明检材名称、提取方法、提取数量、形状颜色、保存方法等。

(4)提取检材时,必须戴手套使用清洁器具,如刀、剪、镊子或竹木类工具等,禁止用手直接触摸检材。

(5)从各种载体上提取的检材,均应提取检材附近的空白材料,以备进行比对检验。

(6)提取的新鲜体液保留部分应尽快送检,其余部分应制成纱布斑痕。对于人体组织应该干燥或冷冻保存。

（7）将提取的各种体液性的检材制作成纱布痕迹时，应在阴凉通风处自然干燥而成，禁止加热烘干。

2. 毛发的提取

（1）由于毛发较细小不易被发现，因此应仔细寻找。发现后，应使用镊子夹取并放入纸袋中，提取动作应轻柔，避免将毛发拉断，也防止将毛发上的附着物擦掉。如果毛发在载体上粘附较紧无法完整提取时，如果确需保证毛发完整的可将载体一并提取。

（2）提取毛发时，要登记提取的时间、地点、部位及根数，不要把在不同部位提取的毛发混在一起。

（3）提取对照毛发应尽量选取与检材部位相同的毛发，对照毛发的提取量通常应为 5~10 根。

3. 块状检材的提取

（1）附着在车辆上或现场的可疑皮肤、组织块等，应尽量整块提取将其分别装入洁净的试管或瓶内，冷冻存放。可以将干燥的小块组织装入纸袋，低温存放。可以将大块的组织切下 30g 作为检材送检，其余部分则应冷冻保存。

（2）如果检材附着在较小、易携带的物体上，可将物体一同整件提取。否则，用生理盐水浸湿的纱布或其他棉纤维将斑痕擦拭下来，或将斑痕和空白部位刮凿下来。

（三）检材的保存及送检

1. 检材的保存

（1）应将检材置于低温、干燥处保存，并应尽快送检，以免检材变质丧失检验条件。

（2）低温保存的各种检材保存温度是零下 4℃ 冷冻。血液的保存温度为 4℃。

（3）装有检材的物证收集袋应加密封口。

（4）检材应由办理案件的单位保存，并在案件终结后保存 1~2 年。

2. 检材的送检

（1）送检时，检材要妥善包装，防止冲撞损坏，并根据案件的不同情况，附送必要的对照检材。

（2）送检时应出具检验鉴定委托，其上应注明：委托单位；送检人姓名；案情简介；物证提取时间和方式；送检物证名称、数量、来源及包装情况；鉴定目的和要求；如系复检，应附原鉴定书或复印件、抄件；送检日期。

（3）检验后应将剩余检材全部取回妥善保管。

四、尸体检验

道路交通事故死亡人员是指在道路交通事故中遭受各种暴力致死的人员。在道路交通事故现场中，死者的体表痕迹应由办案人员或法医勘验。通过检查应确定受害人所受损伤是否由交通工具造成，以及有无其他损伤。

（一）尸体的勘验

1. 勘验的基本要求

（1）确定死者的身份。

（2）勘验死者在事故现场中的位置与姿势，死者与嫌疑车辆及有关痕迹物品的位置关系。以便查找导致当事人死亡的原因，死亡前的状态以及事故发生后其是否被移动过等。

（3）勘验死者损伤的特征，判断是单车或多车接触。这有利于通过死者的损伤特征判断事故发生的过程。

（4）确定死者为车内或车外人员，确定原始现场或变动现场。这有利于确定死者在发生交通事故时参与交通活动的行为方式。

2. 衣着及遗留物品的检验

（1）现场清理死者衣服、财物、证件等物品，并记录在《道路交通事故现场遗留物品清单》上，在使用当事人的证件确认其身份时，应注意辨别是否为当事人本人的证件。

（2）勘验死者衣服的样式、材质、花色、号码、新旧程度、附着物、痕迹、破损部位及形态，辨明与事故的关系，并做衣着记录。

（3）勘验死者衣物的完整性，现场散落的鞋、外衣及衣着饰品、碎片等与死者及有关其他痕迹物品的位置关系。

（二）几类死亡人员的主要检验内容

1. 机动车驾车人的检验内容

（1）勘验死者在车上的位置、姿势有助于确认驾驶人的身份，分析事故发生瞬间车辆的受力方向。

（2）通过勘验制动器、离合器、油门踏板上留下的鞋印，右脚底踏板痕迹或者方向盘、变速杆上的指纹，车辆上散落的毛发、喷溅的血迹、附着的衣服纤维、皮屑等确认驾驶人的身份。

（3）勘验死者面部、胸部、腹部、上肢、下肢等与方向盘、风挡玻璃、仪表盘及其他驾驶座附近的车辆物件接触形成的特征性损伤。

（4）对死者进行酒精、毒品、药物等检材的提取和检验，以确定死者在道路交通事故发生前的生理状态。尤其是对于机动车驾驶人当场死亡的，应及时抽血检验。

（5）勘验安全带损伤和死者衣着、体表上安全带压痕的方向，确定死者在车内的位置。

2. 乘车人的检验内容

（1）乘车人在车辆上的位置和姿态。

（2）车辆上毛发、血迹和衣服纤维。

（3）安全带损伤和安全带压痕的方向。

（4）与车内及前排靠背等物件形成的特征性损伤。

3. 摩托车驾车人的检验

（1）勘验摩托车油箱上的衣物痕迹，仪表盘上的血迹、人体组织，方向把上的指纹，刹车踏板和脚踏板处的鞋印等。

（2）检验死者腿部、会阴部损伤，双手、前臂的车把损伤，下肢护板及护杠损伤。

（3）检验头面部风挡、后视镜、仪表盘损伤。

4. 行人的检验内容

（1）检验肇事车辆上附着的血痕、毛发、组织和衣服纤维，车身表面上与人体有关部位相似的印痕。

（2）检验死者衣服、尸表和损伤创口中附着的车辆油污、油漆、碎玻璃等车辆物品。

（3）比对死者损伤形态与可能的车辆致伤物。

（4）比对损伤到足跟距离与肇事车辆保险杠或其他部位的高度。

（5）检验撞击伤、摔跌伤、拖擦伤、碾压伤、保险杠损伤、伸展创等。

（6）检验生前碾压、死后碾压、多次碾压伤。

5. 非机动车骑车人的检验内容

（1）比对死者所受撞击伤的高度与肇事车辆相关物件高度。

（2）勘验死者会阴部、双下肢内侧损伤。

（3）对死者衣着、尸表和损伤中附着物与车辆附着物进行比对。

（4）确认死者所受损伤的主要受力方向。

6. 逃逸交通事故中尸体的检验内容

（1）检验是否为交通事故致死。

（2）检验是交通事故现场，还是抛尸现场。

（3）确定死亡时间。

（4）现场痕迹、物证、车辆地面遗留物、死者损伤部位或衣着附着物。

（5）检验损伤的特征，确定是单车还是多车接触。

7. 道路上未知名尸体的检验内容
(1) 确定人体损伤为道路交通事故所致。
(2) 确定发现死者的地方是道路交通事故现场还是抛尸现场。
(3) 勘验现场痕迹、物证,死者损伤部位、衣物上的附着物。
(4) 检验面部皱纹、毛发、胡须的颜色、牙齿的萌出和磨损程度等,并确定死者的年龄段。
(5) 检验死者衣着、装束特征、死者卫生程度及随身物品、饰品、化妆、皮肤颜色等,并推定其生活地区及社会阶层。
(6) 检验死者色素沉着、痣、胎痕、文身、纹唇;生理缺陷、畸形;手术瘢痕、肿块、器官的病变等;义齿、缺牙等;染发、假牙、耳环孔等个体识别特征。
(7) 提取DNA生物检材和指掌纹信息。
8. 多人死亡道路交通事故中尸体的检验内容
(1) 对于死者要进行编号,在移动死者之前要记录其在车上、现场中的位置。
(2) 对每一个死者应注意勘验其具有特征意义的损伤。
(3) 勘验确认驾驶人身份。
(4) 勘验死者的体表特征及其携带物品、饰物等。

第五节　其他痕迹物证的勘验

一、其他痕迹物证的说明

根据《道路交通事故痕迹物证勘验》(GA 41—2014)的相关规定,其他痕迹是交通事故中树木、道路交通设施、建筑物以及其他物品,与车辆、人体等接触,在树木、道路交通设施、建筑物以及其他物品表面所形成的痕迹。从痕迹形成的角度看,其他痕迹就是以地面、车体、人体以外的物品作为承痕体的痕迹,其特征分析与车体痕迹类似,都需要勘验痕迹的长度、宽度、深度及距离地面的高度。

本节中所阐述的其他痕迹物证与《道路交通事故痕迹物证勘验》中定义的其他痕迹不同,不是以承痕体来定义的地面痕迹、车体痕迹、人体痕迹、其他痕迹,而是在交通事故现场中可以提取到的其他材质的痕迹物证,主要包括:油漆、玻璃、塑料、纤维、泥土以及手足印迹等。

二、油漆物证的勘验

(一) 车用油漆

车辆上使用油漆的目的主要是保护和装饰车辆，车辆油漆一般由底漆、腻子、二道底漆、面漆、罩光漆五层构成。车辆在喷涂过程中会针对车身喷涂过程中产生的缺陷进行浅打磨，喷漆前发现白皮车身不平整时会进行打磨，但是原则上在整车出厂前不应该也不会打腻子，从普通的白皮车到出厂车的喷漆过程一般为预除锈-除锈-除油-水洗-脱脂-磷化-表面调整-水洗-去离子水洗-电泳-烘干-底涂-烘干-中涂-烘干-面漆喷涂。漆膜的厚度利用专用膜厚仪进行检测，厚度根据车型和厂家的不同各有要求。其中车辆面漆为油漆涂层的最外层涂料，它直接决定了车辆的颜色，并影响车辆的装饰性、耐湿性及防腐性等性能。在进行汽车的油漆涂装时，都需要先进行表面处理，再根据汽车的使用环境条件和部位不同，选择具有不同特点的油漆和不同涂层的体系。

油漆物证（如图 5-41 所示）是交通事故现场中最容易被发现的物证，在交通事故发生的瞬间，发生接触碰撞的车辆之间有较大的相互作用力，车辆表面在外力作用下发生变形、破损，作为保护、装饰用的表面油漆涂膜受到外力作用破裂、脱落，遗留在事故现场或残留在事故另一方车辆或其他客体表面，成为证实事故发生的物质证据。

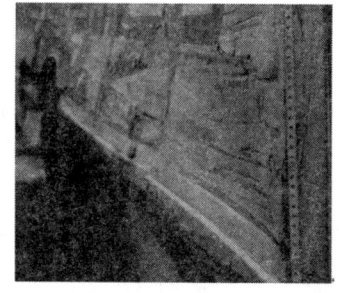

图 5-41 油漆物证

(二) 油漆物证的作用

（1）附着的油漆物证可以直接证明事故中造痕体与承痕体接触的部位及接触的事实。

（2）通过油漆物证的附着形态可以反映事故发生时造痕体与承痕体在接触瞬间的相对运动方向等。

（3）把事故现场提取的整体分离的油漆碎片进行比对和拼合后，通过与车体痕迹的比对，确定遗留在现场的油漆片的所属关系。其中比对的关键是油漆片的分离线和分离断面与肇事车辆上油漆脱落处的分离线和分离断面是否完全吻合。

（4）现场提取的漆片和嫌疑车的油漆层数和层次结构特征相同，或者对应层油漆组成的有机和无机成分一致，对应层的颜料、填充粒度、微观形态相同，或者油漆具有某种特异性，可以认定或倾向于认定肇事车辆。

（5）现场提取的油漆物证的化学成分与嫌疑车辆的不同可以排除肇事车辆。

（三）油漆物证的特点

（1）道路交通事故发生时，由于车辆油漆层老化程度及事故作用力方向、大小的不同，油漆涂层的脱落和转移情况各不相同。有的车辆只有面漆脱落，有的多层油漆和腻子同时脱落。脱落的油漆多数为小颗粒或呈片状。严重老化或局部修补涂装部位的油漆涂层，常呈较大片状散落在现场路面。当车辆与车辆或较坚硬物体接触时，车辆表面油漆涂层可呈分离式脱落，由表及里逐层脱落，分别沾附在车辆或物体表面。

（2）道路交通事故中油漆物证可以相互转移，往往存在于事故双方的接触部位上。

（3）油漆物证化学成分的检验需要使用专门的仪器。

（4）油漆物证较容易被发现，多存在于事故痕迹处或散落在事故现场。但在提取时，应注意与非事故油漆物证相区别。油漆物证与脱落部位车辆原始油漆涂层的外观特征、层次和颜色对应相同。由于油漆涂层不易脱落，因此，存在于事故现场的散落油漆碎片多为与事故有关的油漆物证。

（5）附着在车辆、伤亡人员衣服或其他物体表面的油漆颗粒或碎片往往附着力较差，容易掉落。而非事故油漆多具有完好的漆膜，表面光滑，有光泽，有较强的附着力，触及不易脱落。

（四）油漆物证的发现及提取

1. 油漆物证的发现

油漆漆膜的破损、转移是由外力作用造成的，因此油漆物证残留在外力的作用部位上，一般在受力相对较大的划痕切入点、客体凸起部位、轮廓边缘等处易存在油漆残留物，这些部位应作为重点进行勘验观察。勘验时应有充足的光线，注意油漆的颜色会因量的多少或光源角度、强度的变化而发生变化，必要时可以借用放大镜或显微镜进行观察。

对事故现场路面上的油漆碎片要根据其存在的位置、破碎情况、边缘的新旧程度来判断是否是在该起事故中形成的。有时油漆物证的量很小，不易发现，可将重点部位的残留物全部提取下来，以备检验。

2. 油漆物证的提取

常用的油漆物证提取法有直接提取法、刮取法、溶剂提取法等。

（1）直接提取法。现场脱落的和客体残留的油漆物证量很大时，可以直接提取。现场路面的油漆可用尖嘴镊子轻轻夹取，放在容器内，并做好标记和提取记录；客体上残留的油漆可用镊子夹取，也可以将容器放在残留物下接着，然后用牙签、针或其他尖锐器具轻轻拨动，使其脱落；如果油漆物证附着在较小的客体上，提取较困难时，可将承载油漆物证的客体一起提取，如衣服、树皮等客体上的油漆附着物；若直接提取有困难，可根据不同情况拆卸、剪取、截取或挖取附着油漆物证的客体。

（2）刮取法和粘取法。如果油漆物证残留量较小，则多使用刮取法或粘取法。将客体上油漆残留物用手术刀片轻轻刮取下来，进行包装。也可以使用顶端带粘性的碳台粘取已刮过油漆状附着物的手术刀，或用碳台直接粘取经手术刀刮过的痕迹部位油漆状附着物，然后将碳台编号保存。还可以用透明胶纸粘在油漆物证残留处，稍加压力，将油漆粘取下来。必要时，可以把两种方法结合起来使用。根据不同检验方法的要求，也可以用脱脂棉球蘸有机溶剂对客体上的油漆进行擦取。

3. 提取油漆物证的注意事项

（1）全面仔细地查找油漆物证。注意从嫌疑肇事车辆的事故接触部位寻找与被撞车辆油漆颜色一致的漆状物质，并加以提取。同时也要注意从被撞车辆、受害人或其他有关客体的表面寻找与嫌疑肇事车辆油漆颜色一致的漆状物质加以提取。

当发生肇事车辆刮擦自行车或行人的交通事故时，要注意仔细寻找受害客体上有无刮擦痕迹，要在用肉眼能观察到的刮擦部位，借助放大镜或立体显微镜观察被刮擦的痕迹上有无漆状附着物，并观察附着物的颜色情况，如果发现痕迹上有颗粒状漆或有较大覆盖面的漆状附着物时，应使用承载物置于痕迹下方进行提取，防止漆状物提取时散落遗失；对于那些不易提取下来的油漆痕迹和极微量的漆状附着物，尽量将载体一起提取并妥善保存。对于散落在道路交通事故现场的油漆碎片，要注意细心观察，确定为与事故有关的油漆后，再进行提取。

（2）准确完整地提取油漆物证。由于车辆各部位油漆不尽相同，因此，要注意提取部位应尽量靠近接触部位。在提取油漆检材时，尽量不要直接从痕迹处刮取油漆层，因为在痕迹处提取油漆既破坏了痕迹、物证本身，又可能无法提取完整的油漆层。

由于车辆的油漆涂层是多层的，提取痕迹时不能只提取表层油漆，应从油漆涂层的基底部刮取，以提取完整的油漆各层，有两至三小块即可。

（3）准确提取比对检材。

①在提取油漆物证的同时，要从脱落油漆的嫌疑车辆的相应部位提取比对用油漆检材。

②在交通肇事逃逸案件中，找到肇事嫌疑车辆后，先不要急于提取比对用油漆检材，要认真全面地检查车辆，观察嫌疑车辆可疑部位的油漆是否有划痕、擦痕或油漆剥落。观察到刮擦痕迹后，应对痕迹部位的形状、距路面的高度进行测量、记录和照相，同时对照检查被撞车辆、人体或其他有关物体被刮擦、碰撞的位置，痕迹方向、高度等是否与之相吻合。如果不吻合，提取嫌疑肇事车辆上此处痕迹附近的油漆用作比对样本则毫无意义。如果吻合，就必须注意油漆的颜色，尤其是面漆的颜色，只有在油漆物证的颜色与肇事嫌疑车油漆的颜色相同时，才能提取该肇事嫌疑车辆上相应部位的油漆作比对样本。

如果发现嫌疑车辆已经重新喷涂了油漆，应该刮去事故痕迹处新喷涂的漆层，再仔细刮取该处原始的油漆层作为比对样本。如果喷涂面积较大，甚至在喷涂前已除尽原漆层，可以在难以除尽的部位提取原漆层做比对用。

（4）要注意防止油漆物证被污染。

①在使用手术刀和不锈钢镊子等工具提取油漆物证时，必须保证提取工具和盛放物证用具干净，当用一种工具提取到一份油漆检材后，要立即用酒精棉球或干净纱布将工具的使用部位擦拭干净，待工具干燥后再用于提取其他油漆检材。

②在选择提取物证的工具时，要注意避免工具本身对油漆物证的污染。例如，由胶带提取油漆物证会影响对油漆物证有机成分的分析。

③在包装油漆物证时，要注意防止包装用具对油漆物证造成污染。

（5）提取前的证据固定。提取油漆物证检材和样本时，应在取样前和取样后分别对取样物体和部位进行拍照，以备送检。

4. 油漆物证的保管

（1）保管油漆物证的用具。常用的盛放微量油漆碎片的用具包括带盖的玻璃瓶、带盖的塑料瓶、硫酸纸袋、白纸袋。通常条件下由于漆状附着物的数量较少，而且往往是与载体一起保管和送检的，如果载体体积不大，可以用塑料袋包装，对于较大的载体，可以用木箱固定保存。

（2）保管油漆物证的注意事项。

①包装油漆物证时，应注意保持检材提取后的状态。尤其是保存沾附在

载体上的漆状附着物时，应避免再次被刮擦，防止附着物遗失。

②漆状附着物被刮取下来送检时，应将漆状附着物盛放在干净的硫酸纸袋中，袋口一定要密封好，同时应提取一份载体其他部位的物质（离附着物很近的载体部位）装在另一个硫酸纸袋中，便于检验分析漆状附着物时排除附着载体本体物质的干扰。

（五）油漆物证的检验

1. 油漆片外观检验

（1）肉眼观察法。核定油漆片检材后，用尖嘴镊子提取油漆片检材在光线明亮处观察检材的外观，比较油漆物证与比对用油漆检材的层数和每层油漆色泽的异同。仔细观察与载体一同送检的油漆擦痕或微量附着物，进行初检，确定其所在部位，以便用其他方法进行细致的比对观察。

（2）立体显微镜观察法。将油漆物证和比对用油漆检材分别置于立体显微镜的载物台上，并用聚光灯或台灯为检材照明，将显微镜调焦，放大检材十几倍至几十倍后进行观察。在体视显微镜下，首先观察油漆检材残留的量，油漆检材与油漆比对样本是单层还是多层，油漆的层数，每层的厚度、颜色以及油漆各层的排列顺序。然后再详细观察油漆检材残留的形态、检材的色调、光泽、透明度、新旧程度、颜色颗粒分布状态等，以及腻子、底漆的情况。如果检材与比对样本间的颜色差异很大则在初检中即可得出否定结论，但应注意由于检材的量、存在的形态、承载体、污染等因素造成的颜色偏差。对于新旧程度不一致的油漆，可以根据油漆的粘度、色泽鲜艳程度加以区分。在初检中如果有必要可以对检材进行清洗，常用石油醚、去离子水、稀盐酸等将油漆表面的油污、泥土及其他杂质清洗掉，以便进行下一步检验。

2. 油漆片物证有机检验

有机检查是对油漆中成膜物质的检验，由于成膜物质是油漆中的最主要成分，决定着油漆的种类、性质与特点，所以对油漆中成膜物质的检验是油漆检验中最主要的检验项目。红外光谱法是通过研究成膜物质的红外光谱图来检验油漆，不同种类的油漆成膜物质不同，红外光谱图也不同，对油漆红外光谱图进行解析，根据特征吸收峰的峰位、峰强、峰形，可以解析出成膜物质的分子结构，从而得出油漆的种类与比对样本是否相同等结果。油漆的红外光谱检验并不复杂，一般常用直接压片法，将少量油漆与事先烘干的溴化钾粉末一起研磨，然后放入压片模具中，压制红外光谱模片，用红外光谱仪检验，绘制出样品的红外光谱图。红外光谱检验法所需检材量小，特别是当选用傅立叶红外光谱仪并配红外显微镜后，分析灵敏度更高，可对肉眼几乎看不见的检材进行检验，分析速度快，可重复检验，但只能对单层油漆或层较厚、边缘清晰的检材进行检验，微量多层或严重污染的油漆则检验难度很大。

3. 油漆片物证无机检验

油漆中除成膜物质外还有大量在生产过程中加入的无机颜料、填料等，所以对油漆检材进行无机检验也是行之有效的分析方法。扫描电子显微镜能谱仪检验方法是在对样品微观结构进行观察的同时，对样品进行无损的微区分析，特别是多层油漆，能对每层油漆进行分别分析。方法是将检材油漆与比对样本油漆一起用双面胶固定在样品台上，在体视镜下观察检材与样品的形态、断层、层次等，然后镀上一层导电膜（常镀金膜或碳膜），在几百倍至几千倍的放大倍率下对检材及样本进行检验，同时进行能谱分析，得出油漆中所含无机元素的种类及相对含量。

三、玻璃物证的勘验

玻璃是一种易破碎的物质，是道路交通事故现场常见的物证之一。对于认定事故责任，特别是认定肇事逃逸车辆具有重要的证据作用。汽车玻璃主要包括风挡玻璃、车门玻璃、车窗玻璃、前后车灯、后反射镜、转向灯等玻璃制品。

（一）玻璃物证的特征

1. 普通玻璃破碎后呈较大条状或块状，边角尖锐。
2. 钢化玻璃破碎后呈小块状脱落，边角钝圆。
3. 夹层玻璃破碎后，玻璃碎块仍粘在一起，很少脱落。
4. 大灯玻璃破碎后散落在事故现场，通常可以在玻璃碎片上看到明显的花纹特征，有时可以从玻璃碎片上找到产品标志或编号。

（二）玻璃物证的作用

分析车辆玻璃物证抛出位置以及抛出距离，可以计算车辆的行驶速度；分析玻璃物证抛出的方向，可以分析车辆碰撞时的受力方向；在交通肇事逃逸案件中，肇事车辆在发生交通事故后，由于制动或倒车等，使玻璃碎片断断续续地散落，甚至在行驶一段距离之后仍能找到玻璃碎片，这些碎片不仅能提供肇事汽车的逃逸方向，而且通过玻璃碎片的种类有助于分析逃逸车辆的类型。

（三）玻璃物证的发现、提取、包装及送检

1. 玻璃物证的发现

在交通事故现场中，当玻璃碎片较大或较多时，很容易发现和识别有机玻璃（塑料的一种，比普通玻璃轻，透明度大，不易破碎，遇热变软）或无机玻璃。当玻璃碎片很小时，易与某些物质混淆，不易发现和判断。由于玻璃的比重大于水，可用水分层法区分。另外，通过碎片的新旧程度、污染程度及车辆上的玻璃有无损坏可以判断碎片是否与该起交通事故有关。

2. 玻璃物证检材的提取

（1）提取玻璃物证时，为防止金属材料对元素分析产生影响，不应使用金属镊子、钳子夹取，可以使用木质、竹质、塑料等非金属镊子夹取，也可以戴上橡胶手套拿取。

（2）肉眼能观察到的玻璃微粒，可以用收集勺提取。如果玻璃微粒较分散，可以用软毛刷收拢玻璃微粒后，再用收集勺提取。

（3）交通肇事逃逸案件中，对散落在现场的玻璃碎片，应尽量全部收集，尤其是需要进行拼对、复原时，对于事故现场较大片的玻璃片如能拼合起来的，应尽可能拼合并拍照。

（4）除提取现场散落的玻璃片外，还应提取它们原来脱落部位的比对样本。

（5）在提取玻璃物证时，应注意做好记录，注明提取部位、数量、形状等。当玻璃碎片上有血迹、人体组织、毛发等物质附着时，应注意保护其附着物的原始状态。

3. 玻璃物证的包装和送检

收集到的小片玻璃应用干净的塑料袋包装，细小的玻璃颗粒可装入玻璃瓶内。包装玻璃物证时，不能使用纸质的包装袋。

四、塑料物证的勘验

（一）塑料物证的作用

车辆外表面有一些塑料零部件，由于这些零部件位于车辆的突出部位，发生交通事故时，容易受到撞击或刮擦。因此，塑料物质是事故现场常见的物证之一。通过对塑料物证成分的检验，可以确认肇事车辆。特别是沾附在车辆表面的塑料物证，对于确定事故接触部位，判断事故发生时作用力方向、大小等，都有着重要的作用。

（二）塑料物证的特征

1. 形态特征

车辆不同部位的塑料材质，其成分大多不同。可塑性差、质地坚硬的部件，受到撞击后容易破碎，呈块状脱落；而可塑性较强、质地柔软并具有一定韧性的部件，经强力撞击或刮擦后，局部会产生高温，被撕裂或拉伸呈胶状或薄膜状,沾附在车辆或物体表面。

2. 颜色特征

车辆塑料零部件多具有一定的颜色,特别是机动车转向灯罩、非机动车尾灯标志等均具有鲜艳的颜色。道路交通事故中的塑料物证,由于数量和形态不同,其颜色深度与脱落部位原塑料零部件也会略有不同。块状和胶状塑料脱落物颜色较深,与脱落部位颜色基本相同。沾附在车辆或其他物体表面的膜状物颜色则较浅。

(三)塑料物证的发现与提取

1. 塑料物证的发现

(1)塑料物证与非事故塑料物质的区别。

①存在部位的不同。根据塑料零部件的性质,以及塑料物证形成时所受的作用力的方向和大小,脱落的塑料物证一般沾附在车辆或其他物体表面,或者散落在路面上。沾附在肇事车辆或其他物体表面的非事故塑料物质较少见,即使有也可以通过颜色比对较容易地辨别出来。

②塑料物证与交通事故痕迹的比对。散落在事故现场路面的塑料物证与破碎脱落的车辆零部件具有相吻合的分离痕迹的特征。

③形态和颜色。脱落在事故现场的塑料物证,与被撞击或刮擦的塑料零部件颜色和花纹相同。沾附在车辆或物体表面的塑料物证其颜色与被撞击或刮擦的零部件的色调一致。

(2)塑料物证的发现。散落在事故现场的塑料物证较易发现,而沾附在车体上的塑料物证则相对较难找到。在寻找这些物证时,应根据对事故的初步分析,有目的、有针对性地寻找。寻找时应注意避免强光或直射光线干扰视线,避免各种色光的干扰,避免与灰尘、泥土发生混淆,可使用放大镜协助观察。

2. 塑料物证的提取

对于块状的塑料物证,较易收集和提取。事故现场较大片的塑料片如能拼合起来的,应尽可能拼合并拍照;对散落在路面上的塑料片,可用镊子夹取,装入透明塑料袋内、纸袋或纸盒中,细小的塑料颗粒可装入玻璃瓶内。除提取现场散落的塑料片外,还应提取它们碎裂前所在部位的比对样本。

对于那些粘附在痕迹部位的塑料物证,则需要根据其形态,采取刮取、夹取等方法进行提取。

五、纤维物证的勘验

（一）纤维物证的分类及特点

1. 纤维物证的分类

道路交通事故现场常见的纤维物证包括：植物纤维，如棉、麻衣物纤维等；动物纤维，如人畜毛发、毛料衣物纤维等；化学纤维，如化纤衣物纤维等。

2. 纤维物证的特点

（1）当车辆与人体或其衣物相接触时，往往会形成纤维物证。纤维物证多存在于肇事车辆接触面坚硬、粗糙或具有尖锐的突出部位。车内驾驶人和乘员在事故的碰撞中，也会与车体内表面发生接触，从而留下纤维物证。

（2）纤维物证一般都是微量的，有时只有单根的毛发或纤维，不易被发现。同时，也较容易受外力的影响而形成迁徙，导致其存在的位置发生变化。

（二）纤维物证的作用

1. 确定肇事车辆

通过对交通事故现场中提取的纤维物证与取自肇事嫌疑车辆上附着的纤维物证进行比对检验，可以作为确定肇事嫌疑车辆的重要物证之一。

2. 确认当事人的交通参与方式

通过车体内提取的纤维物证，结合车辆碰撞过程中的运动状态分析，可以辅助分析当事人在事故中的交通参与方式，解决当事人对交通参与身份的争议问题。

（三）纤维物证的发现和提取

1. 纤维物证的发现

不仅纤维物证沾附在肇事车辆的接触部位，与被撞人体纤维的脱落部位具有方位的对应关系，驾驶人的衣物上往往也会沾附车内物品上的纤维物质，这些都是寻找发现纤维物证的线索。由于纤维物证较小，在寻找时可以使用放大镜。光线较弱时，还可以使用强光源辅助照明。

2. 纤维物证的提取

（1）由于纤维物证具有迁徙性，应尽快提取。

（2）在提取纤维物证时，应用干净的镊子夹取。在提取前，应拍摄下它们的原始附着部位和附着状态。

（3）对较小的毛状物可用透明胶纸沾取，然后将其贴在干净的玻璃片上。

（4）当纤维物质较多不易逐根提取时，可用静电提取法进行提取。

（5）在受害者碰撞或刮擦部位提取比对用毛发或织物纤维检材时，应先用放大镜观察其是否与现场提取的毛发、纤维的颜色和外观形态近似或一致,对颜色和外观形态近似或一致的才可以提取。

3. 提取纤维物证的注意事项

(1) 提取纤维物证时,每根纤维检材和对照样本应分别包装,贴好标签并标明相关事项。

(2) 整体提取当事人衣服时,应将有价值的部位放在里面。

(3) 对于绳子、袋子等纺织品,提取时应尽量保护两端,不得随意剪断。

(四) 纤维物证的形态检验方法

1. 体视镜检验

进行纤维物证检验时应在体视镜下(放大倍数约十几倍至几十倍)观察检材纤维的外观、色泽、卷曲度、弹性等,对检材的形态作初步了解并与比对样本纤维做初步比对,将色泽、纤维直径、表面特征有明显差异的样本排除。对污染严重的纤维可以根据情况进行适当的清洗,用尖嘴镊子夹取纤维的一端,在置于点滴板上的清洗液(一般采用1%HCL、石油醚、乙醇等)中轻微晃动或浸泡提起数次。对检材量少的纤维物证进行处理时要格外小心,避免丢失。

2. 荧光检验

将纤维物证置于黑色纸板上,必要时可用一小块透明胶纸压住纤维一端加以固定,并做好标记,在黑暗环境下用紫外光线照射,通过观察纤维检材与比对样本的荧光颜色及荧光强度,可以判断纤维的种类。

3. 生物显微镜观察

生物显微镜的放大倍数较大,一般在几十倍到数百倍,检验时根据纤维的情况选择适当的放大倍数观察纤维的粗细、形态、表面鳞片、纹线、横截面形态等。将纤维物证小心地放在载玻片上,盖上盖玻片,置于显微镜载物台上并对准光路,先用小放大倍率进行调焦,然后根据需要切换到适当的放大倍率进行检验。如果纤维表面杂散光强烈,影响观察,可先在载玻片上滴一滴5%甘油水溶液,将纤维置于甘油溶液中,小心平稳地盖上玻片,用滤纸吸去多余的溶液,即可在生物显微镜下观察。操作时要缓慢小心,避免产生气泡导致严重杂散光的现象出现。用这种方法可以鉴别天然纤维和合成纤维。

天然纤维都具有独特的形态和表面特征,如棉纤维为偏平带状,有自然弯曲、扭曲、缠绕特征。虽然棉纤维的成熟情况不同可以影响其截面形状和扭曲程度,但扭曲是棉纤维独有的特征,也是认定为棉纤维的重要标志;麻纤维一般都带有纵向条纹,纤维较平直、挺括,大多有横节;而毛纤维的主要特征是表面有鳞片,并且有特征的髓腔;丝的表面比较光滑、平直,但存在糙节、环节、裂纹等特征；合成纤维都是均匀、光滑的，然而合成纤维在拉丝过程中由于喷口形状不同，会造成有纤维特征的横截面，如圆形、花瓣形、肾形、哑铃形、齿轮形、单管形、多孔形等，这正是进行合成纤维形态检验的依据。

六、泥土物证的勘验

车辆行驶过程中，特别是长途行驶过程中，车体上常粘附尘土、砂石，发生交通事故时，因撞击、摩擦等作用从车体、车轮上掉落在现场路面，或者粘附在受害人的衣物、身体上，从而形成泥土物证。

（一）泥土物证的作用

泥土物证与油漆物证、塑料物证类似，具有散落物、附着物的特征。地面上的泥土物证的分布有助于确定事故接触点，车辆碰撞时的受力方向；分析泥土物证的成分有助于分析肇事车辆驶过的路段，工作的环境等；通过比对车体、人体上的泥土物证，判断嫌疑车辆是否到过事故现场，是否与受害人发生接触；通过分析车轮处掉落的泥土物证的形状，可以获得车辆轮胎花纹特征的信息。

（二）泥土物证的提取

提取泥土物证时，应使用竹片刮取，而不能使用刷子提取。对于不易刮取的泥土物证，可用有机溶剂洗涤的方法进行提取。

泥土物证应使用纸进行包装，而不能使用塑料袋，以防止发生粘连及受潮变质，影响检验鉴定。

七、手足印迹的勘验

驾驶人在驾车过程中，通常会在方向盘、档把、仪表盘、手制动、门把手等处留下手印，也会在脚踏板及事故车辆周围留下足印。提取手足印迹可以帮助我们确认肇事驾驶人的身份，寻找肇事后逃逸的驾驶人。

（一）手印的勘验与提取

手印是对手的指头、指节和掌面三部分印痕的总称，人手印具有很强的个体特征，是确认肇事嫌疑人，查明死者身份可靠而有效的证据。

1. 手印的勘验

由于手印的形成条件不同，一些手印可以直接通过肉眼或借助放大镜等简单工具观察到，而另一些手印却需要用物理或化学方法显现后才能观察到，所以，提取手印的首要工作是显现手印。

粉末显现法是目前使用较多的一种手印物理显现法，它是利用手印中的汗、油质对粉末的沾附作用来显现手印的。显现手印时，首先用软毛刷粘取适量粉末，轻而均匀地抖撒在怀疑有手印的物体表面上，然后用毛刷尖部轻轻刷动物体表面上的粉末，当发现手印后应注意顺着手印纹线方向刷动，最后刷净多余粉末，手印就能清晰地显现出来。

2. 手印的提取

提取经粉末显现的手印时，用透明胶纸小心地从手印的一端向另一端推碾压平，将手印完全覆盖，覆盖过程中注意避免产生气泡，然后揭下透明胶纸并贴在与粉末不同颜色的衬底纸上，这样就能完整地把手印提取下来。

3. 指纹的捺印

捺印是为了通过与现场提取的手印进行比对来认定肇事者，而提取的肇事嫌疑人的指纹印，以及为查明死者身份而提取的尸体的指纹印。

捺印时，要求依次将被捺印人（或尸体）的全部手指涂上一层油墨，然后在平整白纸上按手指顺序滚捺出指印。并在各指印下分别注明是哪个手指，在捺印时注意手指滚动应保持平稳和连续，不能挪动、重复，捺印的手指应保持清洁。对于活体指纹的采集，如果条件许可，可以使用面阵传感器。

（二）足印的提取

一般采用照相的方法提取足迹，对立体足迹也可以用石膏制作模型的方法进行提取。

第六节　酒驾和毒驾的检验

由于酒驾和毒驾对于安全驾驶车辆有极大的影响，对于分析交通事故的成因有重要的作用，因此，酒驾和毒驾的检验是必不可少的。根据《道路交通事故处理工作规范》的规定，交通警察在现场勘查过程中，应当对车辆驾驶人进行酒精含量、国家管制的精神药品和麻醉药品测试。如果发现车辆驾驶人有饮酒或者服用国家管制的精神药品、麻醉药品嫌疑的，应当及时提取其血样或者尿样，及时送交有资质的鉴定机构进行检验。对于车辆驾驶人当场死亡或者受伤无法接受测试的，应当及时抽血或者提取尿样。不具备抽血或者提取尿样条件的，应当由医疗机构或者鉴定机构出具证明。现场难以确定车辆驾驶人的，应当对车上驾车嫌疑人进行酒精含量、国家管制的精神药品和麻醉药品测试。

一、酒后驾车的检验

（一）酒后驾驶车辆发生交通事故的特征

由于酒精作用于人体，导致中枢神经极度兴奋，心理机能亢进，引起植物神经功能紊乱，语多失态，甚至一些行为难以自控，视力下降、反应迟钝，判断错误，动作不协调。这些将严重地影响驾驶人员的正常驾驶行为，容易导致道路交通事故的发生。

（1）向静止物体包括护栏、电线杆、停着的车辆等冲撞，与对方车发生迎面冲撞。

（2）看错道路路线驶出路外。

（3）酒后驾驶的事故多发生在夜间，特别是22时以后。

（4）酒后驾车发生事故，死亡率高。

（5）酒后驾车发生事故，多伴有其他违反交通法规的情节。

（二）酒后驾车的检验方法

对于车辆驾驶人进行酒驾的检验，根据《车辆驾驶人员血液、呼气酒精含量阈值与检验》（GB 19522-2010）的规定可以使用呼气酒精含量检验或者血液酒精含量检验。对于不具备以上检验条件的，可以进行唾液酒精定性检测或者人体平衡实验评价驾驶能力。

1. 呼气酒精含量检验

对车辆驾驶人进行呼气酒精含量检测应使用呼出气体酒精含量检测仪，并按照检测仪的操作步骤、要求进行检验，检测结果由当事人签字并留存，同时应将检测结果记录到现场勘查笔录中。事故处理人员使用的呼出气体酒精含量检测仪应符合《呼出气体酒精含量检测仪》（GB/T 21254）的规定。

2. 血液酒精含量检验

对于需要检验血液中酒精含量的，应由专业人员及时抽取血样，并填写当事人血样（尿样）提取登记表（如图5-42所示），通知其家属，但无法通知的除外。血液含量的检验方法应符合《血液含量的检验方法》（GA/T 842）的规定。

当事人血样（尿样）提取登记表

姓名			性别		身份证号码	
事故时间					地点	
血样（尿样）提取人员填写	提取登记	A样本盛装容器编号			提取量	ml
		B样本盛装容器编号			提取量	ml
		消毒液名称			密封方式	
		提取人员单位			提取人员（签名）	
通知家属情况						
被提取人（签名）		见证人（签名）			交通警察（签名）	
办案单位						

图 5-42　当事人血样（尿样）提取登记表

3. 唾液酒精检测

所谓唾液酒精检测就是使用唾液酒精检测试纸条进行的定性检测。使用的唾液酒精检测试纸条应符合《唾液酒精检测试纸条》（GA/T 843）的规定，具体的操作步骤应按照试纸条的操作要求进行。

4. 人体平衡试验

对于当场不具备呼气、血液酒精含量检测等条件的，可以按照《车辆驾驶人员血液、呼气酒精含量阈值与检验》（GB 19522—2010）中的规定，采用平衡试验的方法对当事人进行驾驶能力的评估。试验时应选择结实、干燥、不光滑且照明条件良好的环境。对于年龄超过 60 岁或者身体有缺陷影响自身平衡的人不可进行下列试验。试验进行时应注意被试人员鞋后跟不高于 5cm，试验人员与被试人员应保持 1m 以上的距离。

（1）步行回转试验。

①试验方法。步行回转试验的方法是：要求被试人员沿着一条直线行走九步，边走边大声数步数，然后转身按原样返回。试验开始前，应该让被试人员按照脚跟对脚尖的方式站立在直线的一端，两手在身体两侧自然下垂，听试验人员讲解试验过程。然后，由试验人员下达指令，被试人员开始行走。

②衡量标准。试验中，被试人员符合以下两个指标以上的，被视为暂时丧失驾驶能力。

A 在讲解过程中，被试人员失去平衡（失去原来的脚跟对脚尖的姿态）；

B 讲解结束之前，开始行走；

C 为保持自身平衡，在行走时停下来；

D 行走时，脚跟与脚尖不能相互碰撞，至少间隔 1.5cm；

E 行走时偏离直线；

F 用手臂进行平衡（手臂离开原位置 15cm 以上）；

G 失去平衡或转弯不当；

H 走错步数。

（2）单腿直立试验。

①试验方法。单腿直立试验的方法是：被试人员一只脚站立，向前提起另一只脚距地面 15cm 以上，脚趾向前，脚底平行于地面，并大声用千位数计数（1001，1002，1003，…），持续三十秒钟。试验开始前，应该让被试人员双脚同时直立，两手在身体两侧自然下垂，听试验人员讲解试验过程，然后，由试验人员下达指令，被试人员开始接受测试。

②衡量标准。试验中，被试人员符合以下两个指标以上的，被视为暂时丧失驾驶能力。

A 在平衡时发生摇晃，前后、左右摇摆 15cm 以上；

B 用手臂进行平衡，手臂离开原位置 15cm 以上；

C 为保持平衡单脚跳；

D 放下提起的脚。

二、毒驾的检验

毒驾是指吸食、注射鸦片、海洛因、甲基苯丙胺（冰毒）、吗啡、大麻、可卡因，以及国家规定管制的其他能够使人形成瘾癖的麻醉药品和精神药品后驾驶车辆，并且血液、唾液中毒品含量达到或超过规定阈值的行为。其中国家规定管制麻醉药品和精神药品涵盖的范围为《国家管制麻醉药品和精神药品目录》和《非药用类麻醉药品和精神药品管制品种增补目录》中的药品。

涉嫌毒驾的检测分为初步检测和实验室检测。初步检测是使用检测器材对被检测人的唾液或尿液等样本进行初步检测。初步检测为阳性的，应及时采集血液或唾液样本，并制作进行实验室检测。采取血液样本时，应由专业人员及时抽取，并填写当事人血样（尿样）提取登记表（如图5-42所示），通知其家属，但无法通知的除外。

实验室检测是按照相关国家标准和行业标准，采用气质联用法或液质联用法等方法，对血液或唾液样本进行实验室检测，当血液检测结果与唾液检测结果不一致时，以血液检测的结果为准。实验室检测应由具有检验鉴定资格的机构进行。

依据《车辆驾驶人员体内毒品含量阈值与检验》（GA 1333-2017）的规定，车辆驾驶人员唾液、尿液中常见毒品初步检测阈值见表5-1；车辆驾驶人员吸食、注射毒品后驾驶车辆时血液或唾液中常见毒品及代谢物的含量阈值见表5-2。

表5-1 车辆驾驶人员唾液、尿液中常见毒品初步检测阈值表

单位为纳克每毫升

分类	唾液初步检测阈值	尿液初步检测阈值
苯丙胺类	50	1000
氯胺酮	100	1000
阿片类	50	300
可卡因类	50	300
大麻类	25	50

表 5-2　车辆驾驶人员吸食、注射毒品后驾驶车辆时血液或唾液中
常见毒品及代谢物的含量阈值表

单位为纳克每毫升

化合物名称	血液浓度阈值	唾液浓度阈值
6-单乙酰吗啡	10	5
吗啡	10	20
可卡因	10	10
苯甲酰爱康宁	50	10
四氢大麻酚	2	1
四氢大麻酸	5	—
甲基苯丙胺	20	25
苯丙胺	20	25
3,4-亚甲二氧基甲基苯丙胺（MDMA）	20	25
3,4-亚甲二氧基苯丙胺（MDA）	20	25
氯胺酮	20	20

第七节　涉外道路交通事故现场勘查中应注意的问题

一、涉外道路交通事故的概念

涉外道路交通事故就是指外国人在中华人民共和国境内发生的道路交通事故。所谓外国人，是指不具有中国国籍的人。

（一）涉外交通事故现场勘查需要注意的问题

涉外道路交通事故现场勘查与一般道路交通事故的现场勘查大体相同，主要区别体现在以下几个方面：

（1）公安机关交通管理部门处理享有外交特权与豁免的外国人发生人员死亡事故的，应当将其身份、证件及事故经过、损害后果等基本情况记录在案，并将有关情况迅速通报省级人民政府外事部门和该外国人所属国家的驻华使馆或者领馆。

（2）询（讯）问。

对外国人进行询（讯）问时，应使用我国通用的语言文字。对不通晓我

国语言文字的,应当为其提供翻译;当事人通晓我国语言文字而不需要他人翻译的,应当出具书面声明;经公安机关交通管理部门批准,外国人可以自行聘请翻译,翻译费用由当事人承担。需要对享有外交特权与豁免的人员进行调查的,可以约谈,并制作谈话记录(如图5-43所示),仅限于谈论与道路交通事故有关的内容。

谈话记录(第　次)

话时间＿＿＿年＿＿月＿＿日＿＿时＿＿分至＿＿＿年＿＿月＿＿日＿＿时＿＿分

谈话地点＿＿＿＿＿＿＿＿＿＿＿＿＿＿＿＿＿＿＿＿＿＿＿＿＿＿＿＿＿

谈话人＿＿＿＿＿＿工作单位＿＿＿＿＿＿＿＿＿＿＿＿＿＿＿＿＿＿＿

记录人＿＿＿＿＿＿工作单位＿＿＿＿＿＿＿＿＿＿＿＿＿＿＿＿＿＿＿

被谈话人姓名＿＿＿＿＿＿性别＿＿＿＿年龄＿＿＿＿＿国籍＿＿＿＿＿

工作单位及联系方式＿＿＿＿＿＿＿＿＿＿＿＿＿＿＿＿＿＿＿＿＿＿＿

住址＿＿＿＿＿＿＿＿＿＿＿＿＿＿＿＿＿＿＿＿＿＿＿＿＿＿＿＿＿＿

翻译人员姓名＿＿＿＿＿＿＿＿联系方式＿＿＿＿＿＿＿＿＿＿＿＿＿＿

工作单位或住址＿＿＿＿＿＿＿＿＿＿＿＿＿＿＿＿＿＿＿＿＿＿＿＿＿

谈话记录如下

问:＿＿＿＿＿＿＿＿＿＿＿＿＿＿＿＿＿＿＿＿＿＿＿＿＿＿＿＿＿＿

答:＿＿＿＿＿＿＿＿＿＿＿＿＿＿＿＿＿＿＿＿＿＿＿＿＿＿＿＿＿＿

＿＿＿＿＿＿＿＿＿＿＿＿＿＿＿＿＿＿＿＿＿＿＿＿＿＿＿＿＿＿＿＿

＿＿＿＿＿＿＿＿＿＿＿＿＿＿＿＿＿＿＿＿＿＿＿＿＿＿＿＿＿＿＿＿

＿＿＿＿＿＿＿＿＿＿＿＿＿＿＿＿＿＿＿＿＿＿＿＿＿＿＿＿＿＿＿＿

＿＿＿＿＿＿＿＿＿＿＿＿＿＿＿＿＿＿＿＿＿＿＿＿＿＿＿＿＿＿＿＿

＿＿＿＿＿＿＿＿＿＿＿＿＿＿＿＿＿＿＿＿＿＿＿＿＿＿＿＿＿＿＿＿

被谈话人(签名)　　　　　　　　　　　　　第　页共　页

注:本文书适用于公安机关交通管理部门及其交通警察与享有外交豁免权的外交人员采用谈话的方式调查道路交通事故有关情况。

图5-43　《谈话记录》样式

（3）享有外交特权和豁免权的外国人发生道路交通事故，交通警察认为应当给予暂扣或者吊销机动车驾驶证处罚的，可以扣留其机动车驾驶证。需要检验、鉴定车辆的，公安机关交通管理部门应当征得其同意，并在检验、鉴定后立即发还。

（二）享有外交特权和豁免权的外国人

所谓享有外交特权和豁免权，是指根据互相尊重主权和平等互惠的原则，一国对驻在本国的他国外交代表及享有外交代表资格的人员给予一定的特殊权利和优惠待遇。其中与交通事故现场勘查关系最为紧密的是司法管辖豁免和免除作证义务。

享有外交特权和豁免权的外国人包括很多类别的人员，如外交代表；与外交代表共同生活的配偶及未成年子女，且不是中国公民；使馆行政技术人员和与其共同生活的配偶及未成年子女，且不是中国公民、不是在中国永久居留的，等等。不同类别的人员享有的外交特权也不同，具体内容需要参照《中华人民共和国外交特权与豁免条例》、《中华人民共和国领事特权与豁免条例》、我国已经参加的国际公约以及我国与有关国家或者国际组织缔结的协议。

第六章　道路交通事故现场勘查笔录

一、现场勘查笔录的记录内容

《道路交通事故现场勘查笔录》是交通警察勘查道路交通事故现场时，对勘验过程、勘验方法、勘验结果所作的文字记录，其内容应反映道路交通事故现场勘查过程、现场状况，并且用文字叙述表达出现场图和现场照片中无法反映，或者反映不完整的各种道路交通事故情况。《道路交通事故现场勘查笔录》主要依据《道路交通事故处理工作规范》制作，为填空式文书。

（一）表头部分的内容填写

《道路交通事故现场勘查笔录》的表头（如图6-1所示）有现场勘查和补充勘查的勾选框，主要根据《道路交通事故处理工作规范》第五十二条第三款"补充勘查道路交通事故现场的，应当制作道路交通事故现场补充勘查笔录"设定，并可根据勘查工作的类型填写。

第六章 道路交通事故现场勘查笔录

	□现场勘查		□补充勘查	
勘查单位				
勘查时间	年 月 日 时 分至 年 月 日 时 分			
事故时间	年 月 日 时 分			
事故地点	道路类型	公路	技术等级	□高速 □一级 □二级 □三级 □四级 □等外
			行政等级	□国道 □省道 □县道 □乡村道 □其他_____
		城市道路		□城市快速路 □一般城市道路 □单位小区自建路 □公共停车场 □公共广场 □其他路
	路口路段类型	路口		□三枝分叉口 □四枝分叉口 □多枝分叉口 □环形交叉口 □匝道口
		路段		□普通路段 □高架路段 □变窄路段 □窄路 □桥梁 □隧道 □路段进出处 □路侧险要路段 □其他特殊路段
	路名			路号（公路）
	位置	卫星定位	经度：	纬度：
		地点描述		
天气	□晴 □阴 □多云 □雨 □雪 □雾 □冰雹 □沙尘 □霾 □其他_____			

图6-1 道路交通事故现场勘查笔录的表头

《道路交通事故现场勘查笔录》的上栏为道路交通事故的基本情况。主要有：

（1）"勘查时间"是指从到达现场开始，至现场勘查结束，用24小时制填写，要求精确到分，如X年X月X日X时X分至X年X月X日X时X分。

（2）"事故时间"是根据接处警时间、现场调查情况综合填写的，用24小时制填写，要求精确到分，如X年X月X日X时X分。对现场无法确认事故时间的，可在事故时间栏注明。

（3）"事故地点"包括道路类型、路口路段类型、路名、路号（公路）、位置等信息。其中道路类型分为公路和城市道路两类，二选一填写；路口路段类型分为路口和路段两类，二选一填写；路名是指交通事故发生地所处的路口或者路段的名称，如：沪宁高速公路无锡段，路号在事发道路为公路时填写，位置包括卫星定位经纬度信息和地点描述，地点描述栏填写应规范准确。对公路应填写道路里程数，要求精确到米，如 X 公路 X 公里加 X 米；对城市道路应选择道路上空间位置稳定，易于事故当事人、民警现场识别并进行记录的标识点作为参照点，配合距离和方位描述事故地点。目前《道路交通事故与违法地点表述规范》正在制定中，后续可参照标准对事故地点进行描述。

(4)"天气"包括晴、阴、多云、雨、雪、雾、冰雹、沙尘、霾、其他，根据事故发生时的实际情况选择。

(二) 事故现场道路环境部分内容的填写

事故现场道路环境部分（如图 6-2 所示）包括：影响视线或行驶的障碍物、道路交通标志、道路交通标线、中央隔离设施、路侧防护设施、路面材料、路面状况、路表情况、照明情况和其他需要记录的情况等，以上信息在完成勾选后，对于选择了"有"选项的应按照实际情况填写相应的信息。例如，道路交通标线部分，勾选了"有"后，应在后面的横线上注明事故现场交通标线施划情况。在记录有影响视线或行驶的障碍物时，必要时可进行模拟实验并制作实验笔录。

一、事故现场道路环境
影响视线或行驶的障碍物：□无　□有：_____
道路交通标志：□无　□有：_____
道路交通标线：□无　□有：_____
中央隔离设施：□无　□有：_____
路侧防护设施：□无　□有：_____
路面材料：□沥青　□水泥　□砂石　□土路　□其他_____
路面状况：□路面完好　□施工　□凹凸　□塌陷　□路障　□其他_____
路表情况：□干燥　□潮湿　□积水　□漫水　□冰雪　□泥泞　□其他_____
照明情况：□白天　夜间路灯照明　□有　□无
其他需要记录的情况：_____

图 6-2　事故现场道路环境部分

(三) 现场监控设备情况部分内容的填写

现场监控设备情况部分（如图 6-3 所示）记录的是现场勘查时发现的现场监控设备的情况。如果发现现场有监控设备，应记录监控设备位置等相关信息。

```
┌─────────────────────────────────────────────────┐
│ 二、现场监控设备情况                            │
│ □未发现                                         │
│ □发  现 _____        │
└─────────────────────────────────────────────────┘

**图 6-3　现场监控设备情况部分**

（四）现场伤亡人员基本情况及救援部分内容的填写

现场伤亡人员基本情况及救援部分（如图 6-4 所示）分为伤亡人员基本情况和救援简要情况，其中伤亡人员基本情况包括当场死亡人数、受伤人数、伤亡人员去向等，如涉及当场死亡的，需要急救、医疗人员签名确认，有条件的也可由法医签字确认。

救援简要情况中，如有医疗、消防、清障等相关部门到场，则勾选并记录其到达时间。

```
┌─────────────────────────────────────────────────┐
│ 三、现场伤亡人员基本情况及救援                  │
│ （一）伤亡人员基本情况：                        │
│ 当场死亡：（    ）人；急救、医疗人员签名确认：_____ │
│ 受伤：（    ）人。                              │
│ 伤亡人员去向：                                  │
│                                                 │
│ 其他需要说明的情况：                            │
│                                                 │
│ （二）救援简要情况：                            │
│ 是否涉及危险物品：□否    □是   名称：_____ │
│ 相关部门和人员到达情况：                        │
│ □医疗   年  月  日  时  分   □消防  年 月 日 时 分│
│ □清障   年  月  日  时  分   □其他  年 月 日 时 分│
└─────────────────────────────────────────────────┘
```

图 6-4　现场伤亡人员基本情况及救援部分

（五）现场事故车辆情况部分内容的填写

现场事故车辆车型、牌号及车辆挡位、转向、灯光开启情况、仪表指针位置，汽车行驶记录仪、车载事件数据记录仪、卫星定位装置等车载设备安装使用情况部分（如图 6-5 所示）均是以表格化的形式记录。与 2008 版《道路交通事故现场勘查笔录》对应内容相比，增加了车速仪表指针位置，以及汽车行驶记录仪、车载事件数据记录仪、卫星定位装置等车载设备的安装使用情况。
```

四、现场事故车辆车型、牌号及车辆挡位、转向、灯光、仪表指针位置,汽车行驶记录仪、车载事件数据记录仪、卫星定位装置等安装及使用情况

编号	牌号	车辆类型	车辆挡位	灯光开启情况	车速仪表指针位置	车载设备安装使用情况(有,无)		
						汽车行驶记录仪	车载事件数据记录仪	卫星定位装置

图 6-5　现场事故车辆情况部分

1. 汽车行驶记录仪

汽车行驶记录仪,俗称汽车"黑匣子"(如图 6-6 所示),是对车辆行驶速度、时间、里程、位置以及有关车辆行驶的其他状态信息进行记录、存储并可通过数据通信实现数据输出的数字式电子记录装置。

图 6-6　汽车行驶记录仪

尽管安装行驶记录仪能有效记录车辆驾驶人的超速行为和疲劳驾驶等违法行为,进而减少交通事故的发生概率,从源头提高道路交通安全状况。但是,其在交通事故处理中应用的过程也存在着一些问题:第一,由于记录和

储存车速的仪器的多样性和专业性、不同车厂在技术应用上也有所区别，因此行驶记录仪数据的提取和分析对鉴定人员有高技术要求；第二，市场上销售使用的产品技术标准不统一，接口互不兼容，在读取时使用的专业设备不同，使得鉴定成本较高；第三，行驶记录仪产品品质的参差不齐影响数据的准确性，并可能造成数据不完整和损坏，直接影响电子物证的法律效力；第四，电子数据不够直观，纯粹的电子数据需要由掌握电子解码技术的汽车厂家才能与车辆信息匹配，在办案使用中极不便利。

根据《机动车运行安全技术条件》（GB 7258-2017）第 8.6.5 条的规定，"所有客车、危险货物运输货车、半挂牵引车和总质量大于等于 12000kg 的其他货车应装备具有记录、存储、显示、打印或输出车辆行驶速度、时间、里程等车辆行驶状态信息的行驶记录仪；行驶记录仪应接入车辆速度、制动等信号，规范设置车辆参数并配置驾驶人身份识别卡，显示部分应易于观察，数据接口应便于移动存储介质的插拔，技术要求应符合 GB/T 19056 的规定"。行驶记录仪大多安装在车辆中控台位置，如图 6-7 所示。

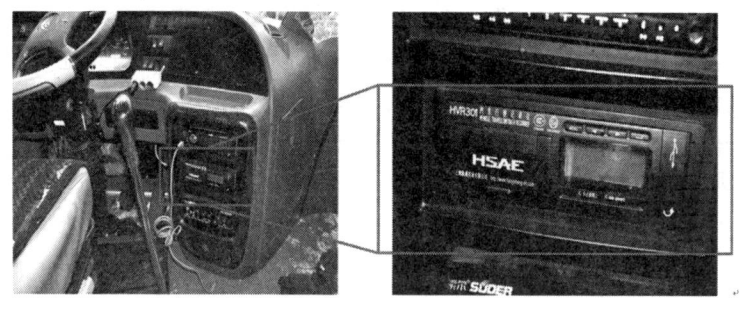

图 6-7 汽车行驶记录仪安装位置

2. 车载事件数据记录仪

车载事件数据记录仪（如图 6-8 所示），依据《机动车安全运行技术条件》（GB 7258-2017）第 8.6.6 条的规定，乘用车应配备能记录碰撞等特定事件发生时的车辆行驶速度、制动状态等数据信息的事件数据记录系统（EDR）；若配备了符合标准规定的车载视频行驶记录装置，应视为满足要求。同时，GB 7258-2017 第 15.4 条规定，乘用车应配备事件数据记录系统或车载视频行驶记录装置的要求，自本标准实施之日起第 37 个月开始对新生产车辆实施。这意味着自 2021 年 2 月起生产的乘用车辆，均会配备事件数据记录系统和车载视频行驶记录装置。

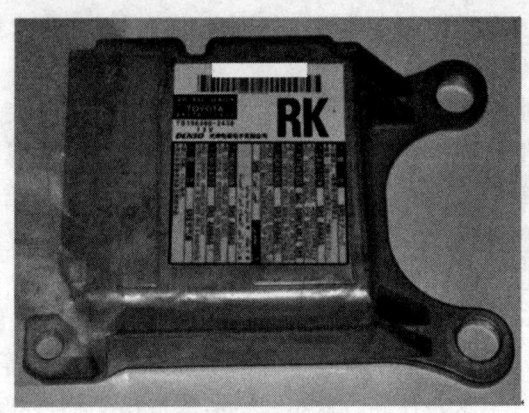

图 6-8　车载事件数据记录仪

（六）现场痕迹物证部分内容的填写

对现场痕迹物证的种类、形态、尺寸、位置以及固定或者提取情况部分（如图 6-9 所示）内容的填写，应符合《道路交通事故痕迹物证勘验》（GA 41）的规定，按照地面痕迹、车体痕迹、人体痕迹、物证和其他进行分类记录。该处记录的内容应注意与现场图、现场照片三者相互印证、补充。

五、现场痕迹物证的种类、形态、尺寸、位置以及固定或者提取情况

（一）地面痕迹：

（二）车体痕迹：

（三）人体痕迹：

（四）物证：

（五）其他：

图 6-9　现场痕迹物证部分

（七）车辆驾驶人部分内容的填写

对车辆驾驶人进行酒精含量、国家管制的精神药品和麻醉药品测试的结果以及提取血样、尿样情况部分（如图 6-10 所示）内容，其中酒精、国家管制精神药品和麻醉药品测试结果是指使用呼气式酒精测试仪或者唾液试纸等器材，对车辆驾驶人进行酒精含量、国家管制的精神药品和麻醉药品测试的

结果。

六、对车辆驾驶人进行酒精含量、国家管制的精神药品和麻醉药品测试的结果以及提取血样、尿样情况							
编号	姓名	身份证号码	联系电话	交通方式	酒精、国家管制精神药品和麻醉药品测试结果	是否抽血或提取尿样	备注

图 6-10　车辆驾驶人部分内容

（八）肇事车辆驶离情况部分内容的填写

肇事车辆驶离的方向、车型、车号、车身颜色等情况部分（如图 6-11 所示）内容，应根据交通事故现场勘查得到的信息，尽可能详细地记录车辆的牌号、车型、车身颜色、驶离路线、驶离方向以及驾乘人员等情况，为查缉驶离车辆、鉴别嫌疑车辆等提供资料。

七、肇事车辆驶离的方向、车型、车号、车身颜色等情况						
编号	牌号	车型	车身颜色	驶离路线、方向	驾乘人员情况	其他信息

图 6-11　肇事车辆驶离情况部分内容

（九）其他需要记录的内容

在现场采取强制措施情况（如图 6-12 所示），应记录交通警察在事故现场依法限制或剥夺公民人身自由，对车辆、证件、物品等依法实施扣留或者扣押等强制措施的情况。除了前文中提到的各项需要在勘查笔录中记录的内容外，交通警察还可以根据自己的判断及需要记录其他内容。

八、现场采取强制措施情况
九、勘查现场的交通警察认为应当记录的其他情况

图 6-12 其他需要记录的内容

二、现场勘查笔录的制作要求

（1）现场勘查笔录中记录的内容应客观、准确、全面、详细、具体，能够清楚地反映现场概况，但不能把现场调查过程中分析或判断的情况记入笔录中。在遣词造句方面不能使用模棱两可或不确定的词语进行记录，如"大约""也许""可能"等；不能使用无法准确判断的词语进行记录，如"前面""不远""旁边"等。

（2）道路交通事故现场的指挥员在勘查结束之前，必须对现场勘查笔录进行认真核对，对照现场情况进行细致检查，发现缺少勘查项目、内容的，应当及时进行勘查；发现勘查笔录对勘查工作记录有遗漏的，应当补充记录。

（3）现场勘查笔录经核对无误后，由勘查现场的交通警察、当事人和见证人签名（如图 6-13 所示）。其中记录人需为现场勘查人员之一；当事人是指与道路交通事故有直接关系的个人或单位，包括驾驶人、乘车人、行人、其他道路使用者以及管理者等；见证人是指现场勘查时的见证人。当事人不在现场、现场无见证人以及当事人、见证人拒绝签名或无法签名的，应当在现场勘查笔录上注明。

现场勘查人员签名：	记录人签名：
当事人签名：	见证人签名：

图 6-13 现场人员签名

（4）在制作现场勘查笔录时，必须使用钢笔或者签字笔，字迹要工整，语句要通顺易懂。

（5）现场勘查笔录要逐项准确填写，确实不需要填写的栏目，用"\"或者"——"划去。

第七章 道路交通事故现场测绘

第一节 道路交通事故现场图的概念和分类

一、交通事故现场图的定义

道路交通事故现场图是根据正投影原理，运用规范的图形符号绘制的，记录与事故有关的交通环境、交通管理措施、车辆、人体、痕迹、物证等事故元素分布状况及位置的现场反映图。

狭义地讲，绘制现场图是在交通事故现场勘查中，事故处理人员运用制图学的原理、方法和技术手段，以图线、图形符号、尺寸标注和文字记录等标记（如图 7-1 所示），达到固定和反映交通事故现场中事故诸元素所处位置和相互之间的空间关系，而进行的勘测、丈量并绘制成图的全过程，即绘制现场记录图等。广义地讲，绘制现场图还包括为了形象地反映事故发生的过程，而进行的事故分析的过程，即绘制现场分析图等。

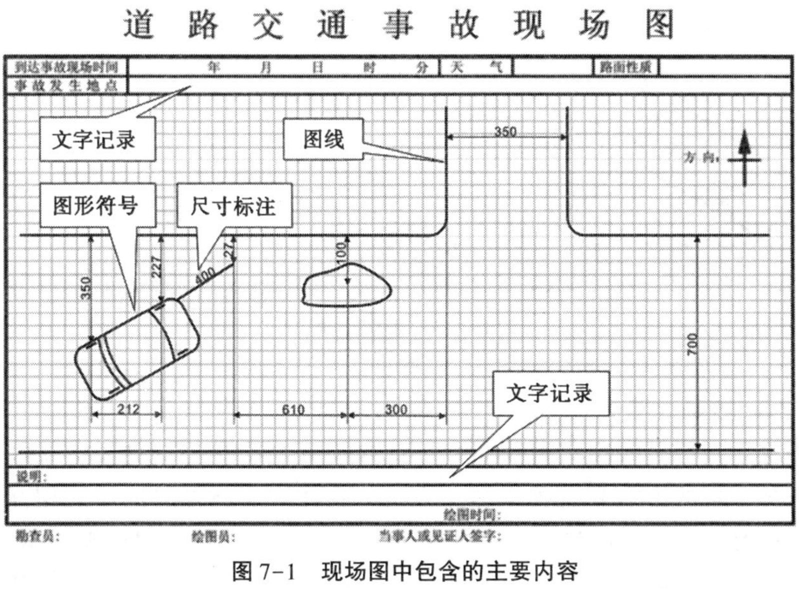

图 7-1 现场图中包含的主要内容

现场图作为交通事故处理工作中的一项重要证据,可用来恢复现场、分析事故过程,补充现场笔录、现场照片所难以表达的事故现场中的精确的空间关系。现场图所反映出的现场各元素之间的位置关系,反映出的事故发生后的状态,应能使没到过现场的人也可以通过现场图了解现场的概况。

二、交通事故现场图的分类

根据《道路交通事故现场图绘制》(GA 49—2014)的规定,现场图分类按照成图过程不同可分为现场记录图、现场实景记录图、现场比例图和现场分析图;按照成图视角不同可分为现场平面图、现场断面图、现场立面图和立体图。

(一)现场记录图

现场记录图是用图形符号、尺寸和文字记录道路交通事故现场环境、事故形态和有关车辆、人员、物体、痕迹等的位置及相互关系的图。这是勘查交通事故现场时,对现场环境、事故形态、有关车辆、人员、物体、痕迹的位置及其相互关系所作的图形记录(如图7-2所示)。现场记录图以平面图为主,以正投影俯视图形式表示。需要表示局部情况时,可以引出局部放大,必要时也可以绘制立体图或断面图。

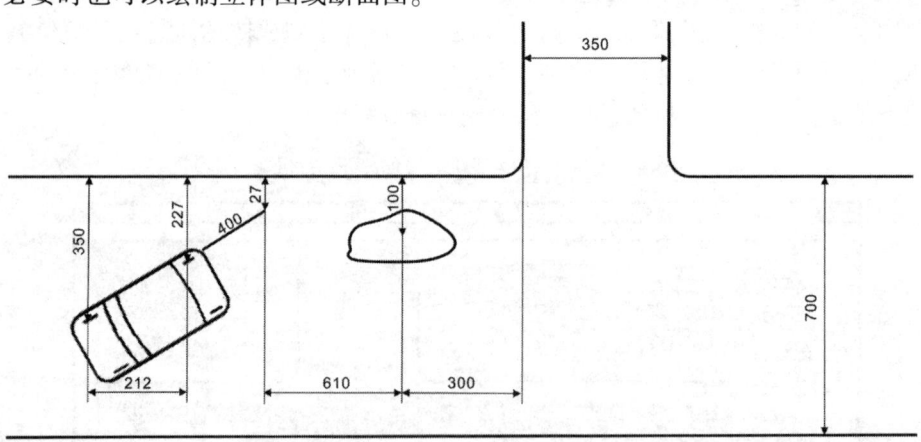

图 7-2 现场记录

(二)现场实景记录图

现场实景记录图是在实景照片上标注尺寸和文字,记录道路交通事故现场环境、事故形态和有关车辆、人员、物体、痕迹等的位置及相互关系的图。其与现场记录图最大的区别在于,现场记录图是绘制在现场图纸上,而现场实景记录图是绘制在实景照片上(如图7-3所示),根据现场情况采用单张或分段多张的形式记录现场数据。受到现场拍摄实景照片的取景角度的影响，图中的可视角度一般包括平视、俯视两种角度。平视角度实景照片的采集与现场照相类似，而俯视角度实景照片的采集则需要选择现场周围的高点进行拍摄，条件允许的情况下也可以使用无人机进行拍摄。在识读测量数据方面，由于实景照片的背景颜色较为复杂，因此，识认方面可能存在一定的难度。

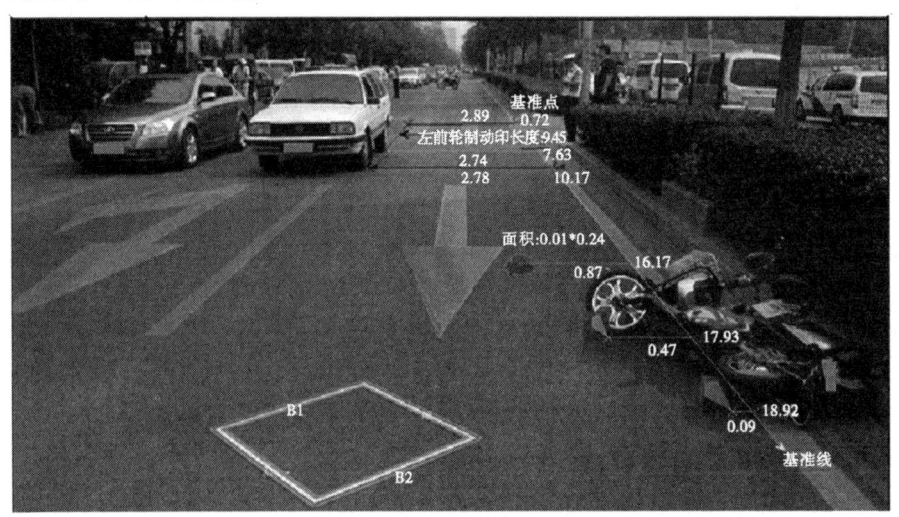

图 7-3　现场实景记录图

（三）现场比例图

现场比例图是根据现场记录，按规范图形符号和一定比例绘制的道路交通事故现场全部或局部的平面图。其目的是更形象、准确地表现事故形态和现场车辆、物体、痕迹，根据现场记录图和其他勘查记录材料制作的平面图形（如图 7-4 所示）。图 7-4 是以图 7-2 为基础绘制的，两者最大的差别就在于尺寸标注的比例关系方面，绘制出来的现场比例图与现场的实际情况更一致。

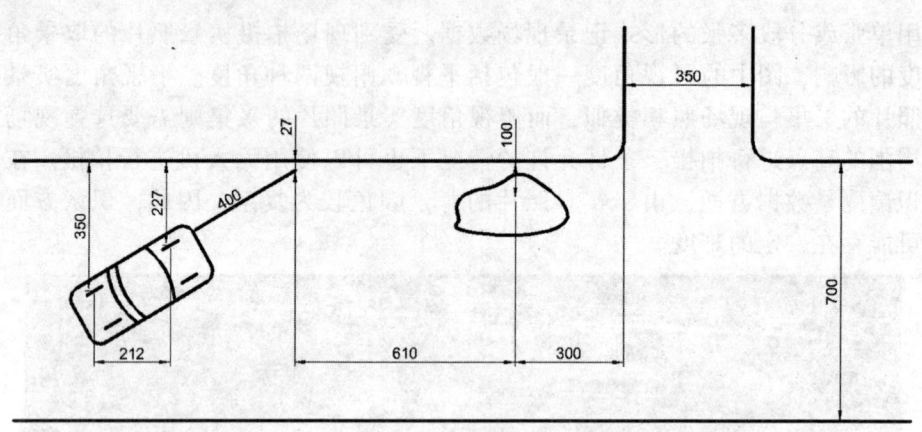

图 7-4 现场比例

现场比例图以现场记录图、现场实景记录图、现场勘查笔录所载的数据为基础和依据，以现场记录图中的基准点和基准线为基准，使用相应的图形符号，将现场所绘制的图形及数据比较严格地按比例以正投影俯视图形式绘制出来。如果对现场比例图数据有疑义时，以现场记录图和勘查记录数据为准。现场比例图作为证据起到补充和说明现场记录图的作用。

（四）现场断面图

现场断面图是道路交通事故现场某一横断面、纵断面或水平断面位置上有关车辆、人员、物体、痕迹相互关系的断面图。用来表示交通事故现场某一横断面或纵断面某一位置上有关车辆、物体、痕迹相互关系的剖面视图。该图主要对俯视类平面图起到补充作用，避免因为俯视图视角的问题，导致在识图的过程中错误地判断事故元素间的空间位置关系。（如图7-5a、b所示）

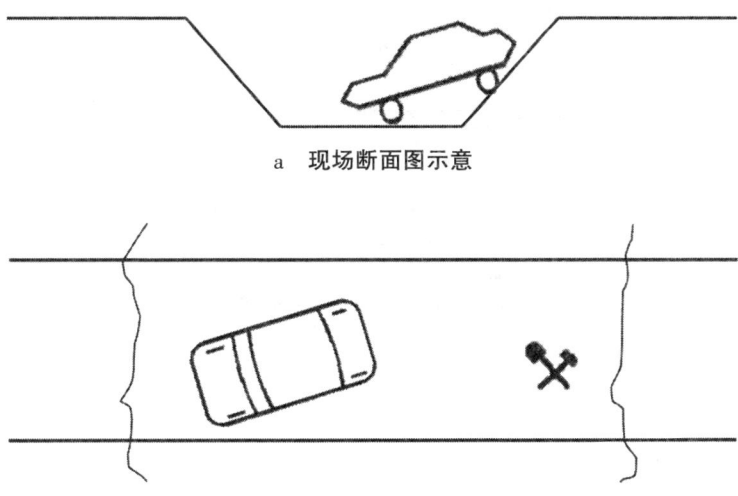

a 现场断面图示意

b 与现场断面图对应的俯视图

图 7-5

（五）现场立面图

现场立面图是道路交通事故现场车辆、物体侧面有关痕迹、物证所在位置的局部视图（如图 7-6 所示）。

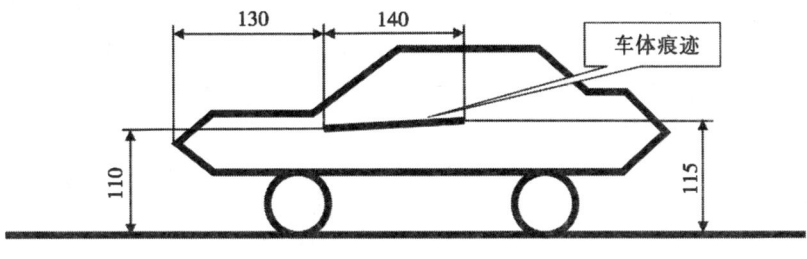

图 7-6 现场立面图

该种现场图的作用类似于采用测量照相法拍摄现场车辆、物体的侧面，因此，在现场勘查的实践中，可以根据实际情况选择其中一种方法即可。由于现场绘制现场立面图存在一定的难度，公安部门可以考虑制作制式图表（如图 7-7 所示），通过在上面直接填写测量数据、痕迹物证种类等来辅助完成现场立面图。

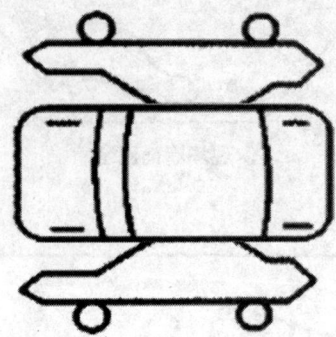

图 7-7　现场立面图辅助图

（六）现场分析图

现场分析图是道路交通事故发生时，车辆、人员、散落物等的运行轨迹、时序及接触或冲突位置的平面图。该种图形与以上五类现场图记录位置的静态属性不同，其作用在于分析交通事故过程，具有记录事故发生过程的动态属性。图 7-8 主要通过图例、交通现象图形符号反映出轿车、自行车在碰撞前的行驶轨迹方向，在道路上的碰撞接触点，碰撞后的行驶方向、运动轨迹等信息。另外，图 7-8 中 a1、a2 分别表示轿车在时刻 1、2，在道路上的位置；b1、b2 分别代表自行车在时刻 1、2，在道路上的位置。现场分析图的绘制方法，除了要求绘制成正投影俯视图的形式以外，没有更多的专门规定，因此，在绘制的时候以能清晰地反映事故的过程为主要目的。

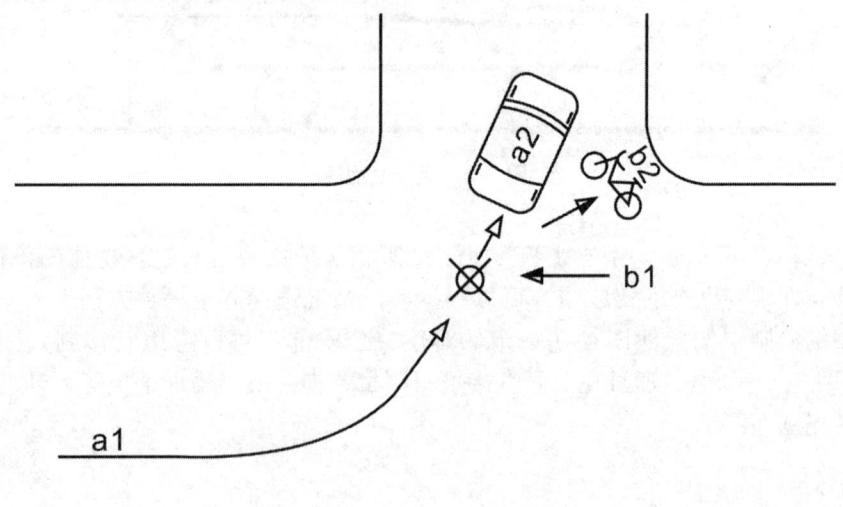

图 7-8　现场分析图示意

三、制作现场图的要求

按照《道路交通事故现场图绘制》(GA 49—2014) 的规定，绘制现场图的一般要求如下：

(一) 现场图适用条件

(1) 适用一般程序处理的道路交通事故应绘制现场记录图或制作现场实景记录图。根据需要选择绘制现场比例图、现场断面图、现场立面图、现场分析图。

(2) 适用简易程序处理的交通事故，可按需绘制现场图。

(二) 现场图的内容要求

(1) 现场图是记载和固定交通事故现场客观事实的证据材料，应全面、客观、准确地表现交通事故现场情况，内容应与交通事故现场勘查笔录、现场照片相互印证和补充。但一般案情简明的交通事故，在能够表现现场客观情况的前提下，可力求制图简便。

(2) 图栏各项内容应填写齐全，数据完整，尺寸准确，标注清楚。

(三) 现场图的形式

(1) 用绘图笔或墨水笔绘制、书写，也可使用符合要求的现场图绘制软件绘制。绘制的各类图形符号、图线等要做到客观、准确、清晰。

(2) 现场图格式可根据需要选择使用，绘制较大范围的交通事故现场时，可拼接现场图。

(四) 绘图原理

现场记录图、现场比例图、现场分析图以正投影俯视图形式表示。

(五) 绘制方法的部分要求

(1) 交通事故现场图各类图形符号应按实际方向绘制。

(2) 交通事故现场的方向，应按实际情形在现场图右上方用方向标标注，难以判断方向的，可用"→"或"←"直接标注在道路图例内，注明道路走向通往的地名。

(3) 现场图定位方法可采用直角坐标定位法、三角定位法、极坐标定位法、综合定位法（参见后文）。

(六) 成图审核要求

在绘制完现场图后，要对照现场情况进行细致的核对检查，如有错误或遗漏应进行修改，交现场指挥员确认后，由当事人或见证人签字。一经当事人或见证人签字，现场图就不得再改动。

第二节　道路交通事故现场图的图形、图形符号和标注

绘制现场图时，特别是手工绘制现场图是无法采用写实的手法来进行绘制的。因此，交通事故现场图不论采用哪种图形和绘图形式，都是由各种不同的图线、图形符号、尺寸标注等组合构成的相互联系、相互配合的有机整体，各部分有其相应的规范和标准。

一、图形符号

图形符号也称为图例，是实际客体的简化和缩写。可以说图形符号构成了现场图的主体，其与图线配合应用，不仅可以反映现场的交通环境、交通组织方式、事故元素的种类及所在位置，而且可以反映事故发生的过程。绘制现场图使用的图形符号分为规定符号和自定符号。

（一）规定符号

规定符号是在交通事故现场绘图中应该统一使用的标准符号。使用规定符号有利于识图时，不同的人对于图中所要表达的意思有一致的、准确的认识，当然这不仅需要掌握规定符号，更需要对事故现场中的各类元素有准确的认识。

根据《交通事故现场图形符号》（GB/T 11797-2005），规定符号可分为交通元素图形符号（如表7-1、表7-2、表7-3、表7-4所示）；道路及道路安全设施图形符号（如表7-5、表7-6所示）；土地利用、植被和地物符号（如表7-7所示）；动态痕迹图形符号（如表7-8所示）；交通现象图形符号（如表7-9所示）；以及其他图形符号（如表7-10所示）六种。

表7-1　机动车图形符号

序号	名称	图形符号	说明
1	客车平面		大、中、小、微（除轿车越野外）
2	客车侧面		大、中、小、微（除轿车越野外）
3	轿车平面		包括越野

续表

序号	名称	图形符号	说明
4	轿车侧面		包括越野
5	货车平面		包括重型货车、中型货车、轻型货车、低速载货、专项作业车
6	货车侧面		按车头外形选择（平头货车）
7	货车侧面		按车头外形选择（长头货车）
8	牵引车平面		
9	牵引车侧面		
10	挂车平面		含全挂车、半挂车
11	挂车侧面		
12	电车平面		包括有轨电车、无轨电车
13	电车侧面		
14	正三轮机动车平面		包括三轮汽车和三轮摩托车
15	正三轮机动车侧面		
16	侧三轮摩托车平面		
17	普通二轮摩托车		包括轻便摩托车

续表

序号	名称	图形符号	说明
18	轮式拖拉机平面		
19	轮式拖拉机侧面		
20	手扶拖拉机平面		
21	手扶拖拉机侧面		
22	轮式自行机械平面		

表7-1中涉及机动车辆的类型，根据《机动车类型术语和定义》（GA 802—2014）、《机动车运行安全技术条件》（GB 7258—2017）中的规定：

(1) 载客汽车，是指设计和制造上主要用于载运人员的汽车，包括装置有专用设备或器具但以载运人员为主要目的的汽车。大型载客汽车为车长大于等于6000mm或者乘坐人数大于等于20人的载客汽车；中型载客汽车为车长小于6000mm且乘坐人数为10~19人的载客汽车；小型载客汽车为车长小于6000mm且乘坐人数小于等于9人的载客汽车，但不包括微型载客汽车；微型载客汽车为车长小于等于3500mm且发动机气缸总排量小于等于1000ml的载客汽车。

(2) 客车，是指设计和制造上主要用于载运乘客及其随身行李的汽车，包括驾驶人座位在内最多不超过9个座位。

(3) 轿车，是指车身结构为两厢式且乘坐人数不超过5人，或者车身结构为三厢式且乘坐人数小于等于9人。

(4) 越野客车，是指车身结构为一厢式或者两厢式，所有车轮能够同时驱动，接近角、离去角、纵向通过角、最小离地间隙等技术参数按照高通过性设计的载客汽车的载客汽车。

(5) 载货汽车，是指设计和制造上主要用于载运货物或牵引挂车的汽车，包括装置有专用设备或器具但以载运货物为主要目的的汽车。重型载货汽车是最大允许总质量（以下简称"总质量"）大于等于12000kg的载货汽车；中型载货汽车是车长大于等于6000mm或者总质量大于等于4500kg且小于

12000kg 的载货汽车，但不包括低速货车；轻型载货汽车是车长小于 6000mm 且总质量小于 4500kg 的载货汽车，但不包括微型载货汽车和低速汽车；微型载货汽车是车长小于等于 3500mm 且总质量小于等于 1800kg 的载货汽车，但不包括低速汽车；低速货车是以柴油机为动力，最大设计车速小于 70km/h，总质量小于等于 4500kg，长小于等于 6000mm，宽小于等于 2000mm，高小于等于 2500mm，具有四个车轮的货车。低速货车不应具有专项作业的功能。

（6）专项作业车，是指装置有专用设备或器具，在设计和制造上用于专项作业的汽车，如汽车起重机、消防车、混凝土泵车、清障车、高空作业车、扫路车、吸污车、钻机车、仪器车、检测车、监测车、电源车、通信车、电视车、采血车、医疗车、体检医疗车等，但不包括以载运人员或货物为主要目的的汽车。

（7）挂车，是指设计和制造上需由汽车或拖拉机牵引，才能在道路上正常使用的无动力道路车辆，用于载运货物；特殊用途。

（8）摩托车，是指由动力装置驱动的，具有两个或三个车轮的道路车辆，但不包括：

a）整车整备质量超过 400kg、不带驾驶室、用于载运货物的三轮车辆；

b）整车整备质量超过 600kg、不带驾驶室、不具有载运货物结构或功能且设计和制造上最多乘坐 2 人（包括驾驶人）的三轮车辆；

c）整车整备质量超过 600kg 的带驾驶室的三轮车辆；

d）最大设计车速、整车整备质量、外廓尺寸等指标符合相关国家标准和规定的，专供残疾人驾驶的机动轮椅车；

e）符合电动自行车国家标准规定的车辆。

（9）普通摩托车，是指无论采用何种驱动方式，其最大设计车速大于 50km/h，或如使用内燃机，其排量大于 50mL，或如使用电驱动，其电机额定功率总和大于 4kW 的摩托车，包括两轮普通摩托车、边三轮摩托车、正三轮摩托车。

（10）两轮普通摩托车，是指车辆纵向中心平面上有两个车轮的普通摩托车。

（11）边三轮摩托车，是指在两轮普通摩托车的右侧装有边车的摩托车。

（12）正三轮摩托车，是指装有三个车轮，其中一个车轮在纵向中心平面上，另外两个车轮与纵向中心平面对称布置的普通摩托车，包括：

a）装有与前轮对称分布的两个后轮的摩托车，且如设计和制造上允许载运货物或者超过 2 名乘员（含驾驶人），其最大设计车速小于 70km/h；

b）装有与后轮对称分布的两个前轮，设计和制造上不具有载运货物结构且最多乘坐 2 名乘员（含驾驶人）的摩托车。

（13）轻便摩托车，是指无论采用何种驱动方式，其最大设计车速不大于 50km/h 的摩托车，且：

——如使用内燃机，其排量不大于 50mL；

——如使用电驱动，其电机额定功率总和不大于 4kW。

（14）有轨电车，是指以电动机驱动，有轨道承载的机动车。

（15）无轨电车，是指以电动机驱动，与电力线相连，具有四个或四个以上车轮的非轨道承载道路车辆。

（16）上道路行驶的拖拉机，是指手扶拖拉机等最大设计车速小于等于 20km/h 的轮式拖拉机和最大设计车速小于等于 40km/h、牵引挂车方可从事道路运输的轮式拖拉机。

表 7-2　非机动车图形符号

序号	名称	图形符号	说明
1	自行车		
2	残疾人用车平面	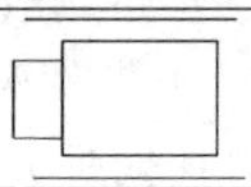	
3	残疾人用车侧面		
4	三轮车	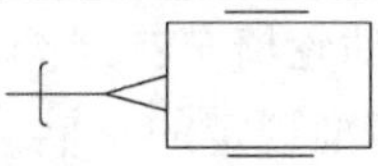	
5	人力车	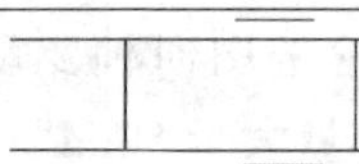	
6	畜力车	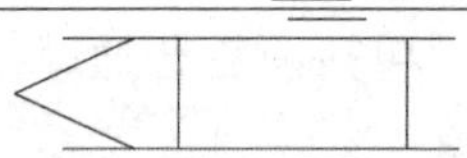	

表 7-3　人体图形符号

序号	名称	图形符号	说明
1	人体		
2	伤体		
3	尸体		

表 7-4　牲畜图形符号

序号	名称	图形符号	说明
1	牲畜	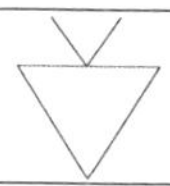	
2	伤畜		
3	死畜		

表 7-5　道路结构、功能图形符号

序号	名称	图形符号	说明
1	道路	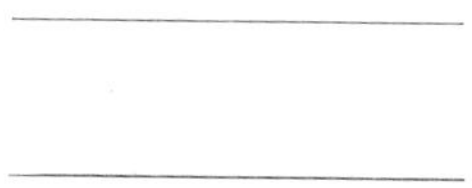	路面类型、路面情况用文字说明，文字内容按 GA17.4、GA17.5 的代码名称标注，道路线形按实绘制
2	上坡道		i 为坡度
3	下坡道	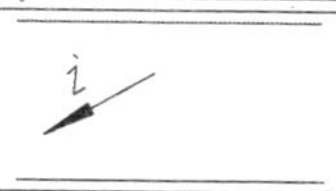	i 为坡度
4	人行道	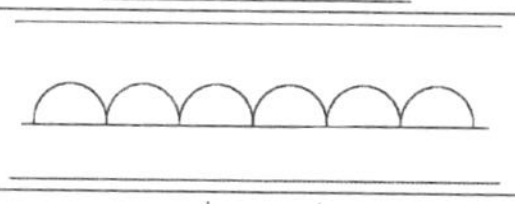	
5	道路平交口	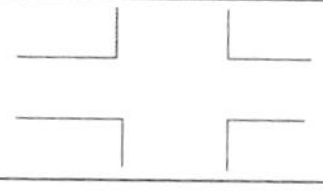	

续表

序号	名称	图形符号	说明
6	道路与铁路平交口		
7	施工路段		
8	桥		
9	漫水桥		
10	路肩		
11	涵洞		
12	隧道		
13	路面凸出部分		
14	路面凹坑		
15	路面积水		
16	雨水口		
17	消火栓井		
18	路旁水沟		
19	路旁干涸水沟		

表 7-5 中涉及路面类型、路面情况用文字说明，文字内容等符合《道路交通事故现场信息代码——第 4 部分：道路路面类型代码》（GA 17.4—2003）、《道路交通事故现场信息代码——第 5 部分：道路路面情况代码》（GA 17.5—2003）的规定：

（1）道路路面类型。道路路面类型包括：沥青、水泥、沙石、土路、其他。

（2）道路路面情况。道路路面情况包括：潮湿、积水、浸水、冰雪、泥泞、翻浆、泛油、坑槽、塌陷、路障、平坦、其他。

另外，坡度的表示方法有百分比法、度数法、密位法和分数法四种，在现场绘图中使用的是百分比法，即用两点的高程差与其水平距离的百分比来表示坡度，其计算公式为：

坡度=高程差/水平距离×100%

表 7-6　安全设施图形符号

序号	名称	图形符号	说明
1	信号灯		包括车道信号灯、方向指示信号灯。可水平或垂直放置
2	人行横道灯	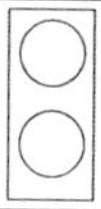	包括非机动车信号灯，灯色自左向右为红、绿
3	黄闪灯	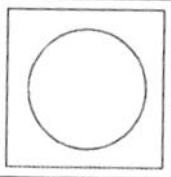	
4	计时牌	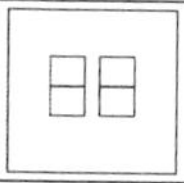	
5	隔离桩（墩、栏）		
6	隔离带（或花坛）		
7	安全岛		
8	禁令标志	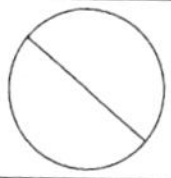	

续表

序号	名称	图形符号	说明
9	警告标志	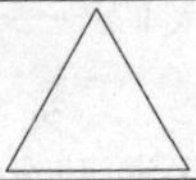 △	
10	指示标志	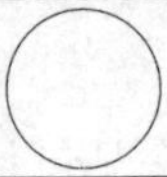 ○	
11	指路标志	 ▭	
12	安全镜		
13	汽车停靠站	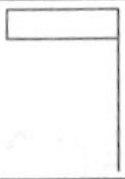	
14	岗台（亭）	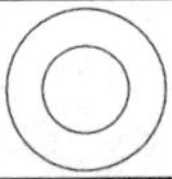	

表7-7 土地利用、植被和地物图形符号

序号	名称	图形符号	说明
1	树木侧面		
2	树木平面	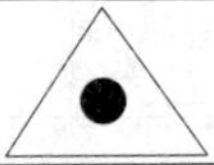	
3	建筑物	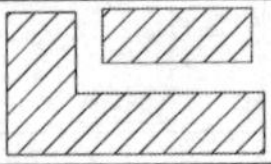	
4	围墙及大门	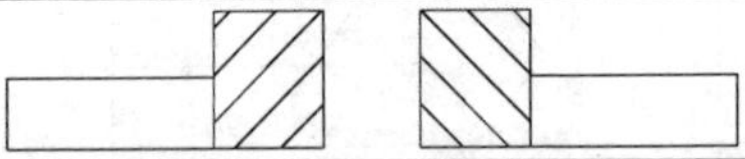	
5	停车场	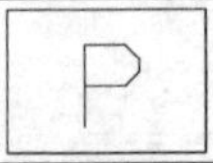 P	
6	加油站	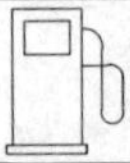	
7	电话亭		
8	电杆	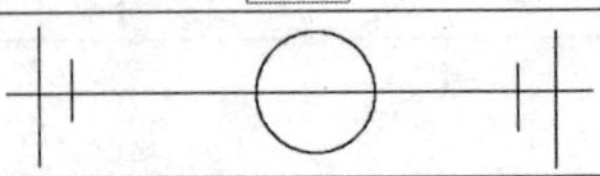	

续表

序号	名称	图形符号	说明
9	路灯	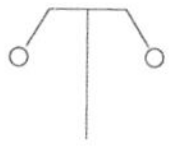	
10	里程碑	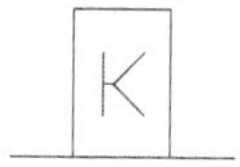	
11	窨井		
12	邮筒		
13	消防栓	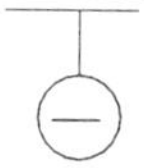	
14	碎石、沙土等堆积物		外形根据实际情况绘制
15	高速公路服务区		
16	其他物品		中间填写物品名称

表 7-8　动态痕迹图形符号

序号	名称	图形符号	说明
1	轮胎滚印	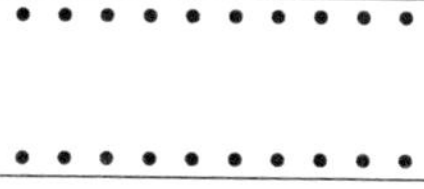	
2	轮胎拖印	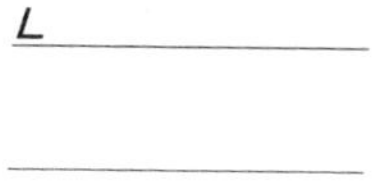	L 为拖印长，双胎则为： 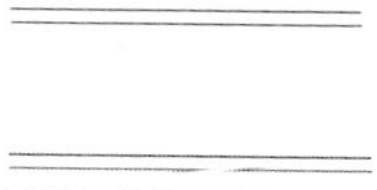
3	轮胎压印		
4	侧滑印		

续表

序号	名称	图形符号	说明
5	挫划印	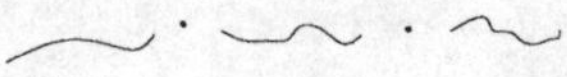	
6	自行车压印		
7	血迹	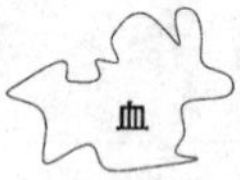	
8	其他洒落物		画出范围图形,填写名称

表 7-9 交通现象图形符号

序号	名称	图形符号	说明
1	接触点	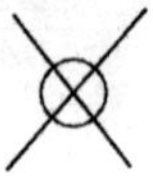	
2	机动车行驶方向	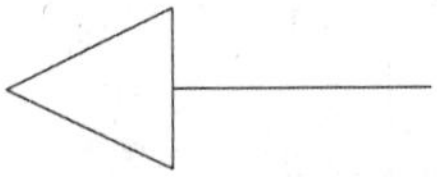	
3	非机动车行驶方向	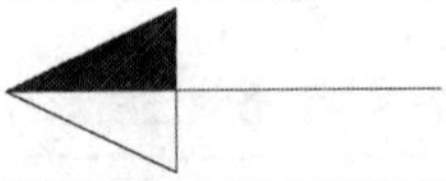	
4	人员运动方向	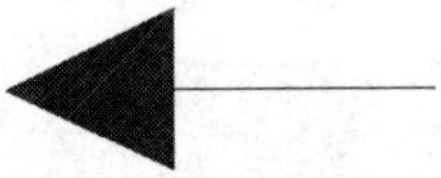	

表 7-10 其他图形符号

序号	名称	图形符号	说明
1	方向标		方向箭头指向北方
2	风向标	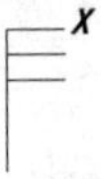	X 为风力级数

（二）注意事项

现场图中的各种事故元素均由图形符号代替实体物，因此，在绘制现场图的过程中，图形符号的选用应如实地反映其所代替的元素，避免产生错误及歧义。为此，图形符号的各部位应以近似比例绘制，避免图形符号失真，同时在使用的过程中还可以合并使用各类图形符号，丰富图形符号的应用范围。除了以上明确的图形样式外，《交通事故现场图形符号》（GB/T 11797-2005）中还规定，将机动车平面图形中的两侧轮胎连接作为车轴后，即为机动车仰翻后的底面图形；道路标志标线可按实际道路情况绘制；道路以外情况，根据实际情况绘制，并用文字简要说明。

（三）自定符号

由于规定的图形符号无法满足现场绘图的实际需要，因此，现场绘图人员，根据绘图的实际需要，可自行绘制没有统一规定的物体或临时设计绘制图形符号，这类符号被称为自定符号。自定符号的原则是简单易画、认读明确、没有歧义，但是必须对自定符号作图例说明。

二、常用线型

将各种不同的线条称为图线，也称线型，线型是现场图构成的最基本要素。交通事故现场绘图有其统一的线型标准（见表7-11，该表来源于《道路交通事故现场图绘制》（GA 49—2014））。其中图线的宽度分为粗、细两种，粗线的宽度b应按图的大小和复杂程度选择，图线宽度在0.25mm~2.0mm选择，并且在同一图中同类图形符号的图线应基本一致；细线的宽度约为b/3。图线的宽度推荐系列为：0.18mm、0.25mm、0.35mm、0.5mm、0.7mm、1mm、1.4mm、2mm。

鉴于手绘现场图过程中，精确地应用图线宽度有一定的难度，因此，不应做过细的规定，但是，为了能够让识图的人直观地区分出粗、细线，这点还是应该做到的。

表 7-11 交通事故现场图线型标准

图线名称	图线形式及代号	图线量度	一般应用
粗实线	———— A	b	A1 可见轮廓线 A2 图例图形线
细实线	———— B	约0.3b	B1 尺寸线及尺寸界限 B2 剖面线 B3 引出线 B4 说明示意线 B5 范围线、辅助线 B6 较小图例的图形线
波浪线	～～～ C	约0.3b	C1 断裂处的边界限 C2 变形处的边界线
双折线	—／\— D	约0.3b	D1 断裂处的边界线
虚线	- - - - F	约0.3b	F1 不可见轮廓线 F2 延长线
点画线	—·—·— G	约0.3b	G1 设立的测量基线 G2 对称中心线 G3 轨道线 G4 分界线

绘制现场记录图时，最常使用的图线包括：粗实线、细实线、虚线。简单地看，现场中原本存在的道路元素、事故元素等在使用图例进行表达的时候，应该使用粗的图线，如果在图 7-2 中仅保留粗实线，那么其图形如图 7-9a 所示；而现场中原本不存在的，用来辅助人们了解事故元素的状态、位置的图线则采用细的图线来进行绘制，如果在图 7-2 中仅保留细实线，其情形如图 7-9b 所示。当然如果图中元素众多，绘图空间有限，实在没有办法使用粗的图线来描绘的时候，也可以使用细的图线绘制较小的图例。

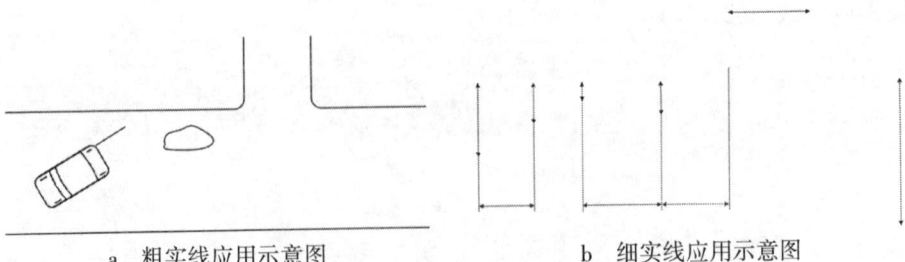

a 粗实线应用示意图   b 细实线应用示意图

图 7-9 实线应用示意图

由于绘图时采用了投影的原理，导致部分被绘制的对象间存在重叠的情况，虚线主要用来表达重叠对象间的关系。图 7-10a 中由于使用了虚线，其表达的意思是散落物存在于车底；图 7-10b 中由于使用了实线，其表达的意思是散落物存在于车顶部。如果存在虚线与虚线交接或虚线与其他图线交接时，应是线段交接。虚线为实线的延长线时，不得与实线相接。

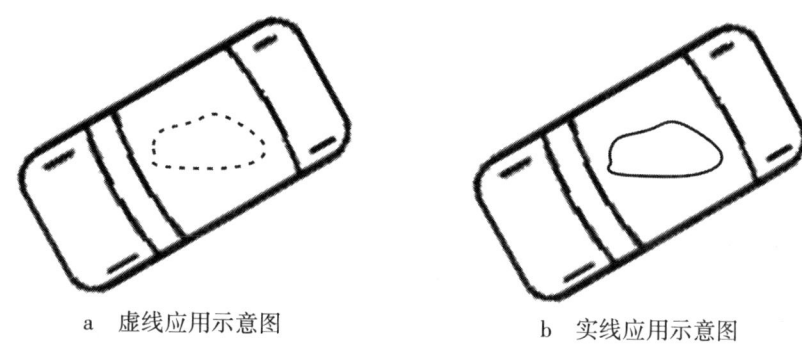

a　虚线应用示意图　　　　　　　b　实线应用示意图

图 7-10　虚、实线应用示意图

三、尺寸的标注

在现场勘查过程中提取的各项证据中，现场图是最主要的记录事故现场元素所在位置的证据，这些位置信息就是通过尺寸表达出来的，而尺寸则是由尺寸线、尺寸界线和尺寸数字构成的（如图 7-11 所示）。

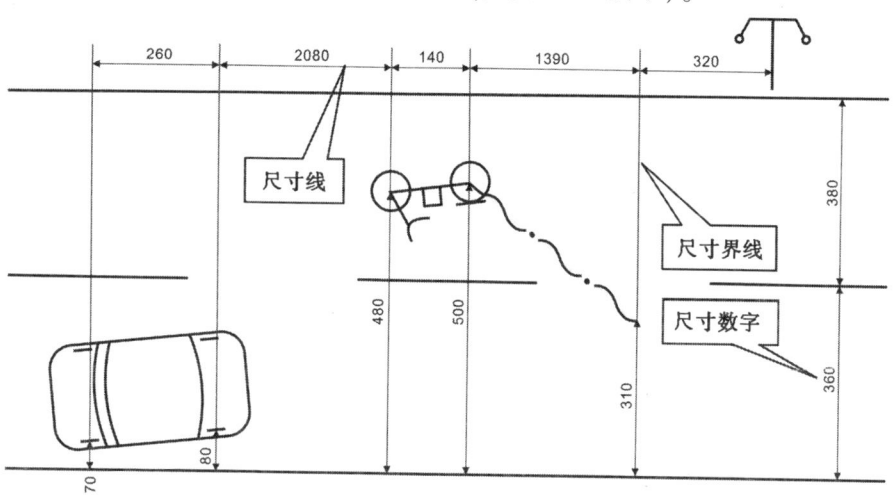

图 7-11　尺寸标注示意图

(一) 尺寸界线

尺寸界线用细实线绘制,从被测物体、痕迹的固定点引出,也可以由图形的轮廓线、轴线或对称中心线处引出。尺寸界线一般与尺寸线垂直,如果出现重合现象或者无法垂直绘制时尺寸界线允许倾斜。

(二) 尺寸数字

根据《道路交通事故现场图绘制》(GA 49—2014) 的规定,当交通事故现场图中的尺寸数字以厘米(cm)为单位时,可以不标计单位。如果采用其他单位时,应在说明栏中注明计量单位的名称或符号。现场丈量的尺寸一般只注明一次。当场需要更改时,在原数据上划横线,在旁边写上新数据,不可刮擦、涂抹原数据,并在说明栏中注明更改原因,由绘图员和当事人或见证人在说明栏中签名。

在交通事故现场图中的现场数据以标注的尺寸数字和文字说明为准,与图形符号选用的比例、准确度无关。图形中的尺寸、标注文字说明应当准确精练,一般可直接标注在图形符号上方或尺寸线上方,也可引出标注。图中的图线不得与文字、数字或符号重叠、混淆,不可避免时,应首先保证文字的清晰。

《道路交通事故现场图绘制》(GA 49—2014) 标准中对于尺寸数字标注的方式未做进一步说明,可以借鉴《房屋建筑制图统一标准》(GBT 50001-2010) 的规定:尺寸数字一般应依据其方向注写在靠近尺寸线的上方中部。如没有足够的注写位置,最外边的尺寸数字可注写在尺寸界线的外侧,中间相邻的尺寸数字可上下错开注写,引出线端部用圆点表示标注尺寸的位置(如图 7-12 所示)。在使用引出线时,应以细实线绘制,宜采用水平方向的直线,与水平方向成 30°、45°、60°、90° 角的直线,或经上述角度再折为水平线。

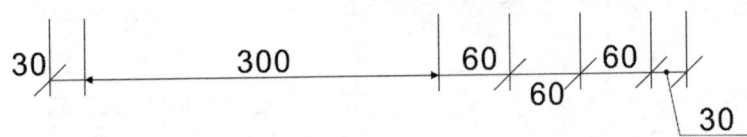

图 7-12 尺寸数字的标注

尺寸数字的标注方向见图 7-11 中的示例,宜将引出线处的文字说明注写在水平线的上方(如图 7-12 所示),也可以注写在水平线的端部。

(三) 尺寸线

在绘制尺寸线时应注意以下几个问题:

(1) 尺寸线应用细实线绘制,其两端为简明箭头型,在没有位置时也可用圆点或斜线代替，斜线的倾斜方向应与尺寸界线成顺时针45°角，长度宜为2mm～3mm（如图7-12所示）。

（2）标注线性尺寸时，尺寸线必须与所标线段平行。

（3）图样本身的任何图线均不得用作尺寸线。

（4）尺寸线之间应尽量避免出现相互交叉的情况。

第三节　道路交通事故现场图的定位

现场定位是指把现场确定在一个固定的空间位置。其与确定事故发生的时间具有同样重要的意义。准确的现场定位是现场图绘制成功的首要步骤和基础。一般包括：方位的确定、基准点的确定、基准线的确定，以及测量体系的建立和定位法的应用等环节。

一、确定道路方位

道路方位确定，主要是对交通事故现场所在的道路方位的确定，即对道路直线段走向的确定。对道路方位进行确定的目的是配合对道路交通事故地点的描述，确定交通事故发生的具体位置。其确定的方法包括两种：一种是通过道路的走向与磁北方向的关系来确定；另一种则是通过标注道路走向通往的地名来确定。

测定道路走向，实际上就是测定道路中线或边缘线与基准方向的角度。交通事故现场图一般用磁北方向作为基准方向。如图7-13a所示，NS直线是通过O点的磁北方向，由磁北ON起顺时针方向至OA出现的角度，叫OA线的磁方位角。方位角的大小可以从0°到360°。如果OA线是道路的中线，用袖珍经纬仪即可测得其方位角的具体度数，从而确定现场道路的走向，也就确定了现场的方位。对于弯路处发生的交通事故，其道路走向则可以使用与弯道衔接的直线路段的道路走向来代替（如图7-13b所示）。

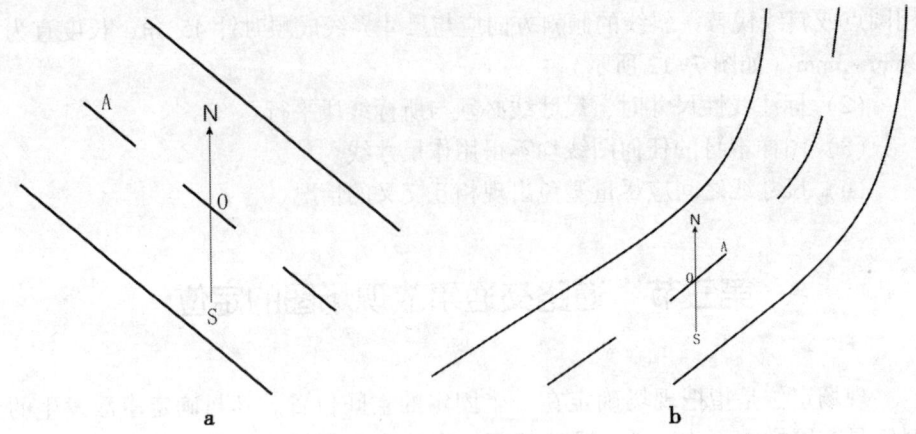

图 7-13　道路方位确定方法

道路走向测定之后，应在现场图右上方的方向标处用字母或文字标出。例如，图7-13a所示道路，在实际绘制现场图时，应如图7-14所示在方向标上标注"东北"即可，而图中的字母N、S、A、O，以及字母N、S间的箭头线均不标注。

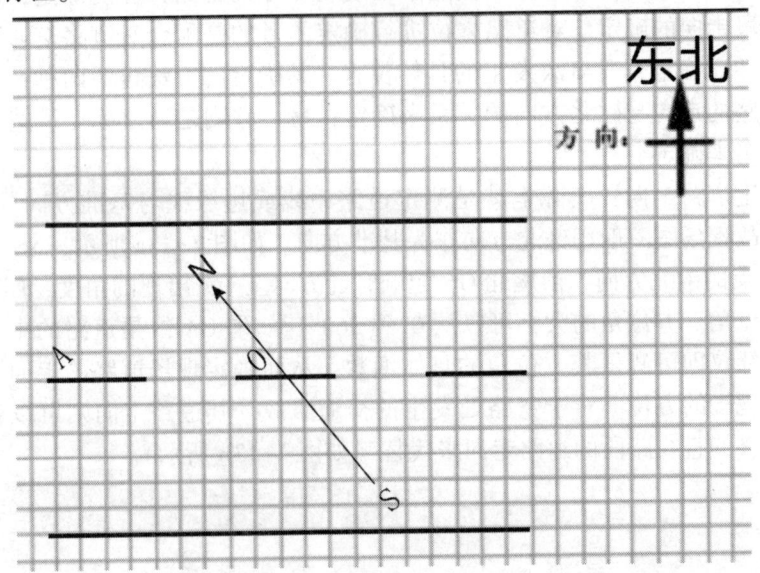

图 7-14　道路方位标注示意图

如果在交通事故现场中难以使用上述方法判断道路方向，则可以使用"→"或"←"直接标注在道路图例内，注明道路走向通往的地名（如图7-15所示）。

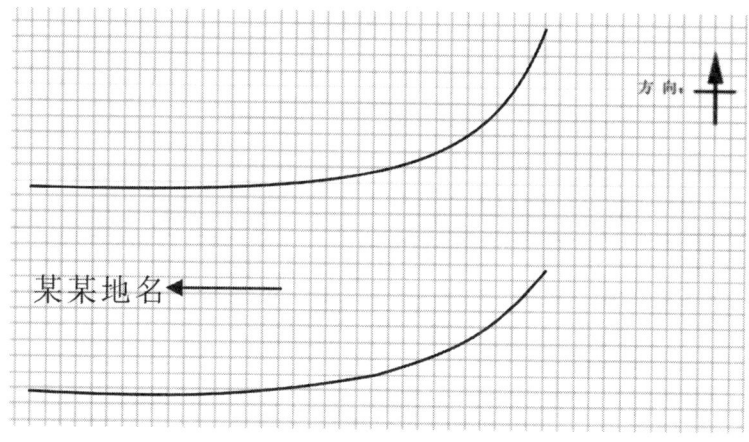

图 7-15 道路方位标注示意图

二、确定基准点

基准点也叫固定点,是确定交通事故元素所在的地面位置的基准坐标系的原点。通常在说明某一个事故元素的位置时,总是以其与另一个固定参考物之间的距离作为参照。交通事故现场测量中通常是在临近事故现场的地方,选定一个或多个位置较为固定的点作为现场测量的基准点。选取基准点的目的就是确定交通事故现场在道路上所处的具体位置,以及各事故元素在地面的具体位置。

交通事故现场欲选的基准点,不是由于交通事故产生的,必须是现场上原有的,相对固定的某一点,如里程碑、电杆、交通标志、建筑物的某一个拐角等。选择基准点的原则是:在事故现场的一侧;离现场较近,便于测量和绘图;相对固定、不易移动和消失,以便在较长时间内能作为恢复现场的基准标志。在实际应用的过程中,基准点的选择可以较为灵活(如图 7-16 所示),在掌握了基准点的基本选取原则后,完全可以根据事故现场的具体情况进行选择。

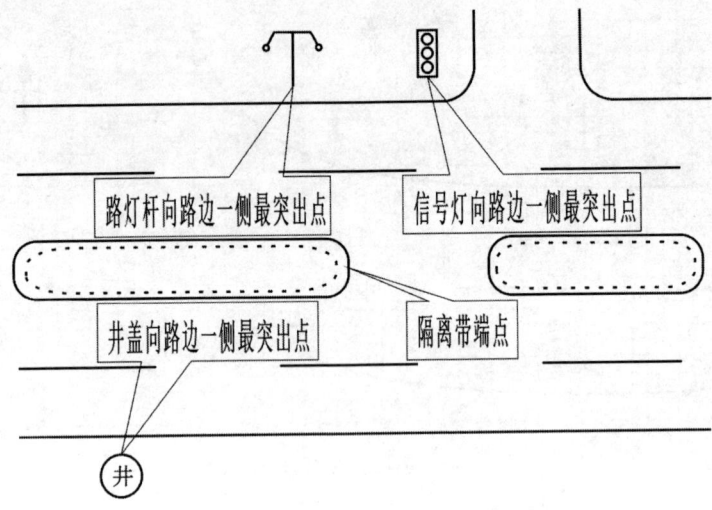

图 7-16 基准点选择示例示意图

三、确定基准线

基准线也叫固定线，是确定交通事故元素所在的地面位置的基准坐标系的基准标线。基准线的作用与基准点类似，也是用来确定事故现场中各事故元素在地面上的位置。与基准点不同的是，个别现场测量方法无须使用基准线。

通常选择道路边缘线或者道路标线作为基准线（如图 7-17 所示）。基准线的确定是交通事故现场定位的基础，交通事故现场中的事故元素所在的位置及其相互距离关系，都可通过基准线得到相应的空间定位。

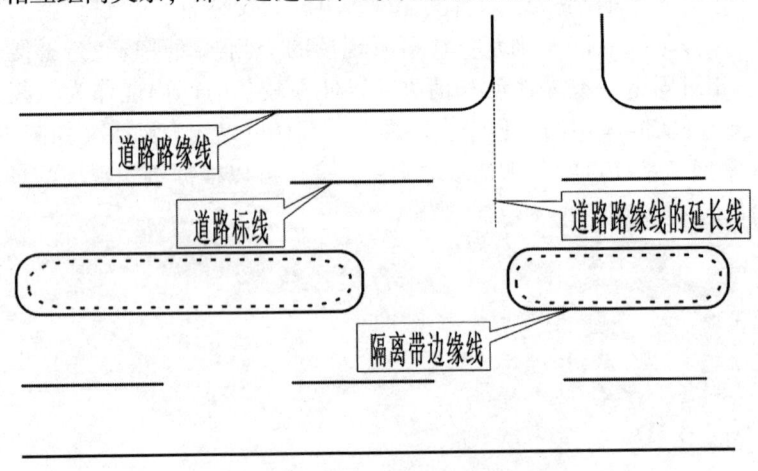

图 7-17 基准点选择示例示意图

四、现场定位常用方法

交通事故现场定位与确定道路方位不同,是一种利用特定的方法固定交通事故现场的主要点或主要物体(事故元素)位置的方法,其目的主要是用测量数据来反映交通事故发生的地点、事故元素所在位置及相互间的关系。通常我们选择事故车辆的轮胎或者事故接触点作为对象,运用现场定位方法,并通过测量其与基准点、基准线的距离关系,来实现对交通事故地点的定位。路外事故则可以选择车辆驶出路外的地点作为对象,而事故元素的定位则主要以固定点(如表7-12所示)作为对象来实现定位。

现场定位方法很多,根据《道路交通事故现场图绘制》(GA 49—2014)的规定,可采用直角坐标定位法、三角定位法、极坐标定位法、综合定位法等方法。

(一)直角坐标定位法

直角坐标定位法也就是平面直角坐标法,是借助平面直角坐标系,来确定平面内任意一点位置的方法。建立平面直角坐标系,以基准点为原点O,并以沿道路方向为X轴,以垂直道路方向为Y轴建立坐标系统。然后依次测量基准点到所有待测点(待测点就是在进行现场绘图的过程中需要进行测定位置的对象,事故现场中的待测点具体包括哪些,详见本章第四节内容)的沿X轴和Y轴方向的距离,作为其X、Y方向的坐标(如图7-18所示)。

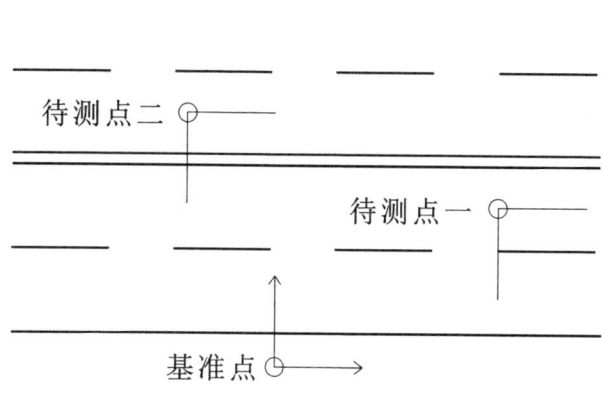

图 7-18 直角坐标定位法

由于平直路段先天就具备构建平面直角坐标系的条件,因此,在对平直路段进行现场定位时,所选择的基准点实质上就确定了X轴或Y轴中一条坐标轴所在的位置,这时再选择道路边缘线或者道路标线作为基准线,就可以确定 X 轴、Y 轴中的另外一条坐标轴，从而完成对直角坐标系统的构建，很容易应用直角坐标定位法进行定位（如图 7-19 所示）。同时，这样的方法可以直接反映出事故元素在道路上的位置，有利于现场勘查结束后，仍能通过现场图直观地反映出现场的情况。

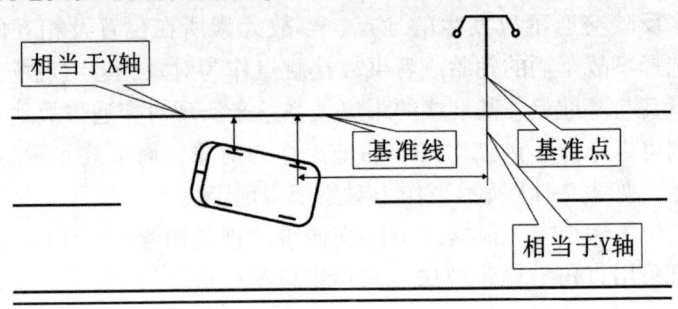

图 7-19　平直路段直角坐标定位法的应用

需要注意的是，在应用直角坐标定位法进行定位时，由于测量的各种尺寸数据均是点到直线的距离，因此，在实际操作的过程中需要注意测量数据的读取方法要正确。

（二）三角坐标定位法

三角坐标定位法，也叫三角定位法，是通过两个原本就在道路上的点与一个事故现场中的待测点为顶点构建三角形，并通过测量该三角形的边长实现对待测点定位的方法。其中原本就在道路上的点既可以是基准点，也可以是通过基准点确定其所在位置的辅助参考点。根据选定的基准点数量的不同分为一个基准点的三角定位法（如图 7-20 所示）和两个基准点的三角定位法（如图 7-21 所示）。

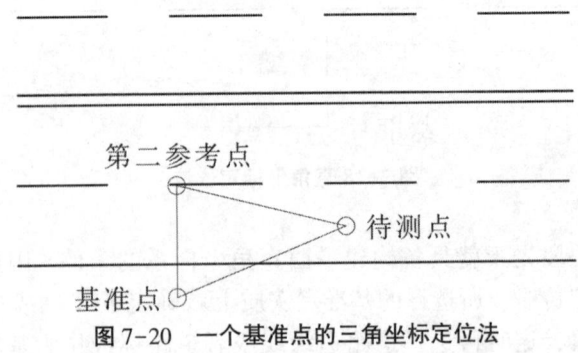

图 7-20　一个基准点的三角坐标定位法

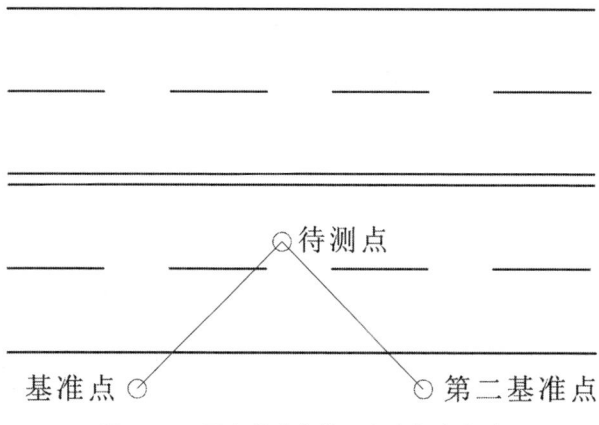

图 7-21　两个基准点的三角坐标定位法

使用一个基准点的三角定位法时，首先选取基准点，然后从基准点作道路中心线的垂线，取垂足作为第二参考点，这两个点就是道路上原有的点，在后续的测量环节中可以固定不变，只要分别从基准点和第二参考点向待测点作直线并测量直线的长度，即可定位待测点。

使用两个基准点的三角定位法时，首先选取两个基准点，基准点间应相隔较远，以便于减小定位误差，然后分别从两个基准点向待测点作直线并测量其距离，即可定位待测点。

在使用三角坐标定位法进行绘图的过程中，如果始终使用固定的基准点、第二参考点，则不可避免会出现大量的尺寸线交叉的情况（如图 7-22 所示），导致绘图效果较为混乱，甚至无法识认测量数据。因此，在使用三角坐标定位法进行绘图时，为了确保绘图效果清晰、易于理解，可以灵活地运用第二基准点、第二参考点的概念。在完成了对现场中一个待测点的定位后，可以将其转换为新的基准点，对下一个待测点进行测量定位（如图 7-23 所示）。

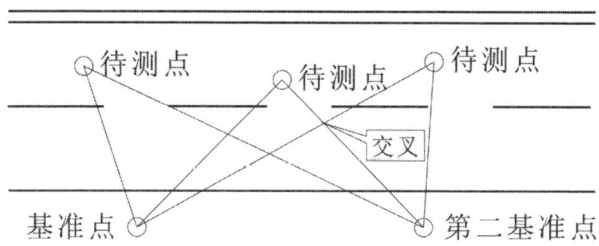

图 7-22　三角坐标定位法尺寸线交叉

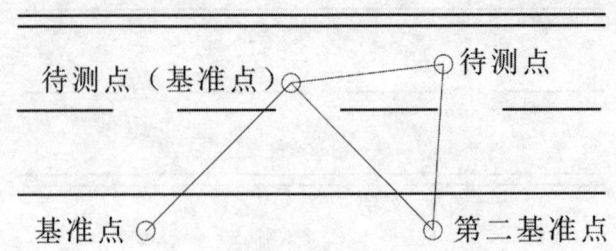

图 7-23　三角坐标定位法运用待测点转换

由于三角坐标定位法测量的均是两点间的距离,因此,相较于直角坐标定位法其最大的优势就是测量的数据较为准确。其劣势则是由于测量的均是两点间的距离,那么,如果要知道没有直接进行过测量的两点间的距离,则需要经过较为复杂的计算。而且这种定位法也无法直接反映出各待测点与道路的位置关系。而在使用直角坐标定位法测量的现场中,则只需对点与点间的坐标进行简单的计算即可。

(三) 极坐标定位法

极坐标定位法是借助平面极坐标系来确定平面上任意一点位置的方法。使用这种方法绘图时,首先选取两个固定物,一个称为极点另一个称为基准点,两者间的连线称为极轴。然后分别测量待测点到基准点的距离以及待测点与基准点连接线和极轴的夹角,即可实现对待测点的定位 (如图 7-24 所示)。

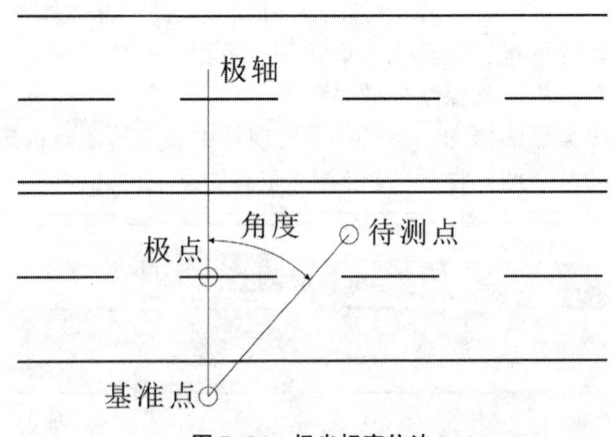

图 7-24　极坐标定位法

该种方法通常用于弯道及不规则的交叉路口的现场定位。虽然其测量精度高,但由于难度较大,需要使用相应的仪器,因此在实践中使用得较少。

(四) 综合定位法

综合定位法是结合了直角坐标定位法和三角坐标定位法特性的一种定位方法。在使用的时候，首先选取一个基准点和一条基准线，然后从基准点向待测点作直线，再从待测点向基准线作垂线，测量所作直线和垂线的长度，实现对该待测点的定位。并在完成对某一待测点的定位之后，将其转换为新的基准点，重复上面的操作对其他待测点进行测量定位（如图7-25所示）。当现场范围较大、事故元素分布较广、较为复杂时，也可以考虑通过相互平行的道路边缘线、标线等对基准线进行转换，以便于进行测量定位（如图7-26所示）。

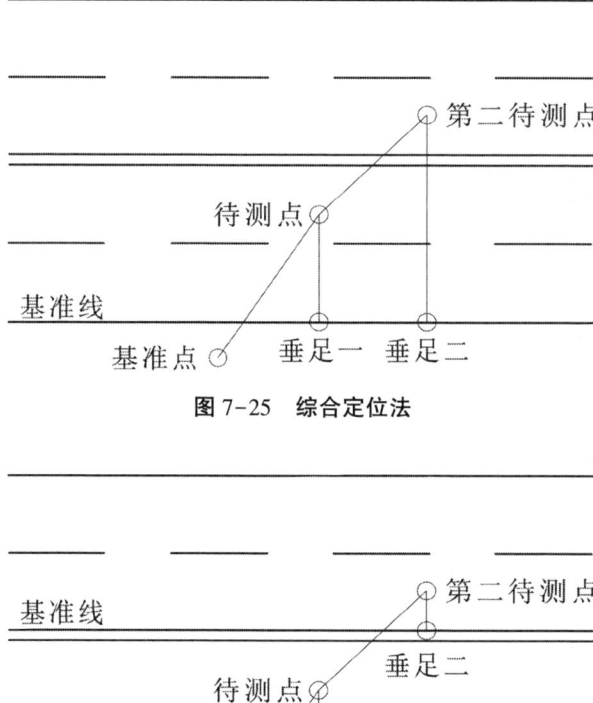

图7-25 综合定位法

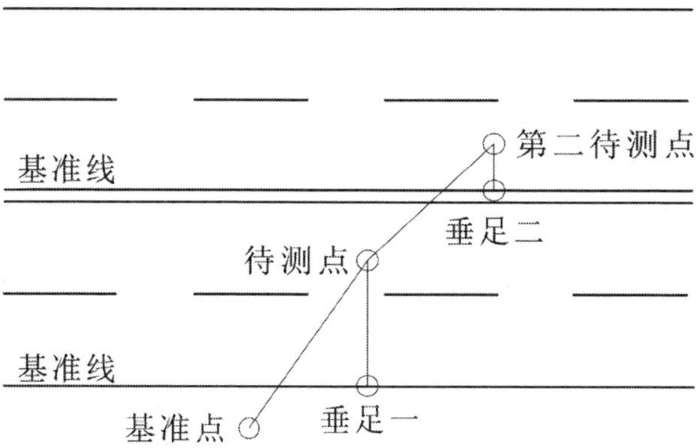

图7-26 综合定位法中基准线的转换

第四节　道路交通事故现场测量

一、测量点的确定

交通事故现场测量的目的是对各事故元素的定位。而多数事故元素都有多个可用于进行测量的点，因此，要规范各种事故元素的测量点，以避免在测量中过于随意，进而消除人们对现场图识认上的歧义。

测量点的确定就是对各现场元素定位点的选择。这里所说的现场元素包括车辆、道路、物体、痕迹、人、畜等，这些元素大小不一，形状各异，有的散在，有的集中，选择哪一点作为测量点必须有统一的规定，才能使测量准确，图面真实，从而避免出现误差，才有可能作为再现现场、分析交通事故原因、认定当事人责任等的基础。为此，《道路交通事故现场图绘制》（GA 49—2014）对于交通事故现场中各待测元素的测量点，即固定点或固定线做了统一的规定（如表7-12所示）。

表7-12　固定点或固定线

图形符号名称	固定点或固定线
机动车	同侧（侧翻时近地的一侧）前（中）后轴外侧轮胎轴心的投影点
仰翻机动车	近地靠近基准线车身的两个角
非机动车	同侧（侧翻时近地的一侧）前、后轴轮胎轴心的投影点
人体	头顶部、足跟部
牲畜	头顶部、尾根部
路面障碍	两头的端点、占路最外端点（最突出点）的投影点
安全设施	基部中心或边缘线
血迹	中心点
线状痕迹	起点、终点、变化点
基准点物体	向路边一侧最突出点
其他几何形物体	中心点

（一）机动车的固定点

机动车的固定点就是对机动车进行定位时需要测量的机动车的待测点，

为机动车同侧（侧翻时近地的一侧）前（中）后轴外侧轮胎轴心的投影点（如图7-27所示，图中尺寸线只用来表示固定点所在位置，实际测量时会因为采用的定位法不同而有所差别）。实际测量时贴着轮胎的外侧，选择轮胎与地面接触的中心位置即可。对于侧翻的机动车则选择轮胎轴心位置即可。

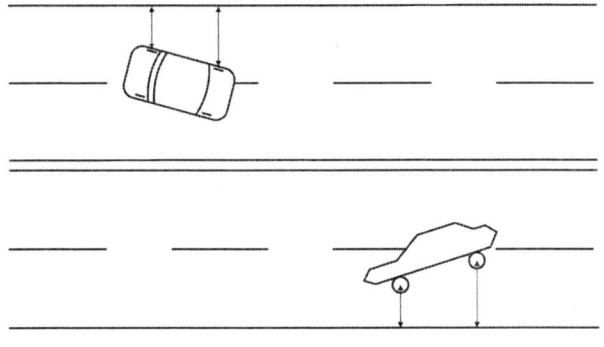

图7-27 机动车的固定点

（二）仰翻机动车的固定点

仰翻机动车的固定点就是对仰翻机动车进行定位时需要测量的机动车的待测点，为仰翻机动车近地靠近基准线车身的两个角（如图7-28所示，图中尺寸线只用来表示固定点所在位置，实际测量时会因为采用的定位法不同而有所差别）。

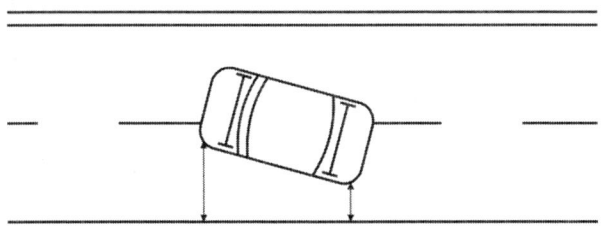

图7-28 仰翻机动车固定点

（三）非机动车的固定点

非机动车的固定点就是对非机动车进行定位时需要测量的非机动车的待测点，为同侧（侧翻时近地的一侧）前、后轴轮胎轴心的投影点（如图7-29所示，图中尺寸线只用来表示固定点所在位置，实际测量时会因为采用的定位法不同而有所差别）。实际上非机动车的固定点与机动车的固定点在现场图的测绘过程中并没有本质上的差异，只不过是常见的非机动车为两轮，在交通事故中两轮非机动车多为侧翻状态。

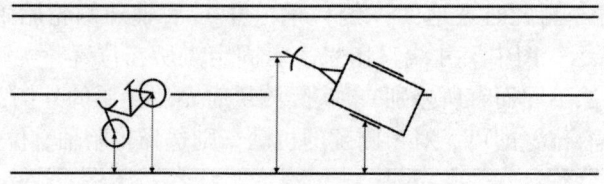

图 7-29　非机动车的固定点

（四）路面障碍的固定点

路面障碍的固定点就是对路面障碍进行定位时需要测量的路面障碍的待测点，为路面障碍两头的端点、占路最外端点（最突出点）的投影点（如图 7-30b 所示，图中尺寸线只用来表示固定点所在位置，实际测量时会因为采用的定位法不同而有所差别）。在对路面障碍进行测量时，不仅要对其进行定位，还要为其对交通事故发生的影响程度提供判定数据。例如，障碍物的长度（沿着道路走向）对于车辆借用道路的时间的影响；障碍物的宽度（垂直于道路走向）对于车辆变更车道程度的影响；障碍物的高度对于车辆采取何种避让措施的影响等。因此，在实际测量路面障碍时应根据其对交通事故发生的影响考虑增加待测点（见图 7-30a）。

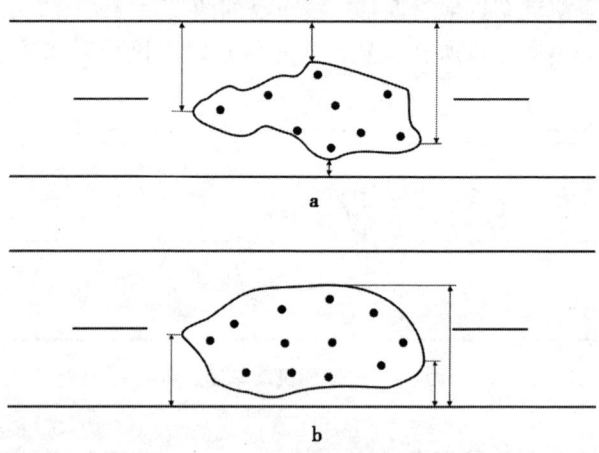

图 7-30　路面障碍的固定点

（五）线状痕迹

线状痕迹的固定点就是对线状痕迹进行定位时需要测量的线状痕迹的待测点，为线状痕迹的起点、终点、变化点（如图 7-31 所示，图中尺寸线只用来表示固定点所在位置，实际测量时会因为采用的定位法不同而有所差别）。之所以要测定线状痕迹的起点、终点、变化点，主要是为了达到记录当事人采取措施，反映车辆碰撞位置，计算车辆速度变化等目的，为分析事故过程提供证据支持。

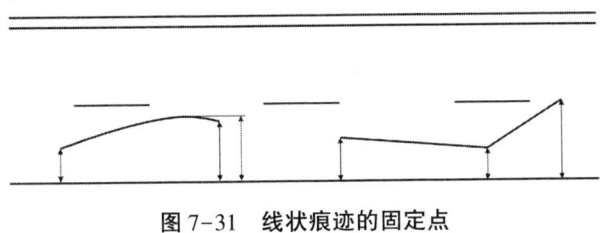

图 7-31　线状痕迹的固定点

二、道路的测量

道路的测量除确定道路的走向外，还应对道路的线形、交叉形式、行车视距、安全设施及路面结构等分别进行测量。

（一）路段的测量

1. 规则的平直路段的测量

测量有效路面及路肩宽度，路堤坡高和边沟形状尺寸。对于划分车道的道路应分别测量每条车道的宽度。

2. 不规则路段的测量

如果事故车辆通过不规则的路段，应详细描绘该路段的变化情况，包括车道的宽度变化、转弯半径的变化。

3. 有隔离带设施路段的测量

如果事故发生在道路中央隔离带的某一侧，那么只需测量该侧的道路宽度、车道宽度等。否则，对双方向车道均应进行测量，且需测量隔离带的宽度。

（二）对于道路线型的测量

1. 坡度的测量

路面上两点的高度差与两点间水平距离之比即为坡度（以%来表示）。因此，只要测出其高度差和水平距离值，即可算出其坡度值。与道路中心线相平行的线上两点高度差与水平距离的比值为纵坡（上、下坡道的表示方法如表 7-5 所示）。与道路中心线垂直的线上两点高度差和水平距离之比为横坡；若两点所在直线与道路中心线斜交，测算出的坡度称合成坡度。

2. 坡长的测量

坡长即连续坡道的总长度，它不是坡道始终点间的水平距离，而是这两点间路程的长度。连续坡道的坡度一般采用平均坡度，即坡道始终点之间的高差与两点间水平距离之比值。坡长的测量一般可采用皮尺直接量取，测量道路中心线或一侧边缘线均可。

3. 弯道的测量

弯道测量主要是通过测算求出道路的转弯半径。道路转弯半径的测算主要针对的是公路弯道处发生的交通事故。在进行测算的时候默认该弯道为圆弧的一部分，具有固定的半径，那么弯道内侧、道路的分道线、弯道的外侧就分别处在一组同心圆的不同圆弧上，其转弯半径可以通过加减道路宽度、车道宽度来进行换算。下面以的弯道中心线为例介绍弯道半径的测算方法（如图7-32所示）：

（1）选取道路中心线上的一段圆弧，测量这段圆弧的弦长 AB=a；
（2）取弦 AB 的中点 C，测量弦高 CD=h；
（3）运用公式 7-1 计算弯道中心线的半径 R。

$$R = \frac{a^2 + 4h^2}{8h} \tag{7-1}$$

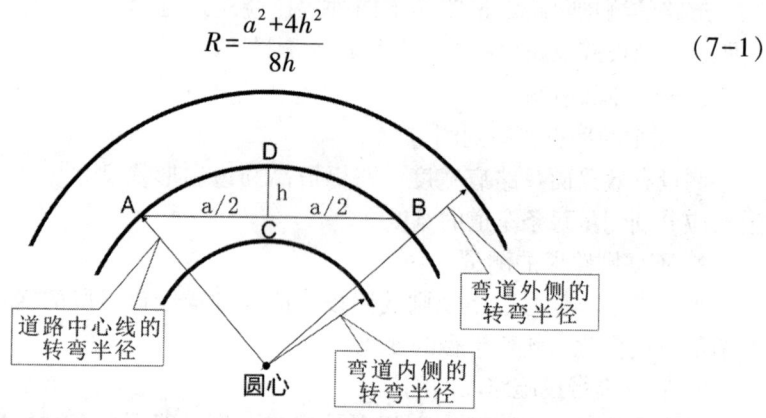

图 7-32 弯道转弯半径的测量

弯道的测量也包括对超高的测量。所谓超高是指弯道处向内倾斜的坡面，即横坡坡度。

4. 竖曲线的测量

竖曲线即上坡后接着下坡时，两条坡道之间的连接转换曲线，又称凸曲线。相反，下坡后接着弯上坡的两个坡道间的转换曲线称反竖曲线或凹曲线。竖曲线和反竖曲线也用其弯曲半径来表示，其测算方法与平曲线半径基本相同。

（三）路面状况的测量

测量交通标志、标线及其他交通设施的设置位置、形状尺寸，并检查其完好程度。

观测路面障碍，包括违章搭建、摊点占用、车辆停放及堆物堆料，施工作业占用等。观测中，对上述障碍应具体说明其长度、宽度、高度及侵占路面的宽度等。

交叉路口应测量各路口及各车道的宽度,以及与事故相关路口进口道的视线区、转弯半径等。

三、车辆停止位置的测量

车辆停止位置的测量详见本节第一部分测量点的确定。

四、人体倒卧位置测量

测量人体固定点至基准点、基准线的距离。

五、交通事故现场地面主要痕迹、物证的测量

交通事故现场地面主要痕迹、物证的测量包括地面轮胎痕迹的测量、地面挫划痕迹的测量和地面物证的测量。

(一)地面轮胎痕迹的测量

地面轮胎痕迹包括断续拖压印的测量,直行拖压印的测量,多方向拖压印的测量等。

(1)一般测量地面轮胎痕迹应选择每条轮胎痕迹的起点、终点作为固定点进行测量,同时还应测量每条痕迹的长度。对于不同类别的轮胎痕迹,滚印、压印、拖印、侧滑印应分别测量。

(2)当地面轮胎痕迹呈现有一定弧度的曲线状时,除选择轮胎痕迹的起点、终点作为固定点外,还应均匀地选择弧线的能够代表弧度变化的三个或更多的点作为固定点进行测量。同时,还应沿曲线测量其实际长度。另外,对于车辆侧滑产生的弧状痕迹,还应该测量其曲率半径。因为车辆在侧滑的过程中,受到地面摩擦力以及车辆速度不断降低的影响,车辆的转弯半径是不断变化的,所以,在这里用"曲率半径"来进行描述,其计算的方法见道路转弯半径的测算。测算的过程中,选择的弦应尽量靠近侧滑痕迹的起点位置,并且弦长在满足有效计算的基础上应尽可能短,以确保计算出来的数值有效。

(3)对于折线状的轮胎痕迹,应选择轮胎痕迹的起点、终点、突变点作为固定点进行测量。同时,还应以突变点作为分界点分别测量各段轮胎痕迹的实际长度。

(4)对于经过不同性质路面的连续轮胎痕迹,应选择轮胎痕迹的起点、终点、不同性质路面的衔接点作为固定点进行测量,同时,还应分别测量不同性质路面上各段轮胎痕迹的实际长度。

(5)对于路面上出现的断续的轮胎痕迹,应首先分析其产生的原因,如

果可以确认是由于驾驶人反复松开、踩踏制动踏板产生的痕迹，那么就不仅要测量每段制动痕迹，还应记录制动痕迹间隙的长度。或者，可以把断续的制动痕迹作为一个整体进行测量。

(6) 对于肇事逃逸现场和破坏现场的地面轮胎痕迹的测量，除了进行以上测量外，还应该测量车辆的轮距和轴距，为确定逃逸车辆的类型提供数据。

(二) 地面挫划痕迹的测量

1. 线条状地面挫划痕迹的测量

测量线条状地面挫划痕迹与测量地面轮胎痕迹类似，一般选择痕迹的起点、终点、变化点作为固定点进行测量。同时，还应测量痕迹的实际长度。

2. 片状地面挫划痕迹的测量

测量片状地面挫划痕迹应以片状痕迹的几何中心，选择沿道路方向的两个端点、垂直与道路方向的两个端点、几何中心作为固定点进行测量。同时，测量其两对固定点沿基准线方向及垂直于基准线方向的距离，并利用这两个距离描述片状痕迹的面积。

3. 路面血痕、路面障碍和散落物的测量

测量路面血痕、路面障碍和散落物，应参照表7-12选择固定点进行测量。为了满足鉴定要求，还可以根据需要测量路面血痕、路面障碍和散落物的面积，通常选取沿道路方向以及与道路垂直方向构成的长方形，用该长方形的长、宽来表示路面血痕、路面障碍和散落物的面积。

六、车体痕迹测量

交通事故的发生一般都会在肇事车上留下痕迹，测量这些数据有助于分析事故发生的过程，通常会把这些测量数据记录在现场勘查笔录中，或者绘制成立面图，或者通过测量拍照达到记录的目的。车体痕迹的测量顺序通常为：由前到后、从上向下、从有关一侧到无关一侧。测量的内容包括：车体上各种痕迹的长度、宽度、凹陷深度，痕迹上、下边缘距离地面的高度，以及痕迹与车体一侧的距离（详见本书第五章第三节）。

(一) 车体前部痕迹的测量

车体前部痕迹多为呈片状的凹陷痕迹，在测量时，应记录其遗留部位、面积、痕迹上下端距地面的高度以及左右端到车辆两侧车身的距离。

(二) 车体侧面痕迹的测量

车体侧面痕迹多为片状或条状刮擦痕。应记录车体痕迹的部位，测量面积及距地面的高度和痕迹始点至前保险杠或者碾压人体的车轮的距离；横向条状痕迹应测量其长度和前后两端至前保险杠、有关车轮的距离。对于凹陷的车体痕迹，还应测量凹陷的深度。

第五节　常用交通事故现场图的绘制

一、现场记录图

现场记录图应反映现场地形、现场交通元素所在的位置、现场事故元素所在的位置，并通过必要的数据反映各元素之间的关系，以满足事故分析所需的现场资料、数据，并且可以根据该图制作现场比例图。

（一）现场记录图的内容

1. 现场地形

现场地形应包括路面、路肩、边沟、路树、电杆、交通标志、标线、标示、道路分隔带、信号灯、岗台、护栏、建筑物、桥梁、隧道、涵洞、纵坡、横坡、视距障碍物等。

2. 现场元素

现场元素包括车辆、人、畜、痕迹、物证。现场图要反映这些现场元素的位置、相互间的关系、痕迹的走向、形状、长度、面积等。

3. 现场数据注记

现场图上数据注记包括：

（1）道路数据，包括路宽（道路全宽及各车道宽度）；非水泥或非沥青道路的路面总宽、有效宽度、非有效宽度、几何中心线位置及路面性质；路肩宽度及性质；道路交通事故发生所涉及的路口、道路开口相对位置及宽度；分车道情况；交通标志的位置；人行横道的位置；以及视距、弯道半径、弯道加宽值、超高值、坡度（3%以上的道路坡度）路口缘石半径、错位或畸形路口等的相关数据。

（2）遗留在路面的痕迹及与其相关物体、痕迹间的关系数据。

（3）各被测车辆、人员、物体、痕迹等所在位置，距测量基准线尺寸及相互间距离。其中对车辆、人员、物体、痕迹等所在位置的标注，通过现场图定位方法就可以实现。而各被测车辆、人员、物体、痕迹距测量基准线尺寸及相互间的距离，则由于现场图定位方法的不同会受到一定的限制，因此，在记录这些数据时要先考虑选择合适的现场图定位方法。

上述数据如果注记不全，就会给分析事故、制作比例图带来困难。尤其是其中的一些重要数据，会因为现场的撤除而消失。这就要求在绘制现场记录图时，要全面细致避免遗漏。

（二）现场记录图的绘制步骤与方法

现场记录图是由现场勘查人员在交通事故现场边勘查、边测量、边绘制的现场图，因此必须与现场实地勘查工作紧密结合，互相配合，互相衔接，避免产生顾此失彼、互相干扰的现象。现场记录图的绘制工作可以分为：

1. 选择适当规格的现场图

道路交通事故现场图分为 A 型图（如图 7-33 所示）、B 型图（如图 7-34 所示）和 C 型图（为现场实景记录图专用）三种。通常把现场的道路走向、现场各种痕迹物证分布的情况，以及个人的绘制习惯等作为选择图纸类型的依据。

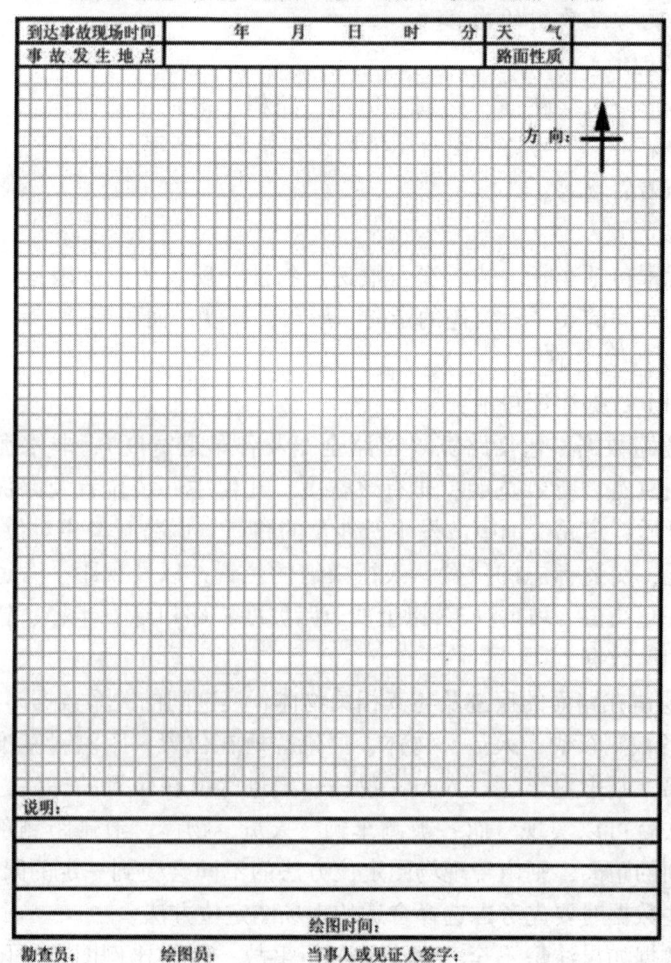

图 7-33　A 型图

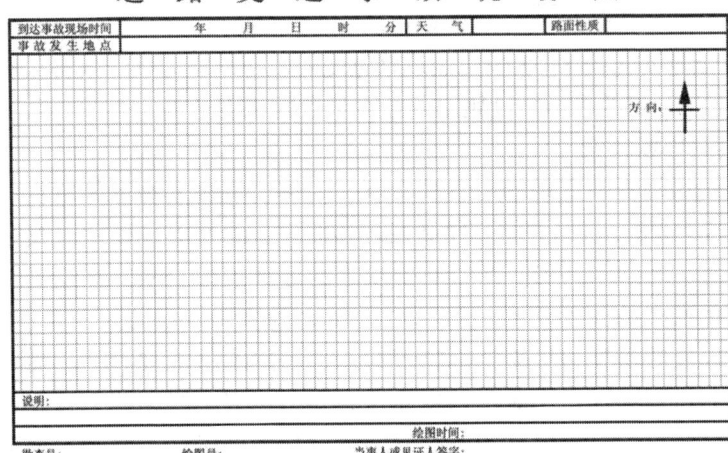

图 7-34　B 型图

2. 绘制现场概貌

绘制现场地形这一工作，应在对交通事故现场进行初步了解的阶段开展。这时现场绘图人员应初步了解现场情况，对现场道路定向，并根据事故现场的走向选定适当的绘图纸。开始绘制现场图时，首先应在图上绘制出道路边缘线、路肩、边沟、路树、车道分道情况、交通标志、视距障碍物等现场地形信息（如图 7-35 所示）。其中道路的标志标线可按实际道路情况绘制。绘制的过程中，注意现场事故元素的分布情况，提前为在现场图上绘制事故元素提供足够的画幅空间。

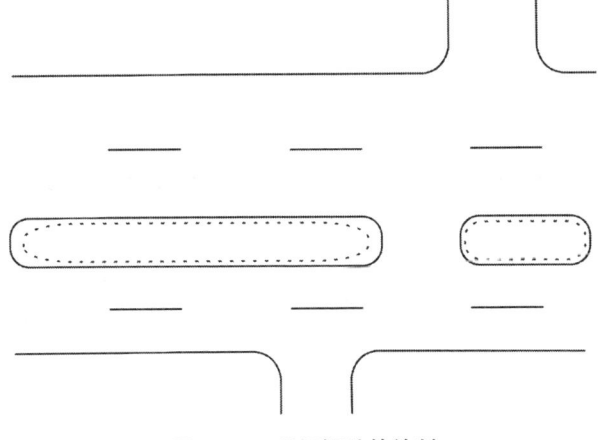

图 7-35　现场概貌的绘制

在绘制图 7-35 时，需要注意的是隔离带开口的位置，道路上下两处开口的位置，道路标线的形式，至于车道的分布是否对称并不重要，只要大致与实际相吻合即可（图 7-35 中两侧道路宽度的示意略有夸大，实际绘图时自行掌握），至于车道的具体宽度则是通过测量数据来表达的。

3. 绘制现场元素

通过现场勘查确定现场中事故车辆、人体、痕迹、物证等所在的大致位置（如图 7-36 所示），并将其绘制在现场图中，绘制时应使用《交通事故现场图形符号》（GB 11797—2005）中规定的标准图形符号。在绘制图形符号时，应按标准中的图形符号的各部位近似比例绘制，以防止图形符号失真。对于道路以外的情况，根据实际情况绘制，并用文字简要说明。需要注意的是，在绘制过程中优先保证现场各元素之间的位置关系正确，各元素与道路的开口、交通设施等的位置关系正确，测量数据准确，不要过于追求比例关系以及距离关系的精确表达。

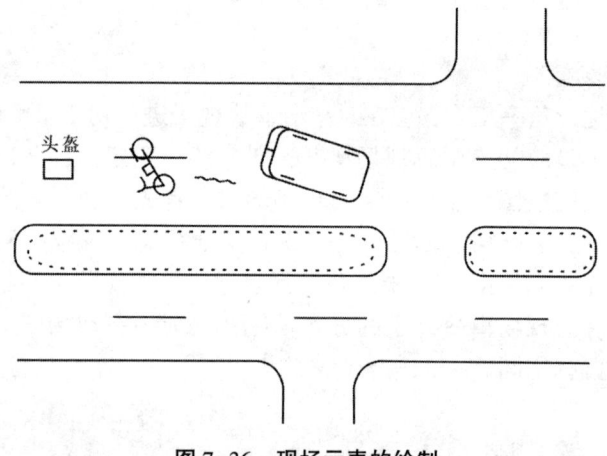

图 7-36　现场元素的绘制

4. 现场测量

现场测量是现场静态勘查工作的一部分，应在完成对现场的整体认识之后，在对痕迹、物证进行提取之前开展。要进行现场测量，首先要确定合适的现场定位方法，选择相应的基准点、基准线，并在对现场进行测量的同时将有关数据标注到现场图上（如图 7-37 所示，图中用"XX"表示测量数据）。

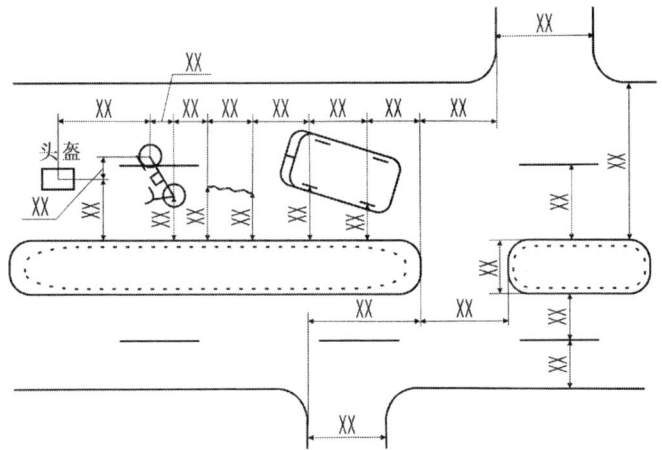

图 7-37 现场测量数据的标注

随着测量工作的展开，现场勘查工作也在逐渐细化，这时可能发现有新的需要记录在现场图上的信息，应及时补充。受图面影响无法注记的数据，应将其记在说明栏内。

5. 填写现场图信息

完整的现场图不仅包括绘制现场图形、标注测量数据，还包括填写必要的文字信息（如图 7-38 所示）。

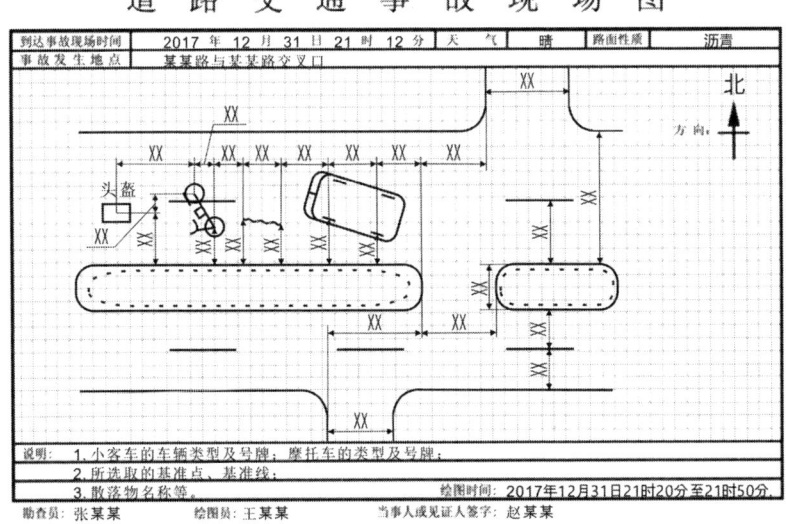

图 7-38 填写文字信息

6. 现场记录图完成以后,必须在现场认真审核,审核的主要内容是:

(1) 是否选用了合适的现场定位方法,是否明确了现场定位所需的基准点、基准线,现场方位是否准确。

(2) 现场的道路交通环境是否绘制完整,有无交通标志标线的位置、内容信息,有无道路、车道的宽度信息,有无道路开口或者路口的相对位置信息,有无弯道半径、坡度等信息。由于这部分测量数据的类别较为繁杂,而且这部分数据大多不会因为撤除交通事故现场而发生变化,因此,常常被勘查人员忽略,不进行测量。但是,这部分数据对于鉴定、事故分析等的作用是不容忽视的。建议勘查人员以满足对车辆、行人等交通参与者的交通行为进行影响分析的需要,进行道路交通环境测量数据完整性的审核。

(3) 现场事故元素有无遗漏,各元素的定位数据是否齐全,特别应注意基准点、基准线与道路的关系是否记录。

(4) 尺寸标注、文字说明、图例、图形线等使用是否规范。

(5) 现场图信息是否填写齐全。

6. 履行法律手续

现场图是一种证据材料,必须履行一定的法律手续,现场记录图应在交通事故现场测绘完成,并经核对无误后,要由勘查现场的交通警察、当事人或者见证人签名。当事人不在现场、无见证人以及当事人、见证人拒绝签名、无法签名的,应当在现场图上注明。

7. 绘制辅助图

如果现场元素比较多,导致在现场图中部分元素、测量数据等无法清楚地标注出来,可以引出该部分绘制局部放大图。如果需要反映现场道路环境空间状况,或者车体痕迹等,也可绘制立面图或断面图。

二、现场比例图的绘制

现场比例图是以现场记录图、现场勘查笔录上所记载的数据为基础,用手工或电脑绘图仪描绘的,以一定比例如实地反映现场交通管理现状,交通事故诸元素的位置、分布状态的现场图。这里所说的比例,是指现场比例图中各元素及相互关系的线性尺寸与现场中实际的相应尺寸之比。现场比例图作为证据是对现场记录图的补充和说明。随着自动绘图系统的广泛使用,现场比例图的绘制难度越来越低,甚至在道路交通事故现场可以直接打印出现场比例图,而无须绘制现场记录图。

(一) 交通事故现场比例图的绘制要求

1. 交通事故现场比例图形式上的要求

交通事故现场比例图是依据现场记录图绘制的一种图示，其形式上的基本要求是：图纸标准、定位准确、图面整洁、线条清晰、线形统一、图形正规、字迹清楚、结构合理、比例恰当、数据准确、全面连贯、重点突出。

(1) 绘制现场比例图要以现场记录图、现场勘查笔录所记载的数据为基础和依据。

(2) 绘制现场比例图要以现场记录图中的基准点和基准线为基准，以俯视图表示，使用相应的图形符号，将现场所绘制的图形及数据严格地按比例绘制。

(3) 绘制时，应采用统一比例，并优先选用 1∶200 的比例，也可根据需要选择其他比例，并标注在图中说明栏内。绘制同一比例图应采用同一比例，有特殊情况的应在说明栏中注明。

(4) 图形符号的比例按统一要求标准绘制。

(5) 对现场比例图数据出现疑义时，应以现场记录图和勘查笔录数据为准。

2. 交通事故现场比例图图形符号的要求

(1) 交通事故现场比例图中需要按比例绘制的图形符号包括：机动车、非机动车；道路形式、结构，道路隔离带（桩）；动态痕迹的长度；图中各主要要素间的图形符号。

(2) 交通事故现场比例图中可不按比例绘制的图形符号包括：人体、牲畜；交通安全设施；动态痕迹的宽度；其他图形符号。

(二) 交通事故现场比例图的绘制步骤

1. 选择图幅规格

根据现场实际情况以及事故分析等的需要，选择图幅规格（如图 7-33、7-34 所示）。

2. 确定交通事故现场的中心位置

确定交通事故现场的中心位置，并把该位置置于现场图纸的中心，以便于合理地布局整个图画。现场中心位置一般可以选择事故车辆停止的位置或者痕迹、物证集中的位置，也可以选择事故现场沿道路走向分布的中间位置。

3. 确定绘图比例

根据现场的面积和使用的图形、图式、图面布局、图纸或确定的比例图整个图形的大小，恰当确定绘图的比例。为省去计算麻烦，可用三棱比例尺。

4. 铅笔绘制草稿

上述事项就绪之后，先用铅笔打稿，将预拟的图形、图式及各种现场元素准确无误地绘制下来，形成初稿。

5. 定稿描图

铅笔稿绘成之后，要与现场记录图、现场勘查笔录等进行校对，无误后即可用绘图笔或墨水笔描图。描绘的顺序是：先上后下，先左后右，以免弄脏图纸；先曲线后直线，以便连接；先细线后粗线，以免影响绘图进度。如不慎画错，不要急于修改，待墨干后，用刀片轻轻刮去后再修正。

6. 标注说明

图描好后，要加上一定的标注和说明。如方向标、图例说明、比例、绘图人、绘图日期等。

(三) 成图审核

现场比例图制成后，要认真细致地审核。审核的主要内容包括：

(1) 与现场记录图的内容、数据是否一致。

(2) 与现场勘查笔录记载的内容、数据是否一致。

(3) 与现场实际情况有无差异及所标比例与全图比例是否一致等。

第六节　道路交通事故现场处置系统

随着科学技术的不断发展，道路交通事故现场处置也在向着智能化和信息化的方向前进，现场勘查手段不断更新，极大地提高了道路交通事故现场的处置效率。由于公安机关交通管理部门没有规定使用统一的道路交通事故现场处置系统，各地公安机关交通管理部门根据自身需求及购买水平，使用的处置系统也各不相同。对于道路交通事故现场处置系统，应该满足误差小、符合规范、便于携带、易于操作等要求。

目前各地交警部门使用的道路交通事故处置系统主要有以下几种：

第一种是在便携的触摸屏平板电脑中安装道路交通事故现场绘图系统，通过预制道路信息或者现场绘制道路，添加各种事故元素，再利用激光测距仪测量相关数据，然后使用便携式打印机，现场打印出图纸。

第二种是现场摆放测量标尺以及标识物，通过设置好参数的数码照相机现场实景照相，然后在实景照片上标注痕迹的起始点、测量点、基准线、基准点，自动生成现场实景记录图、现场比例图。

第三种无须摆放标尺，直接利用设置好参数的数码相机对现场照相，然后在照片上选取已知的两点间距离作为参照。例如，运用车辆行驶证上车辆的长宽数值，使用符合国标的道路标线长度等，然后在实景照片上标注痕迹的起始点、测量点、基准线、基准点，自动生成现场实景记录图，现场比例图。

随着科技的进步，目前拍照的设备已不仅仅限定于数码相机，甚至无人机都被应用到了事故现场勘查中。下文以某道路交通事故现场智能快速勘查处置系统为例作简单介绍。

一、道路交通事故现场智能快速勘查处置系统的硬件装备

道路交通事故现场智能快速勘查处置系统需要以下硬件设备：

（1）航拍使用无人机机身（如图 7-39 所示），最大飞行高度 120 米，最大飞行速度 15m/s，最大上升速度/下降速度：6m/s，2m/s。

图 7-39　航拍用无人机机身

（2）航拍使用无人机照相机（如图 7-40 所示），带有三轴增稳云台，可拍照和录像，并自动储存照片和视频，带有 USB 数据接口。

图 7-40　航拍用无人机照相机

(3) 航拍使用无人机控制器（如图 7-41 所示），带有移动设备支架和天线，配合手机 APP 实现无线图传功能，最大操控距离 500m。

图 7-41　航拍用无人机控制器

(4) 高性能触摸屏电脑（如图 7-42 所示），可使用触摸笔或手指触控，方便快速地绘制出交通事故现场图。

图 7-42　高性能触摸屏电脑

(5) 便携式打印机（如图 7-43 所示），具备锂电池充放电功能，支持蓝牙（Bluetooth）和 USB 电缆打印，可快速清晰地实时打印出交通事故现场图。

图 7-43　便携式打印机

(6)指纹采集器(如图 7-44 所示),可现场提取当事人指纹,并添加至相关文书中。

图 7-44　指纹采集器

(7)手机操控端(如图 7-45 所示),可实时监控无人机拍摄画面并遥控拍照。

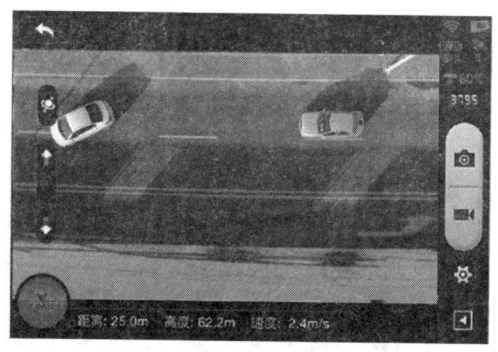

图 7-45　手机操控端

(8)手持激光测距仪(如图 7-46 所示),可通过蓝牙与系统连接,测距后直接将数值传输到系统。

图 7-46　手持激光测距仪

(9)高强度专用设备箱(如图 7-47 所示),根据选择的硬件设备而专门定制的高强度工具箱,用于存放相关硬件设备。

图7-47 高强度专用设备箱

二、道路交通事故现场智能快速勘查处置系统的构成

该系统包括两大子系统,分别是智能手绘现场图系统和无人机航拍快速勘查处置系统。

(一)智能手绘现场图系统

智能快速手绘系统是借助皮尺或者激光测距仪等工具来进行测距并绘制现场图的系统。通常用于特殊天气情况下或者根据实战的需求来使用,其使用的方法及主要步骤如下:

1. 启动道路交通事故现场智能快速处置系统

软件启动后,会出现如下功能选择界面(如图7-48所示),点击"智能手绘现场图系统"按钮。

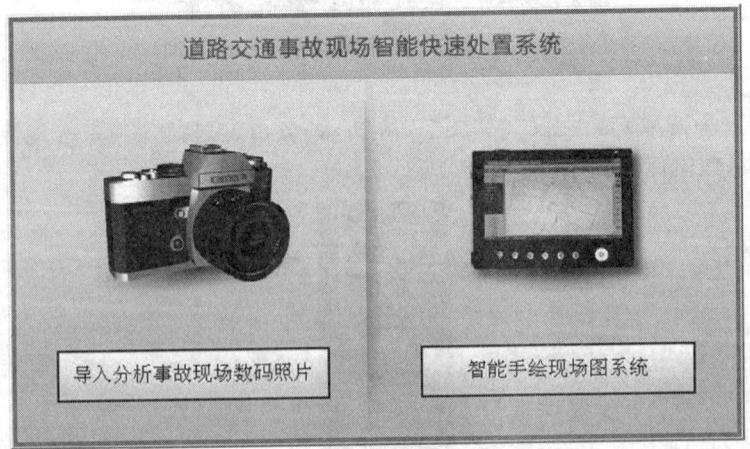

图7-48 功能选择界面

2. 填写基本信息

程序启动后,会自动创建一个新案例(如图7-49所示)。在主界面窗口

中，分别录入和选择事故现场时间、天气、事故发生地点、路面性质等基本信息。事故现场时间、天气、事故发生地点，选择"空"，则该项显示为空白，可以打印后手工填写。

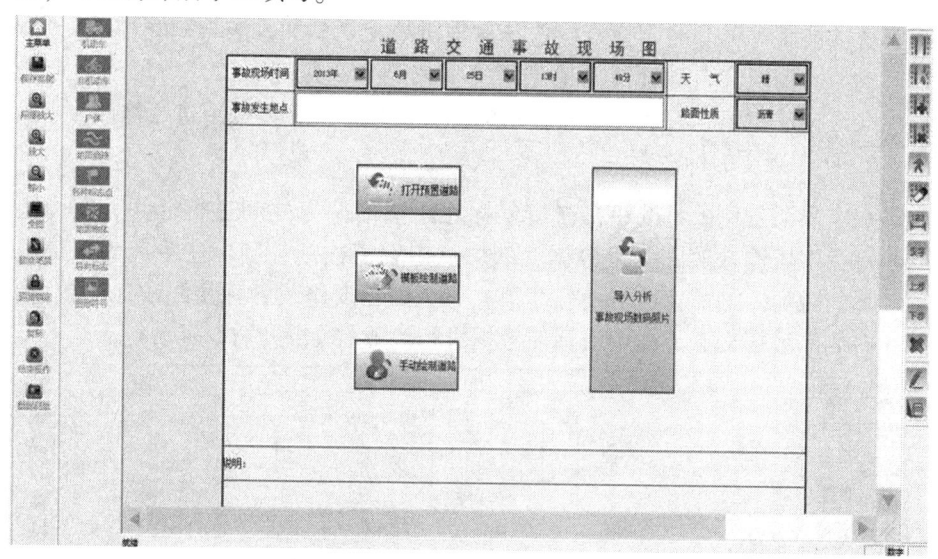

图 7-49　创建新案例界面

3. 绘制道路

点击界面中间的"手动绘制道路"按钮，系统自动跳转到绘图界面，点击绘图界面右侧的"绘制道路"按钮中的"绘制两车道""四车道""六车道""S形弯道"按钮，或者点击"绘制道路"按钮下方的"绘制智能道路"按钮，并在绘图区域绘制基本道路。用户也可点击主界面的"打开预置道路"或"模板绘制道路"按钮，通过选择预置道路或道路模板来完成对基础道路的绘制。

4. 设置基准线、基准点

设置基准线有两种方式，一种是点击绘图区域右下角的"请设置基准线"按钮，并选择需要作为基准线的边缘线或分道线，则该线被设置为基准线；另一种是选择道路中将要作为基准线的道路线形，在右侧的数据交互界面中勾选"左边缘线"或"右边缘线"，选择后系统会将所选的线型设置为基准线。

设置基准点相对简单，只要点击"请设置基准点"按钮，然后在绘图区域合适的位置点击，即可设置基准点，同时还可以改变基准点的类型和位置。

5. 添加事故元素及修改标注距离

点击"机动车列表"按钮，并选择相应的事故车辆，选择后点击绘图区域，系统会将所选择车辆自动添加到绘图区域中，通过平移、旋转、放大、缩小等功能将车辆固定到指定位置（其他事故元素添加方法与车辆相同），添加车辆后，系统会自动标注车辆到基准线的距离。距离参数还可以通过点击标注线或标注数值，在界面右侧弹出的交互窗口中对标注数值进行修改。

6. 补充必要的标注距

点击界面右侧 ![] 按钮，在需要标注距离的两点之间进行标注，在弹出的小键盘中可输入实际测量数据，如果点击取消按钮，则标注距离为系统自动计算的距离。如需修改自动标注信息可选中需要修改的标注线或标注数值，并在右侧的数据交互界面中对标注数据进行修改（如图7-50所示）。

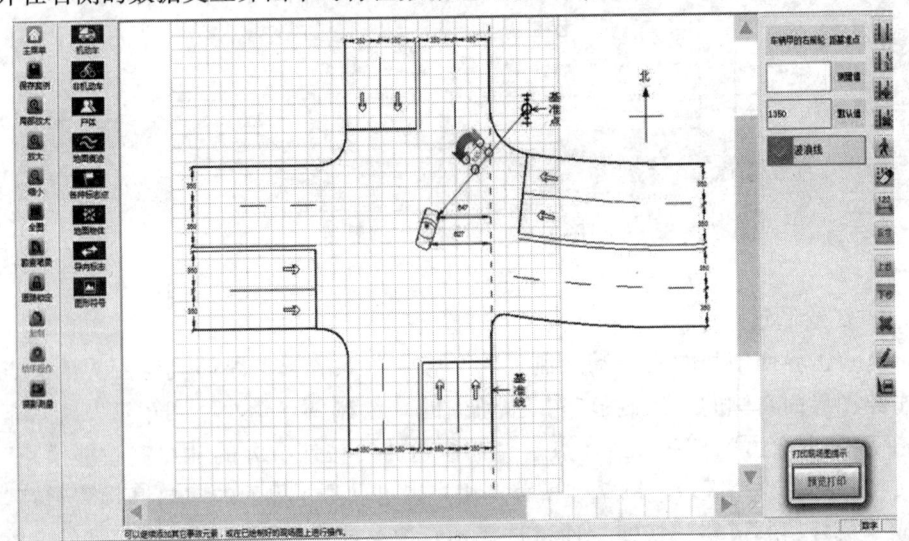

图7-50　数据标注界面

7. 打印预览及勘查笔录

点击绘图区域右下角的"预览打印"按钮，查看完整的交通事故现场图。选择绘图时间、勘查员和绘图员，还可以根据需要修改补充说明文字。点击打印预览区域右下角的"打印现场图"按钮，进行打印操作。

点击打印预览区域右下角的"勘查笔录"按钮进行勘查笔录的相关操作。

8. 保存及退出

点击系统上方的"保存案例"按钮，存储先前录入的所有数据信息；点击系统右上角 ![] 按钮，即可退出绘图系统。

（二）无人机航拍快速勘查处置系统

无人机航拍快速勘查处置系统的使用方法及步骤大致如下：

1. 使用无人机高空俯拍

到达事故现场后，了解事故现场全貌，并确定好基准点和基准线，然后启动无人机，使其升至适当高度，并调整镜头垂直地面进行拍照。拍摄时，需要将现场所有的交通事故元素均拍摄进去，如图7-51所示。

图7-51　无人机视角下的现场全貌

2. 导入照片智能分析

在事故现场拍摄照片之后，需要将照片导入系统中。启动无人机航拍道路交通事故现场智能快速勘查处置系统，点击"导入分析事故现场数码照片"按钮，选择需要导入的照片。点选事故照片完毕后，点击"新建事故现场案例"按钮，进入设置"事故现场案例名称"界面，在此可以自行输入合适的事故现场案例名称（默认案例名称为计算机当前的系统时间）。添加照片后，系统会自动对所选的事故现场照片进行智能分析处理。

3. 确定标注线和实际距离

照片分析完毕后，进入"标定线"界面。点击"标定线"按钮，然后在照片中点击所选标定线的起点；再次点击"标定线"按钮，然后在照片中点击所选标定线的终点，完成标定线的添加，如图7-52所示。

图 7-52　标定线的添加

完成标定线添加后，点击"实际距离"按钮，弹出设置对话框，填写现场测量的标定线实际长度，这里选择一段白色虚线道路标线，标准长度 6 米，如图 7-53 所示，点击确定完成标定线长度的设置。

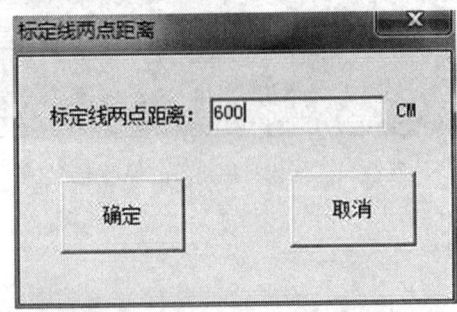

图 7-53　标定线长度设置

4. 确认照片并成图

系统对事故现场数码照片分析完成后，进入"摄影成图"界面，如图 7-54 所示。

图 7-54　成图界面

在这个界面中,我们需要对照片中的事故元素作简单勾画来进行辅助定位,事故元素的定位完成后,系统即可按照三角定位方式快速生成局部交通事故现场图。在描绘事故元素时,为了便于描绘可以放大图片,并在放大区域内进行描绘。

(1)基准点的绘制及调整。首先点击界面上方的"基准点"按钮,然后在照片上,将鼠标移动至基准点所在位置,点击鼠标左键或按下触摸笔,完成添加,如图7-55所示。选中基准点后,可以通过界面右侧的"基准点属性"将其类型更改为实际事故现场中的实际类型。

图7-55 添加基准点

(2)道路标线的绘制及调整。首先点击界面上方的"道路标线"按钮,然后将鼠标移动到照片中道路标线的位置,按住鼠标左键或者触摸笔,沿着照片中拍摄到的道路标线进行拖画,绘制完毕后,抬起鼠标左键或触摸笔,完成绘制。

由于实际事故现场以道路边缘线为基准线,而绘制生成的道路标线默认为白色虚线,为了避免产生歧义,可以通过右侧的"道路标线属性"将其类型更改为白色实线,如图7-56所示。选中道路标线后,拖动其两端及线上的红色圆圈可以调整道路标线的位置和方向。

图 7-56　道路标线属性调整

选中道路标线后,通过右侧道路标线属性栏的功能按钮,可以将道路标线设置为基准线或者变为直线或曲线显示。将绘制的道路标线设置为基准线后,会有一条绿色的虚线贯穿,该绿色虚线为基准线的标志线,即有绿色虚线贯穿的道路标线为基准线。

(3) 车辆的描绘及调整。点击工具栏的"车辆"按钮后,在事故照片中,将鼠标指向车辆前轮触地点,按下鼠标左键或触摸笔,拖画到车辆同侧后轮触地点,抬起鼠标或触摸笔,则车辆添加成功,如图 7-57 所示。

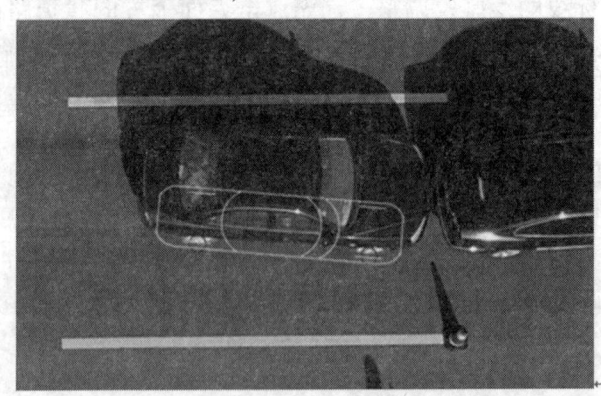

图 7-57　车辆的添加

(4) 尸体的绘制及调整。点击工具栏的"尸体"按钮后,在事故照片中尸体头部的位置按住鼠标左键或者触摸笔,沿着照片中拍摄到的尸体如实拖画至尸体脚部,绘制完毕后,抬起鼠标左键或触摸笔即可绘制出尸体形状,然后可以在右侧的尸体类属性栏中更改其类型,如图 7-58 所示。

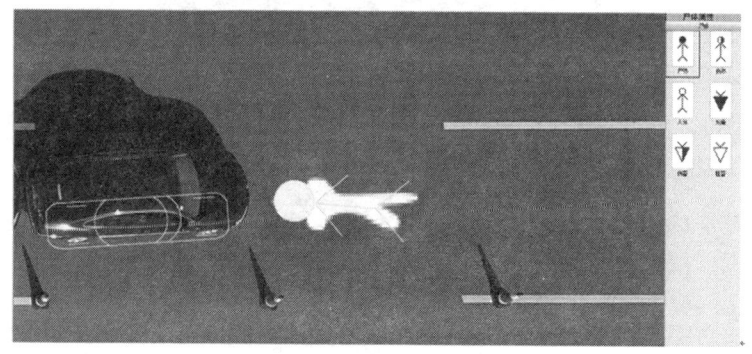

图 7-58　尸体的添加

选中尸体后,拖动尸体头部和脚部的红色圆圈可以调整尸体的位置和大小,还可以通过右侧属性栏将尸体调头。

(5)血迹范围的绘制及调整。点击工具栏的"血迹"按钮后,在事故照片中血迹位置沿着血迹边缘如实拖画即可,如图 7-59 所示。选中血迹后,拖动红色圆圈可以调整血迹范围和形状。

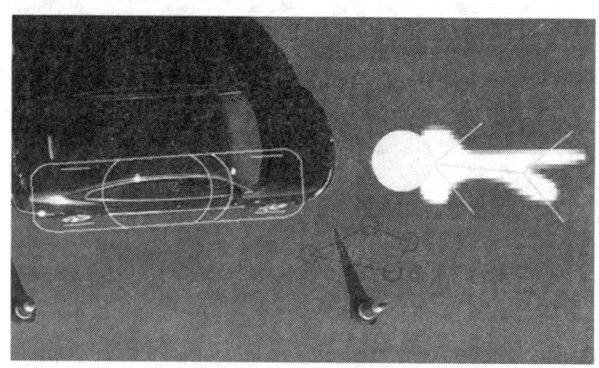

图 7-59　血迹的添加

(6)拖印的绘制及调整。点击工具栏的"拖印"按钮后,在事故照片中拖印位置按下鼠标左键或触摸笔拖动出拖印形状,并可以在"拖印属性"中更改其类型,如图 7-60 所示。选中拖印后,拖动红色圆圈可以调整拖印形态。

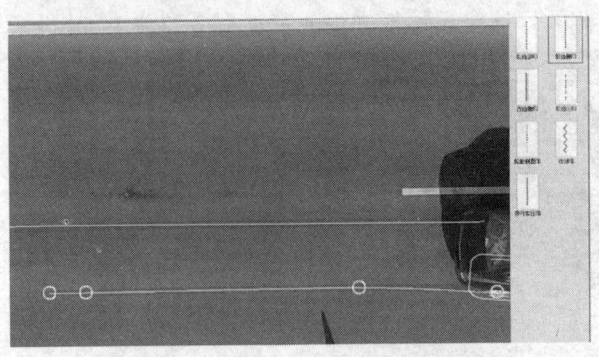

图 7-60 拖印的添加

(7) 绘制散落物范围。散落物的添加同血迹描绘添加一样，点击工具栏的"散落物"按钮后，可在事故照片中散落物位置沿着散落物边缘如实拖画即可，如图 7-61 所示。

图 7-61 散落物的添加

选中散落物后，拖动红色圆圈可以调整散落物范围形状。如果我们对绘制出来的事故元素不太满意，可以选中要删除的事故元素，然后点击工具栏中的"删除"按钮即可删除，然后重新绘制即可。

(8) 成图操作。在摄影成图界面中，将所有的事故元素添加绘制完成后，可以点击工具栏中的"成图"按钮进行成图操作。系统经过大量的运算处理后，在绘图界面生成局部交通事故现场图，如图 7-62 所示。

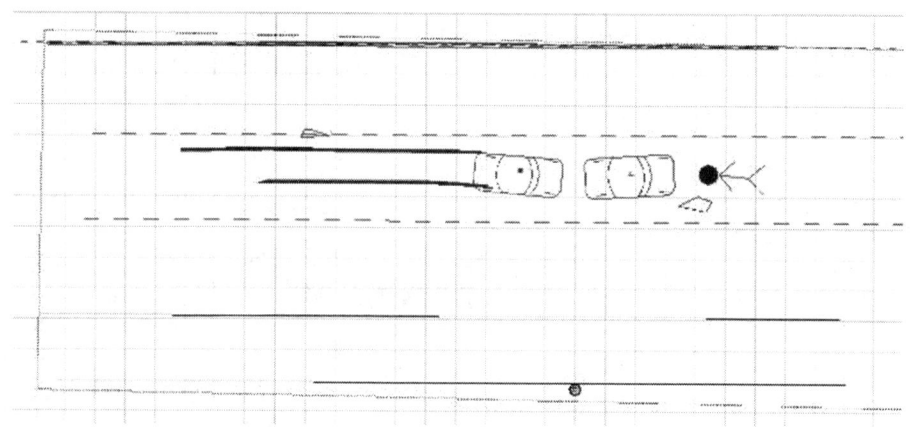

图 7-62 现场图成图

系统自动生成的交通事故现场图中包含了现场中所有交通事故元素,而且相对位置关系严格按照距离比例生成,图形符号也完全遵照国家相关标准使用。

5. 填写必要的说明信息打印出图

(1)印照片功能。所有事故元素的属性修改完成后,可以通过点击界面上方工具栏的"打印照片"按钮,实现对照片的打印。打印前可以进入打印预览照片界面(如图 7-63 所示),补充事故现场信息,如到达事故现场时间、事故发生地点、路面性质及天气状况等,同时我们也可以在下方的说明栏中添加附加说明的信息,以及勘查员、绘图员的信息。

图 7-63 打印预览照片界面

打印预览界面上方还有两个按钮，点击"返回现场"按钮，系统回到摄影成图界面；点击"打印"按钮，会出现打印对话框，选择相应的打印机，点击确定即可打印，如图7-64所示。

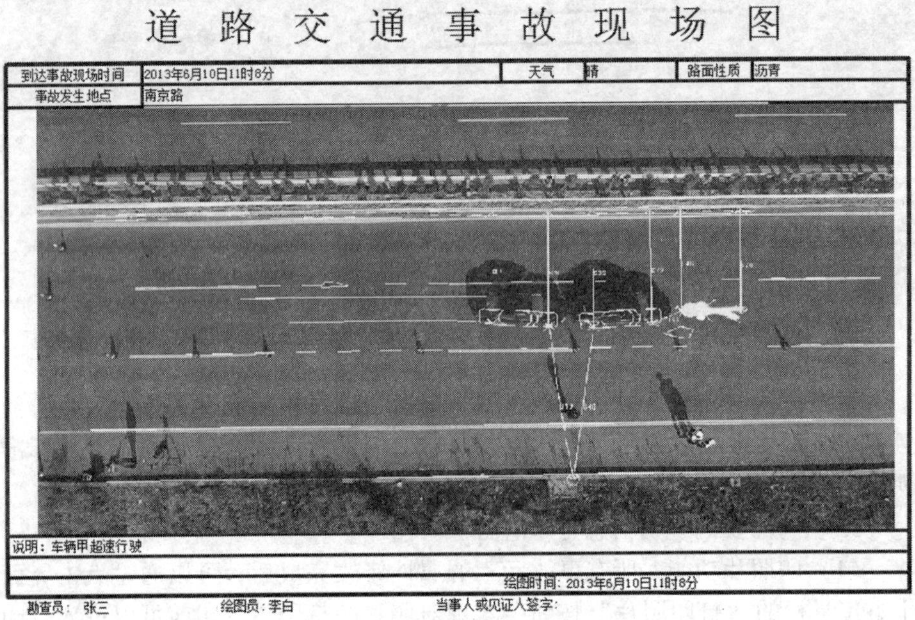

图 7-64　现场图打印图

（2）打印出图。道路交通事故现场图绘制完成后，点击"打印预览"按钮进入成图预览，如图7-65所示。

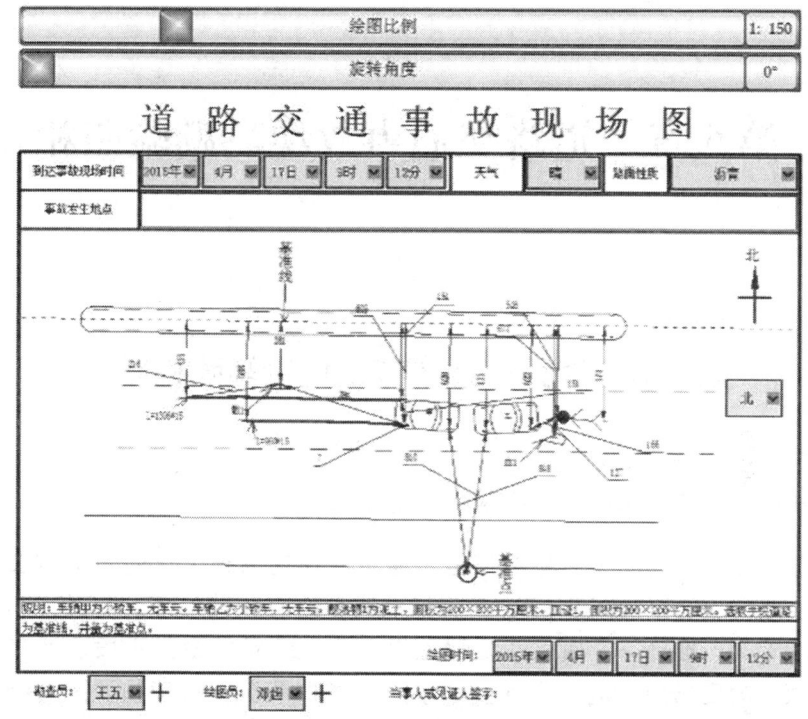

图 7-65　成图预览

在预览打印界面中，与打印照片相同，我们可以补充填写现场图中需要填写的事故现场信息。同时，可以调整打印预览图的位置和打印比例。现场图下面说明栏中会自动生成在绘图界面中添加的事故元素信息，如肇事车辆的车牌号、血迹及散落物面积、基准点基准线信息等，当然也可以在说明栏中手动输入或者修改说明文字。

最后，通过连接的便携式打印机，清晰、规范、快速地打印出道路交通事故现场图，并在现场由当事人签字确认。

第八章 道路交通事故现场勘验照相

第一节 道路交通事故现场勘验照相概述

一、道路交通事故现场勘验照相的定义

道路交通事故现场勘验照相是交通事故现场勘查工作的一个重要组成部分,是对交通事故发生的地点及与交通事故有关的痕迹、物品,用照相的方法客观、准确、全面、系统地加以固定、记录的专门手段。通过现场勘验获取的现场照片应能反映交通事故现场的状况、痕迹物证的特征、位置及其相互间的关系等信息,并能为分析事故发生的原因提供可靠的现场影像资料。

二、道路交通事故现场勘验照相的作用

在交通事故处理过程中,现场勘验照相的作用主要概括为以下三个方面:

(一) 记录现场

与其他现场记录方式相比,采用现场勘验照相的方式记录事故现场的最大优势就是纪实性。由于交通事故现场通常位于室外露天环境中,因此,因事故而形成的各种痕迹物证很容易遭到自然(如风、沙、雨、雪等)因素或人为因素的破坏。如果发生上述情况,将会给后期的事故成因分析及定性带来难以预估的影响,而勘验照相恰恰是一种可以迅速客观反映现场情况的记录方式,可最大限度地避免上述情况的发生。此外,一套完整的现场勘验照片还可以帮助我们发现现场勘查中个别疏漏的细节,弥补现场勘查中的不足。

(二) 提取痕迹

在勘验交通事故现场的过程中经常会出现一些难以提取的痕迹物证。例如,大面积的车体痕迹、复杂的轮胎印迹等,这些痕迹往往不便于直接提取,但它们对于分析交通事故的成因却有着十分重要的作用。此时现场勘查人员就可以采用勘验照相的技术手段对其进行拍摄固定，然后通过对记录内容的比对、分析达到确定事故成因的目的。因此，可以说道路交通事故现场勘验照相是提取、固定痕迹物证的重要方法之一。当然，需要强调的是以照相方式提取现场痕迹物证也是一项复杂而细致的工作。

（三）证据作用

通过交通事故现场勘验照相获取的照片与交通事故现场图、现场勘查笔录都是交通事故现场勘查过程中获取的重要证据。尤其是通过道路交通事故现场勘验照相获取的照片，可以帮助那些没有到过现场的人员直观地了解交通事故现场的整体情况，包括各种事故元素在交通事故现场中的位置、各种元素的外观特征等，这些信息既是公安交管部门确定交通事故成因的重要依据，也是某些交通事故案件庭审过程中定罪量刑的必要证据。在某些情况下，甚至还可以根据现场勘验照片进行现场模拟实验，以验证事故分析的可靠性和准确性。

三、道路交通事故现场勘验照相的特点

在勘查事故现场的过程中，记录、固定现场的方式主要有现场勘验、现场测绘、勘验照相三种，通过上述方式获得的现场勘查笔录、现场图和现场照片等材料可以说是各具特点，他们之间通过相互印证与补充将共同组成一套完整的现场勘验法律文书。在上述记录现场的方式中勘验照相具有以下鲜明特点：

（一）客观性

勘验照相利用照相机这一工具对事故现场的记录具有客观、真实的特点，可以弥补现场勘查过程中勘查人员由于主观认识上的局限性或片面性造成的失误，保证现场勘查的质量。

（二）迅速性

利用照相机这一工具能在极短的时间内完成对事故现场状况的记录、固定。特别是在当前情况下，数码照相机、笔记本电脑和网络系统的结合已经比较完善，现场勘查人员可以利用上述设备把事故现场的影像信息在很短时间内传递到指挥中心等处，方便主管人员快速、有效地了解现场的真实情况，为快速确定事故成因创造有利条件。

（三）形象性

交通事故现场出现的痕迹、物证种类较多，它们的形状、姿态、颜色、位置及相互关系等特点时常难以用语言、文字或手工绘图等方式准确描述。

而现场拍摄的照片，能够快速地将事故现场的各种复杂痕迹、物证，清晰准确地再现。为事故分析、定责及诉讼提供准确、直观的参考证据。

四、交通事故现场勘验照片的要求

通常情况下，我们认为相机拍摄的照片自然具备"真实性"这一属性，这一点可以从成像过程中涉及的光学、光化学理论给出解释，但需要强调的是，在实际操作过程中，拍摄人员依然应该严格按照《道路交通事故现场勘验照相》（GA 50—2014）中规定的方法和要求，正确使用拍摄技术来获取现场照片。交通事故现场照片一般应具备以下性质：完整性、清晰、不偏色、不变形，拍摄立体物体时应尽量体现其"立体感"，对某些特殊材质的痕迹物证拍摄时应尽量体现其"质感"等，同时必须做到与勘查笔录及现场图的记录内容相一致，能够相互印证。

（一）完整性

所谓完整性是指记录交通事故现场状况的照片应能全面而无遗漏地记录现场的各种情况。交通事故现场范围有大、小差异，现场的状况有简、繁差异，但无论是什么样的现场，只要是与交通事故的发生有关，任何景物、痕迹、物证都属于拍摄的范围。在实际拍摄过程中，为了最大限度地达到此项要求，需要勘查人员灵活选择各种拍摄手段来达到拍摄目的。例如，拍摄较大范围现场的方位照片时，应根据情况尽量选择较远、较高能显示出现场环境特点的位置上进行拍照；拍摄较复杂的交通事故现场或痕迹物证时，可能需要采用相向交叉、连续、回转、分段、细目、俯视、远摄、近摄等不同的拍摄方法以达到"完整性"要求。

（二）清晰

保证拍摄画面清晰是对交通事故勘验照相的基本要求，要做到这一点需要勘验人员在拍摄过程中至少做好以下几项工作：

（1）设置正确的测光方式、测光位置及补光方式，保证画面曝光正常。

（2）设置正确的对焦方式及驱动模式，保证拍摄时对焦准确。

（3）保证照相机在拍摄过程中稳定，必要时可将照相机放置在三脚架或其他固定装置上进行拍摄。

（三）不偏色

色彩是照片的重要组成要素之一，照片拍摄的成功与否，色彩在其中起着很关键的作用。在日常拍摄过程中对如何控制色彩呈现并没有严格规定，但在交通事故现场照相中，由于其拍摄目的的特殊性，要求所拍摄的图像必须能反映出场景的真实状态，因此保证拍摄画面不偏色也是对交通事故勘验照片的基本要求。

（四）不变形

在交通事故现场勘验照相中，保证拍摄画面不变形主要体现在两个方面：首先，拍摄大场景照片时，获取的画面应符合正常的透视比例关系；其次，拍摄痕迹物证照片时，被摄物体与画面中的记录结果具有相同的几何形态，或满足技术鉴定对成像的相关要求。要达到上述要求，就需要现场勘查人员在拍摄过程中注意拍摄的角度、方向、高度、距离以及镜头焦距等因素的影响，不能使用艺术夸张、特技变形等手段拍摄。拍摄时慎用仰拍、俯拍、超广角镜头拍摄等，尽可能采用水平拍摄、垂直拍摄等方法。

（五）立体感

道路交通事故现场勘验照相中记录的被摄景物大都是三维立体的，因此要求记录结果具有"立体感"，或者使所拍摄的照片与被摄景物在"观感"上更接近也是一项自然的要求，但是，由于照片呈现的是二维影像，要在此基础上表现出三维世界的立体层次，则需要现场勘查人员掌握空间纵深感的表现手法，在拍摄过程中灵活运用光影、色彩、构图等技巧实现该目的。这对于现场勘查人员来说是一项较高的要求，如果做到这一点将会让勘验照片更具说服力。

（六）质感

所谓的质感是指被摄物通过摄影画面传递出其所具备的材质属性，这也是被摄物层次细节的直观体现。例如，拍摄金属物品时，画面能够传递出钢铁的坚硬冰冷感；拍摄丝织品时，画面能够传递出柔软顺滑的材质感，等等。使拍摄的画面具有质感也是一项较高的拍摄要求。

五、道路交通事故现场勘验照相的受理权限

随着高性能数码照相机的不断普及，现在能够完成一般照相工作的人员已经越来越多，但是并不是每个人都具有从事交通事故现场照相工作的资格，我国相关部门在多年前颁布的《现场照相、录像要求规则》（GA/T 117-2005）中对现场拍摄的受理权限就曾作出明确的规定：

（1）案件、事件发生后，有管辖权的公安机关的侦查技术部门承担案件、事件现场的拍摄。其他任何机关、团体、部门或个人都无权拍摄。

（2）案件、事件现场的拍摄必须由具有现场照相、录像技术资质的专业技术人员承担。

（3）与案件、事件当事人有利害关系的个人应自觉回避，回避条件应参照我国《刑事诉讼法》《民事诉讼法》等有关法律的规定执行。

随着我国市场经济的发展和法制建设的不断完善，人们的法律意识也在不断增强，运用法律的武器维护自己的正当权益已逐渐成为人们的共识。因此，作为法律尊严维护者的警务人员也应该做到与时俱进，在日常工作中不能游离于法制规范这个大环境之外，应时刻做到依法履行职责。

第二节　道路交通事故现场勘验照相常用器材

交通事故现场处于室外恶劣拍摄环境（如山区、雨雪天、夜间等）下的情况较多，为高质量地完成现场勘验照相任务，现场勘查人员应配备齐全的照相器材以满足现场勘验照相的各项需要。

一、现场勘验照相应配备的装备器材概述

现场勘验照相与在实验室内进行的物证照相有很大区别，现场勘验照相要求从事此项工作的技术人员，能够在交通事故现场实地解决遇到的大部分拍摄问题，能够在现场实地获取高质量的痕迹物证照片，而要实现这些目标就应配备必要的设备与器材。

（一）硬件设备与材料

1. 专业或准专业的数码单反照相机

照相机是现场勘验照相工作中最重要的设备，由于交通事故现场可能位于室外各种复杂环境中，因此用于现场照相的相机应具有极高的环境适应能力。通常情况下，建议使用单位至少要选用坚固耐用、性能可靠的准专业级数码单反照相机。老式的传统胶片单反照相机，虽然也可用于现场照相，但因其自身固有的缺点，已不适用于当前网络化的信息时代，已淡出现场照相领域，专业级数码单反照相机是最佳选择，但其价格较为昂贵，仅建议有能力的单位选配。

2. 镜头

镜头是相机的"眼睛"，只有配备合适的镜头才能发挥机身的优势，高效完成现场拍摄。对镜头的配备建议如下：

（1）广角变焦镜头。广角变焦镜头是现场照相中应用较多的镜头类型，尤其在拍摄大范围事故现场及近距离拍摄范围较大场景时，更能够体现出这类镜头的优势。例如，拍摄车内场景时，只有镜头的视场角足够大，才能一次性获得全面完整的画面。当然，这类镜头也有一个我们不能忽视的缺点，那就是取景画面的边缘区域可能会出现明显的变形现象，因此在使用这类镜

头拍摄时一定要注意对取景范围的选取——将要表现的重要区域尽量放置在画面中间。以佳能品牌为例，这类镜头推荐选择如下两个型号：佳能 EF 16-35mm f/2.8L、佳能 EF 17-40mm f/4L。

（2）标准变焦镜头。标准变焦镜头是现场照相的必配镜头，其变焦范围在 40~70 毫米（等效焦距）。标准变焦镜头具有画面变形小，透视效果和人目视观察相近等优点。标准变焦镜头在现场拍摄中的使用频率最高，几乎适合拍摄各种现场照相内容。

（3）微距镜头。微距镜头也是现场照相的必配镜头。该类型镜头主要用于拍摄细小痕迹物证。例如，指纹、车体痕迹等细节特征。专业的微距镜头是获取高质量痕迹物证影像的有力保障，从事现场勘验照相工作的技术人员均应配备相应型号的微距镜头。

（4）长焦变焦镜头。长焦变焦镜头的变焦范围在 200~600 毫米（等效焦距），此类镜头主要用于拍摄难以近距离接近的景物或痕迹物证。例如，坠落在山崖下的车辆残骸、正在燃烧（爆炸、毒气泄漏）的车体等。这类镜头虽然在交通事故现场拍摄中使用率较低，但有条件的部门应该配备一款此类镜头，以备不时之需。

3. 三脚架

"机震"和"手震"在手持相机拍摄过程中会经常出现，特别在拍摄夜间交通事故现场时，上述现象对成像画质的影响更为明显，而降低该影响的有效方法就是将相机固定在稳固的三脚架上拍摄。挑选三脚架时，建议选择带有低角度拍摄功能的三脚架，这类三脚架与常规三脚架相比适用范围更广。

4. 光源

照相本身就是一门利用"光影"进行创作的技术，合适的光源是保障现场拍摄质量的前提条件。在现场照相中应配备的光源主要有闪光灯（闪光指数 GN40 以上）、现场勘查灯等。

5. 比例尺

比例尺是痕迹物证拍摄中必不可少的辅助材料，其主要作用是标示出被摄痕迹、物证的尺寸大小，它们也可以为后期的影像调整提供参考依据。比例尺的种类较多，常见的包括：黑白比例尺、彩色比例尺、透明比例尺、校正比例尺等，此外还有用于大型痕迹物证拍摄的钢卷尺、皮尺等。

6. 滤光镜

滤光镜是实现分色、加强反差等特殊拍摄效果的重要辅助器材，现场照相应备有密度不同的红、黄、蓝、绿系列的有色滤光镜，还应配备红外、紫外、偏振、色温转换滤光镜等特殊滤镜。

7. 指南针或定位仪

在进行户外现场拍摄时,指南针和定位仪可以帮助我们准确确定现场所处位置及拍摄方向等信息。

8. 其他附属设备

现场照相需配备的器材种类很多,除上述主要器材外还有许多其他类型附属设备。例如,定向反射镜、背景幕布、柔光罩、反光板、遮光板、手套、可充电电池等。

上述器材设备是现场照相技术人员能够顺利完成本职工作的必要保障。在现场拍摄过程中可能用到的拍摄器材较多,因此对于现场照相设备及器材的管理,也应建立一套规范化的管理制度。

（二）现场勘验照相器材的管理

（1）现场照相设备、器材应有序放置在专用的包、箱中,接到出警任务时可以立即出发。

（2）设备器材的使用人员,应经常检查设备器材的可靠性、完备性和有效性,发现问题及时处理。

（3）如果设备器材或耗材为多人共用,应指定专人负责日常维护和补充,出现问题时及时处置并通报相关同事,以免影响勘验照相工作。

二、机身

（一）单反照相机的机身结构

单反照相机的全称是"单镜头反光式照相机",英文缩写为"SLR"（该英文缩写取自如下三个英文单词 Single（单独）、Lens（镜头）、Reflex（反光））。在数码单反照相机出现之后,英文缩写变为"DSLR",其中字母 D 取自英文单词 Digital（数码）"的首字母。单反照相机从产生之初到现在,其性能可以说是发生了质的改变,但任何一家厂商的产品只要称为"单反",其主体结构均如图 8-1、图 8-2 所示。

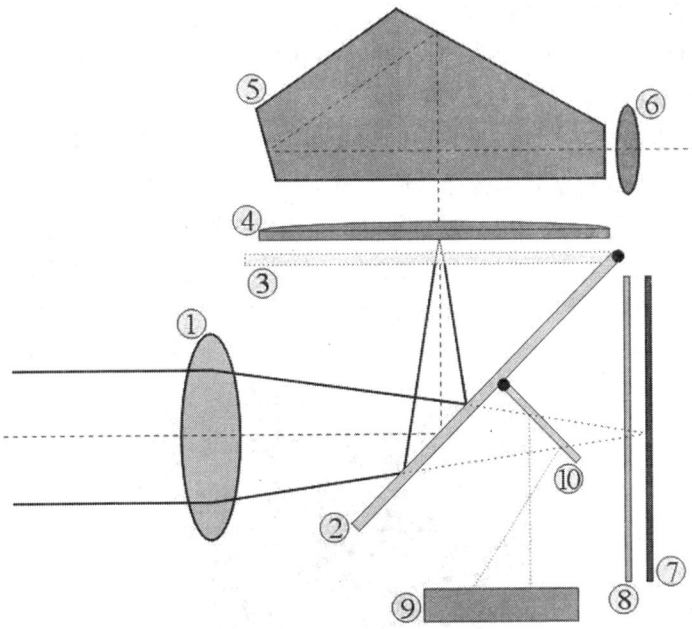

①镜头 ②反光镜 ③反光镜在照相机拍摄时的位置 ④对焦屏 ⑤五棱镜 ⑥取景器
⑦图像传感器（CCD 或 CMOS 等）⑧快门帘幕 ⑨自动对焦检测模块 ⑩中继镜

图 8-1　单反照相机主体结构

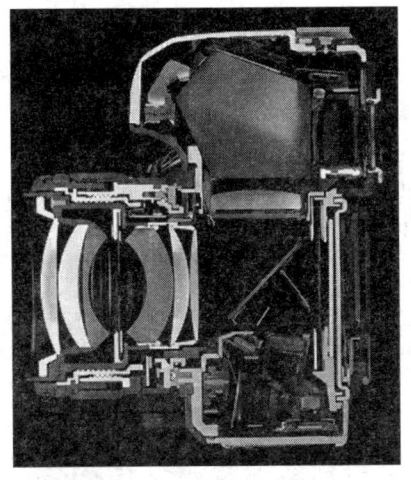

图 8-2　单反照相机实物剖面图

1. 单反照相机的关键结构

单反照相机的外观千差万别，但不论其外观形态表现为何种样式，在其结构中一定要具备以下几个关键结构。

（1）可更换镜头。单反照相机的镜头可以根据需要随时更换，这为拍摄者在记录不同场景时根据需要选择合适的镜头完成拍摄提供了条件。目前有一种被称为"类单反"的照相机，它们和单反照相机在外观和使用方法上非常相似，但内部结构却有本质的不同，不能更换镜头就是它们之间的主要区别之一。

（2）反光镜。拆下单反照相机的镜头，首先看到的就是一块成45°角放置的反光镜，它的作用是将镜头结成的影像垂直向上反射，如图8-3所示。

图8-3　单反照相机中的反光镜

反光镜是一片表面镀有银色反光物质的玻璃，其中央部分是"半反半透镜"。透射过去的光线经过后面的中继镜反射后，照射到照相机底部的"自动对焦检测模块"，用来自动对焦或测光等。当按下快门按钮时，反光镜会向上弹起，让出光路后，随后快门打开，光线到达焦平面进行曝光。曝光过程结束后，反光镜即返回到原来的位置。

（3）对焦屏。对焦屏（如图8-4所示）的作用是检验调焦的准确性。在未曝光之前，对焦屏代替焦平面用来对焦。当对焦准确时，对焦屏上会出现清晰的影像。

图8-4　对焦屏所在位置

单反照相机的对焦屏可以拆卸更换（如图 8-5 所示）。根据拍摄对象的不同，我们可以选择不同类型的对焦屏辅助对焦操作。

图 8-5　对焦屏实物

（4）五棱镜。在机身的最上部有一个非常重要的部件被称为五棱镜（如图 8-6 所示），它的作用是将对焦屏上的影像垂直转向，使拍摄者看到的影像和拍摄的对象方向相同。在专业单反照相机上，五棱镜通常是由一整块实心的玻璃经过切削研磨而成的。五棱镜的外表面（与对焦屏和取景器相接的两个表面除外）会镀上反光材料，使其内部形成效率极高的全反射（如图 8-7 所示）。优质的五棱镜造价昂贵，而且比较沉重。

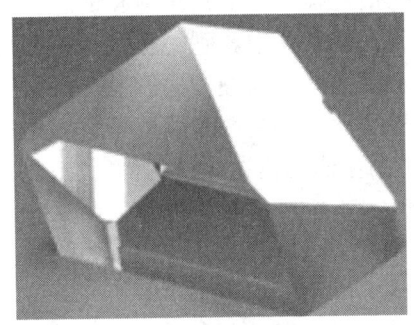

图 8-6　五棱镜实物

图 8-7　光路图

一些低端单反照相机为了降低成本并减轻机身重量，通常采用五面镜代替五棱镜，五面镜的缺点是反射率稍低，亮度不及光学玻璃材质的五棱镜。采用何种类型的反射镜，也是衡量数码单反照相机档次的重要依据之一。

2. 单反照相机工作过程

使用单反照相机进行拍摄时，照相机的工作状态包括"取景"和"拍摄"两种。当照相机处于取景状态时（如图 8-8 所示），透过镜头的光线被反光镜向上反射到对焦屏，并结成影像，该影像经过五棱镜的二次光路调整后，拍摄者可以在取景器中看到被摄景物的正常影像。而非单反类数码照相机通常只能通过液晶屏（LCD）或是电子取景器（EVF）看到所拍摄的影像。从使用角度来说直接看到被摄景物影像比通过照相机处理后看到影像更利于拍摄。

当照相机处于拍摄状态时（如图8-9所示），反光板向上翻起，快门开启，透过镜头的光线照射到焦平面形成影像。

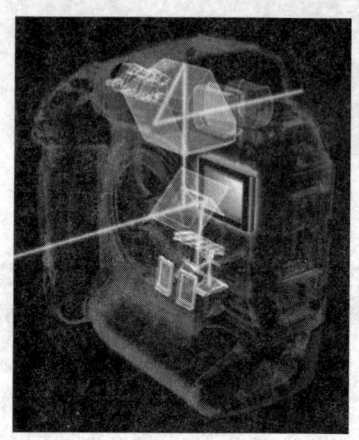
图8-8 取景状态

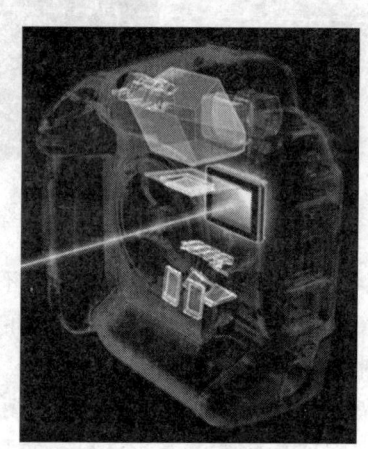
图8-9 拍摄状态

单反照相机的上述工作流程保证了拍摄过程中的取景构图和最终结成影像都是通过同一个镜头完成的，也就是说，取景器中看到的影像和拍摄得到的影像是一致的。这种设计方式可以保证最大的拍摄便利，但也正是由于设计的原因，很多单反照相机的视场率（视场率全称为取景器视场率，是从取景器中看到的景物范围和实际拍摄景物范围的比值）仅在90%-95%，因此拍到的景物范围比实际看到的可能会大一些。专业的单反照相机的视场率通常为100%，即看到的和拍到的景物范围是一样大的。

（二）快门

快门是照相机内部控制曝光时间的一种装置，在实际使用中它和光圈相互配合共同控制拍摄时的曝光量。

1. 快门速度

快门的度量单位是"秒"，标准快门时间的表示方式如下：

$$t = \left(\frac{1}{2}\right)^n \quad (n = 0、\pm 1、\pm 2、\pm 3 \cdots) \tag{8-1}$$

为方便记忆，在实际使用中通常将数值修正为以下序列值：

…4、2、1、1/2、1/4、1/8、1/15、1/30、1/60、1/125、1/250…

上述数值在照相机上标记时还可能会进一步简化，快门数值小于一秒的用分母来表示，如果快门速度大于一秒的直接用整数来表示，并在右上角增加一个"秒"标识；

…4"、2"、1"、2、4、8、15、30、60、125、250…

显示方式如图8-10及图8-11。

图8-10　传统照相机快门速度拨盘　　　图8-11　快门速度的数字显示

数码照相机出现以后快门速度的设置更加细化，出现了半档快门甚至三分之一档快门。快门速度的这种变化使得对曝光量的控制变得更加精确。以佳能5d照相机为例，该照相机能够设置曝光时间如下所示：

30"、25"、20"、15"、13"、10"、8"、6"、5"、4"、3.2"、2.5"、2"、1.6"、1.4"、1"、0.8、0.6、0.5、0.4、0.3、4、5、6、8、10、13、15、20、25、30、40、50、60、80、100、125、160、200、250、320、400、500、640、800、1000、1250、1600、2000、2500、3200、4000、5000、6400、8000。

目前主流数码单反照相机的最长曝光时间为30秒，如果还需要更长的曝光时间就需要启动B门功能。使用B门的时候，按下快门释放按钮，快门便开启，直至松开释放按钮或再次按下快门按钮，快门才关闭。B门是专门为长时间曝光设定的快门，它理论上的曝光时间可以是无限长。数码单反照相机的图像传感器为电子元件，长时间曝光会使画面的电子噪声急剧增加，从而降低画面质量，因此使用数码照相机在非必要情况下尽量不用B门长时间拍摄。

2. 快门的种类

数码照相机中使用的快门种类有很多，根据不同的分类方式可划分为多种类型。根据快门的工作原理进行分类，可分为机械式快门、电子快门以及混合快门三种类型；根据快门所在位置进行分类，则可分为焦平面快门、镜间快门、镜前（后）快门等。下文仅就数码单反照相机中最常见的"焦平面快门"及中画幅数码照相机中较常见的"镜间快门"进行简要介绍。

（1）焦平面快门。焦平面快门位于照相机机身内部，由于安装位置靠近焦平面而得名。焦平面快门通常由多块帘幕组成，快门释放时，前后帘之间形成一定的缝隙，此缝隙以一定的速度在图像传感器（CMOS 或 CCD）前面划过，完成曝光。缝隙的宽窄可以调节，以实现不同的曝光时间。焦平面快门按照运动方向的不同分为横走式和纵走式两种类型，目前主流数码单反照相机中使用的均为纵走式焦平面快门，如图 8-12 所示。

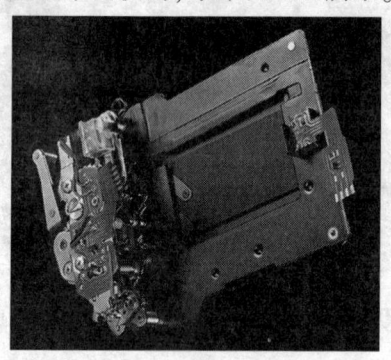

图 8-12　焦平面快门

（2）镜间快门。镜间快门（如图 8-13 所示）通常出现在中画幅照相机的镜头内部，主要有勃朗特和康柏两种型式。镜间快门通常由一系列薄钢叶片组成，快门释放按钮触发一根弹簧使叶片在曝光期间开启，曝光结束后闭合。镜间快门位置与光圈位置非常接近，快门开启时整个画面同时获得曝光，而且不会产生耀斑。由于这种快门结构较合理，因此得到广泛应用。

图 8-13　哈苏 XCD 镜头的镜间快门组件

镜间快门的特点是使用闪光灯时不受限制，而且拍摄高速移动物体的时候，不会产生变形，但会影响通光量，造成曝光不准。例如，光圈大、速度高的时候，总通光量会小于光圈小、速度低的总通光量。

（三）照相机中的"感光材料"

在传统照相机盛行的年代，照相机中用来记录影像的载体为各式各样的胶卷。在光线的照射下，胶卷中的感光物质会发生光化学变化，从而记录下被摄景物的"潜影"，而潜影还需要经过"显影"及"定影"等一系列操作后才能得到被摄景物的"负像"，即负片。在多数情况下，负片并不是我们期望得到的最终结果，通常还需要将负片冲印以后才能得到我们希望看到的照片，即正片（如图8-14所示）。

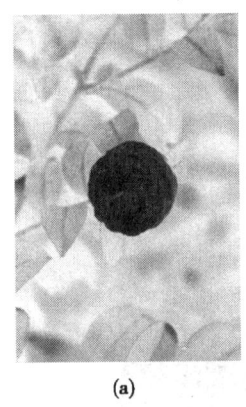 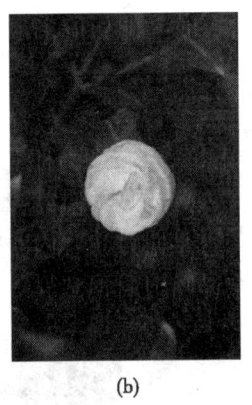

图8-14　负片效果（a）和正片效果（b）

进入数码时代之后，图像的获取变得简单许多。数码照相机上的液晶屏会让我们在第一时间获知影像的记录效果，而这一切主要得益于新型感光材料图像传感器的研发成功。图像传感器主要由硅元素制成的光敏单元构成，在光线照射下它们会把光信号转变为模拟电信号，之后电信号经过放大和模数转换等一系列处理，实现图像的获取、存储、传输、处理和复现。

1. 图像传感器种类

目前在数码照相机中应用最多的图像传感器有两种，它们分别是CCD和CMOS（如图8-15所示）。CCD的全称中文译为"电荷耦合元件"。CMOS的全称中文译为"互补金属氧化物"。除了上述两种主要的图像传感器之外还有松下的LiveMOS及富士的SuperCCD等。上述图像传感器虽然从技术角度各有优缺点，但对于大多数使用者来说都已是成熟产品，不论照相机中安装的是何种传感器，它们都可以出色地获取被摄景物的影像。

图 8-15　CCD 和 CMOS

除了应用于民用照相机的通用型图像传感器外，在刑事照相领域还有几种特殊的图像传感器。例如，能够感受紫外影像的 CCD（如图 8-16 所示），能够采用"紫外方法"拍摄用常规方法难以拍摄清楚的痕迹。

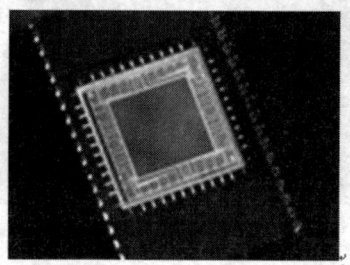

图 8-16　紫外 CCD

除了能够感受紫外影像的 CCD 外，还有一种"全波段 CCD"，图 8-17 所示为美国 FLI 公司出品的全波段数字照相机，该照相机中安装的 CCD 可以感受从紫外到红外波段的广阔光谱范围，配上石英镜头就可以拍摄紫外影像，配上普通镜头可以拍摄红外影像，这种照相系统的出现使传统单反彻底退出现场照相领域又进了一步。

图 8-17　美国 FLI 公司制冷型全波段 CCD 系统

其实普通的 CCD 大多能感应红外线，但普及型数码照相机通常却不具备红外影像的拍摄能力，其原因在于红外线对于可见光照相来说是一种干扰光线，它会干扰照相机内的 DSP（影像处理主芯片）的运算使获得的影像出现"偏色"，因此普通数码照相机在设计时会在 CCD 的前面加上一块"红外截止滤光镜"（如图 8-18 所示），将红外线滤除。

图 8-18　图像传感器前的滤镜

对可见光照相有害的红外线和紫外线，在特种照相领域却可以发挥出难以替代的作用，人眼很难分辨的血迹、子弹残留物、被破坏或删除的笔迹等都可以通过特种照相的方法加以还原。例如，富士 FinePix S3 Pro UVIR 单反照相机在设计时就把红外和紫外滤镜去除而用一块保护玻璃代替，因此该照相机能拍摄到肉眼不能见到的红外和紫外影像（如图 8-19 所示）。

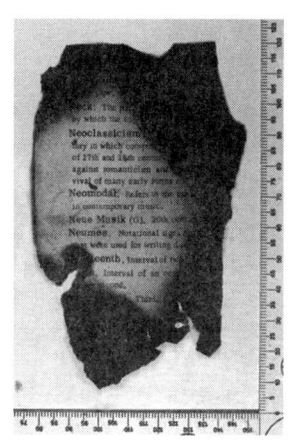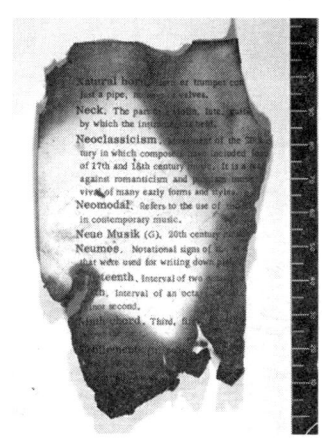

图 8-19　可见光及红外拍摄实例

2. 图像传感器的技术指标

图像传感器是影响成像质量的重要部件之一，衡量图像传感器品质的技术指标有很多，其中包括像素数、尺寸、灵敏度、信噪比等。对于从事现场照相的技术人员来说,应该掌握前两个指标对拍摄的影响,并了解其他指标的含义。

(1) 像素数。数码照相机的像素数是指其图像传感器上光敏元件的数量,一个光敏元件对应一个像素。像素越大,意味着光敏元件越多,相应的成像质量也就越好。目前主流数码单反照相机的像素数均超过 2000 万。

像素数分为"最大像素数"和"有效像素数"两种。最大像素数有两种解释,一种是感光元件上集成的像素总量;另一种是该图像传感器能获得的最大图像的像素个数,需要强调的是该图像中的部分像素值可能是插值得到,在输出图片的时候,其画质的减损往往会十分明显。与最大像素数不同,有效像素数是指真正参与感光成像的像素个数。以尼康 D3X 为例,其配备的一块尺寸为 35.9×24mm 的 CMOS 传感器,最大像素为 2572 万,有效像素为 2450 万,最大可以拍摄出 6048×4032 像素分辨率的照片。

(2) 尺寸。图像传感器的尺寸标注有两种方式,一种以"英寸"(in)为单位,另一种以"毫米"(mm)为单位。目前业界通用的规范是"1 英寸=长 12.8mm×宽 9.6mm=对角线为 16mm 对应面积"。消费型数码照相机的种类繁多,习惯以"英寸"为单位,传感器的长宽比为 4:3,比较常见的尺寸规格有:4/3″、CX、2/3、1/1.7″、1/2.3″等。数码单反照相机的图像传感器尺寸通常较大,习惯以"mm"为单位,常用数码照相机感光器件尺寸如表 8-1 所示。

表 8-1 常用数码照相机感光器件面积对比

序号	画幅	尺寸 (mm)	长宽比	面积 (mm2)	面积比 (%)	焦距转换系数
1	全画幅	36×24	3:2	864	100	1
2	APS-H	27.9×18.6	3:2	518.94	60	1.4
3	APS-C	23.6×15.6	3:2	368.16	43	1.5
4		23.6×15.6	3:2	365.04	42	1.5
5		22.3×14.9	3:2	332.27	38	1.6
6	4/3″	17.3×13	4:3	224.9	26	2
7	CX	13.2×8.8	3:2	116.16	13.4	2.7
8	2/3	8.8×6.6	4:3	58.08	6.7	4
9	1/1.7″	7.49×5.52	4:3	41.44	4.8	4.8
10	1/2.3″	6.17×4.55	4:3	28.07	3.2	5.6

感光器件尺寸是我们判断照相机成像质量的辅助参考。根据感光元件制造理论，在像素数相同的情况下，传感器的尺寸越大，每个光敏单元接受的光线就越多，形成的图像质量也越好。

现在越来越多的液晶屏生产厂商为了满足人类的视觉比例，已经从传统 4∶3 规格逐渐走向 16∶9/16∶10 甚至更宽广的界线。但数码照相机领域只有少数特殊机型和配备专业数字后背的中画幅照相机才享有此待遇，更多的数码照相机甚至专业 135 数码单反照相机依然采用 20 世纪 60 年代就已制订的 4∶3 标准的图像传感器。分析其中的原因主要是该方面设计的改变不仅会影响成本，也会牵动后续照相机与镜头的设计。

三、镜头

镜头是照相机的"眼睛"，作为成像系统的核心组成部分，它直接关系到成像质量的好坏，因此对于现场勘验照相技术人员来说，系统掌握镜头方面的知识十分重要，只有功能强大的机身与合适的镜头相配合才有助于高效完成勘验照相任务。

（一）镜头的外观结构

不同镜头厂商的产品在内部机构及设计工艺上往往千差万别，外观表现也各有不同，但如果仅仅分析其操控方式，就会发现不同品牌镜头的使用方法十分类似。对于使用者来说，只要掌握了某一品牌镜头使用方法即可触类旁通。

1. 定焦镜头的外部结构

图 8-20 所示为尼康的一款 50mm 定焦镜头，为典型的双环结构，从外部结构看主要包括：调焦环，旋转该部件可完成调焦操作，使物像关系满足成像公式，达到清晰成像目的；光圈调焦环，旋转该部件将改变拍摄时光圈大小，该操作与快门调整相配合共同控制画面的曝光量。

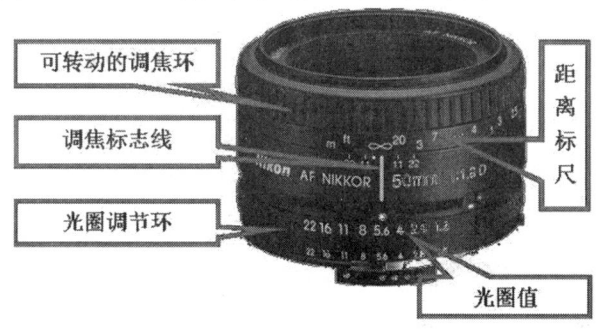

图 8-20　双环结构镜头示意图

图 8-20 中调焦环上的距离标尺与镜身上的调焦标志线相配合指示当前的拍摄距离；距离标尺、调焦标志线及其两侧对称的光圈刻度相互配合指示当前的景深范围。

图 8-21　Nikon AF 50mm F/1.8D　　　图 8-22　Nikon AF-S 50mm F/1.8G

图 8-21 和图 8-22 同样为 50mm 定焦镜头，但是，图 8-21 中的镜头在外观上与图 8-20 中的镜头类似，主要的改变出现在距离标尺的显示上，由原来的刻度模式变为"窗口"显示。图 8-22 中的镜头与前两款镜头最大的区别则是取消了光圈调节环，此类型镜头的光圈调节将由这款镜头的机身来完成。

2. 变焦镜头的外部结构

变焦镜头（如图 8-23 所示）和定焦镜头之间最大的区别有两处，首先是在结构上多了一个变焦环，通过旋转变焦环可以改变镜头的焦距值，进而实现取景范围等方面的变化；其次是变焦镜头上的"窗口"仅可帮助拍摄者获取"拍摄距离"方面的信息，而无法确定景深范围。除了上述基本结构外，一些专业的远摄（长焦）定焦镜头和远摄（长焦）变焦镜头在镜身上还会出现一些特殊的控制机构，这些控制机构可以在帮助拍摄者提高拍摄效率的同时保证拍摄质量（如图 8-24 所示）。

图 8-23　变焦镜头示意图

①对焦模式切换器 ②对焦限制开关 ③减震模式开关
④对焦操作选择开关 ⑤声音监控开关

图 8-24　Nikon AF-S 400mm f/2.8E FL ED

(三) 镜头的参数

1. 焦距

焦距是指镜头对焦至无限远时从透镜组的后节点到成像平面的距离。焦距是不同镜头间最重要的区别。通常情况下焦距对照相的影响有如下几个方面：

(1) 控制图像的放大比率。在其他拍摄因素不变的情况下，镜头的焦距值越大，画面中被摄主体的尺寸就越大。

(2) 影响视场角大小。视场角是指镜头调焦至无穷远时所能拍摄下的景物的空间角度范围。在其他拍摄因素不变的情况下，镜头的焦距越大，通过镜头可以看到的景物的空间范围越小，即视场角越小；镜头的焦距越小，通过镜头可以看到的景物空间范围越大，即视场角越大（如图 8-25 所示）。

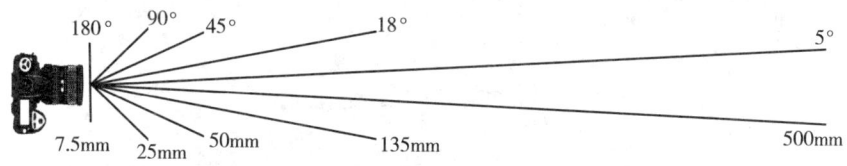

图 8-25　焦距与视场角的关系

(3) 影响景深大小。在其他拍摄因素不变的情况下，镜头的焦距越大景深越小（关于景深的详细介绍参见本章第三节）。

2. 光圈

光圈是镜头的重要组成部分之一，主要作用是控制单位时间内到达胶片或影像传感器上的光量大小，工作时它与快门相互配合共同控制所拍摄画面的曝光量。光圈通常由多个金属叶片组成（如图 8-26 所示），通过放大或是缩小通光孔径来控制单位时间内的进光量。

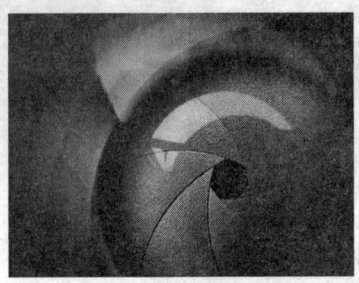

图 8-26　光圈叶片

（1）光圈系数/光圈值。光圈系数是衡量不同镜头的通光能力的一个标准参数，该数值通常用英文字母 F 来表示，也被称为光圈值或 F 系数。

光圈系数的计算公式如下：

$$F = [镜头焦距] / [入瞳直径] = f/d \tag{8-2}$$

从上面的公式可以看出光圈系数与通光孔直径互为倒数关系，也就是说 F 值越小，通光孔开口越大，单位时间的进光量也就越多（如图 8-27 所示）。

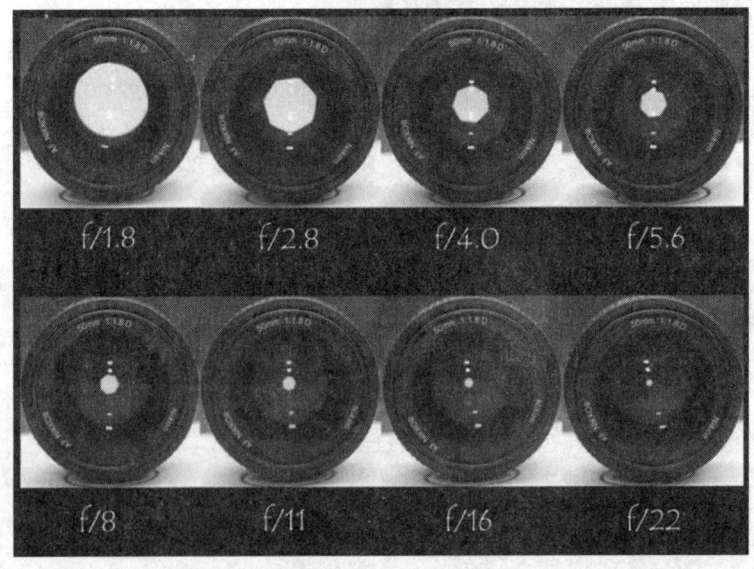

图 8-27　光圈数值与开口大小对应关系

通常镜头上标示的标准光圈系数为：F/1、F/1.4、F/2、F/2.8、F/4、F/5.6、F/8、F/11、F/16、F/22、F/32…光圈系数之间近似为 $\sqrt{2}$ 倍关系，通过

相关计算可以得出前一个光圈系数对应的开口面积为后一个的两倍（根据圆面积的计算公式，镜头通光面积与光圈系数比的平方成反比），也就是说单位时间内前一个数值的通光量为后一个的两倍，后一个数值的通光量是前一个的二分之一。现在多数镜头的光圈变化可以在上述基础上进行 1/2 档甚至 1/3 档步进（如表 8-2 所示），这使得对曝光的控制更加精确。

表 8-2　光圈系数表

标准光圈值	F/1.4	F/2	F/2.8	F/4	F/5.6	F/8	F/11	F/16	F/22
增加 1/2 档	F/1.4	F/2	F/2.8	F/4	F/5.6	F/8	F/11	F/16	F/22
	F/1.7	F/2.3	F/3.4	F/4.7	F/6.7	F/9.5	F/13	F/19	F/27
增加 1/3 档	F/1.4	F/2	F/2.8	F/4	F/5.6	F/8	F/11	F/16	F/22
	F/1.6	F/2.2	F/3.2	F/4.5	F/6.3	F/9	F/13	F/18	F/25
	F/1.8	F/2.5	F/3.5	F/5	F/7.1	F/10	F/14	F/20	F/28

在镜头上标注最大光圈系数是一种通行的做法，但很多情况下，镜头所能达到的最大光圈并非上述标准量值。例如，某些镜头的最大光圈为 F/0.95、F/1.2 等，它们的下一档才是标准的光圈值。

（2）光圈的作用。光圈是影响拍摄质量的重要因素之一，它不但会影响曝光量的设定，同时也会直接影响成像质量高低。

①影响曝光量。在曝光时间、感光度等参数不变的情况下，"光圈值越小"画面"越明亮"。

②影响景深。光圈值是影响景深的重要因素之一，在镜头焦距、拍摄距离不变的情况下，光圈值越大景深越大。

③影响成像质量。镜头在设计时存在一些难以根本解决的问题，如球面像差、彗形像差、像场弯曲、畸变及色差等。使用小光圈可以减轻球面像差和彗形像差的幅度，抑制像散，对清晰度有一定的改进。但随着光圈的缩小，光的衍射现象会愈发严重，这一现象会严重地损害镜头的解像力。因此，镜头的成像质量既不是光圈越小越好，也不是越大越好，而是两种因素的综合。绝大部分镜头的最佳成像光圈是镜头的最大光圈（最小光圈值）增加 2-3 档。例如，镜头最大光圈值为 F4，增加 2-3 档，即 F8 或 F11 为其最佳光圈。

（四）镜头的种类

与单反照相机配合使用的镜头种类非常多，最常见的分类方式就是根据镜头焦距的不同而进行的分类。

1. 定焦镜头

定焦镜头是指焦距数值固定不变的镜头，根据具体数值的不同又分为标准、广角、远摄（长焦）三大类。定焦镜头是镜头产品中非常重要的组成部分，为满足不同的拍摄需求，一些经过特殊设计的定焦镜头还时常被冠以独立名称以区别于其他镜头，如微距镜头、鱼眼镜头、移轴镜头等。

（1）标准定焦镜头（简称标头）。标准镜头（如图8-28所示）是指焦距长度接近或等于底片（传感器）对角线长度的镜头。以全画幅135单反照相机为例，其底片幅面为24mm×36mm，对角线的长度约为48.5mm，习惯上称这类照相机的标准镜头焦距为50mm。

图8-28　50mm标准镜头

画幅不同的照相机，标头的焦距也有所不同。例如，著名的120数码照相机哈苏H系列的"标头"焦距为80mm，4×5英寸的大型机为150mm。不同数码照相机的传感器尺寸差异非常大，但只要计算出传感器的对角线长度，就可以得出标准镜头的焦距。需要注意的是尽管不同画幅的照相机的标准镜头焦距不同，但它们的视场角却是基本相同的，都接近人类的正常视角45°至49°。因此，用标准镜头拍摄时画面的透视效果与我们直接用肉眼观察的较为接近，画面的感觉也很自然。

通常标准镜头均具有较高的成像质量、较小的透视变形、较大的大光圈。对于从事现场勘验照相工作的技术人员来说，应属于标准配备之一。

（2）广角镜头。广角镜头是指焦距短于标准镜头的镜头（如图8-29所示），这类镜头的视场角通常大于50°。与其他类型镜头相比，广角镜头可以在拍摄位置不发生变化的情况下获得更大的取景范围，因此在道路交通事故现场勘验照相中非常适用于车内等狭窄现场拍摄；由于焦距越小景深越大，因此广角镜头可在相同条件下获得更大范围的景深，这一特点被广泛地用于大范围场景的拍摄；广角镜头拍摄的画面会产生夸张的透视效果，压缩远景、突出近景，可以营造具有强烈视觉冲击感的画面；广角镜头较突出的缺点就是画面中的被摄物体会产生变形，而且越靠近画面边缘变形越大。

图 8-29　佳能 EF 24mm f/1.4L II USM

（3）长焦镜头。长焦距镜头是指比标准镜头的焦距长的镜头。这类镜头的视场角通常小于 50°。长焦镜头的视场角相对较小，拍摄时可以获取远处主体较大的画面而不干扰被摄对象。长焦镜头的这个特点使它在远距离侦查照相中得到广泛应用；长焦镜形成的景深相对较小，较容易实现主体清晰，背景虚化的画面效果；长焦镜头拍摄的画面同样会产生透视变化，但与广角镜头不同，长焦镜头的画面效果是突出远景、压缩近景；长焦镜头的影像畸变普遍较小，可广泛地应用于人像类影像的获取。

（4）微距镜头。微距摄影镜头是指无须安装近摄镜、近摄接圈或近摄轨道皮腔等近摄附件就能用来进行近距照相的专用镜头。微距镜头设计时就以拍摄微小被摄物或翻拍小画面物体为目的，这种镜头通常具有高分辨率、低畸变像差、高反差、极佳色彩还原等特点。微距镜头在近摄时具有较高的解像力，可在整个对焦范围内保持成像质量不发生太大的变化。

微距镜头在现场物证照相中具有广泛用途，它可以帮助现场照相人员高效完成现场微小物证拍摄，在保证拍摄质量的同时减少拍摄时间，微距镜头应为各类物证照相的标准配备。微距镜头上通常有"Micro"或"Macro"标志（如图 8-30 所示）。

图 8-30　佳能 100mm 微距镜头

放大倍率是使用微距镜头时必须掌握的一项重要参数。通常放大倍率是由焦平面所得影像和实物主体的比例来定义的，如 1∶1 或 1∶2，左边的数值代表焦平面上影像的大小，而右边的数值则代表实际主体的大小。如果镜头上有 1∶1 比例刻度，就意味着该镜头可将实物的真实大小完全投射在焦平面上。

（5）鱼眼镜头。鱼眼镜头是一种较极端的超广角镜头，以 135 单反照相机为例，焦距在 16mm 以下，视角在 180°左右的镜头就可称为鱼眼镜头（如图 8-31 所示）。

图 8-31　13mm 鱼眼镜头

鱼眼镜头的视场角很大，甚至可以达到 180°的拍摄范围；透视感获得极大的夸张；鱼眼镜头存在严重的画面畸变（如图 8-32 所示）；鱼眼镜头第一片镜片向外凸出，因此镜头前不能加装常见的滤镜，取而代之的是内置式滤镜。

图 8-32　鱼眼镜头拍摄画面

（6）移轴镜头。移轴镜头是一种设计比较特殊的镜头，以佳能 TS-E 系列镜头为例，该类型镜头具有其他镜头所不具备的倾角与偏移机构，而且对焦方式只有手动对焦一种。由于镜头的多个部位可以活动，因此相应配备了操作及锁定旋钮。移轴镜头有两种工作状态：

①倾角状态（如图 8-33 所示）可使镜头前面部分上下或左右倾斜。通过该功能可以控制合焦面，从而实现在大光圈下对主被摄体全面合焦。

图 8-33　倾角状态

②偏移状态（如图 8-34 所示）可使镜头卡口的前面部分整体上下或左右平移。通过该功能可以改变拍摄范围，获得与升高或降低拍摄位置一样的效果。

图 8-34　偏移状态

移轴镜头在拍摄时可以向各种角度和位置转动镜头，并以移动合焦面的方式对被摄体的形状进行补偿。移轴镜头可以用来校正画面的透视变形问题。在近距离拍摄高大物体的时候，由于被摄主体上部离镜头较远，会出现向画面中心汇聚的现象，也就是通常所说的"近大远小"。如果换上移轴镜头拍摄就可以避免这种情况的发生。拍摄时使镜头与成像平面形成一定夹角，使远处景物的缩放比率要大于近处景物缩放比率，即通过放大率的改变抵消了透视变形。移轴镜头可以控制画面的合焦范围。如果移轴镜头带有摆动功能，那么该镜头还可以通过反向移轴控制合焦的范围。此类镜头的镜身上有一条弧线和刻度，转轴附近还有一点平面，这都是为转动功能服务的。移轴加上摆动，可以使一个倾斜平面聚焦到焦平面上，从而使倾斜平面上的物体成像清晰。

2. 变焦镜头

变焦镜头是指焦距可以在一定范围内自由调节的镜头。变焦镜头也有类似于定焦镜头的分类方式，在日常使用中可以根据焦距范围的不同将变焦镜头划分为标准、广角、远摄（长焦）、跨区域变焦镜头几种类型。

（1）标准变焦镜头。如果镜头的焦距变化范围包括标准镜头焦距并且在靠近该焦距的范围附近波动，那么可将该种变焦镜头称为标准变焦镜头。标准变焦镜头不但使用方便，而且成像质量极佳，部分产品的成像效果甚至可以媲美定焦镜头。标准变焦镜头在现场、物证照相中的应用非常广泛,此类型镜头应为刑事照相领域的必配装备之一,如图8-35所示为一款著名的标准变焦镜头。

图8-35　Canon EF 16-35mm f/2.8L II

(2) 广角变焦镜头。如果镜头的焦距变化在广角范围内,即所有焦距值均小于标准镜头,那么该种变焦镜头可被称为广角变焦镜头。广角变焦镜头在现场照相中的应用也非常广泛,尤其在室内狭小空间的拍摄中更能发挥作用,该类型镜头应为现场照相必配装备之一。

(3) 长焦变焦镜头。如果镜头的焦距变化范围在标准镜头以外,那么该种变焦镜头可被称为长焦变焦头。一款高质量的长焦变焦镜头,有助于完成稍远一些场景的拍摄任务,该类型镜头在勘验照相中的应用虽然相对较少,但是有条件的单位同样应该配备。

(4) 跨区域变焦镜头。如果镜头的焦距变化范围既包括广角端,又包括长焦端,那么该种变焦镜头可被称为跨区域变焦头。该类型镜头最大的优点就是焦距变化范围极广,外出携带负担较小,可以实现"一镜走天下"。缺点是由于光学变焦比较大,在设计时很难兼顾成像质量,因此高质量的跨区域变焦镜头往往价格较高。

四、闪光灯

闪光灯是用于现场勘验照相的各类光源中最常见的一种,在现场光线无法满足拍摄需求时,闪光灯通常是我们能够顺利完成拍摄任务的有力保障。

(一) 闪光灯的主要参数

1. 色温

闪光灯的发光光谱均匀,显色性好,色温通常在5000~5500K。但是闪光灯的发光色温并非一成不变,随着闪光灯管的老化,发光色温会发生变化,多数闪光灯呈下降趋势。

2. 闪光覆盖范围

闪光覆盖范围是指闪光灯工作时投射光线的角度的大小。投射角度越大，光线的覆盖范围也越大，使用广角镜头拍摄时出现暗边（投射角度小时，闪光灯的光线覆盖范围小于镜头的拍摄范围，图像的边缘部分会因光线不足而发黑）的可能性也越低。由于镜头的焦距与视场角有着固定的对应关系，因此闪光覆盖范围也使用焦距值来表示。例如，用焦距为 50mm 的镜头拍摄时，所用闪光灯的覆盖范围也应当是 50mm。在实际使用中，闪光灯的覆盖范围通常稍大于所用镜头的拍摄范围，以免出现暗边现象。另外，如果使用和照相机配套的闪光灯，在镜头焦距发生变化时，闪光灯的闪光覆盖范围也会随之发生变化，该过程类似于"自动变焦"。

一些专业闪光灯还配有所谓的广角散光板（如图 8-36 所示），该装置可以使闪光灯的覆盖范围扩大。以 Canon Speedlite 580EX II 闪光灯为例，该闪光灯的原始闪光覆盖范围为可以匹配 24~105mm 的镜头焦距，抽出内置广角散光板之后的闪光覆盖范围可以扩展到 14mm。

图 8-36 广角散光板

3. 闪光指数

闪光指数（GN）是描述闪光灯发光强度的重要参数，是当照相机内的胶片（或感光元件）得到合适的曝光量时，照相机镜头的 F 光圈值与闪光灯到被摄体之间的距离 L 的乘积，即 $GN=F\times L$。通常闪光指数的计算以 ISO100 为基准，距离以米为单位来设定。例如，使用指数 GN=24 的闪光灯全光输出做主灯拍摄，感光度设定在 ISO100，拍摄距离为 3m，则正确曝光的参考光圈系数为 24/3=F8。需要注意的是，这一关系只适用于聚焦距离与闪光灯至被摄体之间距离相等时（即闪光灯插在照相机的热靴上）才有效。若是闪光灯离机使用，则必须加以修正。

当采用感光度为"ISO B"进行拍摄时，其闪光灯有效的闪光指数按下列公式来计算：

$$GN(B) = GN(100) \times [ISO(B)/ISO(100)]^{1/2} \qquad (8-3)$$

例如，使用感光度设定为 ISO200 的照相机和某个闪光指数为 32 的闪光灯配合拍摄，此时 B = 200，而闪光灯的实际有效指数为：GN（200）= 32×(200/100)$^{1/2}$ ≈ 45。

对于闪光覆盖范围可以变化的闪光灯而言，随着覆盖范围的不同，闪光指数也会随之改变。当焦距较长时，由于照射范围较小，指数也会相应增大。例如，Canon Speedlite 580EX II 闪光灯在 105mm 时的闪光指数为 58，而在 24mm 处只有 28，如果再打开广角散光板，则闪光指数变为 15。现在多数闪光灯用最长焦处（覆盖范围最小时）的数值来表示其闪光指数，在实际使用的过程中，应注意避免出现问题。

4. 闪光持续时间

闪光灯属于气体放电灯，当灯管内部的惰性气体受高压电场的触发，闪光灯瞬间发出极其强烈耀眼的白光，这就是拍照所用的闪光。其最大发光强度由灯管功率所决定。闪光灯发光，是在一瞬间把很高的能量发射出来的，所以它不能连续工作，否则闪光发出的强光和高热会造成器材的损坏，闪光瞬间的持续时间见表 8-3（数据以 Canon Speedlite 580EX II 闪光灯为例）。

表 8-3　闪光强度与持续时间对照表

闪光灯亮度	闪光持续时间
1/1	1/1000 秒
1/2	1/2000 秒
1/4	1/4000 秒
1/8	1/9000 秒
1/16	1/15000 秒
1/32	1/21000 秒
1/64	1/30000 秒
1/128	1/35000 秒

闪光灯只有发光和不发光两种状态，而没有发强光和发弱光的概念。只要闪光灯发光，其发光强度就是灯管功率所决定的最大发光值。当照相机的感光度、光圈、快门速度等参数相对固定之后，闪光灯会调整闪光的持续时间，达到控制闪光输出强度，控制合适的曝光量的目的。

5. 闪光同步速度

现代电子闪光灯的闪光持续时间通常在 1/1000~1/50000s，由于焦点平面快门的固有特点，要求使用闪光灯拍摄时，快门速度必须达到一定量值才能

"安全"拍摄,否则拍摄的照片就会出现亮度分布不均等现象。在实际使用中,根据照相机设置不同分为前帘同步、后帘同步、高速同步、低速同步四种。

(1)前帘同步及后帘同步。以全画幅照相机中常见的纵走式焦平面快门为例,由于闪光灯的闪光持续时间较短,所以要求在曝光时两层快门帘幕之间的宽度不能小于24mm(横走式焦平面快门为36mm)。即第一帘幕收缩到头,而第二帘幕正要开始展开,闪光灯才点亮,此时对应的快门速度被称为"闪光灯同步速度"。这种第一帘幕刚收缩到头就点燃闪光灯的方式被称为前帘同步;如果闪光灯是在第二帘幕开始展开前那一瞬间触发闪光灯的,则称为后帘同步。

前帘同步和后帘同步闪光会形成两种不同的拍摄效果。以夜景慢速曝光照相为例,拍摄的对象是夜间行驶的汽车。若采用前帘同步方式触发闪光灯,拍摄效果如图8-37所示;若采用后帘同步方式,拍摄效果如图8-38所示。

图8-37 前帘同步拍摄效果

图8-38 后帘同步拍摄效果

在常规闪光照相中（高速同步除外），若快门速度高于闪光灯同步速度，则帘幕之间的缝隙距离将小于24mm，此时拍摄必然导致被第二帘幕挡住的那一部分画面曝光不足。所以使用闪光灯时，其快门速度不能高于闪光同步速度。为了防止使用者在拍摄时操作失误，多数照相机在检测到使用闪光灯拍摄时，会将快门速度自动设置闪光同步速度，从而避免上述现象的发生。

在夜间照相时，若环境亮度很低，用闪光灯同步速度慢的照相机也可以进行所谓的"高速照相"，可以将一些高速运动的物体"凝结"在照片上。其原理是闪光灯的闪光持续时间很短，实际拍摄效果相当于用闪光持续时间作为快门速度进行曝光，高速的闪光持续时间取代了较慢的快门速度，实现了对高速运动物体的抓拍。

（2）高速同步。闪光灯高速同步又称为"FP闪光"。目前专业闪光灯都具备该功能，它可以使拍摄者在所有的快门速度下使用闪光灯。高速同步闪光模式是在快门帘幕速度过高而不可避免地以狭缝状态扫过片窗的过程中，让闪光灯连续地发出多个闪光脉冲，直到帘幕狭缝扫过整个画面范围，从而近似地达到同步效果。

高速同步在使用光圈优先模式下对人像进行填充式闪光特别方便。例如，拍摄逆光人像时，为了虚化背景要利用大光圈拍摄，配合高速的快门速度。如果使用没有高速同步的闪光灯补光就只能用较慢的快门而导致曝光过度丢失细节。使用高速同步模式就可以利用高速快门，达到拍摄的目的。在对快门速度的要求超过照相机的闪光同步速度时，使用自动FP高速同步在室外得到更高的快门速度，并且能够捕捉高速运动的物体的精彩瞬间（如图8-39所示）。

图8-39　高速同步闪光拍摄水滴

（3）低速同步。闪光灯低速同步也称为"慢闪同步"。以夜景人像拍摄为例，如果正常使用闪光拍摄会遇到近处的被摄主体通过闪光照明获得合适的曝光，但远处较暗的背景呈现曝光不足的问题。之所以会出现这种现象，是因为在正常闪光拍摄情况下，曝光时间会被自动设定为闪光同步速度的范围内，该数值通常在 1/60 秒至 1/300 秒，如此短的曝光时间根本无法保证远处较暗的背景获得合适的曝光。低速同步闪光的快门速度与是否打开闪光灯无关，即使打开闪光灯以后，仍然可以得到较长时间的曝光。这样一来，近处的被摄主体可以通过闪光灯获得足够的曝光量，而远处较暗的背景也可以通过延长曝光时间的方式获得足够的曝光量。需要注意的是，使用低速同步闪光时会导致较长的曝光时间，因此拍摄时一定要使用三脚架等固定装置辅助拍摄。

实现低速同步闪光的关键在于"低速快门+闪光"的组合。因此拍摄时可使用快门优先模式延长曝光时间，然后将闪光模式设置为"强制闪光"即可达到拍摄目的。数码照相机上的"夜景人像"场景模式，其实质就是利用此原理实现的。图 8-40 及图 8-41 就是普通闪光拍摄及闪光灯低速同步拍摄的实例。

图 8-40 普通闪光拍摄

图 8-41　低速闪光同步拍摄

6. 闪光灯控制模式

专业闪光灯具有多种控制模式，归纳起来主要有 M 模式、A 模式及 TTL 模式三种。

(1) M 模式。与照相机的 M 档类似，闪光灯的 M 模式为全手动模式。在该模式下使用者可根据拍摄需求设定 1/2、1/4、1/8 等不同量级的闪光输出。M 模式的优点是光量输出稳定，只要调整好数值就可以保证每次拍摄的闪光输出都是相同的量值，因此可做到对光线的精准控制。该模式在室内照相及广告照相中应用较多。M 模式的缺点是在拍摄前要调好相关参数，因此不适合光线会随机变化的拍摄场景。

(2) A 模式。A 模式也称为自动模式，该模式是出现时间较长的一种自动闪光模式。当使用 A 模式进行闪光拍摄时，闪光灯自带的测光系统会测量经被摄物体反射回来的光量数值，如果确认输出的光量达到 18% 灰的反光率水平，闪光灯就会自动停止闪光。A 模式是一种兼容性较强的拍摄模式，通常只要照相机具有标准的热靴底座，就能使用 A 模式拍摄。在使用 A 模式时需要注意该模式工作时是运用闪光灯上自带感应器测光，因此拍摄时要将主体放在画面中央，才不会造成输出量值的误判。

(3) TTL 模式。TTL 模式可以理解为"通过测量进入镜头的光量数值来指导闪光光量的输出"。当闪光灯采用 TTL 模式工作时，经物体反射回来光线会穿过镜头并经由照相机内部的测光系统进行测量，该测量数值会在照相机和闪光灯的内部控制芯片中共享，闪光系统会据此计算并控制闪光输出强弱。当光量达到拍摄需求时，照相机便会发射终止讯号给闪光灯，停止闪光输出。此模式是专门针对照相机而设计的，因此要求照相机具有相应的机构与闪光灯相互配合才能发挥作用。

在 TTL 闪光控制方式下，只要被摄物在闪光灯的有效范围内，操作者不用考虑闪光指数与光圈系数的关系，只要专心完成构图拍摄即可，因此会极大的提高拍摄效率。在 TTL 模式的基础上，一些主流的闪光灯生产厂商还开发出一些更先进的控制模式。

①E-TTL 是 Canon 在 1995 年发布的一种闪光控制技术。E-TTL 由主闪光泡发出一束已知亮度的低功率预闪，用以确定正确的闪光光量。它通过预闪测量景物的反射率，然后基于这些数据计算出达到中间影调所需要的闪光输出功率。与 TTL 闪光测光表不同，E-TTL 传感器设置在五棱镜的外壳内。E-TTL 较 TTL 优越之处是用于填充闪光。E-TTL 在白天照相时添加微妙和自然的填充闪光方面通常表现较好。E-TTL 曝光同时也与当前对焦点相关，理论上更易取得出色的曝光。

②Nikon 的 i-TTL 和 Canon 的 E-TTL 有部分相似，先是预闪进行大略的闪光量估算，然后测定合焦位置的主体亮度。当闪光灯发光时，照在主体的光达到应有的亮度后，E-TTL 就命令闪光灯停止闪光，而 Nikon 的 i-TTL 还会把距离信息代入运算作为修正，然后再命令闪光灯停止闪光，理论上更为精确。而这个距离信息的获得与对焦同步，所以不会耽误时间。

（二）闪光灯的种类

1. 内置型闪光灯

通常非专业级的单反照相机及普通民用便携式照相机上都有内置闪光灯（如图 8-42 所示）。该类型闪光灯由于设计时就与机身融为一体，因此携带非常方便。内置型闪光灯通常闪光指数较小，主要用于对近处物体拍摄时的补光。

图 8-42 内置闪光灯

2. 外置闪光灯

外置闪光灯一般是照相机生产商为其照相机产品专门定制的闪光灯。此类闪光灯闪光指数相对较大可以适用于更多的场景拍摄。该类型闪光灯与照相机间可以共享许多信息，实现照相机与闪光灯的相互控制。例如，闪光灯可以直接读取感光材料的感光度数值、镜头光圈数，较专业的闪光灯还可以与照相机共享拍摄调焦距离、镜头焦距等信息。外置闪光灯类型有很多，专业级闪光灯的闪光指数可达到 50 以上，佳能的 600EX-RT 型闪光灯（如图 8-43 所示）的闪光指数可达到 60。

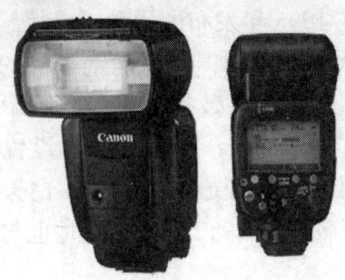

图 8-43　Canon Speedlite 600EX-RT 闪光灯

（1）普通型闪光灯。普通闪光灯就是单体外插式闪光灯。这类闪光灯通常插在照相机机身的热靴内使用，其发射的光线形成的是正面顺光的拍摄效果，在近距离拍摄时往往会减弱被摄物体的反差。在微距摄影中，由于镜头对闪光灯照射光路的遮挡，很容易使拍摄画面出现阴影，导致整个画面的曝光不均匀。为避免上述情况发生在进行现场痕迹照相时，可采用"离机闪光"的方式（如图 8-44a、b 所示）完成拍摄。

a 有线离机闪光　　　　　　b 无线离机闪光

图 8-44　离机闪光

（2）环形闪光灯。环形闪光灯（如图 8-45 所示）的闪光灯头与控制电路是分开的，闪光灯管连接在照相机镜头前端，控制电路部分则插在机身热靴上，中间通过软线连接。环状发光体能够类似手术台上的无影灯一样给被拍摄物体一个照射均匀、没有明显单方面阴影的光线环境。也有摄影师将大功率的环形闪光灯用在人像拍摄上，目的也是避免普通单点闪光灯直射后在人像后部留下一个明显的轮廓阴影。

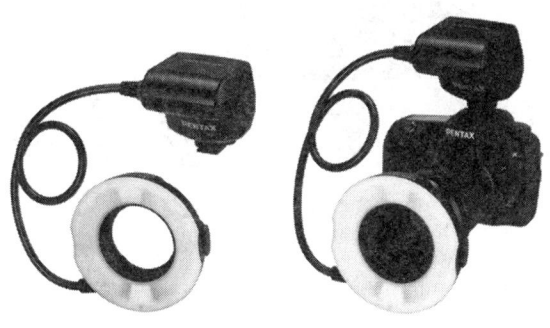

图 8-45　环形闪光灯

（3）微距闪光灯。微距闪光灯（如图 8-46 所示）的功能特点和环形闪光灯类似，主要区别在于灯头的设计方式不同，该类型闪光灯分为有线和无线两种。其中无线类型最为方便，使用时可根据拍摄需要灵活控制选择闪光灯的数目进行组合拍摄。

图 8-46　双头微距闪光灯

环形闪光灯和微距闪光灯在摄影中属于比较专业的设备，它们的最大特点就是使用方便、调节灵活，非常适合现场物证拍摄。在微距摄影中，其他普通现场照明光源也同样可以发挥作用，只要拍摄者能够根据环境的不同灵活设计光路，都可以满足拍摄要求。

3. 大型闪光灯

图 8-47　大型闪光灯

在民用摄影领域，大型闪光灯一般在照相馆、影楼、照相工作室等场合使用，在配备外置电源的情况下，这类设备也可以应用到户外现场领域。这类闪光灯的特点是输出功率特别大，通常以瓦特·秒（Ws）为单位来衡量闪光能量输出的大小，如果换算成闪光指数，有如下的近似关系：300Ws≈58、400Ws≈64、600Ws≈82、1000Ws≈100、1500Ws≈128 等。

五、三脚架

（一）三脚架的作用

1. 防止照相机抖动

防止拍摄时的抖动影响画质是三脚架最主要的作用。手持照相机拍摄时，如果快门速度设置较高，那么拍摄时照相机抖动所产生的影像模糊非常轻微，通常可以忽略不计。而快门速度较低时"重影"现象将难以避免。快门速度也是相对的，通常可用镜头焦距的倒数来衡量。例如，使用 200 毫米镜头拍摄时，为防止手颤而产生模糊，快门速度可以用该焦距的倒数，即 1/200 秒以上的快门速度拍摄。但在夜间、黄昏、黎明等光线较暗的环境中进行拍摄时，需要更低的快门速度，拍摄画面的清晰度更加难以保证，此时三脚架必不可少。

2. 有助于精确完成取景构图

现场摄影对画面的构图要求往往十分严谨。手持照相机拍摄虽然可以方便地设置曝光组合，但构图却容易变化，不易控制。如果在三脚架上完成此项工作，将给拍摄者提供稳定的平台，同时也可以减少拍摄时的体力负担。

3. 有助于严格控制景深

控制景深是拍摄物证类影像时必须要注意的一个方面。现在越来越多的技术部门都配备微距镜头来从事现场物证的拍摄，这类镜头的共同特点是景深较小,想要精确控制极其不易。使用手持照相机拍摄时,同时完成对焦、构图及景深控制将十分困难,如果在三脚架上完成此项工作将会轻松很多。

(二) 三脚架的材质

1. 木质

木质三脚架的选材多为珍稀木料,由于木质材料特有的韧性对快门震动吸收特别有利,所以很多使用大型座机的专业摄影师对木质三脚架情有独钟。

2. 铝合金

铝合金材质的三脚架坚固耐用且价格较低,但是由于重量较大,多数用于低端三脚架。

3. 镁合金

镁合金的强度要超过铝合金,价格比碳纤维要便宜,是目前三脚架中应用较多的一种材料。

4. 钢材质

钢材质脚架通常十分坚固耐用,但重量却是外出携带的一个负担,因此较适合在摄影棚内使用。

5. 碳纤维

碳纤维是一种高科技合成材质,它的优点是韧性高,重量轻,在同等承重的条件下,它的重量仅为铝合金的2/3,甚至更低;它的缺点是价格昂贵。

6. 玄武岩

著名三脚架生产厂商"捷信"开发的火山石系列三脚架,以自然界玄武岩为原材料,经过特殊加工技术制成,其性能可与专业碳纤维脚架媲美,而价格却更低廉,它的重量也只有铝合金的70%~80%。不过该种材质是否真正经久耐用还需要时间的考验。

7. 高科技合成材料

除了以上几种材料外,很多生产厂家也在不断寻找新的更适合制作三脚架的材料。例如,捷信"GT2340L"型号三脚架使用的就是一种被称为"Soulid 238"高科技合成材料制成的,该种材料比镁轻30%,且吸收震动能力优良,是一种轻巧且坚固的新材料。

(三) 三脚架的组成

1. 脚架

脚架部分是整个器材的主干,现在的脚架结构主要有两种(如图8-48所示),一种是最常见的三根支柱型,即三脚架;另一种是一根支柱型,及独脚架,这两种结构形式的普及率最高。

图 8-48 三脚架和独脚架

除了上述两种常规类型的脚架外，还有很多设计独特，非常适合特殊条件下拍摄的脚架结构，如图 8-49 所示：

图 8-49 曼富图多用途转动臂

2. 云台

云台是用于连接照相机与脚架进行角度调节的部件，最常见的云台种类是三维云台和球形云台。三维云台（如图 8-50 所示）在横向旋转、纵向俯仰和水平翻转三个方向分开调整，优点是定位精度高，承重大；缺点主要是 X、Y、Z 三轴分别设置了调节手柄，操作比较复杂，不利于抓拍。球形云台（如图 8-51 所示）与三维云台不同，一般只有球锁和旋转锁，优点是结构相对简单，可以固定在任意的角度进行拍摄，锁定和调整角度非常迅捷；缺点是承重偏低，通常难以承受专业机身及大型镜头的重量。

图 8-50　三维云台　　　　图 8-51　球形云台

为满足摄影需求，近年来一些厂商还推出了适合微距摄影的微距云台（如图 8-52 所示）和专门安装大型机身、长焦镜头的吊挂云台，又称悬臂云台（如图 8-53 所示）。

图 8-52　美国 RRS 微距云台　　　图 8-53　美国 CB Gimbal-LS Mount 悬挂云台

3. 水平仪

水平仪的作用是用来判断照相机是否处于水平或垂直位置，摄影用水平仪的种类很多，有的安装在云台上，有的安装在脚架上，还有一些独立的水平仪可以安装在照相机的热靴上（如图 8-54 所示）。

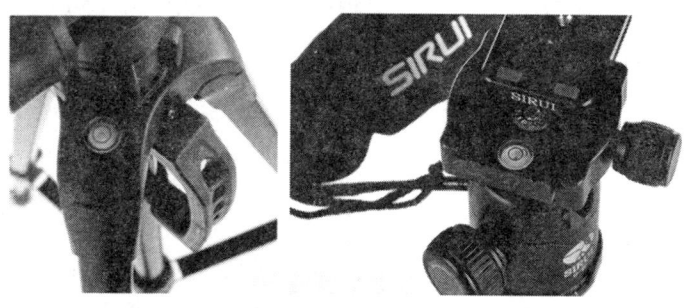

图 8-54　脚架及云台上的水平仪

4. 抓地钉

抓地钉是三脚架上用于提高抓地稳定性的装置，一般情况下的抓地钉都被设计成可伸缩的样式，在室内拍摄时可将其收起，以免划伤地面。在户外摄影时可将其伸出，使其尖端扎于土中以提高三脚架的稳定性。抓地钉的设计也有多种方式（如图 8-55 所示）：普通型、伸缩型、雪地型、长针型。

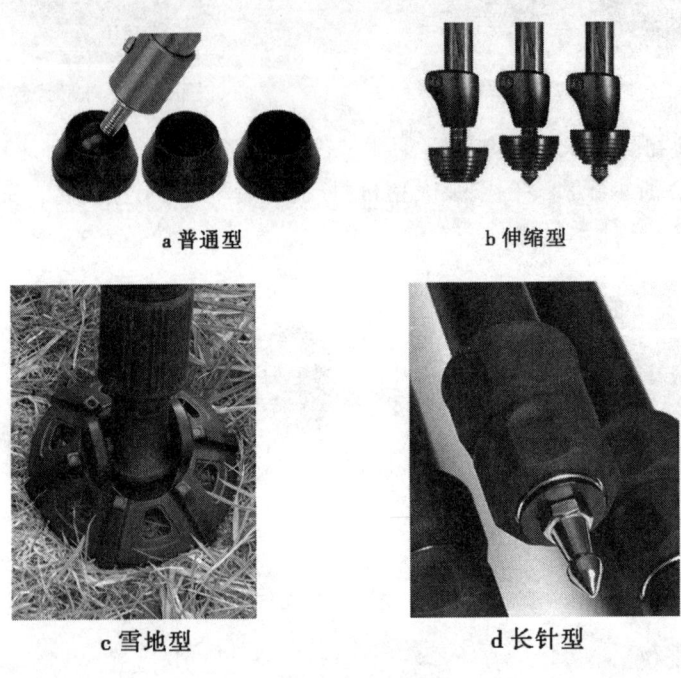

a 普通型　　　　　　　b 伸缩型

c 雪地型　　　　　　　d 长针型

图 8-55　抓地钉

5. 倒挂钩

分量较轻的三脚架可以减轻外出携带的身体负担，但这类三脚架通常稳定性较差，因此很多专业三脚架设计了挂钩和豆袋等装置增加配重以提高三脚架的稳定性（如图 8-56 所示）。

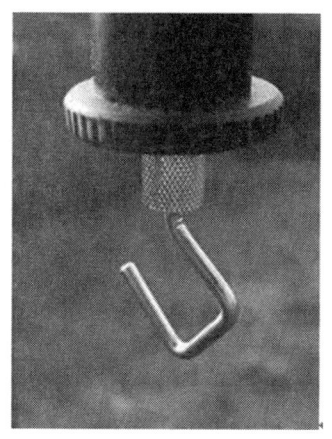

图 8-56　倒挂钩

（四）如何选择三脚架

1. 用途

三脚架的主要用途是稳定照相机，如果购买的三脚架主要用于随身携带外出现场拍摄，那么应该注重"轻便"与"坚固"，从这两方面出发，碳纤维和镁合金材质的三脚架应是首选，这两种三脚架的优点是重量较轻、材质坚固可靠、耐用性强，深受广大摄影技术人员的喜爱，缺点是价格偏高。铝合金三脚架价格稍低，可靠性也较好，只是重量稍高，适合低投入用户。如果购买的三脚架主要用于拍摄实验室内的物证，可选购重量大但稳定性和耐用性都较好的钢质三脚架和其他类型的重型三脚架。

2. 设计

在挑选脚架、云台等部件的时候，一定要仔细分析产品的设计特点，挑选出最适合自己工作需要的产品。例如，每种三脚架都有其能够达到的最低拍摄高度，部分为微距摄影设计的三脚架甚至可以将照相机降到贴近地面拍摄程度，此类三脚架也比较适合物证摄影使用（如图 8-57 所示）。

图 8-57　最低角度调节

第三节　道路交通事故现场勘验照相中常用的摄影技术

获得一张视觉效果良好的现场照片是对现场勘验照相人员的基本要求，但如果想做到这一点，必须把握好如下几项控制技术：曝光控制、影像清晰度控制、景深控制、色彩控制等。

一、曝光控制

曝光控制是照相中最重要的基本技术，一幅摄影作品成败的关键就在于对曝光的把握。在传统照相机盛行的年代，对曝光的解释是使感光胶片接受光线照射，在感光乳剂层中产生光化学反应，进而形成景物影像"潜影"的过程称为曝光。进入数码时代之后，对曝光又有了新的理解是让感光体受到一定光量的照射，并且形成影像的过程称为曝光。曝光的过程往往非常短暂，但就是这一瞬间却成为决定照相作品成败的关键。

（一）影响曝光的因素

从工作原理来说，控制光线照射感光元件的过程就是曝光，光圈、快门、感光度以及被摄景物的亮度分别从不同角度对这一过程产生影响。

1. 光圈

详见本章第二节"三、镜头"中的内容。

2. 快门

详见本章第二节"二、机身"中的内容。

3. 感光度

感光度是衡量感光元件对光线敏感程度的一种度量。感光度影响画面达到同样明暗程度所需要的曝光量，感光度越高需要的曝光量越小。在日常拍摄中，在曝光量保持不变（光圈快门不变）的情况下，感光度设置得越高，画面越明亮（如图8-58所示）。

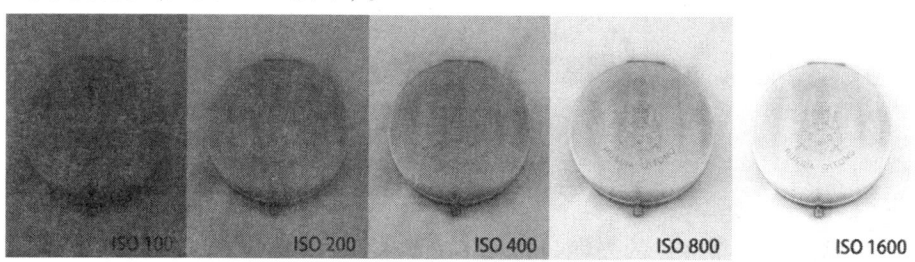

图8-58　曝光不变情况下感光度对画面的影响

目前感光度的国际通行标示方法为 ISO 值，如 ISO100。感光度设定可以在不改变光圈与快门组合的情况下改变画面明暗程度，因此感光度设定是影响画面视觉效果的重要操作。随着感光度数值的增加，画面噪点现象也会越来越严重，因此通常只有在对画质要求不高的情况下才进行高感光度拍摄。

4. 被摄景物的亮度

被摄景物的亮度对曝光的影响非常直接，如果被摄景物较亮，达到合适视觉效果需要的曝光量就相对较少；如果被摄景物较暗，达到合适视觉效果所需要的曝光量就较多。

上述四方面因素均是影响曝光的关键，除最后一项"被摄景物的亮度"在多数情况下无法直接控制外，快门、光圈、感光度均是照相机的常规设置选项，它们分别从不同角度影响着每次拍摄的效果。其中感光度影响每次拍摄所需要的曝光量，而光圈和快门则决定曝光量值的大小。曝光量本身是一个积累量，光圈和快门与曝光的关系就像用水龙头向杯子中注水。注满同样大小的杯子，如果水龙头开得越大（光圈大），则需要的时间越短（快门越快）；如果水龙头开得小（光圈小），则需要的时间就较长（快门较慢）。

(二) 曝光质量的技术评价标准

判断一幅照片拍摄质量的好坏有多种方式，拍摄需求不同，得到的结论也不同。现场照相可以使用以被摄景物细节再现程度作为标准，对拍摄质量进行评价。

1. 曝光适中

曝光适中（如图8-59所示）是指将原景物所有相对影调都能充分表现出

来的曝光程度。如果一幅照片曝光适中，那么画面的影调层次损失最小，不论在亮部还是在暗部都有丰富的细节体现。

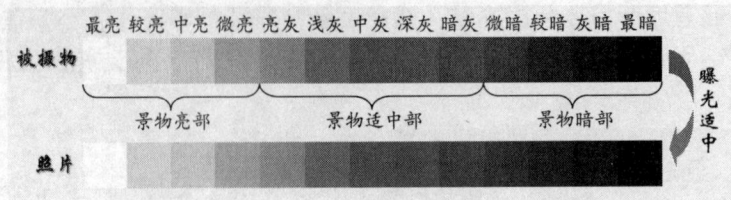

图 8-59　曝光适中

2. 曝光过度

曝光过度是指成像的光能量超过感光体表现景物中高光细节所需最大能量的曝光程度。图 8-60 为曝光过度两档的拍摄模拟图，在曝光过度的情况下，被摄景物的亮部细节损失最大，高光部分的三个影调层次被合二为一。对于景物暗部，虽然在记录效果方面存在偏差，但层次细节记录较好。

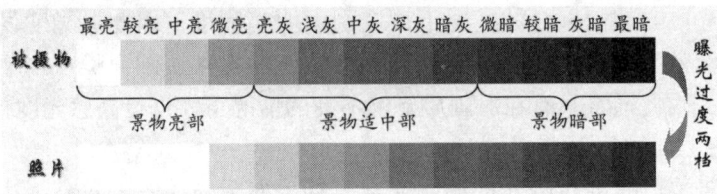

图 8-60　高亮度部分的三个层次被合而为一

3. 曝光不足

曝光不足是指成像的光能量不足以使感光体表现出景物中暗部细节的曝光程度。图 8-61 为曝光不足两档的拍摄模拟图，在曝光不足的情况下，被摄景物的暗部细节损失最大，较暗区域的三个影调层次被合而为一。对于景物亮部，虽然在记录效果方面存在偏差，但层次细节记录较好。

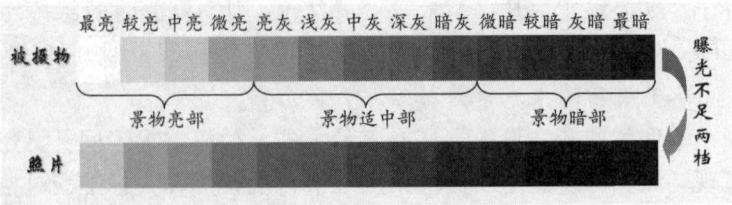

图 8-61　低亮度部分的三个层次被合而为一

使用数码设备拍摄的图像大都可以通过后期数字暗房技术的调节来弥补拍摄时的不足，但是对于曝光不合适的照片，暗部或亮部的细节层次的损失却是永久性的，即使后期处理可以改善整体视觉效果，但对于已经丢失的信息却没有办法挽回。因此，在拍摄时应尽量让拍摄的照片拥有正确的曝光，以确保完整地记录被摄物的细节。

(三) 照相机的测光原理及测光方式

1. 照相机自动测光原理

照相机测光的理论是建立在物理光学中对光线吸收与反射认知的基础上的。目前照相机生产厂商在设计测光机构时均假设所测光区域的反光率都是18%，然后通过这个比例进行测光后确定光圈和快门的数值。光圈和曝光时间是相互制约的，在同等的光照条件下，光圈开得越大，则曝光时间越短，反之亦然。

18%这个数值是根据自然景物中灰色调的反光表现来确定的，在大多数情形下这也是景物最适合观看的光影色阶。该原理为照相机自动测光铺垫了理论基础，但照相机的测光是精准而死板的。在测光范围内，如果景物光反射率超过18%，照相机就认为被摄景物太亮了，设定曝光时就自动减少曝光量，把曝光组合拉回来；如果被摄景物的反光率低于18%，就认为被摄景物太暗了，设定曝光时就主动增加曝光量。根据测光原理，测光时采用18%标准灰卡可以提高测光准确率。标准灰卡是一张8×10英寸的卡片，使用时将这张灰卡放在被摄主体附近代替被摄主体测光，随后只需要按照相机给出的光圈、快门值去拍摄，就可以得到曝光准确的照片了。

2. TTL测光

使用TTL测光拍摄时，半按快门启动照相机内部的测光功能，入射光线通过镜头及其他环节进入机身内置的测光感应器，这块测光感应器与CCD或者CMOS的工作原理类似，将光信号转换为电子信号，再传递给照相机的处理器运算，得到一个合适的光圈值和快门值。拍摄者完全按下快门时，照相机按照处理器给出的光圈值和快门值完成自动拍摄。"TTL测光"最大的优势是测得的通光量就是标准的曝光量。

3. 照相机的测光模式

数码照相机中常用的测光方式主要有点测光、局部测光、中央重点平均式测光、评价式测光四种。

(1) 点测光。点测光是所有测光方法中测光面积最小的，通常测光面积仅占取景器中央区域面积的1%~5%。点测光系统在工作时基本上不受测光区域外其他景物亮度的影响，因此对于复杂光线条件下测光具有较高的灵敏度和精度，如被摄物内光线分布不均而且反差很大，此时如果不用点测光，可能会造成需要表现的主体太亮或是太暗而丢失细节。选择这种测光方式要求拍摄者懂得选定反射率为18%左右的测光点，并能对高于或低于18%反射率的测光点进行曝光补偿。

点测光的测光点在取景区的中心（如图8-62所示），使用时需要把取景区中心点对准需要表现的主体来测光。如果需要表现的被摄主体并不在中心点，可以先用点测光的测光点对准表现主体进行测光，并使用照相机的曝光锁定功能锁定对主体测光的数据，然后重新进行构图、对焦完成拍摄。其示例如图8-63所示。

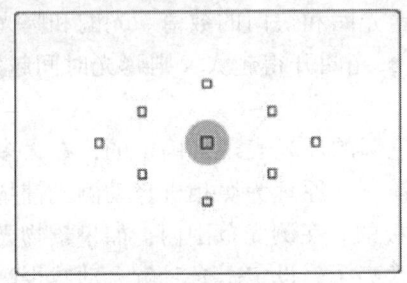

图8-62 点测光示意图

图8-63 点测光例片

（2）局部测光。局部测光仅对画面中央位置附近的局部区域进行测光，测光范围是取景面积的3%~12%（如图8-64所示）。该测光模式与点测光模式类似，只是测光区域更大。当被摄主体与背景有着强烈明暗反差，而且被摄主体所占画面的比例不大时，运用这种测光方式最为合适。局部测光能确保照相机更加准确地计算出画面中央主要表现对象所需要的曝光量。该测光方式在舞台演出、逆光等场景中应用较为普遍。其示例如图8-65所示。

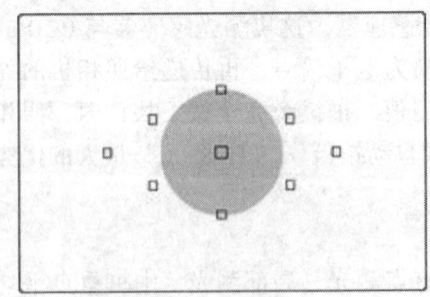

图8-64 局部式测光

图8-65 局部式测光

（3）中央重点平均式测光。中央重点平均式测光对取景画面中央区域的亮度情况重点考虑并兼顾周边区域的亮度分布（如图8-66所示）。中央重点平均式测光从拍摄习惯出发，考虑到多数拍摄者习惯将被摄主体放置在取景画面的中间，所以这部分拍摄区域的亮度情况也作为重点考虑。拍摄时负责测光的感光元件会将画面的各部分的测光值分别处置，中央部分的测光数据对最终曝光的影响较大，而对中央区域以外的测光数据影响较小。经过照相机的处理器对两部分数值加权平均之后，得到照相机的最终曝光数据。其示例如图 8-67 所示。

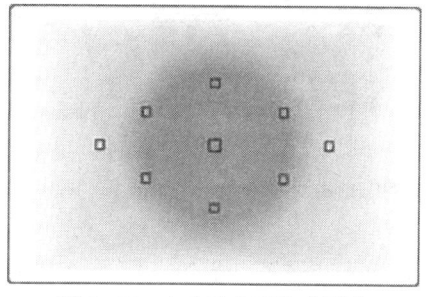

图 8-66　中央重点平均式测光

图 8-67　中央重点平均式测光

（4）评价式测光。评价式测光有多种其他称谓，如分区式测光、矩阵式测光、蜂巢式测光等。评价式测光是一种智能化较高的测光方式，与中央重点式测光最大的不同就是评价式测光将取景画面分割为若干个测光区域，每个区域独立测光后再整体加权计算出一个曝光值。不同照相机生产厂商设计的评价式测光的主要区别在于测光区域分布或者分析算法不同。测光准确、快速与否，不仅依赖于照相机本身的硬件性能，还和照相机的处理能力以及数据分析算法关系紧密。

评价式测光模拟了人脑对拍摄时经常遇到的均匀或不均匀光照情况的一种判断，即使对测光不熟悉的人，用这种方式一般也能够得到曝光比较准确的片子。这种模式更加适合于大场景的照片，如风景、团体合影等，在拍摄光源比较正、光照比较均匀的场景时效果最好。

（四）正确曝光

1. 选择合适的测光方式

数码照相机通常都具备多种测光方式，不同测光方式对拍摄的影响也不同，测光方式决定光圈和快门的具体数值，可以说测光方式是决定曝光准确性的关键因素之一。

（1）微距拍摄。图 8-68 中的蒲公英处于较暗的背景下，使用矩阵式测光得到的曝光量略高，造成画面中的蒲公英曝光过度细节不足（如图 8-68a 所示）；使用点测光，蒲公英曝光正常，很多细节得以再现（如图 8-68b 所示）。

a 矩阵式测光　　　　　　b 点测光

图 8-68　微距照相示例

（2）逆光拍摄。图 8-69 中的水杯处于逆光背景下，受较亮背景影响，使用分区式测光模式得到的曝光量偏低，造成主体曝光不足（如图 8-69a 所示）；采用点测光方式靠近被摄主体测光，主体曝光正常，但会导致较亮背景曝光过度（如图 8-69b 所示）。

a 分区式测光　　　　　　b 点测光

图 8-69　逆光拍摄示例

（3）多种测光方式比较。比较图 8-70 中的图片，点测光方式获得的曝光最准确；由于柱子在画面中所占比例较大，采用中央重点平均式测光，获得的曝光也基本准确；评价式测光获得的曝光不当，照片明显曝光不足；平均式测光获得的曝光最不准确。

| a 点测光 | b 中央重点平均式 | c 评价式测光 | d 平均式测光 |

图 8-70 多种测光方式比较示例

点测光模式只针对取景器内很小的范围进行测光。因此只针对关键点进行测光，能够很好地表现被摄对象。如果被摄体明暗差别十分大或者拍摄主体很小时，使用评价式测光将无法正确测量被摄体的亮度，这时就应该使用点测光模式。利用点测光方式同时配合自动曝光锁定功能，测光的精度就会大大提高。而在评价式测光模式下，照相机会针对画面整体的亮度进行运算，即使使用自动曝光锁也只是得到根据整个画面亮度计算出的曝光值，很难控制基准点的亮度。点测光和局部测光可以针对取景器的中央部分（一部分机型可以控制点测光的位置）进行测光来决定曝光参数，让自动曝光锁用起来更加方便。使用该方法的关键是拍摄者应该清楚地了解以画面中哪个部分的亮度为基准进行测光和自动曝光锁定。

2. 选择合适的测光位置

测光位置也是影响曝光结果的重要因素。同一场景的不同位置往往具有不同的亮度，因此当测光点指向不同位置时得到的反馈结果也不相同。如果测光位置合适，得到的曝光结果也会相对准确，被摄景物的细节反差也较好；如果测光位置确定不准，将很容易导致拍摄失败。对于测光位置的选择可遵循如下原则：

（1）18%中性灰原则。如果拍摄时有 18% 的标准灰度板，可以用它来代替被摄物测光；如果没有标准灰度板也可以用手背皮肤代替测光。

（2）目标原则。照片通常都有要表现的中心或重点，在拍摄时可将测光点定位在最重要的部位上测光拍摄，然后在此基础上进行曝光调整。图 8-71 中两种图片都使用了点测光方式，其中左图测光位置在壁灯发光位置，右图的测光位置在壁灯底座处。由于两次拍摄的测光位置不同，获得的曝光参数也不一样，得到的效果相去甚远。

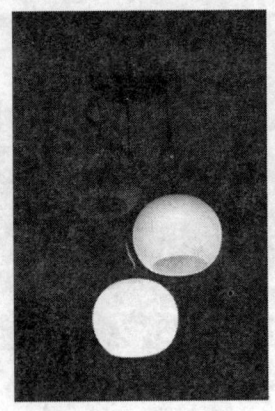

图 8-71 点测光示例

3. 拍摄环境的影响

拍摄时被摄主体所处环境对曝光有直接的影响。一位有经验的拍摄者会因地制宜，随时调整拍摄时的曝光补偿，使拍摄的图像达到一个合适的视觉效果。图 8-72 中处于明暗不同背景下的两个场景，在拍摄时均使用了矩阵式测光，测光位置也基本相同。然而从画面可以看出由于受到背景的影响，两幅照片画面的曝光差别较大，并直接影响了被摄主体的拍摄效果。

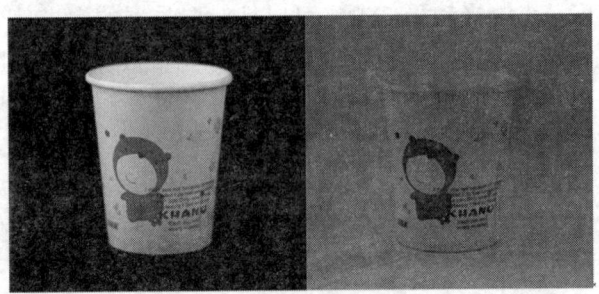

图 8-72 环境对曝光的影响

4. 曝光补偿

测光方式、测光位置、被摄主体所处环境均是影响曝光准确率的主要因素。对于一位拍摄者来说，拍摄环境总是在不断变化的，如果想获得一幅曝光合适的照片，必须要根据情况的变化及时调整拍摄设置，曝光补偿是最常用的一种辅助调整措施。

照相机的自动测光都是以 18% 中性灰为测光基准，来确定照相机的快门和光圈组合。如果拍摄场景的光线情况偏离 18%，不论使用何种测光方式都有可能造成测光偏差，如黑色被拍成灰色。因此有时候不能完全依靠照相机的自动测光结果进行拍摄。对于有经验的拍摄者来说，最终使用的曝光组合数值，通常是在照相机的测光数据的基础上，根据当前的具体状况，以及个人对光影、色彩、审美的理解，来决定最终的快门和光圈值。

可以将曝光补偿的操作方式概括为"白加黑减"四个字，即如果拍摄的场景过亮，为保证被摄主体曝光正常，应增加曝光量；如果拍摄场景整体较暗，为保证被摄主体曝光正常，应减少曝光量。增加或减少的具体数值要视情况而定，在同样的天气条件下，拍摄环境不同，对曝光量的需求也会有所变化，如拍摄白雪覆盖的原野，或是在辽阔的海滨，由于环境所产生的反射光强烈，所以正常拍摄时曝光就应减少一档左右，但如果拍摄此环境下的人物特写，曝光量则需要增加。曝光补偿的参考数据如表8-4所示。

表8-4 曝光补偿经验值

拍摄环境	主体情况	补偿数值
逆光人像	太暗	+2~4
海边、白色沙滩	较暗	+1
白色物体（衣服）	曝光略暗	+0.7
纯白布背景	太暗	+2
白雪背景	太暗	+1~2
黑色天鹅绒	太亮	-2
红色砖	正常	0
明亮砂石、岩石	正常	0
阴暗砂石、岩石	较亮	-1
木板	较暗	+0.7~1

使用数码照相机拍摄时，可在回放照片时调出"直方图"显示，辅助判断曝光情况。如果能掌握曝光补偿的基本原则，就可以实现小范围的逐级补偿，以提高拍摄的成功率。

二、影像清晰度控制

拍摄图像的清晰度受制于多种因素，如晃动、调焦、噪声、景深、镜头质量等，它们一环扣一环，缺少或忽略了某一环节均会造成影像清晰度的降低。

（一）晃动

在影响成像清晰度的各方面因素中，拍摄时振动是最常见的影响因素。照相中常见的振动有两种，一种称为机振，另一种称为手振。机振主要是照相机工作时，机身内部反光板、快门运动产生的；而手振主要是由于手持照相机拍摄时无法牢固握持住照相机造成的。针对上述两种情况可采用如下方法提高清晰度：

1. 缩短曝光时间

不论是何种振动，只要曝光时间足够短，振动对画面造成的清晰度下降都可以减小甚至忽略不计。因此在拍摄过程中，如果条件允许应尽量缩短曝光时间以提高画质。长期从事照相工作的技术人员都有过这样的经历，那就是手持照相机拍摄时，机身越重、镜头焦距越长，晃动产生的影响越大。因此在照相领域有一条原则广为流传，那就是"曝光时间应小于镜头焦距的倒数"以防手振。

2. 使用三脚架

三脚架是克服手振的有效方法之一，凡在有条件的情况下，应该养成使用三脚架拍摄的习惯。

3. 使用快门线

快门线通常和三脚架配合使用来消除触发快门时产生的震动。快门线主要有三种：机械快门线、电子快门线、无线遥控器（如图8-73所示）。从降低振动角度考虑应首选无线遥控器，其次为电子快门线。

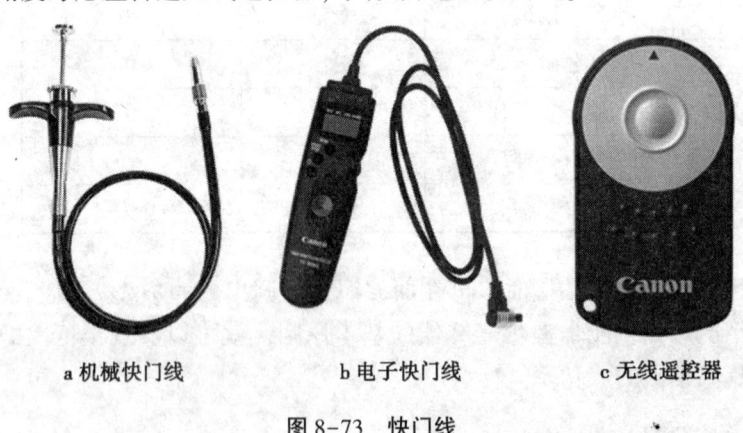

a 机械快门线　　b 电子快门线　　c 无线遥控器

图8-73　快门线

4. 使用自拍功能

照相机通常都具有自拍设置，在没有快门线的情况下，利用该功能也会起到类似于快门线的作用。需要注意的是自拍功能最大的缺点是只适合拍摄静止景物，对移动目标的拍摄完全不适用。

5. 开启反光镜预升功能

数码单反照相机的"反光镜预升"功能是提高成像清晰度的有效手段之一。开启该功能后反光镜将在正式曝光前升起，因此可避免拍摄过程中因反光镜升起而产生的机振。该功能通常在使用长焦镜头拍摄远处景物或微距拍摄时使用，通过与三脚架和快门线相互配合，可显著提高照片的清晰度。

大多数单反照相机都有反光镜预升锁定功能。有资料显示，由反光镜引起的震动在快门速度为 1/60 秒至 1/2 秒时对成像锐度的影响尤其严重；当快门速度很高时，由于快门只涉及一个振幅中的一小段，因此影响程度有所降低；当快门速度很慢时，由于震动消失得很快，只占总曝光时间中很小一段，因此影响也不是很严重。使用轻便三脚架对降低反光镜震动效果不佳，即使是最大型的超重型三脚架也不能完全消除反光镜震动带来的问题。对照相技术而言，镜头焦距达到或超过 300mm（包括进行微距照相），应设法避免使用 1/30 秒至 1/4 秒的快门速度以提高成像锐度。对于使用焦距在 100mm 左右的镜头拍摄的常规题材，锐度降低很可能也源自这一问题。

6. 使用带有"防抖"功能的镜头或机身

手持照相机拍摄时，任何照相技术人员都无法彻底避免"手振"现象带来的影像模糊。为适当降低该影响，"防抖"概念随之产生。截至目前，防抖主要有三种形式：光学防抖、感光器防抖和电子防抖。

（1）光学防抖。光学防抖也称镜头防抖。佳能照相机的光学防抖技术是利用镜头内的陀螺仪侦测振动幅度，并将振动信号传至微处理器计算需要补偿的位移量，然后通过补偿镜片组，根据镜头的振动方向及位移量加以补偿，从而有效克服因照相机振动产生的影像模糊。佳能的 IS 系统仅需要极短的时间就可完成 IS 镜片组的移动，通常能有效预防快门时间在 1/60 秒范围之内的抖动。与佳能不同，尼康具有防抖功能的镜头标识为"VR"（如图 8-74 所示）。随着防抖技术的不断提高，目前开启该功能一般情况下可以提高 2~4 档快门速度，极大地降低了手持拍摄时"手震"产生的模糊现象。

a 尼康防抖标识

b 佳能防抖标识

图 8-74　防抖标识

(2) CCD 防抖。CCD 防抖也称为机身防抖。CCD 防抖的原理是将 CCD 安置在一个可以上下左右移动的支架上，工作时通过陀螺仪传感器检测出抖动的方向、速度、移动量等参数，然后通过计算得出可以抵消抖动的 CCD 移动量。与光学防抖相比，这种结构避免了光学防抖中额外增加部件带来的球差问题，同时也就意味着使用任何一款镜头都能在不增加成本的同时享受着防抖功能带来的便利。该防抖技术的缺点是对控制机构的制造精度要求极高，相应的机身的制造成本也增加了。

(3) 电子防抖。电子防抖是使用数字芯片对拍摄画面进行"图像处理"来抵消抖动的影响。当防抖芯片工作时，拍摄画面只有实际画面的 90% 左右，然后数字芯片对照相机抖动方向进行模糊判断，用剩下的 10% 左右画面进行抖动补偿。这种方式的特点是成本低，但却降低了 CCD 的利用率，对画面清晰度也会带来一定的损失。该技术只是对采集到的数据进行后期处理，应该说是一种治标不治本的方法。

(二) 调焦

调焦又称为对焦、聚焦，拍摄照片时如果调焦操作没有准确完成，那么得到的影像可以说都是模糊的。现在的数码单反照相机都具备强大的自动调焦功能以及方便的手动调焦功能，但对于使用者来说只有充分掌握其功能特点，才能在灵活多变的拍摄情况下，有效控制画面的清晰程度。

1. 基本概念

合焦、脱焦是与调焦操作紧密相关的两个基本概念。在照相机内部有一个非常特殊位置被称为"焦平面"，该位置也是核心成像部件——图像传感器所在位置。在拍摄时，如果镜头结成的影像准确地汇聚在该平面上，称为"合焦"，此时得到的影像也是清晰的；如果镜头结成的影像没有汇聚在该平面上，称之为"脱焦"，此时得到的影像就是模糊的。调焦操作就是控制影像由脱焦到合焦的过程。当然由于取景画面中存在远近位置不同的景物，选定的拍摄主体不同，合焦的对象也就不同，所拍摄的画面的清晰点就会存在差异（如图 8-75 所示）。

图 8-75 合焦位置不同的图像

2. 单反照相机的对焦系统

对焦系统的好坏直接影响到成像的对焦精度与拍摄速度，好的对焦系统使用起来焦点选择自由，控制方便，对于抓拍运动物体和高要求的物证照相而言，对焦的精度就等同于拍摄质量。不同厂家的对焦系统设计各有不同，但在操作方面没有明显区别。目前单反照相机使用的对焦方式主要为"点对焦"（如图 8-76 所示），根据照相机型号的不同，设计厂商会设计不同的对焦点数目、组合方式及工作方式。

 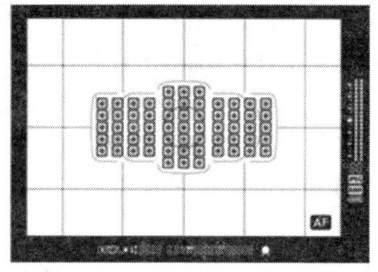

图 8-76 Canon EOS 5D Mark III 61 点自动对焦感应器模块及对焦屏

3. 对焦系统使用方法

对焦系统有两种使用方式，一种是 AF 模式——自动对焦，另一种是 MF 模式——手动调焦（如图 8-77 所示）。

图 8-77　镜头上的 AF/MF（自动对焦/手动对焦）转换键

（1）AF 模式。在大多数情况下使用 AF 模式，让照相机自动完成影像的虚实调整。拍摄时半按快门按钮，照相机会实现一次合焦。合焦时，合焦的自动对焦点将闪动红色，取景器中的合焦确认指示灯也将亮起，只要保持半按快门按钮，对焦就会锁定，然后可以根据需要重新构图。

（2）MF 模式。虽然自动对焦方式已经非常先进，但在某些拍摄环境下，自动对焦方式可能无法实现准确合焦：

①反差小的被摄主体，如白墙上的浅色划痕、蓝天等。

②低光照条件下的被摄主体，如阴天环境下的室内痕迹物证等。

③强烈逆光或反光条件下的被摄主体，如反光强烈的汽车、勘查灯下的金属反光物等。

④被同一个自动对焦点覆盖的处于不同距离的多个主体，如玻璃幕墙后的景物、笼中的动物等。

⑤重复的图案，如摩天大楼的窗户、计算机键盘等。

遇到上述情况可将拍摄设置为 MF 模式进行手动对焦。对焦时转动镜头的对焦环，直至取景器中主体成像清晰。在手动对焦期间半按快门按钮，在合焦时取景器中有效的自动对焦点和对焦确认指示灯将亮起。

（三）噪声

数码单反照相机已经成为公安机关办案照相的主力设备。与传统的胶片照相机不同，数码照相机的成像单元为电子元件 CCD 或 CMOS。在实际应用中，拍摄的画面上会出现布满细小的雪花点或彩色的斑点的现象，就好像受到了污损一般。这些"污点"就是数码照相机的噪声，也称为噪点。

噪声现象在数码照片中普遍存在，其产生的原因与数码照相机的工作原理紧密相关。这些噪声的产生方式有很多种，但其中影响最大的是 CCD 或

CMOS 在进行光电转换过程中产生噪声。依照目前的生产技术，这类噪声很难从根本上消除。通常情况下照相机中感光器件的尺寸越小、拍摄环境亮度越低、感光度设置越高，出现噪声现象越明显，在日常拍摄时可以通过以下方式适当降低画面噪声，提高拍摄质量。

1. 适当降低感光度（ISO）

随着照相机制造工艺的不断进步，数码照相机的感光度设定范围越来越大，但不论是何种数码照相机，其感光度设置得越高，画面的噪声越大；感光度设置得越低，画面越细腻。因此在条件允许的情况下，应尽量降低拍摄时的感光度设定以减少画面噪声。

2. 适当减少曝光时间

CCD 和 CMOS 都是依靠电力驱动的电子元件，拍摄时该元件工作的时间越长，产生的电子噪声越明显，因此在日常拍摄时应尽量减少曝光时间以降低噪声对画质的影响。

上述两种降低画面噪声的方法都有一定的使用限制，尤其在拍摄环境较暗时更难以兼顾，因此提升拍摄环境的整体照明条件才是真正解决该问题的关键。

（四）其他因素

除了晃动、调焦、噪声三个影响画面清晰度的主要因素外，还有很多因素可对成像质量产生影响。

1. 镜头成像质量

镜头是一切照相机成像的基础，通常价格昂贵的优质镜头的成像质量要超过廉价的普通镜头。如果从技术指标上分析，一款优秀镜头的分辨率、反差等参数必然在同类产品中占有优势，因此从提高画质角度分析，选择高质量的专业镜头不失为保证画面清晰度的基础准备，目前关于镜头成像质量评价最科学的方法就是"MTF 曲线"测量。作为从事照相工作的技术人员应牢记，镜头本身的品质固然重要，但照相机操控者的照相技术同样是影响成像质量的关键因素。

2. 光圈大小

详见本章第二节"三、镜头"中的相关内容。

3. 景深

景深控制是每位照相技术人员必须掌握的基础控制技术之一，影响景深的因素有光圈、焦距、拍摄距离等几个方面。在拍摄时，只有把被摄主体控制在景深范围内，影像才是清晰的，否则主体景物一定会产生或轻或重的虚化。关于景深控制的详细内容见下文。

通过上文可以看出影响拍摄画面清晰度的因素有很多，在不同的照相技术领域，对影像清晰度与清晰范围的要求各不相同。对于刑事照相、医学照相等领域而言，却需要最佳的影像清晰度及足够的清晰范围来确保影像的准确性、纪实性。

三、景深控制

（一）景深的概念

摄影上把景物空间内能清晰成像的纵向深度范围称为景深。景深是改变画面视觉效果的有效手段之一（如图8-78所示）。

图8-78 不同景深的例片

（二）景深的计算

景深是照相光学中的一个重要概念，它的大小可以用以下公式计算得出：

$$\Delta L = \Delta L_1 + \Delta L_2 \tag{8-4}$$

$$\Delta L_1 = \frac{F\delta L^2}{f^2 + f\delta L} \tag{8-5}$$

$$\Delta L_2 = \frac{F\delta L^2}{f^2 - f\delta L} \tag{8-6}$$

其中：ΔL为景深、ΔL_1为前景深、ΔL_2为后景深 F为光圈值、f为镜头焦距、L为拍摄距离、δ为容许弥散圆直径。

从公式可以看出影响景深的因素有4个，其中变量δ（容许弥散圆直径）是随着感光器件尺寸变化而变化的一个量，而在日常应用中绝大多数用户很难改变感光器件尺寸，因此可以认为该变量是一个常量。

通过公式推导和理论计算可以知道，在拍摄对象所处的空间范围中"焦平面"处对应的景物是真正清晰的。从视觉观察角度分析，只要被摄景物在景深范围内，影像才是清晰的。整个景深范围以对焦平面为分界线分为前后两部分，其中处于照相机与焦平面所对应的景物之间的前景深占整个景深范围的三分之一，处于较焦平面所对应的景物距离照相机更远处的景物所在的后景深占整个景深范围的三分之二（如图8-79所示）。

图8-79　景深范围划分

（三）影响景深的因素

在日常拍摄中，画面的景深效果主要受光圈、焦距及拍摄距离三个因素的制约。

1. 光圈对景深的影响

在焦距与拍摄距离不变的前提下，光圈越大，景深越小，背景越模糊；光圈越小，景深越大，背景越清晰（如图8-80所示）。

图 8-80 光圈对景深的影响

2. 焦距对景深的影响

在光圈与拍摄距离不变的前提下,焦距越大,景深越小,背景越模糊;焦距越小,景深越大,背景越清晰。

3. 拍摄距离对景深的影响

在光圈与焦距不变的前提下,拍摄距离越近,景深越小,背景越模糊;拍摄距离越远,景深越大,背景越清晰。

4. 景深的查看方式

通常查看景深的方法比较简单,只需要按下照相机上的景深预测按钮即可观察到当前拍摄状态下的景深情况。如果需要对景深进行精确控制,就需要借助镜头上面的景深表。

(1) 定焦镜头的景深表。定焦镜头的景深表(如图 8-81 所示)由三部分组成,分别是距离标尺、调焦标志线及对称于调焦标志线两侧的光圈系数刻度组成,其中距离标尺为非线性。

图 8-81 定焦镜头的景深表

通常情况下查看景深的方式，如图 8-82 所示，以 F16 光圈为例：

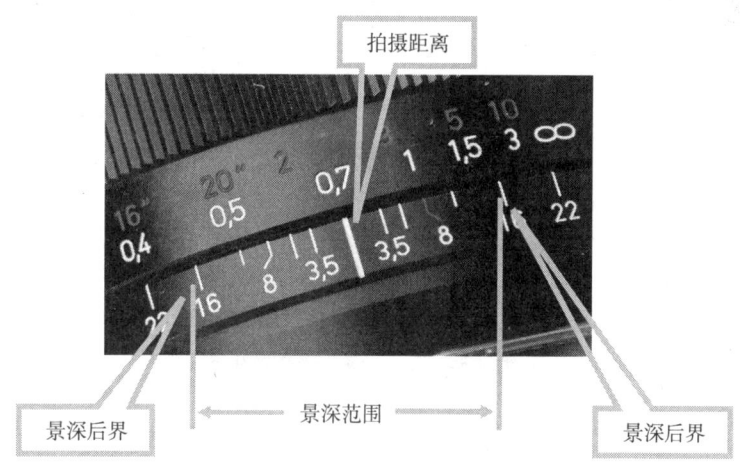

图 8-82 定焦镜头查看景深的方式

步骤一：通过调焦确定被摄主体的拍摄距离；

步骤二：确定使用的光圈大小；

步骤三：观察景深表确定景深范围。其中左边光圈刻度指示的是景深前界；右边光圈刻度指示的是景深后界；景深前界和景深后界的距离差就是拍摄时所能获得的景深。

（2）变焦镜头的景深表。变焦镜头的景深表与定焦镜头相比更加复杂，通常可以查看景深的变焦镜头多为"老式"推拉式变焦镜头，变焦镜头的景深表为刻在镜头筒壁上的一组曲线（如图 8-83 所示）。推拉式变焦镜头由于存在设计上的缺陷，多数镜头生产厂商已经不再生产此类镜头。

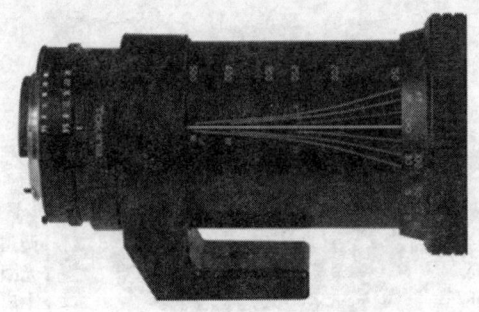

图 8-83　Tokina 150-500mm 镜头

（3）分段式变焦镜头的景深表。分段式变焦镜头的操作特点介于定焦镜头和变焦镜头之间。以"Leica Tri-Elmar-M 16-18-21mm f/4 ASPH"为例（如图 8-84 所示），该镜头虽然为变焦镜头，但只有三个焦距值，分别为 16mm、18mm、21mm，因此该镜头相当于三个定焦镜头的组合。此类镜头景深表的查看方式与普通定焦镜头相似。

图 8-84　Leica Tri-Elmar-M 16mm-18mm-21mm f/4 ASPH

5. 景深控制技术

景深控制是照相基本技术之一。通过景深可以使背景失焦突出主题形象，或者也可以通过大景深，使所有的被摄景物都清晰地再现，表现出它们的每处细节。

（1）获取小景深。小景深拍摄能使背景虚化、主体清楚，从视觉效果分析这就是突出主体的一种表现方式。景深越小，虚化现象也就越明显，主体也就越突出。

①大光圈拍摄。在拍摄过程中，获取最小景深的常用做法是使用大光圈拍摄。使用此方法拍摄时要注意对曝光时间的把握，如果环境光线太亮，可能会造成曝光过度。如果配合照相机上的最短快门时间拍摄依然出现此种情况可采取的补救措施有两种，一种方法是降低照相机感光度；另一种方法是

在镜头前加上"中灰密度滤镜"减少进光量。

②组合方式拍摄。除了使用大光圈拍摄外，还可以综合利用影响景深的元素，采取多种措施获取小景深效果。在不影响构图的前提下，采用"大光圈+长焦镜头+尽可能小的拍摄距离"能获取较小景深的效果。但该拍摄方法并非在所有场合都适用，如使用长焦镜头拍摄就无法获得较大的拍摄范围；焦距增加时拍摄距离也要相应增加，如果与被摄物体的距离小于最近拍摄距离，照相机将无法准确对焦。

（2）获取大景深。如果需要被摄场景中所有景物在画面上都能较为清晰地再现，就需要大景深的拍摄方法。

①小光圈拍摄。获取大景深的常用方法是采用小光圈拍摄。光圈越小，被摄场景的清晰范围也就越大。但使用小光圈拍摄时，曝光时间必然增加，如果曝光时间超过手持照相机拍摄的最短时间，则必须使用三脚架类的辅助支撑物以保持照相机稳定或通过提高感光度的方式缩短曝光时间；此外小光圈通常不是镜头的最佳光圈，因此对画质要求较高的场景也不易采用过小的光圈进行拍摄。

②组合方式拍摄。除了小光圈拍摄可获得大景深外，还可以采用"小光圈+短焦距镜头+尽可能远的拍摄距离"方式获取大景深效果。采用该组合方式时需要注意的是采用短焦镜头和增加拍摄距离都会扩大拍摄范围，导致单一被摄景物成像减小，因此如何设置各拍摄参量需要综合考虑对构图的影响。

③超焦距调焦法。超焦距调焦法是获取某一光圈下最大景深的拍摄方法。超焦距是指镜头聚焦到无限远时，从镜头到景深前界的距离，每个光圈系数都对应一个超焦距值。如图 8-85 所示，光圈选择 f/8 时，对应的超焦距值为 10m 左右；光圈选择 f/16 时，光圈对应的超焦距值为 5m 左右。

图 8-85　超焦距值的查看方式

超焦距调焦法，拍摄时如果将超焦距 H 值对准调焦标志线，就可以得到该光圈下的最大景深，即 H/2 至无限远。

对于有景深表刻度的定焦镜头来说，确定超焦距相对简单，只要将调焦标志线对准无限远标识"∞"，然后判读数据即可。不过并不是所有的镜头上都有景深表，对于常见的变焦镜头来说确定超焦距值就需要运用以下公式进行相应的计算：

$$H = F + \frac{F^2}{\delta \cdot f} \tag{8-7}$$

公式中：H 为超焦距值，F 为镜头焦距，δ 为容许弥散圆直径，f 为光圈值。

在实践应用中由于公式中的第一个加项 F 值远小于 $F^2/(\delta \cdot f)$ 值，因此可以忽略不计，而容许弥散圆直径在早先的教科书上定为 1/20mm，老式镜头上的景深表都是按 1/20mm 画上去的，而目前镜头设计通常设定为 1/30mm，因此公式 8-7 可简化为如下形式：

$$H = \frac{30 \cdot F^2}{f} \tag{8-8}$$

以上都是按全画幅照相机进行计算的，如果是非全画幅照相机，还需要在得到的结果的基础上再乘以所用照相机的焦距转换系数。

超焦距拍摄法在实践中有很高的应用价值。有些照相机特地用红色数字标识光圈为 f/8 时的超焦距，如一些蔡司照相机的 "20" 英尺用红字标识，以别于其他白色数字。拍照时将光圈调到 f/8 位置，将镜头距离标尺上的红色 "20" 对准调焦标志线，就可以不需测量距离，快速拍照。该方法称为"红字快速照相法"，也就是超焦距拍摄法。在微型照相术中，"红字快速照相法"的应用更为普遍。如图 8-86 所示，Minox TLX 微型照相机上的标尺盘上的红点对准指标，就可以拍照，这时候一切从 2m 至无穷远的物体在照片上都很清晰。

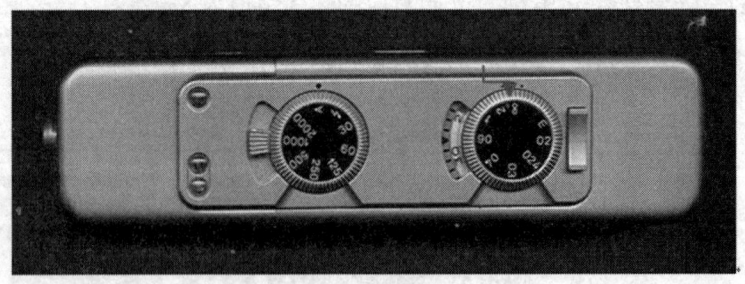

图 8-86　Minox TLX 微型照相机

在日常应用中，超焦距拍摄法也有很多应用的地方，如拍摄移动物体时，可以不必仔细对焦就可以把景深范围内的移动目标拍摄下来，同时超焦距调焦法本身也是获得最大景深的拍摄方法，广泛应用于自然风光照相。在照相机设计中,超焦距的概念也有应用,早期的"傻瓜"照相机之所以没有调焦系统,就是因为利用了超焦距的概念。

(3)获取指定范围景深。在日常拍摄中有些情况下需要将指定范围内的景物拍摄清楚,如集体照拍摄,就需要精确控制景深范围。具体操作方法如下:

步骤一:先对近景物体调焦,测出近景距离。

步骤二:再对远景物体调焦,测出远景距离。

步骤三:将近景距离和远景距离对称于调焦标志线两侧,并通过景深表确定应该使用的光圈大小。

步骤四:设定拍摄光圈大小,保守起见可将光圈再收缩一档,并将镜头指向拍摄区域的1/3处拍摄。

景深控制是照相中较常见的一种拍摄技法,通过有目的的实虚变换,可使拍摄画面呈现出与众不同的视觉效果。

四、色彩控制

色彩是画面的组成要素之一,在日常照相中对如何控制色彩呈现并没有严格的规定,但在现场照相中,由于其拍摄目的的特殊性,要求所拍摄的图像必须真实反映景物的状态,确保被摄景物"不偏色"。

(一)色温

1. 色温概念的由来

自然界中的光线是有"颜色"的,红、橙、黄、绿、蓝、靛、紫是对光线色彩的最基本描述。但如果需要对色光的颜色进行精确度量就需要引入"色温"这一概念。色温是专门用来度量和计算光线颜色成分的方法,它是19世纪末由英国物理学家洛德·开尔文所创立的,依据"普朗克黑体辐射定律"开尔文制定出了一整套色温计算法。开尔文认为,假定某一纯黑物体,能够将落在其上的所有热量吸收,而没有损失,同时又能够将热量全部以"光"的形式释放出来,它产生辐射的波长将随温度的变化而变化。例如,将黑体加热到2700K时,其发出光的颜色就是"2700K"。借助该理论物体的温度和光的颜色之间就建立起一一对应的关系(如图8-87所示)。在可见光领域,由低色温至高色温对应的光源颜色是"红→绿→蓝"。在色温的计算上通常用开氏温标(K)来表示。

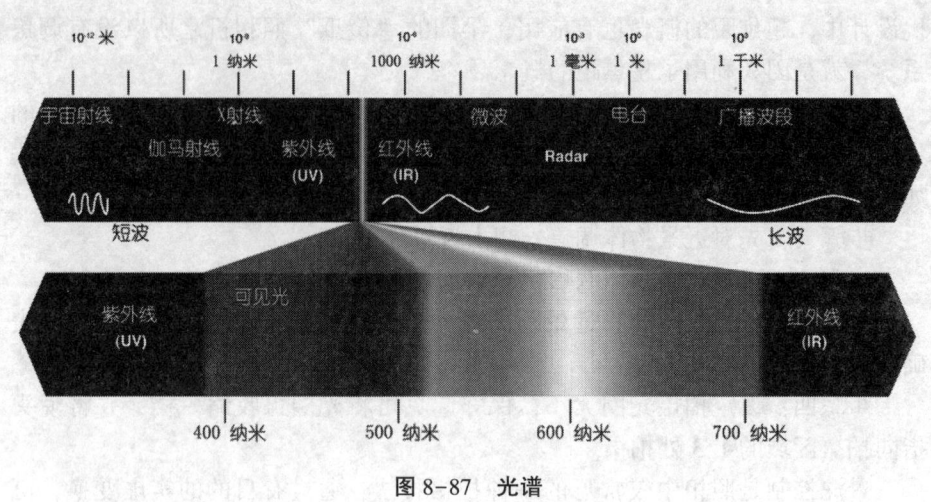

图 8-87 光谱

2. 色温的测量

在摄影中对色温的测量可借助专业的"色温表"（见图 8-88 所示）来完成，色温表的种类很多，以德国高森和日本肯高品牌最为常见。

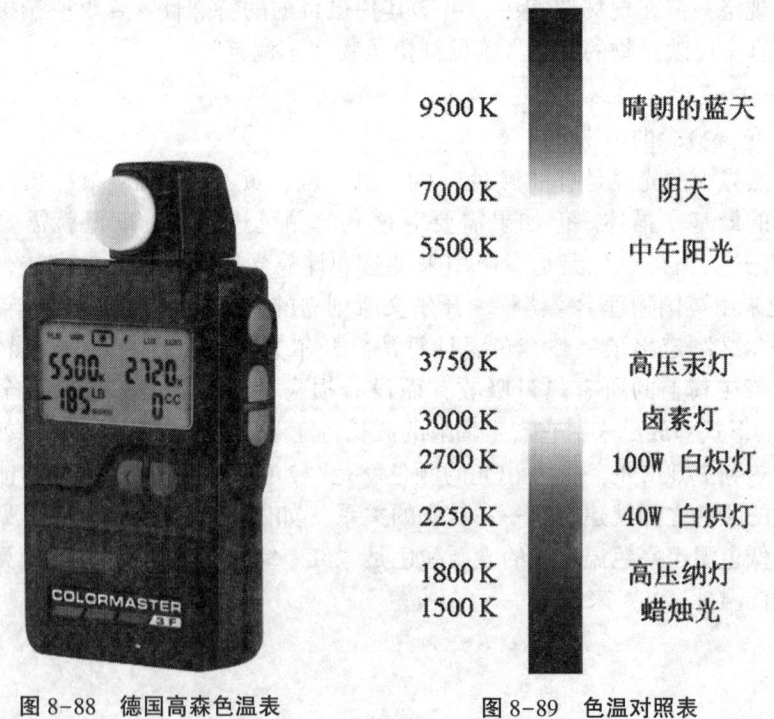

图 8-88 德国高森色温表　　图 8-89 色温对照表

在色温表的帮助下,通过简单操作就可以准确得知当前拍摄环境下光源的色温(如图 8-89 所示)。通常正午 10 点至下午 2 点,晴朗无云的天空,在没有太阳直射光的情况下,日光色温在 5200~5500K;新闻照相灯的色温在 3200K 等。

3. 偏色现象

早在 1983 年,国际组织就公布了标准日光的定义方式,即在无云的大气中水平线上方 40°照射时的光线为标准日光,此时光线的色温是 5500K。此后在照相机设计领域皆以此为标准测量照相机镜头的色彩再现性,而通常所说的物体的"本色"也是指在该色温下物体所呈现出来的颜色。

光源的色温对彩色照相的影响非常大,尤其是自然光,随着时间、季节、地理位置的变化,其色温都会发生变化。如果被摄景物所处的光线色温高于照相机所设定白平衡色温,拍到的画面就偏蓝,画面偏冷;反之,如果被摄景物所处环境的光线色温低于照相机设定白平衡要求的色温,拍到的画面就偏红,画面偏暖。这都会最终导致所拍摄的照片出现偏色现象。例如,普通白炽灯泡发出光线的色温大约在 2500K,由于色温偏低,在此环境下拍摄的照片往往会偏黄色;而普通的日光灯的色温在 7200K~8500K,如果不进行准确的照相机设置,拍摄出来的相片很有可能会偏蓝色。如果这种偏色影像的出现并不是拍摄者有意为之,就需要进行相应的照相机白平衡设置加以修正。

4. 避免所拍摄图像偏色的方法

使用数码照相机保证拍摄图像色彩还原的方法就是进行准确照相机白平衡设置。大多数数码照相机都会提供自动白平衡、预设白平衡、手动白平衡三种选择方式。

(1) 自动白平衡。自动白平衡原则上能够自动调节任何光源条件下的白平衡,这也是大多数数码照相机的默认设置。在一般情况下,特别是在室外拍摄时,使用自动白平衡能起到较好的效果。需要注意的是自动白平衡不是万能的,它只能在一定的色温范围内才能有效发挥作用,如果光线色温超出有效范围,自动白平衡的调节效果就会弱化。

(2) 预设白平衡。使用预设白平衡功能时,要求照相人员根据拍摄场景的光源类型选择(如图 8-90 所示)与之相对应的预置白平衡选项,以达到准确还原色彩的目的。通常照相机的预置白平衡选项有:晴天(或日光)、多云(或阴天)、白炽灯(或钨丝灯)、荧光灯(日光灯)、阴影、闪光灯等几种白平衡模式。

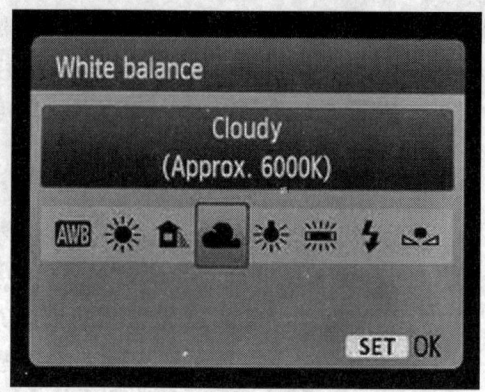

图 8-90 白平衡设置

①"晴天(日光)模式"用于晴天户外拍摄阳光直射下的被摄体,对应色温 5600K 左右。

②"多云(阴天)模式"用于阴天多云的情况下,对应色温 6000K 以上。

③"白炽灯(钨丝灯)模式"用于白炽灯照明的室内拍摄,对应色温 3000K 左右。

④"荧光灯模式"通常细分为三种白平衡模式,即"荧光灯 1",住房内常用的色温为 6700K 的日光型荧光灯照明;"荧光灯 2",用于色温为 5000K 中性白色荧光灯,这种灯常常是台灯;"荧光灯 3",办公室常用的色温为 4200K 冷白色荧光灯。

(3)手动白平衡。在光源颜色比较复杂的条件下,应该采用手动白平衡设定,以得到更精确的色彩还原。手动调整白平衡时,首先将一张白纸放于现场光线下,注意白纸与被摄主体的受光条件要相同。例如,在阳光下顺光拍摄人物的面部特写,应该将白纸置于与面部同样光照下,并且要顺光调白平衡,同时注意画面中不要出现阴影和背景。其次,从数码照相机菜单中选择手动白平衡功能,将镜头对准白纸,通过改变拍摄距离或镜头焦距使白纸充满画面,按下相应的按钮(这一步不同的照相机可能不同),设定完成后就可以进行正常拍摄。除非再次设定,否则这个值将会一直保存下去。需要注意的是,如果拍摄的环境光线的色温变了,需要按照上述方法重新设定白平衡。

对于传统的胶片照相机来说,要想准确地还原物体的色彩,首先要选择与光源色温相同的胶片类型。根据色温彩色胶片可分为日光型胶片和灯光型胶片,日光型彩色片适宜在色温 5500K 左右的日光下拍摄,灯光型彩色胶片适宜在色温 3200~3400K 的灯光下使用。从事传统影像采集的摄影师必须懂得采用与光源色温相同的彩色胶卷，才会得到准确的颜色再现。如果光源的色温与胶卷的色温互相不平衡，就要靠滤光镜来提升或降低光源的色温，使其与胶卷的色温相匹配，才会有准确的色彩再现。通常，两种类型的滤光镜用于平衡色温。一种是带红色的 81 系列滤光镜，另一种是带微蓝色的 82 系列滤光镜。前者在光线偏蓝时（也就是在色温太高时）使用，而后者是在光线偏红光时使用，以提高色温。

多数情况下，设置白平衡的目的是在各种照明条件下得到自然真实的色彩，但是有时也需要根据拍摄对象及拍摄目的的不同，故意使画面偏色，以达到增强反差突出细节的目的。现在多数单反数码照相机都有"白平衡微调功能"，通过相关设置可以使拍摄的画面按照某种预期进行偏色微调。

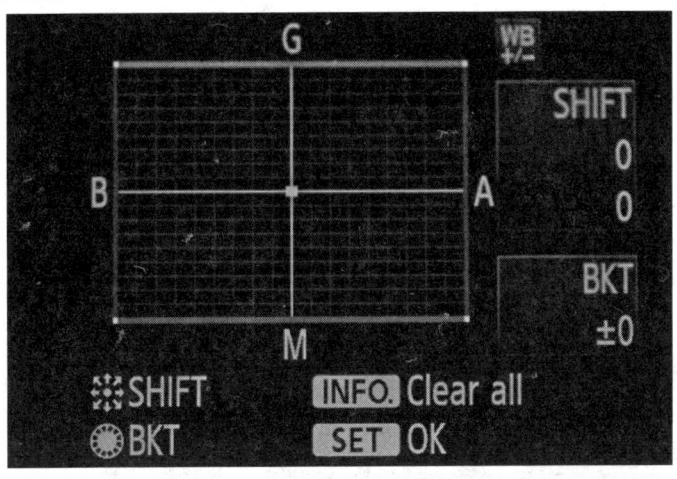

图 8-91　照相机白平衡漂移设置界面

第四节　道路交通事故现场勘验照相内容

道路交通事故现场勘验照相是交通事故现场勘查中不可缺少的组成部分，在勘验照相之后以现场照片为主要内容制作的现场照片卷是我国法律规定的诉讼证据之一。为了适应不断变化的形势需求，公安部相关部门于 2014 年颁布了行业标准《道路交通事故现场勘验照相》（GA 50-2014）来代替老旧的《道路交通事故现场勘验照相》（GA 50-2005），旨在推进和加强交管部门一线的相关技术工作标准化、规范化建设。本节内容将以上述标准为蓝本重点介绍勘验照相中应遵循的操作规范及要求。

根据《道路交通事故现场勘验照相》（GA 50-2014）的规定，现场勘验照相过程中需要完成的拍摄内容包括：方位照相、概览照相、局部照相、元素照相、细目照相、比对照相。现场勘验照相这六项基本内容有机连贯地组合在一起，构成一套系统、完整的现场记录照片，成为分析事故过程、确定事故成因及事故责任的重要依据。

一、方位照相

（一）方位照相的概念

道路交通事故现场勘验照相中的方位照相是反映道路交通事故现场的地理位置及现场与周围环境相互关系的专门照相。理想状况下获取的方位照片不但可以帮助相关人员准确地找到事故发生的地点，还可以让没有到过现场的人对事故地点周围的环境、气象等状况有全面的了解。

（二）方位照相的拍摄要求

1. 通过方位照片显示事故现场的具体位置

拍摄方位照片时，原则上要求在取景范围内必须包括能反映现场所在位置的固定标志物，该标志物最好是"永久性的"，在条件无法满足时也可以拍摄"半永久性的"标志物。具体拍摄内容可包括：标志牌、里程碑、灯杆、桥梁以及医院、学校、商店等。

图 8-92　方位照片

2. 通过方位照片显示事故现场的周边环境

交通事故现场周边的环境状况也是方位照相记录的重点。在条件允许的情况下，方位照片应将事故中心现场、关联现场范围内及周边的景物完整记录下来，并清楚地显示出它们之间的相互关系。照片内容可包括如下几类景物：

（1）环境类景物：街道、隧道、桥梁、山体、悬崖、沟渠、涵洞、河流、植被等。

（2）交通设施类景物：道路交通信号灯、交通标志、交通标线、交通监控设备等。

（3）现场及附近道路的形态特征：路口、路段、车道数量、视距、坡度、曲度等。

图 8-93　方位照片（江西省公安厅交警总队供）

（三）方位照片的拍摄方法

（1）选择较高的拍摄位置用广角镜头记录方位状况，条件允许时可使用航拍方式记录现场方位。对于范围较大的现场可采用"回转连续拍照法"（关于拍摄具体方法的介绍详见本章第五节，下同）拍成多幅画面，然后拼接成一张完整的现场方位照片。拍摄现场方位时不建议使用"直线连续拍摄法"，因为该方法会导致拍摄场景出现空间错位及场景记录混乱。

（2）现场范围较小或现场环境不复杂的，可采用"相向拍照法"甚至"单向拍照法"拍摄，对于复杂的交通事故现场则可采用"多向拍摄法"拍摄。拍摄事故路段时，应沿道路走向相向拍摄，视角应尽量涵盖现场所有车道，并反映是否是弯道或坡道。如果事故现场位于路口，应沿道路走向从不同方向对现场及周围环境进行拍摄，视角应覆盖整个路口范围。采用"多向拍摄法"拍摄时，建议尽量使用"四向拍摄法"完成对方位内容的记录，其他记录方法可能会导致照片排版困难。

（3）取景构图时应尽量将事故现场安排在画面的中心。

（4）拍摄大范围现场及景物时，应使用小光圈拍摄，以保证远处和近处的景物都在景深范围内,确保拍摄清晰。采用小光圈拍摄时,曝光时间通常较长,因此建议拍摄过程中使用三脚架固定照相机,从而减小晃动对成像质量的影响。

(5)尽量在光线条件良好的情况下拍摄现场方位照片。如果是夜间事故现场,在条件允许的情况下可在白天补拍现场方位照片。

二、概览照相

(一) 概览照相的概念

道路交通事故现场勘验照相中的概览照相是反映道路交通事故现场全貌及道路交通事故元素宏观相互关系的专门照相(如图8-94所示)。其中道路交通事故元素是指与道路交通事故有关的人(尸)体、物体、痕迹、道路及其设施等。

从概览照相开始,拍摄人员的工作地点已经开始深入事故现场的内部。与方位照片相比,概览照相的拍摄范围虽然有所减小,但概览照相的拍摄内容却是对现场内部"整体"状况更加细致和全面的记录。通过概览照片,可以帮助事故处理人员对现场整体及内部各部分的宏观位置关系有一个全面完整的认识,可以帮助事故处理人员获取有关事故发生过程的多方面信息,而这些信息将是分析事故成因、确定事故责任、进行模拟实验等的重要参考。

图8-94 运用相向拍照法拍摄的概览照片

注意:对于概览照相必须给予足够的重视,因为概览照相的拍摄思路,不仅直接影响概览照片的拍摄效果,还将影响后续的局部照相、元素照相和细目照相拍摄工作的开展,同时也会直接影响现场照片卷的设计编排。

(二) 概览照相的拍摄要求

1. 注重现场原始概览的拍照固定

现场的原始状态包含各类和事故有关的真实信息，这些信息对于事故过程分析弥足珍贵。因此，现场照相人员到达现场后，要在巡视现场的同时，迅速拍照固定现场的原始概览。当然，在很多情况下由于救火、抢险、抢救伤员或其他原因，在拍摄人员到达现场时，现场的原始状态已经发生变动，但即便出现上述情况，照相人员也应该在到达后尽快拍照固定变动后的现场概览，同时要尽力弄清楚进出现场的人员及原因、现场变动的范围及程度等信息，并及时记录在案。

2. 确保概览照相的全面性和完整性

对于较复杂的交通事故现场，概览照相的拍摄内容通常较多，拍照的工作量也较大，容易出现漏拍和混淆，而这可能导致交通事故的分析过程出现偏差甚至错误。为尽量避免上述情况的发生，在概览拍照前，不论现场有多混乱，拍照人员都应该根据现场的具体情况，设计制订概览拍照计划。在多人参加拍照时，还应在计划中明确拍照分工。现场概览一定要按计划、分工有序地进行拍照，要多拍，但切忌盲目无序地"乱拍"，以保证概览照相的全面性和完整性。

3. 概览照相中应包含全部局部照相需要拍摄的内容

从拍摄角度来说，概览照相是对方位照相中无法看清楚的重要局部区域进行"放大"拍摄，而接下来要完成的局部照相则是对概览照相中无法看清楚的重要局部区域进行"放大"拍摄，因此原则上要求应能概览画面内看到该部分包含的全部局部照相的"宏观"内容。

(三) 概览照片的拍摄方法

1. 以现场中心物体为参考点采用合适的方法进行拍摄

以现场中心物体为参考点，灵活运用单向法、相向法或多向法拍摄。拍摄范围较大的现场概览时，也可使用回转连续拍照法拍摄。拍摄多个场景的概览时，上一个视角的结束部分与下一个视角的开始部分应有联系，并尽量遵守以下拍摄要求：

①现场位于路段的，应结合道路走向或车辆行驶轨迹进行相向拍摄，视角应涵盖现场所在车道。

②现场位于路口的，应沿道路走向从三个或三个以上不同方向进行拍摄，视角涵盖路口区域。

2. 合理安排现场中心或重点部位在画面中的位置

概览照相应能反映出现场的整体状态。拍摄取景时，应尽量把现场的中心或者重点部位安排在画面的突出位置。通常认为画面中的突出位置就是能够吸引人们视线的位置。根据黄金分割的原理，图 8-95 中标注的四个黑点所在位置通常为画面中最重要的位置。

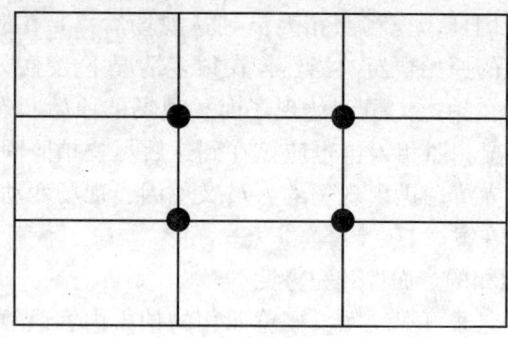

图 8-95　画面重要位置示意图

3. 控制被拍摄对象的大小尺寸

采用相向法或多向法拍摄同一场景的概览照片时，应尽量保证不同角度画面的取景范围相同，画面中出现的同一物体，如车辆、尸体、重要散落物等应具有大致相同的尺寸。

4. 避免遮挡

要避免重要场景、物品互相遮挡和重叠。勘查过程中，如果需要改变部分物品的位置，一定要先拍摄原始场景，再拍摄变动后的场景。

5. 拍摄角度的选择

拍摄的过程中，可采用大景深平视拍摄，或者大景深中高角度（镜头光轴与地面夹角约 40°）进行俯拍。

6. 尽量使用自然光拍摄

在拍摄过程中，如果遇到逆光或侧逆光的光照条件，应使用遮光罩来防止画面中出现眩光现象。此外，尽量不采用补光方式拍摄。

三、局部照相

（一）局部照相的概念

道路交通事故现场勘验照相中的局部照相是反映部分道路交通事故现场范围内道路交通事故元素位置关系的专门照相（如图 8-96 所示）。

局部照相要求拍摄者进一步深入现场中心，并在较近距离拍摄现场的重要局部区域，因此局部照相也可以称为重点部位照相。通过局部照相可以把现场勘查过程中发现的车辆、尸体、接触点、制动印迹等重要痕迹物证的位置关系和细节表现得更加清楚。局部照相是现场勘验照相的重点。

图 8-96 运用相向拍照法拍摄的局部照片

(二) 局部照相的拍摄要求

1. 准确反映事故元素的位置关系

通常情况下，对于较小、较简单的交通事故现场，通过概览照相就可以体现事故元素的位置关系，但对于范围较大或比较复杂的交通事故现场，受拍摄距离、位置、角度等的限制，概览照相就无法将事故元素间的位置关系表示清楚，此时局部照相可以弥补这方面的不足。

2. 与概览照相为承接关系

局部照相的拍摄内容不能在照片卷中独立存在，它们必须能够在概览照相的拍摄结果中找到"出处"，进而形成拍摄范围由大到小、由概括到细化的衔接关系，否则可能会导致法律证明效力的损失。

3. 注重现场原始状态的固定

与概览照相类似，局部照相的拍摄区域也可能在拍摄前后发生变动，这些变动甚至可能来源于概览照相与局部照相拍摄的间隙，这种变动不仅会导致拍摄的场景发生变化，甚至可能会影响到对事故成因的判断。因此，在到达事故现场后，一定要与进行现场勘查的其他同事密切配合，尽量将变动前后的现场状况及时、完整、准确地记录下来。

4. 使用适当的方式进行拍摄

（1）对于有地面痕迹突变点的，应拍摄路面痕迹突变点与道路交通事故元素之间的关系，如图 8-97 所示。

图 8-97　局部照片（地面痕迹突变点）

（2）拍摄路面轮胎痕迹与车辆位置关系时，应将机位设置于痕迹起点处，视角应覆盖痕迹起点和车辆位置的空间区域，照片应能尽量反映痕迹的起点、止点、突变点和走向，如图 8-98 所示。

图 8-98　局部照片（车辆制动痕迹）

（三）局部照片的拍摄方法

1. 取景构图要点

（1）反映重点部位全貌时，用全景画面构图。

（2）反映重点部位的状况、特点时，用中景或近景画面构图。

（3）反映痕迹、物证的所在部位时，用中景或近景画面构图。

2. 拍照方法选择要点

（1）要灵活运用单向法、相向法、回转连续拍照法、直线连续拍摄法。

（2）要选择合适的拍照方向和角度，避免重要痕迹、物品出现影像变形及相互遮挡。

3. 拍照用光要点

与概览拍照用光要点相同,尽量使用自然光拍摄。在自然光无法满足拍摄要求时,闪光灯、现场勘查灯等都是很好的补光设备。使用人造光源拍摄时,要注意布光方式的选择,尽量减少干扰阴影的出现,同时设置好照相机的白平衡参数,避免记录结果出现偏色现象。

四、元素照相

(一)元素照相的概念

道路交通事故现场勘验照相中的元素照相是反映道路交通事故元素的外观、状态的专门照相。其中道路交通事故元素是指与道路交通事故有关的人(尸)体、物体、痕迹、道路及其设施等。

(二)元素照相的拍摄内容

在交通事故现场中能够出现的道路交通事故元素种类较多,主要包括如下几大类:

1. 人(尸)体

主要拍摄内容包括:人(尸)体在车内或车外所处位置;人(尸)体姿态;人(尸)体全貌及头面照;人(尸)体衣着。

2. 车辆

主要拍摄内容包括:车辆在现场的位置和状态;车辆外观特征。

3. 道路设施

主要的拍摄内容包括:现场的交通标志和交通标线传递的交通信息;现场被撞的交通设施的种类。

4. 现场地面痕迹

主要的拍摄内容包括:地面轮胎痕迹特征(包括拖印、侧滑印、滚印、压印等的特征;人体在地面上形成的痕迹特征);地面其他痕迹特征(包括车体、车辆部件或物品在地面形成的痕迹的特征)。

5. 散落物和血迹

主要拍摄内容包括:散落物,包括车辆部件、物品等;血迹和人体组织的状态。

6. 其他与事故有关的物证

主要的拍摄内容包括与事故相关的动物、树木、房屋等的状态或特征。

(三)元素照相的拍摄要求

1. 人(尸)体的拍摄要求

(1)应先标划人(尸)体位置,再进行拍摄。

（2）死亡两人以上的，应先对尸体进行编号，再拍摄。

（3）应反映人（尸）体所在现场位置、姿态和衣着情况。

（4）应反映人（尸）体体表及衣着表面的破损、痕迹、血迹、附着物等位置关系。

2. 车辆的拍摄要求

（1）应反映车辆的位置和状态。

（2）应反映车辆的外观，包括车体、轮胎、号牌、灯光和附加物等。

（3）应反映车辆的破损变形情况。

3. 道路设施的拍摄要求

（1）应反映现场道路附近的交通标志全貌、交通信号灯、交通标线。

（2）应反映被撞设施的整体状态和受损部位。

4. 地面痕迹的拍摄要求

（1）应反映痕迹的起点、止点、突变点和走向。

（2）痕迹与背景反差较小时，在确保不污染痕迹的条件下，可用粉笔标画痕迹外廓。

（3）被摄元素在画面中所占比例应不小于画面的 2/3。

5. 散落物和血迹的拍摄要求

应反映散落物和血迹的位置、方向和形态特征。

五、细目照相

（一）细目照相的概念

道路交通事故现场勘验照相中的细目照相是反映道路交通事故元素局部细节、物证及表面痕迹特征的专门照相。

（二）细目照相的拍摄内容

细目照相的拍摄内容以各种痕迹、物证的细节特征为主，其所在的位置在一般情况下由局部照相或元素照相来反映。

1. 人（尸）体痕迹

主要拍摄内容包括：衣着表面破损、刮擦、轮胎花纹等痕迹；衣着或体表的油脂、泥土、漆、橡胶等附着物；体表伤痕。

通过此类照片体现痕迹附着在人体、衣着上的具体位置；痕迹本身的形状、大小、颜色、受力方向；每个痕迹应单独拍摄，对于同一部位衣着和体表都留有重叠痕迹的，也应分别拍摄；裤子上的痕迹应反映出其与裤脚的距离等。

2. 车辆痕迹和部件状况

主要拍摄内容包括：破损、变形、缺失的具体位置、形态；擦划痕迹的位置、形态；附着物的位置、形态、颜色，包括血迹、毛发、人体组织、纤维、指纹、掌纹及鞋印的位置及形态等；轮胎的花纹形态及轮胎破损痕迹；车内物品，包括鞋、包等；车内部件状态，包括方向盘、仪表盘、灯光及雨刮器开关、档位、驻车制动器、座椅、安全带、气囊、车载卫星定位装置和行驶记录仪等。

3. 地面痕迹

主要拍摄内容包括：车辆轮胎痕迹的起点、突变点、止点、花纹形态和尺寸等；车体在地面遗留痕迹的起点、突变点、止点、花纹形态和尺寸等；人体在地面遗留痕迹的起点、突变点、止点、形态和尺寸等；地面其他痕迹的起点、突变点、止点、形态和尺寸等；散落物上附着痕迹的形态、尺寸；血迹的形态、尺寸。

（三）细目照相的拍摄要求

交通事故现场路面、车辆、人体上的痕迹及有关物体的细节特征通常依靠细目照片来体现，因此细目照片以图像证据"身份"出现在事故处理过程中的概率非常高。为保证拍摄质量，获取细目照片时需要注意以下要点：

（1）应贴放比例尺。进行黑白摄影时如被摄物为深色调，选用黑色衬底白色条格比例尺；如被摄物为浅色调，选用白色衬底黑色条格比例尺；进行彩色摄影时，除可选用上述比例尺外，还可以选用各种彩色相间的比例尺。拍摄透明被摄物时，可选用透明比例尺。当拍摄的照片要用于检验鉴定时，拍摄过程中照相机及镜头主光轴应与被摄痕迹面相垂直。如果无法做到垂直，那么应使用方框比例尺以便进行后期处理。

（2）应清晰、完整地反映痕迹、损伤、微量物质的形态、颜色、质地和比例尺上的刻度。如果一张照片无法完全覆盖，可以分段拍摄后再拼接成一张完整的照片。

（3）被拍摄主体应不小于画面的 2/3。由于细目照相反映的是交通事故中重要痕迹物证的细节特征，为保证成像质量并为检验分析做准备，在进行取景时要尽量使被摄主体占到整个画面的 2/3 以上。如果用普通的照相方式无法满足这一要求，可以使用微距摄影器材获得更大的放大倍率。

（4）当交通事故现场中需要拍摄的同类痕迹较多时，应该对痕迹进行编号，并将号码拍摄进画面。

（5）通过细目照相获取的照片应在局部照相或者元素照相中找到"出

处",以便每张细目照片中所反映的痕迹、物证都可以通过相应的照片确定该痕迹、物证所在的位置。

(6) 弱光条件下拍摄,可使用辅助光源。

(7) 对于需要反映物品立体形状的,拍摄不得少于两个侧面。

六、比对照相

(一) 比对照相的概念

道路交通事故现场勘验照相中的比对照相是反映造痕体和承痕体接触部位及接触方式的专门照相。

(二) 比对照相的拍摄内容

经勘查确定的造痕体与承痕体,应拍摄比对照片。

(1) 车辆与车辆的接触部位和接触方式。

(2) 车辆与固定物(树、线杆、护栏等)的接触部位和接触方式。

(3) 车辆轮胎花纹与地面轮胎花纹的比对。

(4) 车体痕迹与地面痕迹的比对。

(5) 人体及衣着痕迹与车体痕迹、地面痕迹的比对。

(6) 整体分离痕迹的比对。分离痕迹的拍摄内容包括:分离物在原物体中的位置以及分离端面的痕迹特征;原物体的基本状况及内部结构特征。

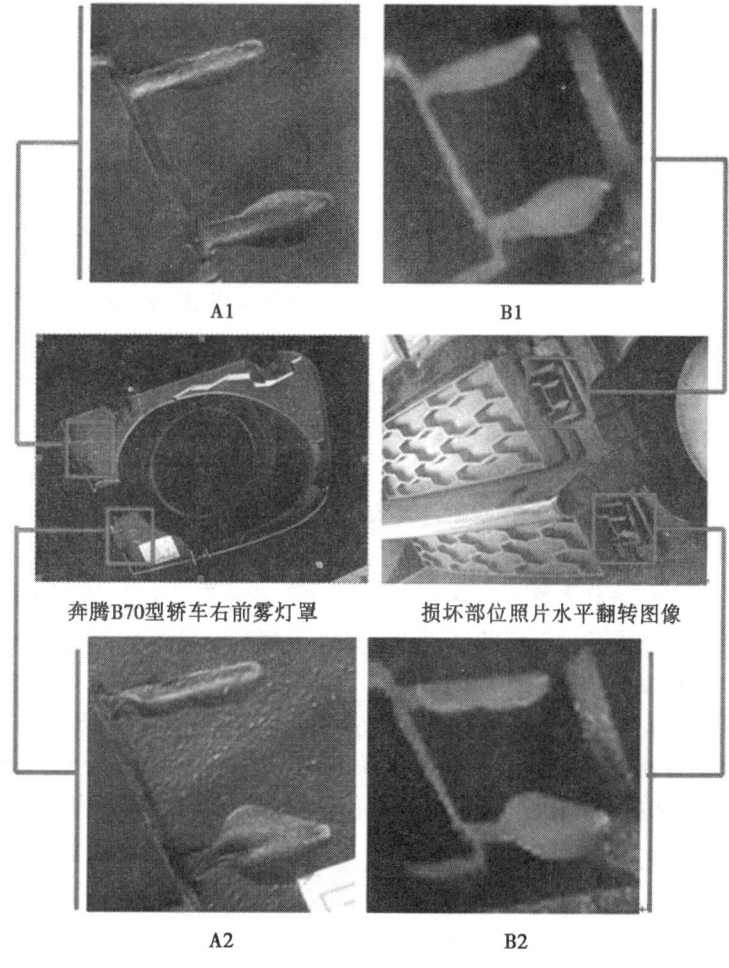

图 8-99 分离痕迹组图（刮擦痕迹）

（三）比对照相的拍摄要求

（1）应确认痕迹对应关系，分析判断承痕体与造痕体的接触部位和接触方式。

（2）应垂直于痕迹所在平面，分别拍摄承痕体与造痕体接触部位的细目照片。

（3）有条件的，应按接触方式摆放造痕体与承痕体，拍摄两者的关系照片。

七、勘验照相的一般原则及实施步骤

道路交通事故现场勘验照相虽然没有脱离刑事照相这一大的范畴，但无论是对拍摄人员、拍摄对象的限定，还是对拍摄方法、拍摄效果的要求，都与通常理解的"现场照相"有多方面的区别。

（一）道路交通事故现场勘验照相的一般原则

进行道路交通事故现场勘验照相的过程中需要遵循以下原则：

（1）遵守勘查秩序，服从统一指挥，与其他技术勘验工作配合开展。

（2）现场拍摄人员应根据交通事故现场的具体情况制订拍摄计划，及时、全面、客观、准确完成事故现场拍摄。

（3）现场勘验照相反映的信息应与交通事故现场勘查笔录所记载的内容相互补充、相互印证。

（4）所拍摄画面要主题明确、主体突出、影像清晰、记录准确，尽量避免将勘查人员、器材、车辆等与事故无关的景物摄入画面。

（5）当现场物品所在环境、位置、状态等达不到规范拍摄要求时，可先拍摄固定其原始状况，再将其移至适合条件下规范拍摄。

（6）拍摄贵重物证时，应请见证人在场，先拍摄固定贵重物证的原始状况，需带回实验室拍摄的，要办理手续并妥善包装，拍摄后要及时送还。

（7）做好相关文字记录。例如，到达现场的日期、时间，现场地点；勘查指挥人员、拍摄人员及分工情况；拍摄器材和拍摄时的技术参数等。

（8）随时回放检查拍摄效果，如果成像质量不理想应及时进行补拍。

（二）道路交通事故现场勘验照相的实施步骤

交通事故现场勘查人员到达交通事故现场后，不要急于拍摄，要服从现场勘查工作的总体要求，并按照一定的步骤展开。

1. 清除现场无关人员和车辆

由于交通事故现场大多在道路上，容易引来过往车辆、行人的围观。进行拍摄时应及时清除无关人员和车辆，一方面避免无关车辆、人员破坏现场；另一方面防止无关车辆、人员遮挡被摄对象，导致拍出的画面杂乱无章。

2. 了解交通事故现场情况

拍摄人员要初步了解事故的经过、时间、地点，做到对拍摄对象心中有数。并在此基础上初步勘查现场，弄清现场周围环境、道路走向、有无交通标志、交通标线，确定现场拍摄的范围。

3. 拍摄固定

在了解现场概况的过程中,拍摄人员应迅速对现场概览进行拍摄固定。以便为其他现场勘查人员能够尽早进入现场展开深入细致的调查提供条件。另外,快速地进行拍摄固定对于保护现场也有重要的作用。

4. 制定拍摄计划

当对交通事故现场有了初步的了解后,拍摄人员应迅速制订出拍摄计划。明确拍摄的内容、重点、角度。如果现场的条件不利于进行拍摄时,还应考虑采用何种技术手段进行拍摄。对于有多人参与的现场照相工作,还要明确每个人所应承担的拍摄任务。

5. 有顺序的拍摄

勘验照相的拍摄顺序可参考以下建议:
(1) 先拍概览,后拍局部、元素、细目及比对照相内容;
(2) 先拍事故现场的原始状况,后拍移动和显现后的状况;
(3) 先拍易破坏消失的痕迹物证,后拍不易破坏消失的痕迹物证;
(4) 先拍地表的痕迹物证,后拍其他部位的痕迹物证;
(5) 先拍急需拍摄的内容,后拍可以缓拍的内容;
(6) 先拍容易拍摄的内容,后拍较难拍摄的内容;
(7) 现场方位的拍摄可以根据情况灵活安排。

对于拍摄经验不足的人员来说,往往容易出现漏拍的情况。避免漏拍的最好方法就是按方位照相、概览照相、局部照相、元素照相、细目照相、比对照相的顺序拍摄,当然这种拍摄方法较为机械,拍摄效率也不高。

第五节 道路交通事故现场勘验照相方法

根据《现场照相、录像要求》(GB/T 29349-2012)和《现场照相方法规则》(GA/T 582-2006)的规范要求以及多年来我国交管部门现场勘验的实战经验总结,现场勘验照相的基本方法主要包括单向拍照法、相向拍照法、多向拍照法、直线连续拍照法、回转连续拍照法、测量拍照法等。

一、单向拍照法

(一) 单向拍照法的概念

单向拍照法,简称单向法,是指照相机镜头从单一方向对被拍物进行拍照的方法,如图 8-100 所示。

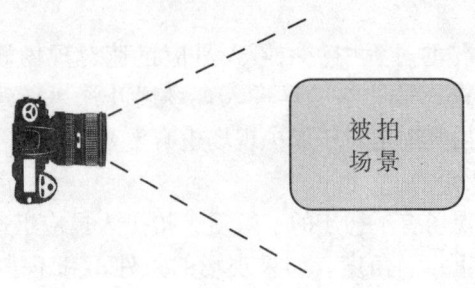

图 8-100　单向拍照法示意图

(二) 单向拍照法的特点

方便、快捷,适用于现场各种内容的拍照,但单向法只能记录场景中面对镜头一侧场景的具体情况。

(三) 单向拍照法的应用注意事项

运用单向法拍摄时,应选择合适的拍摄点,确保拍摄的内容和范围与拍摄要求相适应;单向法在拍摄现场方位、概览、局部、元素、细目及比对照相时均可使用,拍摄时照相机多用小光圈以获得较大的景深,确保被摄场景前后都清晰。

二、相向拍照法

(一) 相向拍照法的概念

相向拍照法,简称相向法,是指照相机以相对的方向、相近的距离对被摄景物进行拍摄的方法,如图 8-101 所示。

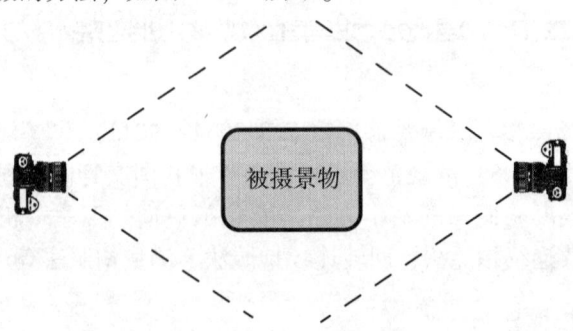

图 8-101　相向拍照法示意图

(二) 相向拍照法的特点

(1) 相向法获得的两张照片,能够反映现场场景相对的两个侧面的状况,可以避免由于车辆、人体、遗留物等互相遮挡而无法全面地反映现场状况的情况发生。

(2) 相向法常用于概览照相和局部照相,也用于拍摄地形、地貌复杂的现场方位。

(三) 相向拍照法的应用注意事项

(1) 两个相对的拍摄地点应与场景中心的距离、高度基本一致。对重要景物采用相向法拍摄时,该景物在两幅照片上的大小比例应基本一致。

(2) 拍照的两个方向应尽可能相互对应,尽可能地选择沿着道路走向的方向进行拍摄。拍照时镜头的光轴彼此间可以错开一定距离,不在同一直线上,以避免场景上某些物体相互遮挡。

(3) 由于采用相对的方向拍摄,因此拍摄时可能会出现逆光的情况,这时可更换拍摄点或在照相机上加装偏光镜、遮光罩等辅助设备避免眩光现象出现,同时逆光拍摄时应适当增加曝光量避免被摄主体曝光不足。

(4) 相向法拍的两张照片,印放倍率、尺寸、色调及影调应一致。

(5) 在现场照片制卷时,应将采用相向法拍得的两张照片编排在同一页面上,上下排列,并用文字分别说明拍照方向。

三、多向拍照法

(一) 多向拍照法的概念

多向拍照法指照相机从两个以上不同的方向,以相近的距离对被拍物进行拍摄的方法,简称"多向法",如图 8-102 和图 8-103 所示。

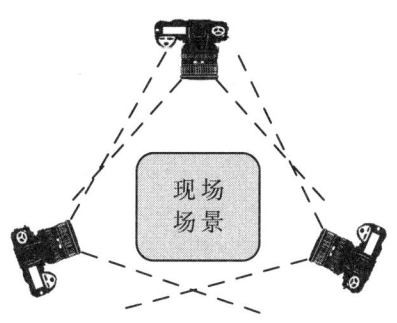

图 8-102　三向拍照法

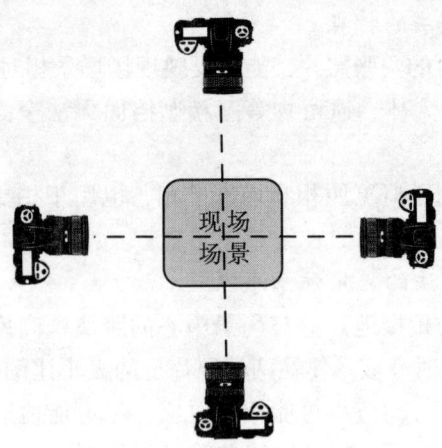

图 8-103　四向拍照法（十字交叉法）

（二）多向拍照法的特点

能反映出现场同一场景的多个侧面的情况，适于拍摄范围较大、场景复杂的概览、重点局部等。

（三）多向拍照法的注意事项

（1）拍摄之前，应根据交通事故现场的情况确定取景的方向和拍摄角度、数量，应使用尽量少的照片将需要拍摄的场景记录下来。

（2）拍摄前应选择拍摄中心，并且在拍摄的过程中尽量保证每个机位与拍摄中心点的距离大致相同。

（3）拍摄过程中，在相邻位置拍摄的两张照片中，其衔接处应该表现共同的被摄景物，以便能够从画面上直接判断出照片的取景关系。

（4）采用多向法拍摄时，应尽量避免逆光情况的出现，并且保证从不同角度拍摄的画面曝光效果基本一致。

（5）照片印放时，印放倍率、尺寸、色调、影调应该基本一致。

四、回转连续拍照法

（一）回转连续拍照法的概念

回转连续拍照法是指固定照相机的拍照机位，在水平或垂直方向转动镜头，将被拍客体分段连续拍照成若干画面的方法，简称"回转法"，如图 8-104 所示。在数码照相机普及的今天，利用图像处理软件可以快速地完成多幅画面的拼接，得到一张完整的范围较大的现场照片。

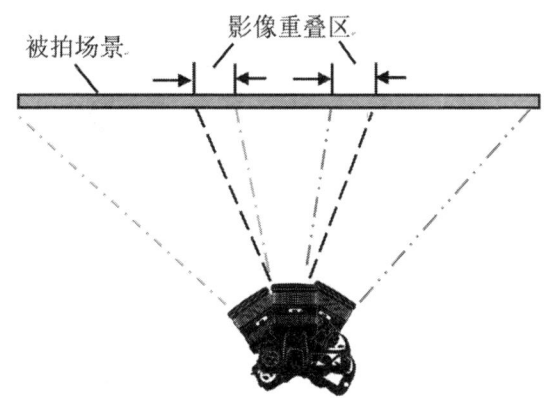

图 8-104　回转法拍照示意图

（二）回转连续拍照法的特点

（1）回转连续拍照法适用于拍摄水平或垂直范围较大并且拍摄位置受到限制不能退远的现场方位和现场概览。

（2）回转连续拍照法在实践中很少用于垂直范围高大现场的拍照，多用于拍照水平范围宽广的现场方位和现场概览。

（三）回转连续拍照法的步骤

（1）将配有视场角不大于55°的镜头的照相机固定在三脚架上，要保证机身能够方便的左右转动。通常情况下，应保证镜头的光轴与地面平行；在需要俯拍时也要尽量保证镜头的光轴与地平面之间的夹角小于30°。

（2）选择被拍现场中心的位置为拍照点，拍照点应能看到被拍摄场景的全貌。

（3）镜头光轴正对现场中心拍照第一张；然后将镜头分别向左、右各回转相同的角度（通常不大于20°），分别拍照第二张、第三张……。

（4）利用图像拼接软件将拍得的多幅画面拼接成一幅范围大的连接片。

（四）回转连续拍照的应用注意事项

（1）用回转法拍照时，两端画面的影像存在一定程度的变形，取景构图时，要在相邻画面间留有占每幅画面1/4～1/5宽度的重叠影像区，以利于拼接连接片；拼接线可选择影像重叠部分中的某一条垂直线，但要避开重要物体（如尸体）的影像。

（2）宜用光圈优先档，采用大景深模式拍照。

（3）不宜用广角镜头或长焦距镜头拍照。

（4）各幅画面的曝光参数应保持一致，否则会出现影像在大小、景深范围、影调或色调等方面的差异，影响连接片的拼接质量。

图 8-105　回转法拍照效果

五、直线连续拍照法

（一）直线连续拍照法的概念

直线连续拍照法是指照相机的焦平面和被拍物平面平行、等距，沿着被拍物直线移动并将其分段拍照成若干个画面的拍照方法，简称"直线法"，如图 8-106 所示。

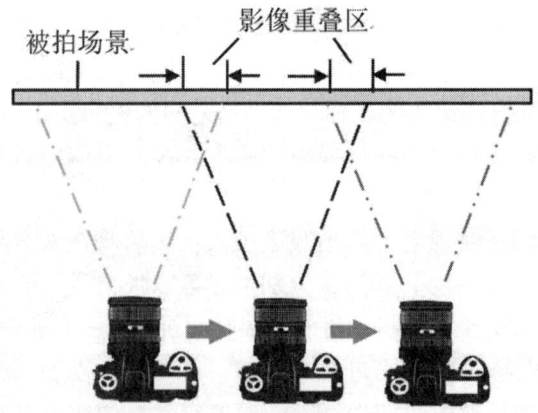

图 8-106　直线连续拍照法

（二）直线连续拍照法的特点

（1）直线法适于拍摄直线状排列的、范围较大的"二维平面景物"。例如，狭长的刹车痕迹、成趟足迹等，有一定纵深的三维场景不适合使用此种拍摄方法。

(2) 直线法拍照的画面不易产生影像变形，连续拍摄的画面数量可超过三幅以上。

（三）直线连续拍照法的步骤

(1) 使用视场角不大于55°的镜头的照相机保持在与景物等距离的直线上连续向左或向右平移，并使镜头光轴始终垂直于景物所在平面。

(2) 在痕迹物证的"起点"位置附近拍摄第一幅画面，然后沿着痕迹延伸方向等距平移，分别拍摄第二幅、第三幅……。

(3) 用图像处理软件，将拍得的各幅画面拼接成一幅范围大的连接片。

（四）直线连续拍照法的应用注意事项

(1) 始终保持镜头光轴与被拍景物平面垂直，以免影像变形。

(2) 始终保持镜头与被拍景物的距离不变，以免影像大小不同影响拼接质量，必要时可使用三脚架固定照相机拍摄以达到此项要求。

(3) 用直线法拍照长条车轮痕迹、成趟足迹时，应该在痕迹平面的一侧放置一条不反光的皮尺，皮尺长度应贯通整个痕迹的画面。拍照时，还须注意不要把拍照者的双脚、自己的光照阴影等无关影像拍入画面，以保证痕迹画面的质量。

(4) 取景构图时，要保证相邻画面上的景物衔接部位有1/4~1/5画面宽度的重叠区，以利于照片拼接。

(5) 不宜用广角镜头或长焦距镜头拍照。

(6) 各幅画面的曝光参数应一致，否则会造成各幅画面上影像的大小、景深范围、影调或色调的较大差异，影响合成照片的质量。

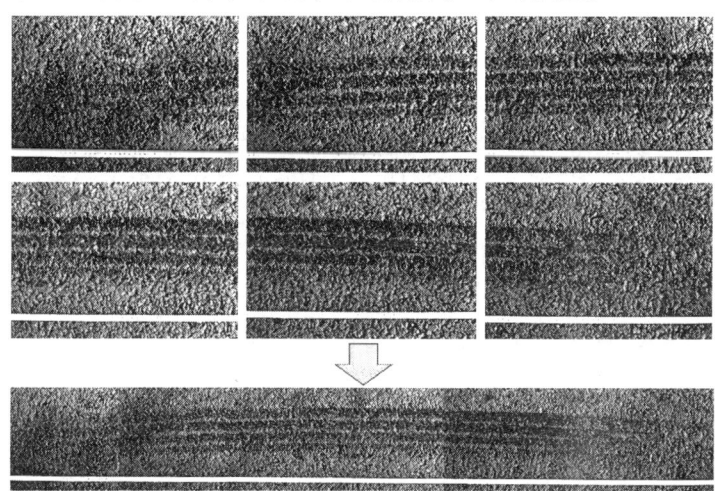

图 8-107　直线法拍照效果例片

六、测量拍照法

（一）测量拍照法的概念

测量拍照法是指将带有标准刻度的比例尺与被拍物一同拍入画面，根据比例尺可以测量出原物及其特征大小的拍照方法。

（二）测量拍照法的要点

（1）在拍摄重要痕迹物证时，应当放置比例尺。为保证比例测量的准确性，原则要求使用比例尺的长度不少于物体长度的1/2（见表8-5），当拍照刹车痕迹等较大范围的痕迹物证时，应在被照物体一侧放置贯通画面的钢卷尺或皮尺。

表8-5 比例尺长度选择单位为毫米

被拍物体长度	比例尺长度
≦50毫米	≧30毫米
50~150毫米	≧50毫米
150~500毫米	≧100毫米
≧500毫米	≧物体长度的50%

（2）选用比例标尺应考虑被摄物的颜色（见前文细目照相的拍摄要求）。进行偏角照相时，应加放校正比例尺。拍照具有检验鉴定价值的重要痕迹物证时，可以加放直角比例尺。

（3）拍摄前应注意，所选用的比例标尺应不反光、无折皱。

（4）拍摄时比例标尺应放置在痕迹旁10mm以内，如果被照物体或痕迹呈横向状态，比例尺应置于被照物体下方居中位置；如果被照物体或痕迹呈纵向状态，比例尺应置于被照物体的右侧居中位置（如图8-108所示）。比例标尺刻度一侧应朝向痕迹，不得遮掩、妨碍观察。

（5）比例标尺应与被拍摄的痕迹处于同一平面，如果确实无法实现时，应保证比例标尺与被拍摄痕迹的主要特征处于同一平面。

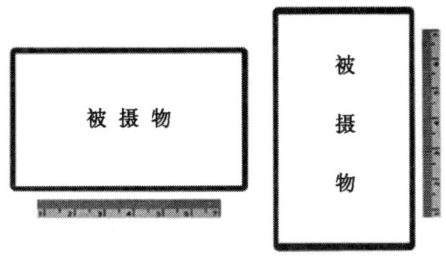

图 8-108　比例尺位置

（6）拍照足迹或脚印类照片时，应放置专用比例尺或将普通比例尺垂直组合放置，如图 8-109 所示。

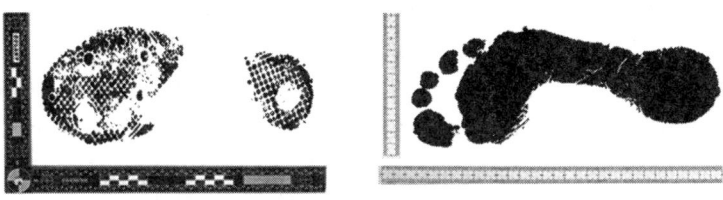

图 8-109　足迹类照片比例尺位置

七、夜间较大场景的拍摄方法

进行夜间交通事故现场照相时，如何选择光源主要取决于事故现场所处环境的光亮强度，以及所拍摄的场景的大小。目前可供选择的光源主要有现场勘查灯、闪光灯等。对范围较小的场景可以直接使用闪光灯进行拍摄。对于较大的拍摄场景则需要采用游动闪光、游动布光、长时间曝光等方法进行拍摄。其中游动闪光、游动布光都需要配合照相机的长时间曝光。

（一）长时间曝光

如果现场的照明条件较好，可以直接利用交通事故现场的照明条件进行拍摄。但由于画面曝光时间较长，拍摄时应注意以下几点：

1. 防止照相机移动

在进行长时间曝光时，一定要将照相机固定在三脚架上或放在平稳牢固的地方，以防止由于照相机发生震动、移动，导致影像模糊、重叠。

2. 防止光线直射镜头

快门开启后，强烈的光线直射镜头，容易产生眩光现象，造成拍摄失败，因此在取景前要仔细观察是否有强烈光线直射镜头。在拍摄过程中，要避免突如其来的强光出现。例如，突然照射过来的汽车灯、行人的手电筒等。倘若快门已打开，可临时用镜头盖等物体进行遮挡。

（二）游动布光

使用现场勘查灯等照明设备进行拍摄时，可以采用以下方法：

（1）将照相机固定在三脚架上，照相机快门放在 B 门处，光圈一般选择 F8 或 F11。

（2）清除现场无关人员，禁止现场勘查人员横穿事故现场，让对面来车关闭灯光。

（3）拍摄时，需要两名拍摄人员相互配合，一名摄影人员站在照相机后开启快门；另一名摄影人员应将照明灯高举，向前照射，灯头向下与地面成45度角，左右均匀小角度晃动，晃动过程中要避免灯光直射向照相机镜头。灯位移动的路线应该选择现场路边一侧，从照相机所在的位置开始，沿道路走向的边缘向事故现场方向移动，移动的速度与人的步行速度大致相同，直至通过现场。摄影人员切忌在道路中心行走。如果现场的道路很宽，可以从道路的两侧分别向现场移动。灯位需要横穿现场时，要关闭光源。

（三）游动闪光

在夜间拍摄大范围的场景时，一次闪光往往不能满足曝光的需要，这就需要手持闪光灯使用游动闪光的方法分段照明被摄物体，以便得到足够的曝光。

游动闪光的具体方法与游动布光相似：

（1）将照相机固定在三脚架上，照相机快门放在 B 门处，光圈一般选择 F8 或 F11。

（2）清除现场无关人员，禁止现场勘查人员横穿事故现场，让对面来车关闭灯光。

（3）拍摄时，需要两名拍摄人员相互配合，一名摄影人员站在照相机后开启快门；另一名摄影人员手持并平举闪光灯，实施闪光。闪光过程中，闪光灯灯头应略向地面倾斜，并始终指向事故现场。而闪光灯与照相机镜头主光轴之间应该选择何种角度，则主要以确保闪光灯发出的光，能够被被摄物体反射进照相机的镜头为基本依据（如图8-110所示）。

（4）在激发闪光灯时，可沿着现场道路的走向由远及近逐步进行，并尽量保证相邻两次闪光的照射范围边缘处有重叠，闪光的次数、闪光灯与被摄物体的距离、闪光灯的间隔应根据被摄场景的大小、闪光灯的闪光指数而定。另外，每次激发闪光灯后应及时遮挡照相机镜头，以保证拍摄过程中进入画面的光线绝大部分是由闪光灯发出的。

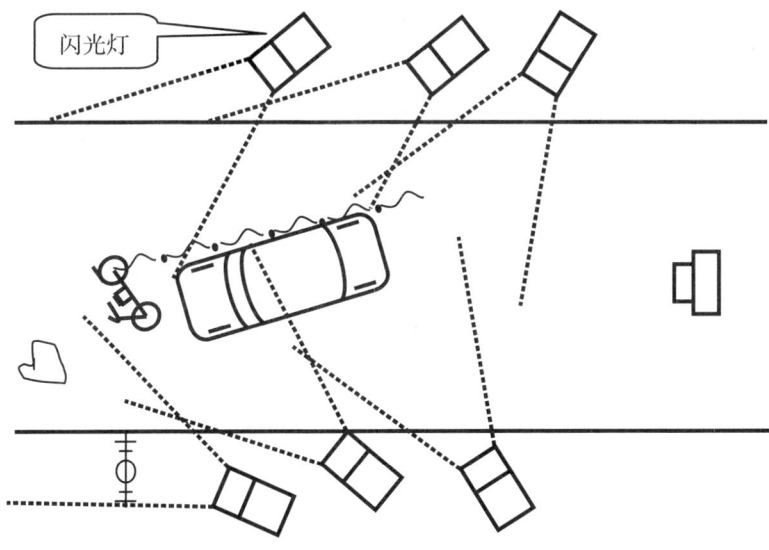

图 8-110 游动闪光布光示意图

（四）夜间现场拍摄的注意事项

（1）夜间现场拍摄应做好现场安全防护工作。

（2）夜间现场拍摄应配备闪光灯、三脚架、便携式辅助光源、快门线等装置，光源色温控制在 5000K~6000K。

（3）拍摄时应确保画面布光均匀。

（4）拍摄玻璃、金属等高反光率被摄体时，应调整光源与照相机的角度，避免反射光进入镜头形成光斑。

（5）拍摄痕迹细目照时，宜采用侧光方法布光。

（6）拍摄地面轮胎痕迹时，宜采用低角度逆光方法。

（7）复杂、影响重大的交通事故现场，在有条件的情况下可封锁现场，待天亮后进行补充拍摄。

八、痕迹的侧光拍摄法

交通事故现场中的痕迹会表现出凹陷、隆起、变形、断裂、穿孔、破碎、加层、减层等特征。在拍摄的过程中，痕迹的断裂、穿孔和变形特征是比较容易表现的，而痕迹的凹陷、隆起、加层、减层特征，尤其是较浅的凹陷、隆起特征通过普通的拍摄方法是较难表现的。拍摄这种痕迹特征的关键在于对光线的控制，通常使用侧光，利用其在痕迹上形成的阴影来反映痕迹的凹凸特征。

使用侧光拍摄法进行拍摄时，痕迹的凹陷程度越深，光线与痕迹面的夹角应越大；凹陷程度浅，光线与痕迹面的夹角应越小。光照角度应该在10°~70°。如果阳光影响对光线角度的控制，拍摄人可以利用身体遮挡阳光并使用闪光灯进行拍摄。

当使用闪光灯拍摄痕迹时，由于有些痕迹的承载体表面是玻璃或金属材质。例如，车辆的风挡玻璃、车灯、车身、电镀保险杠、金属装饰条等，极易在照片中形成反光点，影响拍摄效果。这些有害的反光在拍摄前不容易引起人们的注意，而在成像的瞬间才会被注意到。避免这种反光产生的最简单的方法就是使用侧光进行拍摄。

拍摄刮擦痕迹时，应根据痕迹和承痕体的颜色反差决定光线的强弱、角度，来反映刮擦部位的加层与减层痕迹。

九、人体照相

（一）人体损伤痕迹的拍摄

（1）应以伤痕为中心，反映伤痕所在的部位。要将伤痕周围的人体特征，如面部、胸部、背部、四肢等一并摄入镜头。

（2）应完整清晰地反映出伤痕的大小、特征、受力方向、创伤程度，伤痕被血迹和其他污物覆盖的，要清除血迹和污物。

（3）拍摄人体损伤痕迹和创口，应放置比例尺。

（二）尸体的拍摄

（1）尸体在现场的原始位置，对于死亡两人以上的，应当对尸体进行编号，并逐一进行拍摄。

（2）尸体的全身正、侧面原始着装照片。拍摄时可选择站在尸体的一侧、与头、脚等距的位置进行拍摄。

（3）尸体的正、侧面裸体照片；对尸表的检验照片则应根据法医鉴定的需要拍摄重要局部创、损伤痕迹；对于尸体头部有损伤痕迹的应剪去局部毛发，显现伤痕后再拍摄。

（4）拍摄尸体面部像时，照相机镜头应以尸体的鼻尖为中心，垂直拍摄面部的原始状态。如果面部有血迹，要擦洗干净，露出伤痕。如果尸体面部已经无法辨认，则应拍摄该死者的有关证件照片和有显著体表特征的照片。

（三）尸体辨认照相

尸体辨认照相是以查找尸源为目的，对无名尸体面貌和尸体的人身特征进行的专门照相。

（1）尸体的相貌拍摄是以尸体头面部正侧位轮廓为拍摄对象，突出反映尸体相貌特征。在进行尸体的相貌拍摄之前，首先应拍摄尸体相貌的原始状态，然后对尸体进行清洗、整容。主要是对头面部的污物进行清洗、擦拭，有损伤的要进行整容修补。在拍摄时，镜头的光轴应垂直于口鼻间，尸体面部应呈平视状态，两耳外露程度一致。照相取景时，尸体头面竖向正中线与画幅长边平行，尸体头顶部距画幅边缘应不小于5mm。

（2）尸体的人身特征拍摄是以尸体生前的痣、痘、疤痕、文身、生理缺欠、疾病残疾、畸形或缺损等固定特征为拍摄对象，同时反映特征在尸体上的部位，拍照时应加放比例尺。在进行拍摄之前应先对尸体的人身特征进行清洗、擦拭干净。拍摄时应反映特征轮廓形态及其在尸体上所处位置，并据此确定画面和取景范围。拍摄特征全貌时，照相机镜头的光轴应垂直于特征的中心部位。拍摄非平面特征时，景深要大于特征的弧面深度，对于大弧度的特征，可采用多向拍摄法拍摄，对细微的特征则应使用微距镜头拍摄。

（3）进行尸体辨认照相时，应采取柔和的正面光或前侧光，光比控制在1∶2左右为宜。

（四）其他相关人员拍摄

对于造成交通死亡事故以及无身份证明的肇事者，应拍摄显示其身高比例的半身标准近照；对在现场的肇事者，应将其安置于可表明与肇事相关的车辆、物体一侧拍摄。

十、部分特殊天气下的拍摄方式

（一）阴天交通事故现场的拍摄

由于云遮住了太阳，阴天时天空中散射光强、亮度高，而路面由于无直射光，亮度较低，光线没有明显的方向性，被摄物体上的亮度反差较低。这就要求在拍摄的过程中，要注意通过控制色彩的搭配，或者通过滤光镜的使用来加强反差，突出被摄物体。

（二）雾天交通事故现场的拍摄

雾天空气中存在着一些小颗粒尘埃和小雾滴，它们会使光线发生散射，受蓝天的影响散射光中蓝紫光较多，这会使被摄体带有浅淡的蓝色，且随着距离的增加被摄物会逐渐模糊。

在雾天进行拍摄时，需要注意以下问题：

（1）为了表现所发生的交通事故与大雾有关时，拍摄照片时不要使用滤光镜，以便把大雾的情况反映出来。

(2) 拍摄事故元素时，应适当增加曝光量，以便尽可能获得清晰的画面。如果需要用人工光增加曝光，应使用现场勘查灯作为补光光源（为获得清晰的影像可在照明灯前加黄色滤色镜），尽量不使用闪光灯。

(3) 如果通过控制曝光无法获得清晰的影像时，可以根据雾气的浓淡程度选择适当的滤光镜。若只是雾色朦胧，用黄色或浅绿色的滤光镜即可获得清晰影像。如果是雾色凝厚，使用红色滤光镜效果更好。如果使用滤光镜，就会出现被摄影像偏色的情况。

（三）雨天交通事故现场的拍摄

雨天拍摄交通事故现场，由于与事故有关的痕迹物证容易遭到破坏，因此，在拍摄时应注意调整顺序，尽快完成拍摄工作。

(1) 雨天拍摄时要作好防水工作，应利用雨伞、雨衣、防水罩等保护照相机，防止雨水直接滴落在照相机上；同时还要辨明风向，以免风吹水珠弄湿了照相机；如果照相机进了水，应及时进行清洁处理，防止损坏照相机，可用电吹风吹干照相机，或尽快送交维修部门彻底拆开清洗。

(2) 雨水一旦溅落在照相机镜头上除了可能会损坏照相机外，还会使照片上出现水雾眩光，即在所拍摄的影像中出现杂色的雾状斑块，它的形状或不易识别、或为圆形。特别是在逆光摄影的时候最容易出现。因此，雨天拍摄事故现场时，要随时检查镜头的镜片，避免溅水，并保持它的清洁。对已经溅水的镜头应及时清理干净。

十一、特种拍摄技法简介

（一）分色照相

在痕迹物证照相中，拍摄有色物体上的痕迹时，为了增强反差，改变影像的色调，在可见光范围内，利用各种不同颜色的物体对各种色光吸收反射的不同，进行照相的方法就是分色光照相法。

由于分色照相只记录某种颜色光的单色图像，故彩色还原没有意义，在采用传统照相机记录被摄景物影像时多使用黑白全色片完成拍摄，使用数码照相机拍照时，可将照相机设置为黑白模式拍照。

（二）偏振光照相

运用偏振光进行照相可以消除非金属物表面的反光，尤其是消除水面上或玻璃上的有害反光。

在拍摄痕迹物证时，一旦遇到被摄体上有强烈的反光，就会直接影响痕迹特征的显现。这时利用偏振光进行拍摄就可以消除被摄体上杂乱的反光，使痕迹清晰。但对于不同的被摄体，偏振光照相所起的作用是不同的，如：

当被摄体为玻璃或镜面时,由于其对光线的反射作用符合光反射定律,在这种情况下使用偏振光照相效果最好;当被摄体为油漆面时,由于其对光线产生无定向漫反射,这时拍摄出的偏振光照片,效果稍差;而那些对光线产生杂乱反射的粗糙的物体表面,利用偏振光照相,效果很差,这时需要对光源进行偏振处理。

(三) 红外线照相

红外线照相是利用红外线为光源的一种照相方法。由于红外线作为一种非可见光具有较强的透射力、其反射和吸收与可见光不同,因此利用红外线照相可以把在可见光下无法分辨的色调加以区分,可以克服烟雾现场中烟雾对拍照的影响,可以透射某些物质拍摄出被污染或被掩盖的痕迹,甚至还可以在完全黑暗的条件下进行拍摄。

红外线照相虽然对于痕迹物证照相有着重要的作用,但其拍摄方式却较简单,只需配备红外线光源、红外照相机、滤光镜等器材即可。

(四) 紫外线照相

紫外线照相是利用紫外线作为光源的一种照相方法。一方面,紫外线照相可以获得与可见光照相完全不同的影像,因此,可以利用紫外线来鉴别物质的异同;另一方面,很多物质在紫外线照射下,能够产生可见的荧光反应,因此,可以利用普通感光胶片将其记录下来。

紫外线照相需要的器材主要包括:紫外照相机、紫外线镜头、紫外滤光镜、紫外线光源等。

第六节 道路交通事故照片卷的制作与保存

一、交通事故照片卷的制作

交通事故照片卷是将事故现场拍摄的照片全面、细致、系统、连贯地粘贴并附以文字说明的文档。交通事故照片卷通常由封面、正文(照片)、正文载体三部分组成。

(一) 照片册封面

照片册封面纸的幅面尺寸为 297mm×210mm (A4 纸型) 参考样式以及封面包括的项目见图 8-111 及图 8-112。

(1) 事故编号:交通事故的系统编号;
(2) 案卷题名:交通事故的系统名称;

（3）制作单位：制作交通事故照片卷的单位名称；

（4）事故时间：其记录格式为"年、月、日、时、分"形式，并使用阿拉伯数字填写，具体时间应按24小时制填写，应与交通事故其他材料中记录的数字保持一致；

（5）事故地点：交通事故发生的道路位置的正式名称，这个名称应该与其他交通事故材料中对交通事故地点的描述相一致；

（6）拍摄人：执行现场勘验照相工作的人员的名称，如果是通过电子监控系统获得的照片，应该记录监控点的机号、编排代号等；

（7）拍摄日期：进行现场勘验照相时的具体时间，通常为"年、月、日"形式，并使用阿拉伯数字填写；

（8）制卷人：制作交通事故照片卷的人员名称；

（9）制卷日期：制作交通事故照片卷的具体时间，通常为"年、月、日"形式，并使用阿拉伯数字填写；

（10）卷内照片张数：交通事故照片卷中粘贴（打印）的照片数目，并使用阿拉伯数字填写。

（二）照片裱贴纸

（1）正文载体可使用照片粘贴纸，纸张质量、尺寸应符合 GB/T 29351-2012 中的 5.1、5.2 的要求。贴附照片的纸张应使用 $200g/m^2 \sim 250g/m^2$ 的卡片纸或白板纸。对于电脑打印卷应用 $90g/m^2 \sim 150g/m^2$ 的白色纸张进行打印。可以使用照片级打印纸或彩色相纸，尺寸应为国际标准 A4 纸型。

（2）当正页粘贴不下一个层次的多张照片时，可在翻口连续折页。上下边不应连续折页。折页为扇形折，折页幅面长度应与正页一致，宽度为 182mm。使用联页折叠的内页粘贴纸时，幅面尺寸见图 8-113，联页的页数不宜太多，通常以 4 页为一联，折页连续数量不超过 7 页（如图 8-114 所示）。

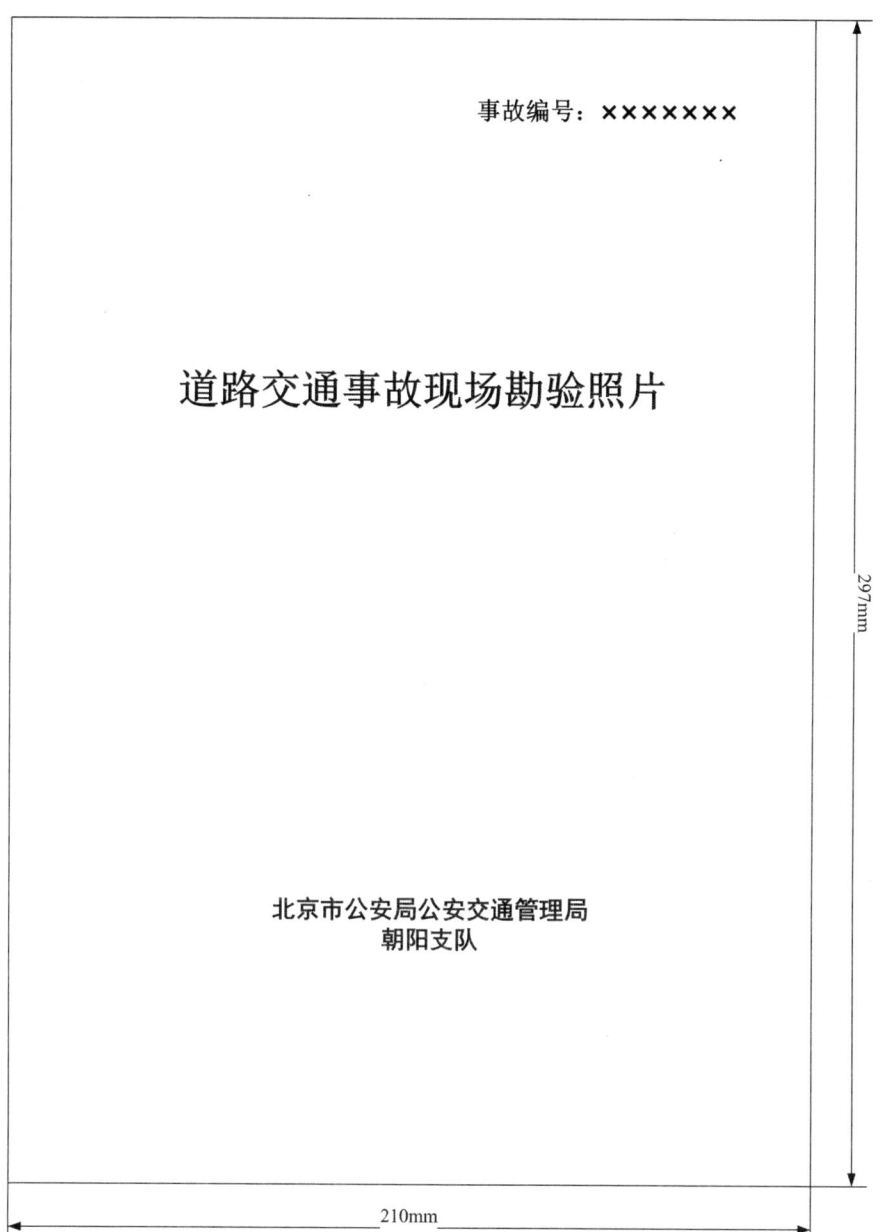

图 8-111 封面正面

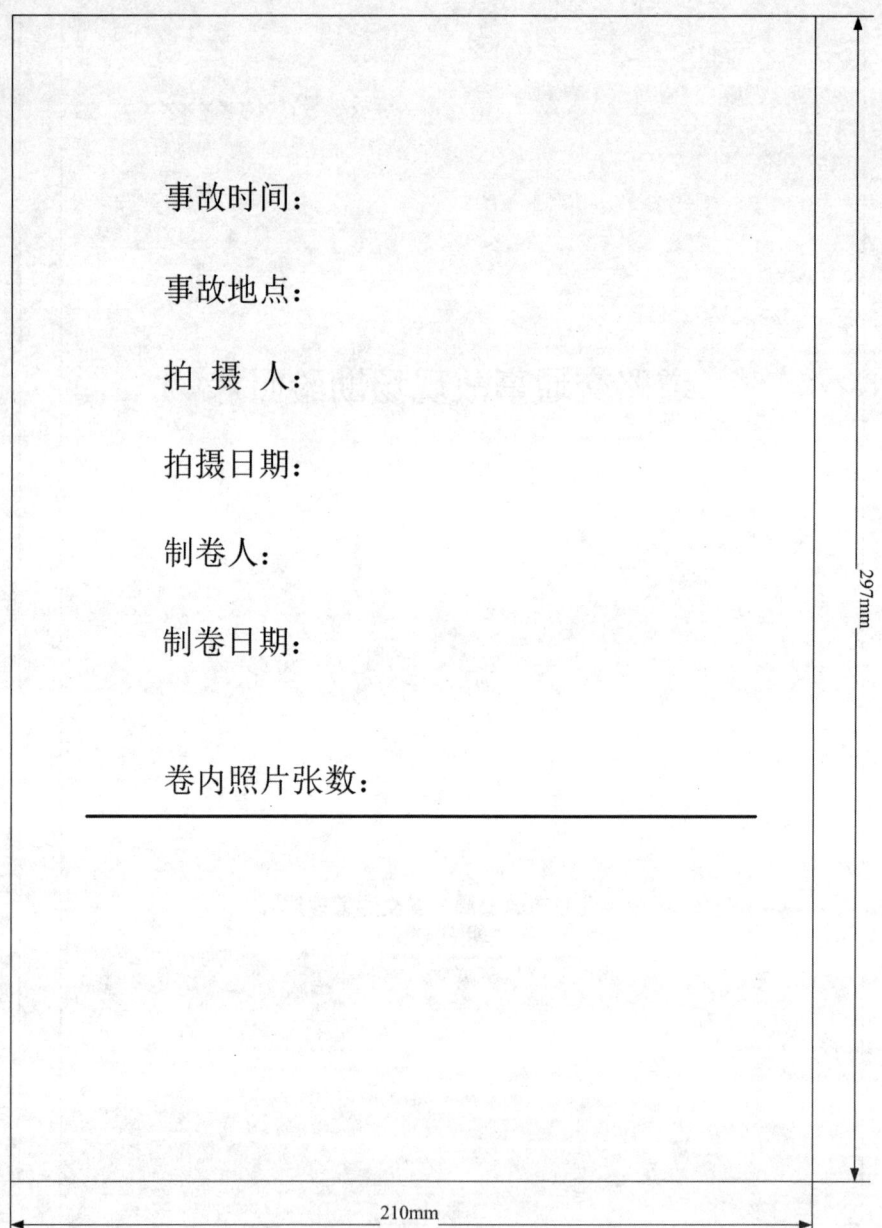

图 8-112 封面背面

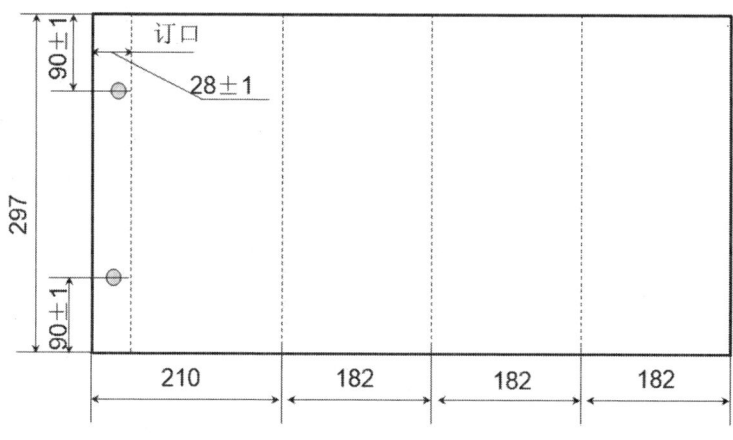

图 8-113 折页规格

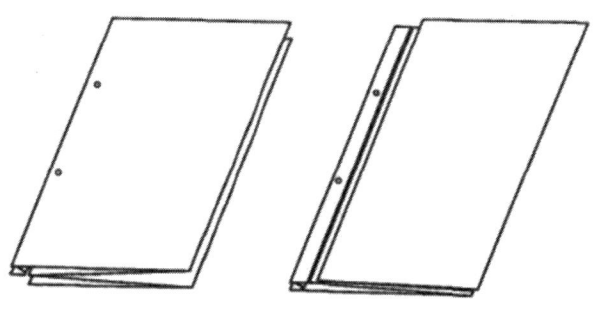

图 8-114 折页折叠方式

(三) 照片的制作

照片规格尺寸应符合 GB/T 29351-2012 中的 6.4 的要求。照片的几何形状应以横幅矩形为主,竖幅矩形不应该过多。也可配少量的方形或圆形,但不应有菱形、三角形等形状,更不应只剪留主体而不要背景。照片的长宽比例应在 8:5 左右。必要时,可根据画面主体形状和版面组合要求进行裁剪。

照片的尺寸应该根据画面内容和组合编排需要决定:

(1) 直接反映现场方位、概貌、重点部位的主要照片和重要细目照片,尺寸为 90mm×130mm、100mm×150mm、130mm×180mm、120mm×200mm,边长误差控制在±3mm;

(2) 辅助反映现场局部场景、特写的照片,尺寸为 60mm×90mm;90mm×130mm;100mm×150mm;

(3) 直接反映痕迹物证的照片,以清晰反映形象特征为前提,一般为

60mm×90mm；90mm×130mm；100mm×150mm；

（4）连接后的照片宽度为60mm~90mm，长度为150mm~300mm。

（四）照片的编排粘贴

（1）交通事故照片卷中首先出现的照片是方位照片和概览照片，大致按照方位、概览、局部、元素、细目和比对照片的顺序编排。通常情况下把相关照片相邻编排，以突出照片之间的关联性，往往就会将局部、元素、细目和比对照片穿插编排。特别是细目照片要与局部、元素照片对应编排。需要强调的是，检验鉴定照片应附在鉴定书后。

（2）按照已经编好的顺序，用防霉化的胶水涂于照片背面四周，切忌涂得太靠边缘或过量，平整地粘贴在照片粘贴纸上。粘好后，在上面压以平整重物，待牢固后，可进行文字标注和说明。

（3）照片间隔应疏密适当，每页应留有25%~35%的空白区，版面应规范、整洁。

（五）照片标示

为使现场照片更具整体感、重点更突出，可以对照片加注标示，照片标示的方法、照片标引应符合GB/T 29351-2012中的8.2的要求。

（1）标引线应为连续的单线条，线条宽度不应超过0.8mm；

（2）标引线颜色应使用红色或黑色；

（3）标引线应平行于卡片纸的一边。必要时可以用折线，折角应为直角。一条标引线的折角不应超过两处；

（4）标引线的线端指向应正确，不应离被标引位置太远。不应把线端画在较小的被标引对象上。

（5）当标引线的需要通过与线条颜色相同或相近的照片影像部分时，应改为易于辨别的颜色通过该部位；

（6）标引线不应相互交叉。

结合交通事故现场照片的编排特点，标引要求如图8-115所示。

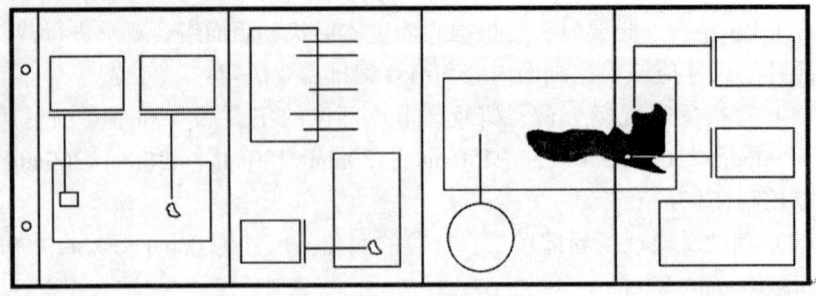

图8-115　标引方法

（六）文字说明

道路交通事故照片卷应附注文字说明，文字说明要求以下：

（1）文字说明应与照片对应；

（2）文字说明内容应通俗、简练、严密、准确；方位照片和概览照片的文字说明应体现出拍摄方向，局部照片和比对照片的文字说明应体现出被摄主体的名称、比对关系；

（3）文字说明可用手写或打印，手写字迹应工整、清晰、可辨，打印字体为三号宋体；

（4）文字说明中带有计量单位的数字，应采用阿拉伯数字；

（5）文字说明中应采用法定计量单位，并书写该计量单位的符号或代号，如：毫米应写作 mm；

（6）文字说明应粘贴或打印在照片下方，距照片边缘 5mm~10mm 居中部位。

二、交通事故照片的归档及保存

交通事故照片装订成册后归入交通事故案卷，照片的底片可随卷保存或单独保存；数码照片应保存原始图像文件，刻制光盘，光盘上应注明案件的名称、发生时间、地点、案件性质、拍摄日期、拍摄人等信息，并与案卷统一归档，保存期限与该交通事故档案一致。

如果该起交通事故需追究当事人的刑事责任，则应制作一式二套照片，分别归入交通事故案卷的正本和副本。如遇需要长期保存档案的交通事故，作为资料保存的现场照片应当作长期除潮防霉处理。

第七节　道路交通事故现场录像

根据《道路交通事故处理程序规定》第三十三条第二款的规定，"发生一次死亡三人以上事故的，应当进行现场摄像，必要时可以聘请具有专门知识的人参加现场勘验、检查。"。交通事故现场录像是将交通事故发生的地点和与交通事故有关的痕迹、物证，用录像的方法客观、准确、全面、系统地固定、记录的专门手段。具体方法、要求参见《现场照相、录像要求》（GB/T 29349-2012）。

一、交通事故现场录像的要求

现场录像是交通事故现场勘查的一个环节，在进行现场录像的时候应遵守规范的程序，服从统一安排，并与其他工作配合进行。

（一）完整

与交通事故现场照相相同，凡是与事故的发生有关系的景物、环境、道路等事故元素，都属于拍摄的范围。由于录像具有连续记录画面的功能，因此，交通事故现场录像的任务还包括：记录现场勘查的过程，记录痕迹物证提取的过程、方法，记录现场偶发事件的过程等。

（二）清晰

进行交通事故现场录像所使用的录像机、录像带应具有一定的品质，保证拍摄出来的画面清晰度高、色彩还原好，拍摄的重要画面稳定、焦点清晰。

（三）主题明确

在进行现场录像时，拍摄人员应首先确定拍摄内容，以及通过何种方式表达拍摄意图。在拍摄过程中，除了要把握画面的连续变化外，还应突出每组画面的拍摄主题。

（四）连贯

在进行现场录像时，应对各画面的构成与衔接组合进行构思，拍摄时依照一定的步骤和顺序，连贯进行。对于不同的被摄场景在转换组接时，应拍摄过渡镜头予以衔接。

（五）排除干扰

在进行现场概貌录像、现场重点部位录像时，应尽可能避免将勘查人员、围观群众、警用车辆、救援车辆等拍摄进画面。同时，还应避免录入无关的声音。

二、交通事故现场录像的步骤

（一）了解交通事故现场概况

录像人员到达交通事故现场后，应首先了解事故现场中各事故元素的分布情况，现场周围的交通环境。如果现场正在进行紧急抢救、抢险活动，应立即拍摄记录抢救、抢险过程，尤其是各事故元素的变动情况。

（二）制定拍摄计划

通过对事故现场的了解制订初步的拍摄计划。明确拍摄的内容、拍摄重点，构思取景角度、画面的衔接及转换，并根据现场的光照条件、环境，选择正确的拍摄技法。对现场可能出现的需要拍摄的场景（如事故车辆突然爆炸、失火等）做出预判，做好拍摄准备。

（三）有顺序的拍摄

现场录像与现场照相的拍摄顺序基本一致。

(四) 审核

利用录像画面可以迅速回看的特点,在现场拍摄结束后,应迅速检查是否有漏拍、错拍、拍摄质量不合格等现象,一旦发现应及时补拍。

三、交通事故现场录像的内容

交通事故现场录像的内容主要包括:现场方位录像、现场概貌录像、现场重点部位录像、现场细目录像、现场重要事件录像。

(一) 现场方位录像

交通事故现场方位录像是以整个交通事故现场和现场周围环境为拍摄对象,反映现场所处的位置及其与周围事故关系的专门录像。进行现场方位录像时,要合理选择景别,突出表现现场所在地点、道路走向、有无交通标志、车辆行人出入方向等。

(二) 现场概貌录像

交通事故现场概貌录像是以整个交通事故现场或者现场的中心地段为拍摄对象,反映现场的全貌,以及现场内各交通事故元素之间的关系的专门录像。拍摄时,应尽可能以较少的镜头连续完整地反映现场的概貌。

(三) 现场重点部位录像

现场重点部位录像记录的是交通事故现场中重要部位或地段的状况、特点以及与交通事故有关的痕迹、物证与其所在部位的专门录像。拍摄时,以中景、近景或特写记录,画面的运动速度应平缓。

(四) 现场细目录像

现场细目录像记录的是交通事故现场中与交通事故有关的细小局部状况和各种痕迹、物证,以反映其形状、大小、特征等的专门录像。拍摄时,应使用固定画面以特写记录,画面的稳定时间应在 10 秒以上。被摄主体应占画面的三分之二以上,如果被摄主体太小应使用近摄装置进行拍摄。

(五) 现场重要事件录像

现场重要事件录像记录的是交通事故现场勘查的过程和在勘查过程中获得的重要信息,以及勘查现场过程中出现的紧急事件。例如:事故车辆发生失火、爆炸;发生二次事故;现场采取紧急措施时采用的具体方法,对事故现场原始状态的影响;现场调查访问的过程;现场痕迹物证的发现、提取过程等。

四、交通事故现场录像的设备

鉴于现场录像所能依据的标准为 2012 年颁布的,相对于现在的摄录器材来说，当时的装备要求较低，因此，对于现场录像设备的要求仅作简单的介绍。

交通事故现场录像可以使用摄录一体机，也可以使用分体式的摄、录像机，并应配备能够续航 3 小时以上的电池；所配备的三脚架应与摄像机配套，确保牢固可靠；照明设备应配备两只碘钨灯和不少于 50m 长的防水电源线及备用保险丝，照射 3m 内物体时，其照明亮度超过摄像机最低照度要求的直流新闻灯；备用近摄镜，以及偏振镜、红、黄、蓝、绿等滤光镜；附属设备还包括：射频线、视频线、音频线、反光、遮光器具，简易电工工具及比例尺。

五、交通事故现场录像的拍摄技术

（一）录像拍摄技术

1. 固定镜头

所谓的固定镜头就是将镜头对准目标，并设定好画面的大小后进行固定点的拍摄，这时镜头不进行其他动作。拍摄时用固定镜头，可以增加录像画面的稳定性，使得画面的变化平顺。

2. 推摄与拉摄

所谓推摄是指摄像机向被摄主体的方向推进，或变动镜头焦距（从广角调至长焦）使画面框架由远而近向被摄主体不断接近的拍摄方法。所谓拉摄是指摄像机逐渐远离被摄主体或变动镜头焦距（从长焦调至广角）使画面框架由近至远与主体拉开距离的拍摄方法。也就是说当需要从局部到全局，或者从全局到局部地表现场景时，可以采用推摄或拉摄的方法来实现。这对于表现痕迹物证、重点部位所处的位置及其相互关系等效果较佳。需要注意的是在进行推、拉的动作时，一定要拿稳摄像机，并保持匀速地移动或者变焦，不宜过快或过慢。只能采用单向的推或拉，切忌来回反复。应有不少于 5 秒的起幅和落幅时间，画面运动速度应符合人们的视觉习惯。

3. 摇摄与移摄

所谓摇摄是摄像机机位不动，借助三脚架上的云台或拍摄者自身的运动，变动摄像机光学镜头轴线的拍摄方法。摇摄通常被用来表现较大的，无法用广角镜头把整个画面同时拍摄下来的场景。摇摄还可以用来表现两个物体之间的内在联系。在进行交通事故现场录像时，通常采用左右摇摄的方法进行拍摄。在使用摇摄进行录像时，首先要明确拍摄目的，不能为了追求新奇、变化而无节制地使用此方法。其次要注意摇摆的速度要适当，摇摆的过程中要始终保持摄像机稳定。摇摄进行的时间要适当，既不能太长也不能太短。一般一组摇摄的镜头长度以 10 秒左右为宜，并应有不少于 5 秒的起幅和落幅时间。画面的移动速度要符合人们的视觉习惯，不能过快或过慢。

所谓移摄是将摄像机放置在活动物体上随之运动而进行的拍摄方法。在交通事故现场录像环节，移摄这种拍摄手法的运用与现场勘验照相中"直线连续拍摄法"类似。

(二) 交通事故现场录像的拍摄姿态

拍摄姿势包括持机姿势和拍摄姿势两部分。持机姿势因摄像机的不同而有所不同，因此，没有固定的持机姿势。但无论是哪种持机姿势，在开取景器的时候一定要用左手托住取景器，否则极易造成摄像机的晃动。

拍摄姿势主要包括站立拍摄和跪姿拍摄两种姿态。在站立拍摄时，应用双手紧紧地托住摄像机，肩膀要放松，右肘紧靠体侧，将摄像机抬到比胸部稍微高一点的位置。左手托住摄像机，帮助稳住摄像机，采用舒适又稳定的姿势，确保摄像机稳定不动。双腿要自然分立，约与肩同宽，脚尖稍微向外分开，保持身体平衡。在摇摄时应将起拍动作放在身体不舒服的位置，而将停拍动作放在身体舒服位置，在条件允许的情况下尽量做到两脚不动。采用跪姿拍摄时，应将左膝着地，右肘顶在右腿膝盖部位，左手同样要托住摄像机，这样可以获得最佳的稳定性。在拍摄现场也可以就地取材，借助石头、栏杆、树干、墙壁等固定物来支撑、稳定身体和机器。姿势正确不但有利于操纵机器，也可避免因长时间拍摄而造成拍摄的稳定性下降。在拍摄时应尽量避免用一只手拿着摄像机进行拍摄。

(三) 画面视角的控制

录像的取景分为远景、全景、中景、近景以及特写等几种，与之相对应画面的视角由最大变到最小。远景一般就是摄像机远离被摄主体，或者将摄像机的镜头焦距拉到最大，通常用来拍摄交通事故现场与周围环境的关系。全景一般指将一个事物的全貌展现给大家。例如，拍摄尸体的全景，就是将尸体从头到脚全部收到镜头里面。中景是指摄取事物的一部分以突出所要表达的主题。近景是重点刻画被摄体的细节部分，特写则是较近景对被摄体作更进一步的刻画。景别的取舍主要根据拍摄所要表达的主题来选择，不能为了构图而构图。

(四) 交通事故现场录像光线角度的控制

与照相相同，录像时的光线角度也包括：顺光、侧光、侧顺光、侧逆光、逆光等。顺光拍摄出来的画面显得特别平淡，缺乏层次感和立体效果。侧光在表现被摄主体的层次感方面则要强于顺光，拍摄出来的画面有较强的立体感。而逆光是在进行录像时忌讳使用的，这是因为逆光会影响摄像机的测光，尤其是使用平均测光进行录像会使被摄主体曝光不足，被摄体的细节无法得到较好的表现。而如果增加曝光则会造成画面中整个背景曝光过度，甚至产生耀眼的光线。如果无法避免逆光拍摄，或者遇到环境背景与画面主体亮度反差很大时，摄像机应使用手动光圈，以保证被摄主体的亮度。当然，具体采用何种光线角度，更重要的还是要考虑结合具体的拍摄意图，以突出主体为出发点。

（五）其他需要注意的问题

（1）录像中每个镜头的理想长度通常为 5 秒至 10 秒，过长或过短均不宜。

（2）拍摄过程中，要合理使用推、拉、摇、移等拍摄技法。拍摄的画面应主题明确、主体突出，拍摄摇、移到重要场景或部位时，应作短暂停留。对其他勘验人员要求拍摄的画面镜头，如不明白拍摄意图和所要表现的主题内容时，应主动问明。

（3）夜间进行录像时不能使用摄像机的夜视功能。

（4）使用数码摄像机进行录像时，不要将镜头直对阳光以免损伤图像传感器。

参考文献

1. 《道路交通事故案卷文书》GA 40—2018。
2. 《道路交通事故现场图形符号》GB/T 11797—2005。
3. 《道路交通事故现场勘验照相》GA 50—2014。
4. 《道路交通事故痕迹物证勘验》GA 41—2014。
5. 《法庭科学照相制卷质量要求》GB/T 29351—2012。
6. 《道路交通事故痕迹鉴定》GA/T 1087—2013。
7. 《道路交通事故机动车驾驶人识别调查取证规范》GA/T 944—2011。
8. 《道路交通事故现场图绘制》GA 49—2014。
9. 《机动车类型术语和定义》GA 802—2014。
10. 《机动车运行安全技术条件》GB 7258—2017。
11. 《道路交通事故现场安全防护规范》GA/T 1044.1—2012。
12. 《车辆驾驶人血液、呼气酒精含量阈值与检验》GB 19522—2010。
13. 《基于视频图像的车辆行驶速度技术鉴定》GA/T 1133—2014。
14. 《道路交通事故速度鉴定》GB/T 33195—2016。
15. 牛学军：《道路交通事故现场勘查》，中国人民公安大学出版社 2012 年版。
16. 张汉欣：《道路交通现场痕迹信息辨识与应用研究》，中国人民公安大学出版社 2013 年版。
17. 李琼瑶、王启明著：《交通事故物证勘查和检验》，中国人民公安大学出版社 2003 年版。